深圳证券交易所中小企业之家系列读物

中小企业板、创业板股票发行上市问答（第2版）

IPO and Listing on SME Board & ChiNext

深圳证券交易所创业企业培训中心 编著

中国财经出版传媒集团
中国财政经济出版社

图书在版编目（CIP）数据

中小企业板、创业板股票发行上市问答／深圳证券交易所创业企业培训中心编著．—2 版．—北京：中国财政经济出版社，2016.12

（深圳证券交易所中小企业之家系列读物）
ISBN 978-7-5095-7136-1

Ⅰ.①中… Ⅱ.①深… Ⅲ.①中小企业–股票投资–中国–问题解答②创业板市场–股票投资–中国–问题解答 Ⅳ.①F832.51-44

中国版本图书馆 CIP 数据核字（2016）第 300472 号

责任编辑：郁东敏　贾延平	责任校对：李　丽
封面设计：田　晗	版式设计：兰　波

中国财政经济出版社 出版

URL：http://www.cfeph.cn
E-mail：cfeph@cfeph.cn

（版权所有　翻印必究）

社址：北京市海淀区阜成路甲 28 号　邮政编码：100142
营销中心电话：88190406　北京财经书店电话：64033436　84041336
北京富生印刷厂印刷　各地新华书店经销
880×1230 毫米　32 开　19.875 印张　462 000 字
2017 年 1 月第 2 版　2017 年 5 月北京第 2 次印刷
定价：48.00 元
ISBN 978-7-5095-7136-1/F·5723
（图书出现印装问题，本社负责调换）
本社质量投诉电话：010-88190744
打击盗版举报热线：010-88190414　QQ：447268889

前　言

　　回顾世界金融史，股份制无疑是近代最伟大的制度发明，以公开募集资金、股份流通与股东有限责任为特点的制度安排，开创式地将全社会一盘散沙式的人、财、物有力地聚集起来，形成一个个具有盈利冲动、生机与活力的股份制企业。也正是由于这种聚集效应所产生的资金优势、人才优势与科研实力，使近代的科学发明能迅速转化为蒸汽机、纺织机、铁路机车、轮船等工业品，催生了世界第一次工业革命，世界因之而进入了工业文明时代。

　　世界上第一个股票交易所出现在 1602 年的荷兰阿姆斯特丹。阿姆斯特丹证券交易所也印制了世界上最早的股票——东印度公司股票。股票交易所的出现与发展，适应并推动了股份公司向上市公司、公众公司方向演进。为了满足股票交易的需求，交易所不断地推动着上市公司股权的标准化交易，并降低交易门槛，使原来只能由王公、大臣、贵族与富人玩的财富游戏，普及到公众也能参与的层面，甚至连家庭主妇都可以把买菜剩下的闲钱投入到资本市场中。因此，从这种意义上讲，上市公司募集资金的动员能力，在广度与深度上远远超过了任何举国体制所能起到的作用。一些在全球挂牌的大型上市公司的影响力与筹集资金的能力更是跨越了国界。

　　交易所主导的股票交易由于参与度广、金额大、频率高，客观上又形成了全社会在某一时段内对上市公司或某个行业的定价，这种定价既是整个社会资源配置的风向标，也是行业整合与行业并购的价格指挥棒。因此，资本市场越发达，由金融为纽带推动的行业整合与行业并购越充分。在过去的一百年里，行业并购与整合已经不仅仅局限于同行业，也不仅局限于一国范围之内，往往触及全球，并形成今天跨国公司的世界版图。目前，跨国公司所具有的资金、人才、研发与市场的强大实力已经主导着全球经济。据2012年统计，跨国公司主导了全球91%的知识产权、三分之一的世界总产值以及60%的世界贸易额。

从国际经验来看，以英、美等国为先导的股份制经济既是大国崛起的助推器，也是国家繁荣的重要经济手段。我国大力发展股份制企业也是国家改革开放、走向繁荣的战略选择。从中国的现实来看，发展股份制还具有一些特殊性。

第一，开放式的公司文化与中国传统的封闭、内敛、"家天下"式的文化相冲突。经过四百多年历史的磨砺与涅槃，上市公司制度已经完成公众化历程，包括强制性的信息披露制度、相互制衡与公开的公司治理文化、平等对待中小投资者的股东文化，这些都与中国命令式、计划式的传统国营工厂文化和家族式企业封闭文化相冲突。实践表明，企业发展到一定阶段，如果不能突破文化上的桎梏，将面临既聚不了资金，也聚不了人才的两难境地，并形成中国式的"老小伙"企业，即历史虽然悠久，但规模不大，瓶颈不少。

第二，中国企业家的现代股份意识、资本意识比较欠缺。很多企业家对项目与技术津津乐道，对资本却存在陌生感。在成熟市场国家，股份不仅代表着权利、义务与责任，还代表着强烈的资产属性与工具属性。比如，在如何确定未上市股权的价格方面，在计划经济时代，往往采用评估值与审计值作定价依据；在市场经济时代，往往用同类上市公司股价计算出的市盈率与市净率作参考，因为现代的资本市场表明，资本的价格更多取决于资本的盈利能力，与重置成本、净资产关系不大。以2016年11月30日的收盘价计算，创业板上市公司的平均市净率高达7.66倍，即市场的估值达到净资产的7倍以上，所以用1倍净资产值定价的传统思维会错得离谱。从这个角度可以解释，为什么当年网络企业的大股东都变成外资方，为什么2005年16家大中型国有银行只用评估值2倍以下的价格引入外资方股东，其实是我们的资本观出了问题，我们的估值体系出了问题。还比如在股权的工具属性上，在成熟市场国家，股权基本上用于并购与股权激励，债权和银行贷款才是主要融资工具，而在中国，很多企业家往往误将引入战略投资者作为企业融资的重要手段。

第三，企业的规范运作与上市公司的高标准、严要求还有很大距离。中国的民商法体系不健全是外因，企业自身规范意识不足是内因。从表象上看，大量中小民营企业在创业期求生存、重发展，忽视规范的现象普遍存在。这些不规范直接导致了企业在股份制改造中要承担很多的历史"原罪"成本，要补缴大量的税款，所以说，在面临这些后顾之忧时，很多民营企业家存在困惑与矛盾，对改制上市普遍存在着畏难感与距离感。

第四，中国资本市场独特而短暂的发展史使其包容度与服务能力与成熟市场相比还有较大差距。虽然经过20多年的高速发展，在规模、效率、透明度、影响力和开放度方面都有大幅提升，但我们还处于"新兴加转轨"的历史阶段，与国际成熟市场相比仍有差距。比如全球主要市场都不把首次公开发行（IPO）行为定义为募资行为，而是更多地将其作为上市前的股权分散的必经手段。如必须发行至少25%以上的股份，发行后必须满足"千人千股"的股权分散度要求，以满足场内市场交易的需求。因此，众览全球各国企业的IPO招股说明书，基本都不会用超过半页篇幅来披露资金使用的大致方向。由于国内资本市场创建初期深受银行系统的影响，发展之初就将IPO类比于银行贷款项目来审查，关注募资的合理性、项目的必要性与经济上的可行性，并实行严格的投资项目管理，要求获得国家发改委的项目批文。在实践中，公司25%的股权发行量所对应的巨量资金并不是一般项目所能涵盖的，因此，拼项目、编项目成为普遍现象，更麻烦的是像"新浪网"、"百度"等轻资产企业根本没有项目可写，所以中国资本市场就存在制造业上市公司偏多、新兴产业企业上市难的现象。在"新兴加转轨"的中国资本市场上，类似的问题并不少见。

为推动中国资本市场发展，建立和完善与全面小康社会相适应的高效资本市场体系，中国证监会也正积极探索形成符合我国实际、市场主导、责任到位、信息披露为本、预期明确、监管有力的一整套股票发行上市的制度安排，支持高新技术企业上市，进而支持自主创新企业的融资需求。

在资本市场20多年的发展历程中，充分发挥资本市场功能，促进资本市场资源配置效率的提升一直是深圳证券交易所的工作重点，其中，推动企业改制上市，增强对实体经济的服务能力更是其工作的重中之重。截至2016年11月30日，深沪两个市场有上市公司3 008家，其中深市1 847家，占比61.40%；2016年年初至11月30日，深沪两市股票交易总金额为117.58万亿元，其中深市达72.21万亿元，占比61.41%。上市公司已经成为国民经济的主力军。2015年中国境内上市公司实现营业总收入29.65万亿元，占GDP的43.82%；净利润达2.69万亿元，占全国规模以上工业企业利润总额近42.30%；缴纳税费总额达2.74万亿元，占全国税收总额的24.77%。一批新兴产业登陆中小企业板和创业板，借助资本市场实现了跨越式发展。

深圳证券交易所创业企业培训中心作为资本市场培训、培育的重要组织者之一，充分发挥在培育市场、服务市场方面的优势，增强对拟上市企业，特别是广大中小企业的改制上市服务，将企业在改制上市中涉及的观念转变、规范运作、改制技巧、股权激励、审核要求等企业家关心的重点问题、难点问题以百科问答的形式展现出来，形成参考资料，使广大企业家遇到疑问即可随手翻阅。在具体方式上，培训中心注重一线实操，将历年来活跃在改制上市领域的一线专家，包括监管机构、律师事务所、会计师事务所、资产评估机构、保荐机构的一线专家，请到培训中心讲台授课，与企业家进行面对面交流，同时组织他们将企业家关心的问题、操作第一线的最精华部分，有针对性地编写成《中小企业板、创业板股票发行上市问答》。此问答最早于2006年成书，并历经六次大幅修订，由于长期采用红色的封面，被业界称为"红宝书"。此书广泛用作各类培训活动的参考资料，但在很长一段时间里并未公开出版。

2014年起，培训中心为了提升服务市场的广度，组织了各方专家进行了一次全面修订并公开出版。"红宝书"的出版取得了良好的效果，受到了业界的广泛赞赏和好评。近两年，资本市场改革持续深化，尤其是强化中介机构责任、加大投资者合法权益保护等新股发行制度进一步明确，为满足市场需求，探讨解决改制上市过程中出现的新情况和新问题，2016年我们再次组织力量对《中小企业板、创业板股票发行上市问答》进行修订、完善，并出版第2版，以提高其时效性和指导性。

深圳证券交易所是中国内地两大交易所之一，截至2016年11月底，其上市公司市值超过23.5万亿元人民币；2016年年初至11月底，股权融资列全球第二位，交易量排名世界第三，是支持中国建设的重要力量。在中国证监会领导下，深圳证券交易所坚持不懈地强化对企业改制上市的服务，尤其是大力推动企业在中小企业板和创业板的上市。

中小企业板和创业板是中国资本市场最具活力和创新精神的市场。目前,深交所1 847个上市公司中70%以上是高新技术企业,创业板市场的高新技术企业占比更是达到93%。从公司性质来看,中小板有82.21%的民营企业,创业板有92.49%的民营企业,深圳证券交易所已成为中国高新技术企业和民营企业的聚集地和理想上市地。为了更好地服务大众创业、万众创新和"中国制造2025"的国家战略,支持更多符合条件的创新型、成长型企业改制上市,今后,我们将进一步根据资本市场IPO制度的改革完善以及市场发展需求,与时俱进,持续对本书进行适时修订,推陈出新,为发挥中小企业板和创业板的作用,助推我国广大中小企业的快速崛起尽一份绵薄之力。

邹　雄
2016年12月

目 录

第一部分 股票发行上市基础知识及前期准备

第一章 发行上市概要 （3）

1. 什么是证券市场？证券市场有哪些功能？ （3）
2. 证券市场有哪些参与主体？ （4）
3. 什么是公众公司和非公众公司？ （4）
4. 什么是公开发行？ （5）
5. 什么是非公开发行？ （5）
6. 什么是首次公开发行股票（IPO）？ （5）
7. 什么是上市？ （6）
8. 公开发行上市对企业有什么好处？ （6）
9. 公开发行上市对企业有什么约束？ （7）
10. 公开发行上市对企业有什么风险？ （8）
11. 股票发行上市要经过哪些程序？大致要经历多长时间？ （9）
12. 首次公开发行股票的数量有什么要求？ （11）

13. 什么是首次公开发行中的老股转让？老股转让应该符合哪些规定？……………………（ 12 ）
14. 股票发行价格如何确定？……………………（ 12 ）
15. 什么是新股配售？……………………………（ 13 ）
16. 什么是证券发行上市保荐制度？……………（ 14 ）
17. 保荐制度的主要内容有哪些？………………（ 14 ）
18. 什么是多层次资本市场？……………………（ 16 ）
19. 深交所在吸引企业上市方面有哪些优势？
……………………………………………………（ 18 ）
20. 现有民营上市公司有什么特点？……………（ 20 ）

第二章 发行上市可行性 ……………………（ 22 ）

第一节 发行上市条件 ……………………（ 22 ）

21. 公开发行股票并在中小企业板上市的条件是什么？…………………………………………（ 22 ）
22. 公开发行股票并在创业板上市的条件是什么？…………………………………………（ 23 ）
23. 创业板与中小企业板在发行条件上有何具体区别？……………………………………（ 24 ）
24. 企业发行上市在产业政策方面有何要求？
……………………………………………………（ 25 ）
25. 投资性公司是否可以申请 IPO？……………（ 25 ）
26. 股票上市需要具备哪些条件？………………（ 26 ）

第二节 企业如何自我评估发行上市可行性 ……（ 27 ）

27. 企业如何评估自身是否具备发行上市的业务条件？……………………………………（ 27 ）
28. 企业如何评估自身是否具备发行上市的法律条件？……………………………………（ 28 ）
29. 企业如何评估自身是否具备发行上市的

　　　　财务条件？ ……………………………………（31）

第三节　发行上市费用和上市地的选择 …………（33）

30. 企业发行上市过程中需要承担哪些费用？
　　 ……………………………………………………（33）
31. 企业上市主要考虑哪些规范成本与费用？
　　 ……………………………………………………（33）
32. 企业选择上市地应考虑哪些因素？ ………（35）
33. 企业如何决定在境内还是境外上市？ ……（36）
34. 目前中国企业到境外上市主要存在什么
　　 困难？ ……………………………………………（37）
35. 在中小企业板上市的好处有哪些？ ………（37）
36. 在创业板上市的好处有哪些？ ………………（38）
37. 相同规模视角下深市与沪市的市盈率有
　　 何区别？ ………………………………………（39）
38. 深市和沪市哪个市场交易更活跃？ ………（40）
39. 企业发行规模大，是否适宜在深圳上市？
　　 ……………………………………………………（41）

第三章　聘请中介机构 …………………………（42）

40. 企业发行上市需要聘请哪些中介机构？
　　 ……………………………………………………（42）
41. 企业选择中介机构应注意哪些问题？ ……（42）
42. 企业发行上市过程中保荐机构主要负责
　　 哪些工作？保荐机构在推荐中小商业银
　　 行发行上市时应履行哪些核查义务？ ……（43）
43. 企业发行上市过程中会计师事务所和注
　　 册会计师主要负责哪些工作？ ………………（44）
44. 企业发行上市过程中律师事务所和律师
　　 主要负责哪些工作？ …………………………（45）

45. 企业发行上市过程中资产评估机构和评估师主要负责哪些工作？……………（45）
46. 企业选择保荐机构应该注意哪些问题？
   ………………………………………（46）
47. 保荐机构选择企业关注哪些要素？………（48）

第四章 企业内部组织和业务架构的调整……（50）

48. 企业内部组织和业务架构设计的要点有哪些？………………………………………（50）
49. 公司架构设计需要考虑哪些原则？………（50）
50. 为统筹规划和组织发行上市，拟上市公司是否需要成立专门的机构？如何界定该机构的职能？………………………………（51）
51. 什么是子公司？什么是分公司？…………（52）
52. 子公司众多对改制上市有什么影响？……（52）
53. 子公司能否有其他股东？能否和公司管理人员一起设立子公司？……………………（53）
54. 拟上市公司可以和合并报表子公司共用行政、人事、财务等职能部门吗？……………（53）
55. 什么叫参股公司？…………………………（53）
56. 参股公司的收益能否计入拟上市公司的业绩？公司收益主要来源于参股公司可以上市吗？……………………………………（54）
57. 什么叫合并财务报表？合并财务报表范围如何确定？…………………………………（54）
58. 在确定合并财务报表范围时，如何判断投资方是否能够控制被投资方？………………（55）
59. 投资方仅对被投资方享有保护性权利，可否将其纳入合并财务报表范围？……………（56）

60. 如何确定投资性主体的合并财务报表范围？投资性主体应满足哪些条件？ …… （56）

61. 非公司制的国有股份应如何折股？ ……… （57）

第五章　企业规范运作与重组 …………… （59）

62. 何为规范运作？为发行上市进行的规范运作和企业日常经营的规范运作有何不同？ ……………………………………… （59）

63. 上市需要规范哪些事项？要规范到什么程度？ …………………………………… （60）

64. 拟上市公司法律规范和财务规范如何衔接？ ………………………………………… （61）

65. 拟上市公司法律规范包括哪些内容？ …… （61）

66. 拟上市公司财务规范包括哪些内容？ …… （62）

67. 企业应如何规范会计基础工作？ ………… （63）

68. 企业应如何规范资金管理？ ……………… （63）

69. 什么是内部控制基本规范要点？ ………… （64）

70. 企业如何开展内部控制体系建设工作？ ………………………………………… （65）

71. 企业在内部控制规范方面的治理架构是怎样的？如何看待董事会、专业委员会、管理层、各业务与专业部门和内部审计在内部控制规范中的职责？ ……………… （66）

72. 如何评价内部控制的有效性？内部控制缺陷的评价标准是什么？ ………………… （67）

73. 通常什么样的问题会导致内部控制无效的结论？内部控制无效的结论对企业发行上市会产生什么样的影响？ ………… （68）

74. 改制上市一定要重组吗？如何判断哪些

事项需要重组？……………………（69）
75. 重组需要制订方案吗？重组方案要考虑什么因素？…………………………（69）
76. 企业改制重组可享受的契税减免优惠政策主要包括哪些？…………………（70）
77. 中介机构如何协助拟上市公司开展规范、重组工作？………………………（70）
78. 公司应如何配合中介机构进行规范、重组工作？……………………………（71）

第六章 改制设立股份有限公司 ………（72）

79. 公司上市都需要改制吗？……………（72）
80. 设立股份有限公司应具备哪些条件？……（72）
81. 设立股份有限公司有哪些方式？………（73）
82. 设立股份有限公司需要经过哪些程序？
   …………………………………………（73）
83. 如何选择改制时点？改制对企业运作有何影响？………………………………（75）
84. 企业改制上市主要涉及哪些政府部门协调事项？………………………………（75）
85. 为上市而设立股份有限公司应达到哪些要求？……………………………………（77）
86. 整体变更设立股份有限公司有哪些注意事项？……………………………………（78）
87. 如何确保有限责任公司整体变更的业绩和存续期连续计算？…………………（79）
88. 有限责任公司整体变更是以合并会计报表净资产折股还是以母公司会计报表净资产折股？……………………………（79）

89. 有限责任公司整体变更为股份有限公司时如何设计股本规模？ …………… (80)
90. 改制后股份公司可以增资或股权转让吗？要经过哪些程序？注意哪些事项？ ……… (80)
91. 有限责任公司整体变更评估基准日至股份有限公司设立日期间已实现利润应如何处理？ ………………………… (82)
92. 有限责任公司变更为股份制有限公司后有何公司治理要求？ ……………… (82)

第七章　规划募集资金使用 ………… (83)

93. 什么是IPO的募集资金？ ………… (83)
94. 企业规划IPO募集资金使用时应注意哪些事项？ ………………………… (83)
95. IPO募集资金可以用在哪些方面？发行人应如何加强对募集资金运用的信息披露？ ………………………………… (84)
96. IPO的募集资金可否用于置换已投入募投项目的自筹资金？置换操作有哪些要求？ ……………………………… (85)
97. 募集资金拟用于收购资产的，招股说明书中应披露哪些内容？ …………… (86)
98. 募集资金拟用于向其他企业增资或收购其他企业股份的，招股说明书中应披露哪些内容？ ………………………… (86)
99. 企业上市后的募集资金使用应注意哪些问题？ ………………………………… (87)
100. 上市公司募集资金补充流动资金有何规定？ ……………………………… (88)

101. 暂时闲置的募集资金进行现金管理有何要求？……（88）
102. 中小企业板上市公司超募资金使用应遵守哪些规定？……（89）
103. 创业板上市公司超募资金使用应遵守哪些规定？……（90）
104. 中小企业板上市公司募集资金变更为永久补充流动资金有何要求？……（91）

第二部分　股票发行与上市流程

第一章　尽职调查 ……（95）

105. 什么是发行上市尽职调查？尽职调查什么时候开展？……（95）
106. 发行上市尽职调查的目的和意义是什么？……（95）
107. 保荐人尽职调查的主要内容有哪些？发行监管工作中，对中介机构核查私募投资基金备案情况有何具体要求？……（96）
108. 保荐人的尽职调查和发行人律师、会计师的尽职调查是何关系？有何不同？…（98）
109. 尽职调查一般分为几个阶段？各个阶段的调查重点是什么？……（99）
110. 尽职调查的方法通常包括哪些？…（100）
111. 保荐人在尽职调查中的责任和义务有哪些？……（100）
112. 发行人在尽职调查中的责任和义务有哪些？……（101）

113. 如何编制和整理尽职调查工作底稿？……（101）
114. 尽职调查与发行保荐书有什么关系？尽职调查工作底稿能否作为中介机构免责的依据？……（102）
115. 什么是财务专项核查？财务专项核查和尽职调查是何关系？……（102）
116. 什么是信息披露质量抽查？其具体操作流程是什么？……（103）
117. 什么是问核制度？问核制度和尽职调查是什么关系？……（104）
118. 创业板首发管理办法已不再把持续盈利能力作为发行上市条件，尽职调查是否仍需关注持续盈利能力？……（105）

第二章 辅导与备案 ……（107）

119. 什么是辅导？……（107）
120. 哪些机构实施辅导？辅导对象包括哪些？……（107）
121. 辅导的程序有哪些？……（108）
122. 辅导的主要内容有哪些？……（109）
123. 发行人何时进行辅导备案？辅导的时间是否有要求？辅导期间是否需要向所属监管局报备？……（110）
124. 辅导备案需要提交哪些材料？……（111）
125. 何时能够申请辅导验收？申请辅导验收材料包括哪些内容？……（112）
126. 辅导验收环节的主要程序有哪些？重点关注内容有哪些？……（113）
127. 辅导验收是否需要进行考试？参加辅导

考试人员有哪些？⋯⋯⋯⋯⋯⋯⋯⋯⋯（114）
128. 何时能够取得辅导验收报告（或辅导监管报告）？⋯⋯⋯⋯⋯⋯⋯⋯⋯⋯⋯（114）
129. 辅导验收与首次公开发行材料受理有何关系？⋯⋯⋯⋯⋯⋯⋯⋯⋯⋯⋯⋯⋯（115）

第三章　发行申报材料的制作 ⋯⋯⋯（116）

130. 发行人制作申请文件需要做好哪些准备工作？⋯⋯⋯⋯⋯⋯⋯⋯⋯⋯⋯⋯（116）
131. 中小企业板与创业板发行上市申请文件要求有何异同？⋯⋯⋯⋯⋯⋯⋯⋯（116）
132. 创业板发行上市申请文件有何特点？⋯（118）
133. 2014年创业板发行上市申请文件对哪些内容进行了修订？⋯⋯⋯⋯⋯⋯（119）
134. 曾经发行过内部职工股的企业的申请文件有何特殊要求？⋯⋯⋯⋯⋯⋯（120）
135. 申请材料中有关文件是否必须全部为原件？若无法获取原件，复印件是否可代替？⋯⋯⋯⋯⋯⋯⋯⋯⋯⋯⋯⋯⋯⋯⋯（121）
136. 盈利预测报告是否为申请文件的必备文件？披露盈利预测对发行上市有何影响？企业盈利预测未达到预测数会受到哪些处罚？⋯⋯⋯⋯⋯⋯⋯⋯⋯⋯⋯⋯（122）
137. 创业板发行上市招股说明书有何主要特点？⋯⋯⋯⋯⋯⋯⋯⋯⋯⋯⋯⋯⋯（122）
138. 创业板发行上市招股说明书2015年对哪些内容进行了修订？⋯⋯⋯⋯⋯（124）
139. 制作招股说明书需要注意哪些问题？⋯（125）
140. 招股说明书中引用的财务报告的有效期

如何规定？……………………………………（126）
141. 招股说明书的有效期如何规定？…………（126）
142. 报送发行上市申请文件需要注意哪些问题？……………………………………（126）
143. 发行人应申报哪些纳税资料？子公司的纳税资料是否也需提供？………………（128）
144. 报送发行上市申请文件后变更中介机构或中介机构被行政机关调查应如何处理？……………………………………（128）

第四章 发行审核流程 ……………………（133）

145. 股票发行审核程序主要包括哪些？………（133）
146. 审核过程中监管部门重点关注哪些问题？中国证监会审核中小商业银行发行上市时重点关注哪些问题？…………………（138）
147. 审核过程中企业应注意哪些问题？………（141）
148. 上发审会前，中国证监会要求发行人提供几次反馈意见？…………………………（142）
149. 什么是审核静默期制度？企业在静默期应注意哪些问题？………………………（143）
150. 什么是专项复核？哪些情况下企业会被要求专项复核？专项复核应符合什么要求？……………………………………（143）
151. 什么叫发行审核的普通程序和特殊程序？二者有何区别？…………………………（144）
152. 发行审核委员会制度主要内容有哪些？……………………………………（145）
153. 发审会的工作流程包括哪些？……………（148）
154. 企业如何参加发行审核会议？……………（149）

155. 发审委回避制度包括哪些内容？ ……… （149）
156. 如何对有异议的发审会审核结果申请复议或行政诉讼？ ……… （150）
157. 发行审核过程中的中止审查的情形包括哪些？审查中止后可否恢复？ ……… （151）
158. 发行审核过程中的终止审查的情况有哪些？ ……… （153）
159. 发行人通过发审会审核后需要做哪些工作？ ……… （154）
160. 发行申请未获核准的企业何时可以再次报送申请材料？ ……… （155）

第五章 承销与发行 ……… （156）

161. 股票发行方案包括哪些主要内容？ ……（156）
162. 什么是承销？ ……… （157）
163. 什么是代销？什么是包销？代销和包销有何不同？ ……… （157）
164. 如何确定发行数量？ ……… （158）
165. 老股转让方案设计和实施过程中需考虑哪些主要因素？监管规定要求公司股东拟公开发售的股份需持有36个月以上，36个月应以哪个时点作为界定基准？ … （159）
166. 什么是路演？ ……… （160）
167. 股票发行方式主要有哪些？ ……… （161）
168. 网下询价配售发行主要有哪些步骤？ … （161）
169. 什么是自主配售权？ ……… （162）
170. 目前网下主要按何种方式进行配售？ … （162）
171. 在进行网下配售时，哪些人不能作为配售对象？ ……… （163）

172. 网上按市值申购和配售发行方式有哪些主要规定和步骤? …… (164)

173. 什么是回拨机制?网下、网上的回拨原则及比例是如何确定的? …… (165)

174. 如涉及老股转让配售有何特别注意事项? …… (166)

175. 什么是超额配售选择权("绿鞋")?超额配售选择权制度有什么作用?什么情况下可以采取超额配售选择权? …… (166)

176. 目前IPO发行中,首发股票价格如何确定? …… (168)

177. 投资者参与网上网下发行需何时缴款?不按要求缴款有何约束措施? …… (169)

178. 什么情况下可向战略投资者配售?配售有何要求? …… (169)

179. 什么是有效报价? …… (169)

180. 发行人如何申请在交易所发行? …… (170)

181. 上市公司的股票代码与股票简称如何确定? …… (170)

182. 从启动发行到上市大概要多长时间?具体流程有哪些? …… (171)

183. 深圳证券交易所股票上市初费收费标准是多少? …… (171)

184. 哪些情形下发行人应当中止发行?发行中止后能否重启? …… (172)

185. 什么是发行失败? …… (173)

第六章 上市及上市后监管 …… (174)

186. 发行人申请在中小板、创业板上市有哪

些条件？ ……………………………………（174）
187. 企业首次公开发行后如何申请在交易所上市？ ……………………………………（175）
188. 深交所如何审核发行人的上市申请？上市审核需多长时间？ ……………………（175）
189. 企业上市后需要注意哪些问题？ ………（175）
190. 企业上市后如何进行规范运作？ ………（176）
191. 企业上市后需要接受交易所哪些持续监管？ ……………………………………（177）
192. 交易所对上市公司的监管重点有哪些？ ……………………………………（178）
193. 保荐机构的持续督导工作涉及哪些内容？ ……………………………………（179）
194. 股份限售时间有何规定？ ………………（180）
195. 企业上市后可通过哪些方式再融资？ …（181）
196. 境内首次公开发行上市后，公司国有股东如何转持国有股充实全国社保基金？ ……………………………………（182）
197. 国有创业投资机构和国有创业投资引导基金豁免转持需满足什么条件？ ………（183）
198. 上市公司重大资产重组什么情况下需要召开媒体说明会？媒体说明会包括哪些内容？ ……………………………………（184）
199. 上市公司申请停牌的，停牌申请和停牌公告应当包括哪些内容？上市公司因筹划重大资产重组事项申请停牌的，应当遵守哪些规定？ ……………………………（186）
200. 深交所的自律监管措施包括哪几类？ …（189）

第三部分 股票发行审核关注要点

第一章 主体资格 ……………………………………（193）

第一节 企业改制上市的主体资格要求 …………（193）

201. 中小企业板IPO上市企业的主体资格要求是什么？………………………………（193）
202. 创业板IPO上市企业的主体资格要求是什么？……………………………………（194）
203. 重大违法违规行为如何界定？3年前的违法违规行为影响上市吗？……………（195）
204. 股东人数超过200人的非上市公众公司申请在证券交易所上市的审核标准是什么？……………………………………………（197）

第二节 股权问题 ……………………………………（198）

205. 什么是股份有限公司发起人？发起人和股东有什么区别？谁可以作为股份有限公司发起人？……………………………（198）
206. 为什么中国证监会不受理工会或职工持股会作为股东或发起人的公司公开发行股票的申请？……………………………（199）
207. 基金子公司资产管理计划、证券公司资产管理计划、期货公司资产管理计划、信托计划、保险公司资产管理计划、银行理财产品能否作为拟上市公司的发起人或者股东？……………………………（200）
208. 私募股权基金成为拟上市公司的发起人或股东需满足哪些登记备案要求？未在

基金业协会备案的私募股权基金能否成为拟上市公司的发起人或股东? ……（200）
209. 当涉及私募股权基金时，如何计算拟上市公司的股东人数是否超过 200 人？股东人数超过 200 人的拟上市公司的股东确权有哪些特别要求？ ……（201）
210. 如何确定有限责任公司整体变更设立为股份有限公司过程中发起人的权属清晰？ ……（201）
211. 股份有限公司发起人股份转让有什么要求？ ……（202）
212. 什么是股权代持？股权代持在 IPO 前是否需要清理？ ……（203）
213. 企业与 PE 之间的股权对赌协议是否要在 IPO 前解除？ ……（203）
214. 企业在 IPO 前引进新股东需要注意哪些问题？ ……（204）
215. 公司在 IPO 前怎样实施股权激励？ ……（206）
216. "突击入股"对 IPO 有何影响？ ……（206）
217. 哪些人员在成为拟上市公司股东时资格受到限制？ ……（206）
218. 基金子公司资产管理计划、证券公司资产管理计划、契约型私募基金能否作为拟上市公司的发起人或者股东？ ……（208）
219. 公司股权演变中股权转让应注意哪些方面？ ……（209）
220. 公司存在虚拟股权、期权情况的清理及要求是什么？ ……（211）

第三节 出资问题 ……（211）

221. 发起人出资方式有哪些？ …………… (211)
222. 发起人以非货币财产出资应当注意哪些问题？ ………………………………… (211)
223. 发起人以股权出资应当注意哪些问题？ ……………………………………… (213)
224. 发起人是否能够以债权方式出资？ …… (214)
225. 发起人以无形资产出资应当注意哪些问题？ ……………………………………… (215)
226. 公司股东的出资期限、委托出资、代出资会有限制吗？ ……………………… (216)
227. 公司设立时哪些资产需要进行评估？资产评估应注意哪些事项？ ………… (217)

第四节 实际控制人没有发生变更，主营业务、董事、高管无重大变化问题 ……… (217)

228. 如何理解和适用"发行人最近3年内实际控制人没有发生变更"？ ………… (217)
229. 拟上市公司最近3年存在对同一控制人下相同、类似或相关业务进行重组，如何判断主营业务未发生重大变化？ …… (221)
230. 如何认定拟上市公司董事、高管人员的重大变化？ ……………………………… (223)
231. 首次公开发行股票获批后，董事、高管人员的变化是否影响上市？ ………… (224)
232. 如何理解和适用"报告期内只设执行董事的有限责任公司变更为股份公司情形下董事发生重大变化"？ ……………… (224)

第五节 国有企业、集体企业上市过程中涉及主体资格的特殊问题 ……………… (225)

233. 如何界定国有股？国有企业整体变更股

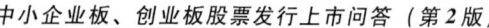

份有限公司时是否必须取得国有股权设置批复？ ……………………………………（225）

234. 国有资产转让给非国有主体应当注意什么问题？ ………………………………（227）

235. 国有资产折股应符合什么要求？ ………（227）

236. 国有企业改制资产评估日和公司制企业设立登记日之间的损益如何处置？ ……（228）

237. 集体企业改制为股份有限公司并上市应注意哪些事项？ ……………………………（229）

238. 挂靠集体企业形成的"红帽子"企业"摘帽"应注意哪些问题？ …………………（230）

239. 集体资产量化或奖励给个人应当注意什么问题？ ……………………………………（232）

240. 什么是政府引导基金？公司引入政府引导基金作为股东需关注哪些问题和程序？
 ……………………………………………（232）

241. 什么是国有股转持与豁免转持？具体的规定和条件是什么？ …………………（233）

第二章 财务与税收 ……………………………（236）

第一节 会计处理与财务规范 ……………………（236）

242. 有限责任公司整体变更时，应以合并会计报表净资产还是以母公司会计报表净资产为依据折股？ ………………………（236）

243. 有限责任公司变更为股份有限公司时应当按照审计结果还是评估结果来进行验资？ ………………………………………（237）

244. 研发费用资本化会计处理应注意哪些问题？ ……………………………………（237）

245. 高新技术企业研发费用应注意哪些问题？
   …………………………………………（238）
246. 拟上市企业财务规范问题主要表现在哪
   些方面？如何应对？ …………………（238）
247. 拟上市企业财务报告中对关联方认定的
   标准应如何把握？ ……………………（240）
248. 拟上市企业在什么情况下须作股份支付
   会计处理？ ……………………………（241）
249. 企业发行前滚存利润应如何处理？ ……（242）
250. IPO申报材料中会计师关于发行的文件
   有哪些？ ………………………………（242）
251. 除会计师关于发行的文件外，发行人还
   应提交哪些与财务会计资料相关的其他
   文件？ …………………………………（242）
252. 什么是原始财务报表？什么是申报财务
   报表？ …………………………………（243）
253. 什么是非经常性损益？非经常性损益包
   括哪些项目？ …………………………（243）
254. 收入确认应满足什么条件？通常应注意
   哪些问题？ ……………………………（245）
255. 毛利率分析应注意哪些问题？ …………（246）
256. 中国证监会财务专项检查工作的开展情
   况如何？ ………………………………（246）
257. 保荐人与会计师对发行人进行财务专项
   检查应重点关注哪些事项？ …………（247）
258. 发行人应如何建立健全财务报告内部控
   制制度，合理保证财务报告的可靠性、
   生产经营的合法性、营运的效率和效果？
   …………………………………………（249）

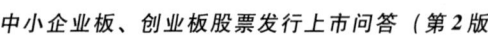

259. 相关中介机构如何关注发行人申报期内的异常交易，防范利润操纵？ ……（250）
260. 发行人应如何按照有关规定进行关联方认定，充分披露关联方关系及其交易？ ……………………………………………（251）
261. 中介机构应如何关注发行人存货的真实性和存货跌价准备是否充分计提？ ……（252）

第二节　税务 ……………………………………（252）

262. 企业重组、出资时如何缴纳增值税？ …（252）
263. 企业改制时投入土地及其地面建筑物是否可以减免土地增值税？ ………（253）
264. 个人或企业以非货币性资产出资时如何缴纳个人所得税和企业所得税？ ………（254）
265. 有限责任公司整体变更时，净资产折股应如何纳税？ ………………………（256）
266. 如何判断税收优惠不存在严重依赖？ …（259）
267. 如何认定企业执行的税收优惠政策的合法性？ …………………………………（260）
268. 个人转让股权应如何缴纳个人所得税？如股权转让收入明显偏低，符合何种条件视为有正当理由？ ………………………（261）
269. 发行人报告期内因纳税问题受到税收征管部门处罚应如何处理？ ……………（262）
270. 《刑法》修正案（七）有关纳税方面违法犯罪有什么规定？ ………………（262）
271. 企业上市后，IPO前股东持有的股权转让应缴纳哪些税费？ ………………（263）

第三章 独立性 (265)

- 272. 什么是发行人的独立性？发行人独立性方面主要包括哪些方面？ (265)
- 273. 什么是资产独立性？ (265)
- 274. 什么是业务独立性？ (266)
- 275. 什么是财务独立性？ (266)
- 276. 什么是人员独立性？ (266)
- 277. 什么是机构独立性？ (267)
- 278. 发行人独立性方面有何规定？ (267)
- 279. 公司的董事长与股东单位的董事长能够为同一人吗？ (269)
- 280. 公司控股股东的资产质量很差是否影响公司上市？ (269)
- 281. 为什么公司整体上市有助于解决独立性问题？ (269)
- 282. 新的《首发办法》和《创业板首发办法》是否放宽了独立性要求？ (270)

第四章 公司治理及规范运作 (271)

第一节 组织结构与制度 (271)

- 283. 股份有限公司应设立哪些组织机构？ (271)
- 284. 为什么需要制定公司章程？股份有限公司章程应当载明哪些事项？ (271)
- 285. 修改公司章程应注意哪些事项？ (272)
- 286. 什么是累积投票制？在公司选举董事、监事时必须要采取累积投票制吗？ (274)
- 287. 公司设立内部审计部门有何要求？ (274)
- 288. 什么是内部控制制度？内部控制的目标

是什么？……………………………（275）
289. 内部控制的基本要素有哪些？………（275）
290. 建立内部控制应遵循哪些基本原则？…（276）
291. 上市公司对其控股子公司的管理控制包括哪些控制活动？………………（276）
292. 相关部门颁布了哪些内部控制规范文件？……………………………（277）
293. 上市公司规范运作的基本要求有哪些？……………………………（278）
294. 公司章程中应如何针对公司增加资本做出规定？……………………（279）
295. 公司章程中应如何针对公司收购本公司股份做出规定？如何收购？……（279）
296. 公司章程中对股东权利如何规定？……（280）
297. 未为职工办理社会保险和住房公积金的企业能否申请发行上市？……（281）
298. 企业申请发行上市如何规范劳务派遣用工问题？…………………（282）
299. 企业申请发行上市不得存在哪些严重损害投资者合法权益和社会公共利益的其他情形？……………………（283）
300. 国有上市公司章程中如何设置党建条款？……………………………（283）

第二节 股东大会 ……………（285）

301. 股份有限公司股东大会有哪些职权？…（285）
302. 股东大会一般由何人召集和主持？……（286）
303. 股东大会召开的通知时间是几天？股东大会决议在什么情况下生效？……（286）
304. 公司股东大会临时提案如何提出？……（286）

305. 何种情况下应该召开股东大会？ ……（287）

306. 公司持有本公司股票有表决权吗？能分红吗？ ……（287）

307. 公司增资时需要修改章程，股东大会决议时是新老股东共同做出还是老股东即可？ ……（287）

308. 股东对尚未分配的利润是否拥有请求权？ ……（288）

第三节 董事会和监事会 ……（289）

309. 股份有限公司董事会有哪些职权？董事如何产生？ ……（289）

310. 董事会设立专业委员会有何要求？ ……（290）

311. 谁能提议召开临时董事会？ ……（290）

312. 董事会必须有多少董事参加才能举行？决议要多少董事同意才生效？ ……（291）

313. 公司的法定代表人必须是公司的董事长吗？ ……（291）

314. 公司董事长职权范围一般有哪些？ ……（291）

315. 公司董事会可否将职权授权董事长或总经理？ ……（291）

316. 公司董事会决议表决方式有哪些？ ……（292）

317. 在什么情况下董事应回避表决？ ……（292）

318. 董事能否委托他人出席董事会？ ……（292）

319. 董事会运作应注意哪些事项？ ……（292）

320. 上市公司独立董事主要有哪些作用？ ……（293）

321. 公司监事会如何组成？其职权范围是什么？ ……（294）

322. 股份有限公司监事会运作中应注意哪些事项？ ……（295）

323. 监事会由何人召集和主持？ …………（295）

第四节 董事、监事和高管任职资格、责任与权利 …………………………………………（295）

324. 董事、监事、高级管理人员的任职资格条件有哪些？对拟上市公司董事、监事、高级管理人员有无特殊规定？ …………（295）
325. 独立董事的任职资格有什么要求？ …（297）
326. 哪些人不可以担任独立董事？ ………（298）
327. 谁可以提名独立董事？ ………………（299）
328. 独立董事的职责和权利是什么？ ……（300）
329. 股份有限公司经理有哪些职责？ ……（301）
330. 董事会秘书如何产生？有什么职责？ …（301）
331.《刑法》对上市公司的董事、监事、高级管理人员行为有什么特别规定？ ……（302）
332. 发行人高级管理人员兼职应符合什么要求？ ……………………………………（304）
333. 上市公司董事长兼总经理可以吗？ …（305）
334. 高级管理人员在控股方除担任董事、监事外，担任党的职务可以吗？ …………（305）

第五节 实际控制人 ………………………（305）

335. 什么是控股股东及实际控制人？如何认定？ ……………………………………（305）
336. 什么是一致行动人？ …………………（306）
337. 控股股东有哪些需要规范的行为？ …（308）

第六节 同业竞争 …………………………（308）

338. 什么是同业竞争？ ……………………（308）
339. 发行人存在同业竞争能申请上市吗？ …（309）
340. 发行人避免同业竞争的主体范围包括哪些？ ……………………………………（309）

341. 发行人是否存在"同业不竞争"的情形? …………………………………………… (310)
342. 解决同业竞争的途径和措施有哪些? … (310)
343. 什么叫竞业禁止?如何解决竞业禁止问题? ………………………………………… (311)
344. 公司控股股东、实际控制人的亲属拥有与公司相竞争或相关联业务如何处理? ………………………………………… (312)
345. 公司的业务目前与控股股东有一定的竞争关系,但上市后募集资金有购买控股股东相同或相近业务的计划,这样对公司上市有无影响? …………………… (313)

第七节 关联交易 ……………………………… (313)
346. 什么是关联关系、关联方和关联交易? ………………………………………… (313)
347. 如何规范关联交易? ……………………… (317)
348. 规范和减少关联交易的具体办法有哪几种? ……………………………………… (318)
349. 什么是关联交易非关联化? …………… (319)
350. 股份有限公司(上市公司)可否对股东、关联公司进行担保?如果可以,担保需要经过什么程序?对担保金额有何规定? ………………………………………… (319)
351. 上市公司与关联方资金往来应该遵循哪些规定? ………………………………… (321)

第五章 募集资金使用 ……………………… (323)
352. 募投项目的核准、备案有什么规定? … (323)
353. 中小企业板对 IPO 募集资金使用有哪些

规定？ ………………………………………（324）

354. 创业板对 IPO 募集资金使用有哪些规定？
………………………………………………（324）

355. 现阶段监管部门对首次公开发行股票超募现象有何规定？ …………………（324）

356. IPO 发行审核过程中发行人能否对募集资金运用进行调整？ ………………（325）

357. 如何理解募集资金使用在 IPO 审核中的重要性？ ………………………………（325）

358. 募集资金能否持有金融资产和财务性投资？ ……………………………………（325）

359. 什么是募集资金与发行人现有生产经营规模、财务状况、技术水平和管理能力等不相适应？ …………………………（326）

360. 为什么募集资金使用要符合国家产业政策？ ……………………………………（326）

361. 募集资金项目与发行人是否需要环保核查？ ……………………………………（327）

362. 募集资金使用土地应关注什么样的合规风险？ …………………………………（327）

363. 募集资金项目为什么要关注项目实施后产生的同业竞争或者影响独立性的因素？
………………………………………………（327）

第六章 信息披露 …………………………（328）

364. 什么是申请文件预先披露制度？如何操作？ ……………………………………（328）

365. 招股说明书的披露需达到什么要求？
《中国证监会关于进一步推进新股发行

体制改革的意见》提出,"审核过程中,发现发行人申请材料中记载的信息自相矛盾或就同一事实前后存在不同表述且有实质性差异的,中国证监会将中止审核",请问审核过程中具体是如何把握的? …………………………………………… (329)
366. 关联交易的披露应达到什么要求? …… (331)
367. 同业竞争的披露应达到什么要求? …… (332)
368. 或有事项的披露应达到什么要求? …… (333)
369. 公司治理的披露应达到什么要求? …… (333)
370. 重大事项提示的披露应达到什么要求? …………………………………………… (335)
371. 涉及商业机密的信息是否可以豁免披露? …………………………………………… (337)
372. 收入方面应如何披露? ………………… (337)
373. 成本方面应如何披露? ………………… (338)
374. 期间费用方面应如何披露? …………… (339)
375. 净利润方面应如何披露? ……………… (340)
376. 发行人、中介机构报送的发行申请文件及相关法律文书涉嫌虚假记载、误导性陈述或重大遗漏的,如何处理? ……… (342)
377. 发行过程中信息披露各方责任如何划分? …………………………………………… (342)
378. 核准发行到发行期间信息披露有何要求? …………………………………………… (343)
379. 定价过程的信息披露有何规定? ……… (344)

第四部分 发行上市相关专题

第一章 优先股 ……………………………（347）

380. 什么是优先股？………………………………（347）
381. 优先股有哪些特点？…………………………（347）
382. 优先股与普通股有哪些区别？………………（348）
383. 优先股和债券存在哪些相似和不同？………（349）
384. 优先股与其他股债混合产品有什么区别？
    ……………………………………………………（350）
385. 优先股如何优先分配股息？按股息分配方式不同，优先股有哪些种类？………（351）
386. 优先股股东有没有表决权？…………………（353）
387. 涉及公开发行优先股的政策法规和规范性文件有哪些？………………………（354）
388. 哪些公司可以发行优先股？…………………（354）
389. 申请发行优先股的审核与普通股有区别吗？………………………………………（355）
390. 发行优先股的总体流程是什么？……………（356）
391. 优先股在承销环节有哪些特别要求？………（356）
392. 公开发行优先股是否可以一次核准分次发行？……………………………………（357）
393. 公开发行优先股的必备条款是什么？………（357）
394. 优先股的发行价怎么确定？…………………（358）
395. 优先股的票面股息率有哪些特殊要求？
    ……………………………………………………（358）
396. 计算相关持股数额时是否需要计算优先股？……………………………………（358）

397. 优先股如何交易转让? ……………… (359)
398. 优先股转让的印花税税率是多少? …… (359)
399. 非公开发行优先股的合格投资者范围有
什么特点? ……………………………… (360)
400. 非公开发行优先股是否需要签订认购合
同? ……………………………………… (360)
401. 非公开发行优先股认购邀请书发送范围
有无硬性要求? ………………………… (361)
402. 优先股制度对保护中小投资者合法权益
有哪些安排? …………………………… (361)
403. 商业银行发行优先股用于补充资本金有
何特别规定? …………………………… (362)
404. 境外上市公司发行优先股应当遵守哪些
规定? …………………………………… (363)

第二章 股权激励与员工持股计划 ……… (364)

405. 什么是股权激励? ……………………… (364)
406. 企业实施股权激励计划的好处有哪些?
……………………………………………… (364)
407. 拟上市公司股权激励有哪些特点? …… (365)
408. 拟上市公司实施股权激励计划有哪些相
关规定和要求? ………………………… (366)
409. 拟上市公司在制定股权激励方案时应注
意哪些问题? …………………………… (367)
410. 拟上市公司在实施股权激励方案时应考
虑哪些问题? …………………………… (368)
411. 拟上市公司实施股权激励计划可以授予
哪些人员? ……………………………… (371)
412. 拟上市公司实施股权激励计划,是否可

以授予外籍人士？ ……………………………………（372）
413. 上市公司激励对象个体股权激励额度的
    确定需要考虑哪些主要因素？ ………（373）
414. 拟上市公司激励对象通常可以采取哪些
    持股方式？不同的持股方式有什么主要
    差异？ …………………………………（373）
415. 股权激励如何通过权利限制和持股架构
    的设置，确保公司控制权的集中？ …（374）
416. 国有控股的拟上市公司如何实施股权激
    励？ ……………………………………（375）
417. 拟上市公司实施股权激励可享受哪些税
    收优惠政策？ …………………………（378）
418. 境外红筹公司回归境内上市时，股权激
    励计划有哪些注意要点（如人员过渡方
    式、持股方式转变、定价机制），以确
    保方案的合法合规性？ ………………（379）
419. 上市公司股权激励计划主要包括哪些内
    容？ ……………………………………（380）
420. 什么是股票期权？股票期权行权价格如
    何确定？ ………………………………（381）
421. 国有控股上市公司（境内/境外）实施股
    权激励的业绩考核指标主要包括哪几类？
    …………………………………………（382）
422. 目前上市公司是否能实施多元化激励工
    具的组合和创新？ ……………………（383）
423. 针对不同激励工具，激励对象纳税义务
    发生时点有何不同？ …………………（384）
424. 上市公司股权激励所涉及的股份支付一
    般采用何种方法（模型）来确定其公允

价值？ ………………………………… (384)

425. 上市公司股权激励相关股份支付如何进行会计处理？ ………………………… (386)

426. 相关法律法规对于高管人员、核心人员持有的激励股权的限售期有何规定？限售期满后如何减持？ ………………… (387)

427. 什么是股票增值权？如何实施股票增值权？ ……………………………………… (389)

428. 什么是员工持股计划？如何实施员工持股计划？ …………………………………… (389)

429. 上市公司实施员工持股计划的股票来源有哪些？ ………………………………… (391)

430. 上市公司实施员工持股计划，员工可以通过哪些方式解决所需资金？ ………… (391)

431. 上市公司员工持股计划的持股期限和持股规模分别是多少？ ………………… (392)

432. 员工持股计划中是否可以有结构化安排？
……………………………………………… (392)

第三章　引入创业投资 ……………………… (394)

433. 什么是创业投资？ ………………… (394)
434. 创业投资基金一般采用哪些组织形式？
……………………………………………… (394)
435. 企业为什么要引进创业投资？ ………… (396)
436. 引进创业投资有什么风险？ …………… (399)
437. 企业应该如何选择创业投资？ ………… (400)
438. 创业投资基金的投资决策的主要流程是什么？ …………………………………… (402)
439. 企业引进创业投资时关注哪些核心要点？

....（402）

440. 资本市场对投资特殊条款有哪些限制要求？ ....（406）

441. 创投机构评判企业的主要标准是什么？ ....（408）

442. 引入创业投资有哪些常用的估值方法？ ....（409）

第四章 借壳上市 ....（415）

第一节 借壳上市的认定 ....（415）

443. 借壳上市的实质是什么？ ....（415）

444. 监管机构如何判定借壳上市？ ....（415）

445. 借壳上市的认定标准中，控制权变更是如何界定的？ ....（416）

446. 借壳上市的认定标准中，上市公司根本变化是如何界定的？ ....（416）

447. 借壳上市的认定中，累积首次原则和预期合并原则如何理解？ ....（417）

448. 中国证监会对借壳上市的监管理念和监管趋势是怎样的？ ....（418）

449. 明显规避重组上市的规定可能承担的责任有哪些？ ....（420）

450. 借壳上市相对于 IPO 有什么优劣，为什么中国资本市场热衷于借壳上市？ ...（421）

第二节 壳公司的要求 ....（422）

451. 什么是壳公司？壳公司有哪些特点？ ...（422）

452. 壳公司的价值有哪些？ ....（423）

453. 选择壳资源需要考虑的因素有哪些？ ...（424）

454. 借壳方为何要求原上市公司"清壳"？

.... (426)

455. 如何判断壳公司是否容易清壳？ ……… (427)

456. 创业板的上市公司可以被借壳上市吗？
.... (428)

第三节　借壳主体 ……………………………… (429)

457. 借壳上市的借壳主体必须是股份有限公司吗？改制为股份有限公司有什么利弊？
.... (429)

458. 如何理解借壳上市相关规定中借壳条件对"经营实体"的要求？ ……… (430)

459. 借壳上市的借壳主体需满足哪些财务指标？ ………………………………… (430)

460. 金融、创业投资等特定行业的企业可以借壳上市吗？ ……………………… (431)

461. 涉军企事业单位可以借壳上市吗？ … (431)

第四节　交易及审批进程 ……………………… (432)

462. 借壳上市的主要程序是什么？ ……… (432)

463. 借壳上市有哪些基本模式？价款支付有哪几种方式？ ………………………… (433)

464. 借壳上市对申报材料有哪些要求？ … (434)

465. 借壳上市能享受豁免/快速审核通道吗？未来能够取消审核吗？ ……… (436)

466. 借壳上市的持续督导有何要求？ …… (437)

467. 借壳上市的同时是否可以募集配套资金？
.... (438)

468. 借壳上市后何时能再融资？ ………… (438)

469. 借壳上市对于壳公司原控股股东锁定期有何要求？ ……………………………… (439)

470. 借壳上市对于重组方拟借壳资产的股东

换股后的锁定期有何要求？……………………（439）

471. 对于上市不满 3 年即进行重大资产重组（构成借壳）的上市公司，有哪些信息披露要求？……………………（439）

第五节 其他 ……………………（441）

472. 非上市公众公司适用借壳上市的特殊规定吗？……………………（441）

473. 退市公司重新上市适用借壳上市的特殊规定吗？……………………（441）

第五章 外商投资与红筹回归 ……………………（442）

第一节 外商投资企业改制上市 ……………………（442）

474. 外商投资企业能否在内地上市？……………（442）

475. 外商投资企业发行上市需要什么条件？……………………（443）

476. 外商投资企业改制要符合什么特殊条件？……………………（443）

477. 外商投资企业改制上市需要经过什么特殊程序？……………………（445）

478. 外商投资股份有限公司的设立应经哪些部门审批？……………………（445）

479. 外商投资股份有限公司的发起人和股东有什么限制？外商投资股份有限公司发起人的股份转让有何限制？……（447）

480. 外商投资企业整体变更时净资产折股应如何纳税？……………………（447）

481. 外商投资企业如何缴纳股权转让所得税？……………………（451）

482. 外商投资企业发行上市招股说明书的编

制有何特别规定？ …………………………（453）

第二节 红筹回归 ……………………………（453）

483. 什么是红筹模式上市？红筹模式包括几种类型？ ……………………………………（453）

484. 什么是 VIE 架构？为何中国企业以 VIE 架构在境外上市？ ………………………（454）

485. 什么是红筹回归？红筹回归的核心问题是什么？ ……………………………………（456）

486. 以红筹模式在境外上市的中国企业如何进行私有化退市？ …………………………（456）

487. 拆除红筹架构的重组方式有哪些？红筹架构拆除过程中通常会涉及什么问题？ ……………………………………………（457）

488. 历史上曾拆除 VIE 协议控制架构的拟上市公司，在尽职调查和信息披露方面有哪些特别注意事项？ ……………………（460）

489. 红筹回归后的主体发行上市应满足的主要要求有哪些？ …………………………（461）

490. 红筹回归后对企业业绩连续计算有影响吗？ ………………………………………（462）

491. 红筹回归涉及股权回购时如何定价？ …（462）

492. 红筹回归会给企业增加哪些税务负担？ ……………………………………………（463）

493. 境外投融资及返程投资外汇管理有何新规定？ ………………………………………（464）

494. 红筹架构与假外资的主要区别有哪些？ ……………………………………………（465）

495. 对红筹回归上市的路径选择如何设计？自身 IPO 与借壳上市的优劣主要体现在

哪里？ …………………………………………（466）

第六章 投资者关系管理、媒体关系及路演 …（467）

496. 什么是投资者关系管理？ …………………（467）
497. 企业应如何设置投资者关系管理岗位？
    ………………………………………………（468）
498. 企业应如何接待机构投资者和中小投资
    者？ …………………………………………（470）
499. 什么是媒体？什么是媒体关系？企业如
    何对媒体关系进行维护？ …………………（471）
500. 什么是法定信息披露媒体？企业如何选
    择法定信息披露媒体？ ……………………（472）
501. 什么是公司新闻发言人？其工作内容主
    要有哪些？ …………………………………（473）
502. 什么是财经公关公司？在企业 IPO 过程
    中财经公关公司扮演着什么角色？ ………（473）
503. 股票发行上市期间企业投资者关系管理
    工作主要对象及内容有哪些？ ……………（474）
504. 股票发行上市期间企业投资者关系管理
    工作主要形式有哪些？ ……………………（475）
505. 股票发行上市期间企业公开信息应注意
    哪些事项？ …………………………………（476）
506. 股票发行上市期间企业可能发生哪些危
    机事件？企业应如何应对危机事件？ ……（477）
507. 股票发行上市期间如遇媒体恶意报道或
    要挟应如何应对？ …………………………（477）
508. 股票核准发行后企业与投资者沟通的主
    要途径有哪些？ ……………………………（478）
509. 股票核准发行后企业路演推介应注意哪

些问题？ ……………………………………（479）

第五部分 特殊行业改制上市

第一章 互联网 ……………………………（483）

510. 中国境内互联网企业境内外上市基本情况如何？ ………………………………（483）
511. 为何互联网企业热衷海外上市？ ………（488）
512. 影响我国互联网行业境内外上市的产业政策主要有哪些？ ……………………（489）
513. 互联网企业境内上市发行审核的重点和难点是什么？ ………………………（490）
514. 网络视频企业在境内上市需要关注的问题和审核重点有哪些？ ………………（494）
515. 网络游戏企业上市现状如何？在国内上市需要关注的问题和审核重点有哪些？
 ……………………………………………（498）
516. 跨境电子商务企业在国内上市现状如何？在国内上市需要关注的问题及审核重点有哪些？ ……………………………（501）
517. 移动互联网企业境内上市存在哪些特殊问题？ …………………………………（502）
518. 互联网企业上市是否需要取得行业主管部门的事前审批？ …………………（504）
519. 互联网企业拆除红筹结构在境内上市需要关注哪些问题？对其审核有什么特别要求？ ……………………………………（505）
520. 互联网企业私有化后在国内再上市需要

关注哪些特殊性问题？ ………… (506)

第二章 农林牧渔 ………… (508)

521. 涉农企业发行审核要关注的重点是什么？
………… (508)
522. "公司+农户"模式在企业上市过程中需要重点关注哪些问题？ ………… (510)
523. 农业企业上市涉及使用农村集体土地应注意哪些问题？应如何规范？ ………… (511)
524. 农业企业上市涉及劳动用工应注意的法律问题有哪些？应如何规范？ ………… (513)
525. 农业企业上市涉及的银行账户如何规范管理？ ………… (514)
526. 农业企业上市涉及的专利技术问题有哪些？ ………… (515)
527. 涉农企业上市有哪些经典案例？ ………… (515)

第三章 医疗健康 ………… (520)

528. 药品生产企业和药品经营企业发行审核需关注哪些问题？ ………… (520)
529. 医疗器械企业发行审核需关注哪些问题？
………… (523)
530. 医疗服务企业发行审核需关注哪些问题？
………… (525)
531. 近期比较经典的案例有哪些？ ………… (526)

第四章 文化传媒 ………… (531)

532. 文化创意产业有哪些盈利模式？ ………… (531)
533. 文化创意产业有哪些风险点？ ………… (533)

534. 创意产业发行审核要关注的难点和重点是什么？ (534)
535. 传媒产业有哪些盈利模式和风险点？ (536)
536. 传媒产业发行审核要关注的重点和难点是什么？ (537)
537. 文化创意公司的公司治理有何特点？ (540)
538. 如何看待文化创意公司的IPO和并购？ (541)
539. 文化创意公司申报材料前的收购是否影响IPO？ (542)
540. 文化创意公司应如何充分披露信息？ (542)
541. 对于客户众多且分散的文化企业应如何核查其业务的真实性？ (543)
542. 如何做到既充分披露信息，又不泄露商业机密？ (544)
543. 文化传媒改制上市的经典案例有哪些？ (544)

第五章 军工 (549)

544. 军工企业股份制改造有何意义？ (549)
545. 军工企业改制的类型有哪些？ (550)
546. 军工企业上市应注意哪些问题？ (551)
547. 军工企业股份制改造需注意哪些问题？ (553)
548. 军工企业股份制改造有哪些监管要求？ (554)
549. 军品业务上市公司在信息披露方面有什么特殊要求？ (555)
550. 改制后军工企业的章程有何特殊要求？ (556)

551. 上市公司对军工企业进行重组有何规定？ ……………………………………………（557）
552. 当前军工企业利用资本市场融资面临哪些挑战？ ………………………………（558）
553. 近期军工企业成功上市的主要案例有哪些？ ……………………………………（558）

第六章 教育培训 …………………………（561）

554. 教育培训行业改制上市有哪些难点？ …（561）
555. 教育培训行业资本运作发展趋势如何？ ………………………………………（562）
556. 教育培训行业改制上市能为企业发展带来哪些有益的帮助？ ………………（563）
557. 教育培训行业在资本市场有哪些成功案例？ ……………………………………（563）

附录一 2016年IPO主要数据（截至2016年9月30日）…（565）
附录二 中介机构A股IPO业务量排名 ………（579）
后　记 ……………………………………………（581）

第一部分

股票发行上市基础知识及前期准备

第一章
发行上市概要

1. 什么是证券市场？证券市场有哪些功能？

证券市场是股票、债券、权证、证券投资基金及其他金融衍生产品等证券发行和交易的场所。证券市场是市场经济发展到一定阶段的产物，是为解决资本供求矛盾和流动而产生的市场。证券市场的功能包括以下三个方面：

（1）融资和投资功能

一方面，证券市场作为金融市场的一个重要组成部分，具有使资金从资金剩余者流向资金需求者，为资金不足者筹集资金的功能。另一方面，证券市场又为各类投资者提供了投资渠道。

（2）市场定价功能

证券的市场价格是交易双方通过交易所实现的交易价格，是一个综合性的平衡，既反映供求双方的平衡，也反映同一时点整个市场对价格的认同。交易越便利，价格越能综合反映各种平衡。因此，以股票交易市场为主体的证券市场提供了资本的合理定价机制。

（3）资源配置功能

由于不同企业具有不同的市盈率和市值，高市盈率的企业更具融资效率与并购优势，极易成为行业的整合者，整个社会资源会随着证券价格的变化而重新配置。资本市场越发达,行业整合越充分,经济因此也越发达,资本市场也因之成为一个国家资源配置的最主要和最有效率的手段。

2. 证券市场有哪些参与主体?

证券市场参与者主要包括:

(1) 发行人

发行人是指为筹措资金而发行证券、股票等证券的发行主体,具体包括公司(企业)、政府和政府机构。

(2) 投资人

投资人是指通过买卖证券而进行投资的机构投资者和个人投资者。目前,国内市场的机构投资者主要包括:证券公司、保险公司、证券投资基金、财务公司、信托公司、合格境外机构投资者(QFII),以及其他一般法人机构。

(3) 中介机构

中介机构是指为证券的发行、交易提供服务的各类市场机构,如证券公司、基金公司、律师事务所、会计师事务所、资产评估机构等。

(4) 自律性组织

证券市场的自律性组织是指由证券市场各类市场主体进行自律管理、自我约束而形成的行业组织机构,如证券交易所、上市公司协会、证券业协会、基金业协会和证券登记结算机构等。其中,证券交易所还具有法律赋予的自律监管职能。

(5) 证券监管机构

在我国,证券监管机构主要是指中国证监会及其派出机构。

3. 什么是公众公司和非公众公司?

公众公司是指向不特定对象公开发行股票,或向特定对象发行股票使股东人数超过200人的股份有限公司。非公众公司则是仅有特定对象持有股权且股东人数少于200人的企业。

公众公司分为上市公司和非上市公众公司。其中，在证券交易所上市交易的公司，称为上市公司，否则为非上市公众公司。

4. 什么是公开发行？

根据《证券法》的规定，有下列情形之一的，为公开发行：一是向不特定对象发行证券；二是向累计超过200人的特定对象发行证券。

5. 什么是非公开发行？

非公开发行是指上市公司或非上市公众公司采用非公开方式，向特定对象发行股票的行为。主板（含中小企业板）上市公司的非公开发行限定在10名特定对象以内，对于创业板公司限定在5名以内。

6. 什么是首次公开发行股票（IPO）？

首次公开发行（Initial Public Offering，IPO）一般是指一家股份有限公司（发行人）第一次将它的股份向社会公众投资者发售的行为。

首次公开发行股票，既包括公开发行新股，也包括公司原有股东的"老股转让"，市场也称为"存量发行""旧股发行"。老股转让实行过一段时间，引起过争议，目前此种情形已较少见。

实务中，IPO须经过中国证监会批准，在简政放权的大背景下的IPO注册制改革可能会给审核体制带来改变。

7. 什么是上市？

上市，是指 IPO 完成后在证券交易所公开挂牌交易的行为。

上市还需要符合证券交易所规定的股票上市的条件，并获得证券交易所批准，但实际操作过程中，IPO 和上市很难分开，IPO 完成后，证券交易所的上市批准程序更多只具有象征意义。

目前，我国有两个证券交易所，分别是深圳证券交易所（以下简称"深交所"）和上海证券交易所（以下简称"上交所"），其中，深圳证券交易所包括主板、中小企业板和创业板，上海证券交易所只有主板。股票在深沪两个交易所上市的公司，称为上市公司；股票在全国中小企业股份转让系统（新三板）和股权在区域性股权交易市场（四板）挂牌的公司，称为非上市公众公司或称为挂牌企业。

8. 公开发行上市对企业有什么好处？

①为企业建立直接融资的平台，有利于企业通过证券市场便捷、快速地发行新股、债券与资产证券化产品，提高企业的自有资本比例，改善企业的资本结构，提高企业自身抗御风险的能力，增强企业的发展后劲。

②有利于按公众公司的要求，建立规范、透明的法人治理结构和严格的内控体系，减少关联交易，杜绝同业竞争，并有利于职业经理人的引入，解决企业接班人问题。

③有利于企业进行整合。上市后，如有较好的市盈率和市值、较高的社会认同度，可以通过发行股份购买资产（俗称换股收购）、现金购买、二级市场竞买等方式进行产业整合，迅速做大做强。

④有利于企业树立品牌，提高企业形象。上市后，行业分

析师、媒体、投资者的关注，有利于企业的规范运作，避免犯错；另外，也有较强的广告效应，有利于上市公司更有效地开拓市场，提高商业竞争优势。

⑤有利于完善激励机制，采用股票期权、股票增值权、限制性股票等股权激励形式，吸引和留住人才。

⑥有利于股东创业价值的体现与实现。上市后的股票市值是对原有股东创业价值的直接体现，也是最具市场化的评估，也可称为财富效应。如创业者在其企业上市后不想守业，在高流通性的二级市场也容易引入新的控股股东，实现价值。

⑦有利于财产安全性。公开的市场，阳光的财富，有利于明确财产归属和价值，更容易得到保护。

9. 公开发行上市对企业有什么约束？

公开发行上市后，企业性质转变为社会公众公司，公司将拥有成千上万的社会公众股东，为了保护社会公众股东的权益，上市公司要接受更为严格的监管，公司的社会责任和经营压力会更大。

（1）监管和监督部门会增加

企业公开发行上市后，要接受中国证监会及其派出机构、所上市的证券交易所等证券监管部门和自律组织的监管，受到保荐机构等中介机构的持续督导。

（2）需要遵守的法律、法规、规章和规则会增加

我国针对上市公司的规则体系较为系统与完备，企业上市后都必须遵守。

（3）公司的透明度需要提高

为了保证全体股东及时、全面地了解公司的情况，上市公司必须按照《证券法》、中国证监会颁布的《上市公司信息披露管理办法》和证券交易所颁布的《股票上市规则》等规定，真实、准确、完整、及时、公平地披露公司信息，同时，公

及其董事、监事、高级管理人员应当保证信息披露内容的真实、准确、完整、及时、公平,不存在虚假记载、误导性陈述或重大遗漏。

(4)经营压力会增加

在成熟的资本市场,权益资本成本要高于债务资本成本。投资者购买公司的股票,要求获得合理的投资回报。如果公司经营不善,业绩不佳,公司股票将会遭到投资者的抛弃,也有可能被恶意收购。

(5)大股东受到的约束力将增加

第一,大股东不能搞"一言堂",参与公司管理与决策时必须严格遵守公司章程等内部制度;第二,必须规范运作,不得侵占上市公司资产,不得损害上市公司权益;第三,公开发行上市后,大股东持股比例会有所下降,其对公司的控制力有可能随之降低。此外,在中小企业板上市的企业,其控股股东和实际控制人须遵守《中小企业板上市公司规范运作指引》的要求;在创业板上市的企业,其控股股东和实际控制人须遵守《创业板上市公司规范运作指引》,上市前还应当签署"控股股东、实际控制人声明及承诺书",承诺不得滥用控制权损害上市公司及其他股东的利益。

10. 公开发行上市对企业有什么风险?

上市公司尽管有很多有利于企业发展的好处,但由于其独特的运行规则,也会对企业的经营决策、资本市场战略造成一定的影响。

①商业秘密被迫披露的风险。公众公司为满足投资者的信息对称的要求,需要强制性地披露信息,特别是分行业、分地区、分产品的销售区域与毛利率披露,影响了企业经营上的谈判能力,供应商与销售商的披露暴露了企业客户信息。公开的董事会、股东大会对公司战略的披露,尽管资本市场上有各类

信息披露的豁免制度,也只能在一定程度上缓解披露风险。

②不利信息的传播速度更快。公开的市场上公司经营不规范等各种不利信息传播更快,对企业的信誉维护要求更高。

③投资者对盈利的强烈需求,容易引诱企业经营决策短期化,被迫提前拆细股份(送红股与资本公积转增股份)。

④控股权被稀释的风险。企业上市前会引入战略投资人,IPO一般要公开发行25%的股份,上市后可能还会进行股权融资,股权激励,换股收购,因此股权的分散是长期趋势。企业在上市前应制定股权战略,并在上市初期应有反收购策略。

11. 股票发行上市要经过哪些程序?大致要经历多长时间?

根据《公司法》《证券法》、中国证监会和证券交易所颁布的规章规则等有关规定,企业公开发行股票并上市需要经历以下程序:

(1)尽职调查

企业首先聘请保荐机构(证券公司)和会计师事务所、律师事务所等中介机构,各方中介机构针对公司的发展历史沿革、业务经营状况和财务状况进行全面的前期尽职调查,为企业诊断问题。

(2)改制与设立

拟定改制重组方案,保荐机构(证券公司)和会计师事务所、资产评估机构、律师事务所等中介机构对改制重组方案进行可行性论证,对拟改制的资产进行审计、评估,签署发起人协议和起草公司章程等文件,设置公司内部组织机构,设立股份有限公司。

(3)辅导与辅导备案

保荐机构和其他中介机构对公司进行专业培训和业务指导,学习上市公司必备知识,完善组织结构和内部管理,规范企业行为,明确业务发展目标和募集资金投向,对照发行上市条件对存在的问题进行整改,准备首次公开发行申请文件,并通过当地证监局对辅导情况进行验收。

(4) 申请文件的申报与受理

企业和中介机构,按照中国证监会的要求制作申请文件,保荐机构进行内核并负责向中国证监会尽职推荐;符合申报条件的,中国证监会在5个工作日内受理申请文件,进行申请文件预披露,并通过当地证监局对辅导情况进行验收。

(5) 申请文件的初审

中国证监会正式受理申请文件后,由发行监管部对申请文件进行初审,同时征求发行人所在地省级人民政府和国家发改委意见(如果在创业板上市则无须经过征求发行人所在地省级人民政府和国家发改委意见的环节,只就发行人发行股票事宜与发行人注册地省级人民政府沟通情况即可),并向保荐机构反馈审核意见,保荐机构组织发行人和中介机构对反馈的审核意见进行回复或整改,更新原有的申请文件,发行监管部组织对申请文件召开初审会。

(6) 发审委审核

申请文件初审后,提交发行审核委员会审核。发审委由中国证监会的专业人员和中国证监会外的专家组成,每次发审委会议由7名委员参加,委员负责审议有关申请材料,在会议上进行问询,对企业的发行申请发表审核意见并进行表决,表决投票时同意票数达到5票为企业通过发审会。

(7) 核准

发行申请经发行审核委员会审核通过后,企业及相关中介机构根据发审委提出的意见落实有关会后事项,然后进行封卷工作,即将申请文件原件重新归类后存档备查,封卷并履行内部程序后,中国证监会将向企业下发核准批文。

(8) 发行

获得核准批文后即进入发行环节,企业在发行前,将按规定履行信息披露义务，中小企业板上市企业应在中国证监会指定报刊上刊登招股说明书摘要及发行公告等信息，并将招股说明书等有关文件全文一并刊登于中国证监会指定的网站上；创业板上市企业应在中国证监会指定网站披露招股说明书及其附件，并同时在中国证监会指定报刊上披露首次公开发行股票及在创业板上市的提示性公告，告知投资者网上刊登的地址及获取文件的途径。主承销商（证券公司）与发行人组织路演，向投资者推介和询价，根据询价结果协商确定发行价格，并进行网上网下的公开发行。

（9）上市

根据中国证监会规定的发行方式公开发行股票，向证券交易所提交上市申请，在登记结算公司办理股份的托管与登记，挂牌上市，上市后由保荐机构按规定负责持续督导。

企业自改制到发行上市的时间应视具体情况而定。一般来说，如果二级市场情况较好，政策面稳定，发行上市速度会较快；企业各方面基础较好，需要整改的工作较少，发行上市的时间可相应缩短。正常情况下，各阶段的大致时间为：从筹划改制到设立股份有限公司，需 1 年左右，规范的有限责任公司整体变更为股份有限公司时间可以缩短；保荐机构和其他中介机构进行尽职调查和制作申请文件，约需 6 个月；中国证监会自受理证券发行申请文件之日起 3 个月内，依照法定条件和法定程序做出核准、中止审核、终止审核、不予核准的决定。如果二级市场行情走势较差，或发行审核工作受政策性、经济性因素影响，则发行上市时间可能加长。

在实务操作中，由于申报企业较多，企业申报到上市时间受到排队的影响较大。

12. 首次公开发行股票的数量有什么要求？

根据《证券法》及证券交易所上市规则的要求，股份有限公司申请上市的,公开发行的股份应当达到公司股份总数的25%以上;公司股本总额超过4亿元人民币的,公开发行股份的比例应达到10%以上。

实务中,公司首次公开发行股票数量一般仅略高于发行后公司总股本的25%;股本超过4亿股的,公开发行股票数量则稍高于发行后公司总股本的10%。

13. 什么是首次公开发行中的老股转让？老股转让应该符合哪些规定？

老股转让,是指拟上市公司在首次公开发行新股时,公司股东将其持有的股份以公开发行的方式一并向投资者发售的行为。公司股东应当遵循平等自愿的原则协商确定首次公开发行时各自公开发售股份的数量。在实务操作中,老股转让存在一定的争议,目前基本比较少见了。

老股转让需符合以下主要规定:

①公司首次公开发行时,公司股东公开发售的股份,其已持有时间应当在36个月以上;

②公司股东公开发售股份后,公司的股权结构不得发生重大变化,实际控制人不得发生变更;

③公司股东公开发售股份数量不得超过自愿设定12个月及以上限售期的投资者获得配售股份的数量;

④遵照《首次公开发行股票时公司股东公开发售股份暂行规定》就老股转让事项进行董事会、股东会决议及充分的信息披露;

⑤一般情况下,首次公开发行时老股转让数量不得超过新发行股份的数量。

14. 股票发行价格如何确定？

股票发行价格取决于公司股票的每股收益和市盈率,发行价格（P）等于每股收益（EPS）乘以市盈率（P/E）。事实上，股票发行价格除与公司盈利能力相关之外，还受监管要求、宏观经济、二级市场环境、本次发行数量、行业特点及竞争格局、公司发展速度及潜力、投资者心理等多个因素影响。

发行人在计算发行市盈率时，可采用两套计算方法：按发行人经审计的最近会计年度经营业绩计算；或按发行人最近一期经审计的财务报告基准日前12个月的经营业绩计算。按后者计算的，需由申报会计师出具审阅意见。

实务中，监管部门比较关注发行定价的市盈率问题，会要求发行人严格控制发行市盈率。在2015年至2016年9月30日完成定价的359家公司中，除1家公司发行后市盈率为32.55倍，其余发行后市盈率在6.08倍至22.99倍之间。有的与行业平均市盈率接近，有的低于行业平均市盈率，只有少数银行类公司高于行业平均市盈率（详情参见附录一）。

15. 什么是新股配售？

新股配售是指在新股发行时，将一定比例的新股向二级市场投资者配售。

根据《证券发行与承销管理办法》（2016年1月1日施行）规定，首次公开发行股票时，发行人和主承销商可以自主协商确定参与网下询价投资者的条件、有效报价条件、配售原则和配售方式，并按照事先确定的配售原则在有效申购的网下投资者中选择配售股票的对象。

首次公开发行股票采用直接定价方式的，全部向网上投资者发行，不进行网下询价和配售。首次公开发行股票采用询价方式的，公开发行股票后总股本4亿股（含）以下的，网下初始发行比例不低于本次公开发行股票数量的60%；发行后总股本超过4亿股的，网下初始发行比例不低于本次公开发行股票数量的70%。

首次公开发行股票,持有一定数量非限售股份的投资者才能参与网上申购。

16. 什么是证券发行上市保荐制度?

证券发行上市保荐制度是由《证券法》规定的。证券发行上市保荐制度,是指公司应就首次公开发行股票并上市、发行新股和可转换公司债券以及中国证监会认定的其他情形聘请具有保荐资格的机构担任保荐人的相关制度。

保荐人(保荐机构)是指具有保荐资格的机构,一般为证券公司。保荐代表人是指按照《证券发行上市保荐业务管理办法》规定,取得保荐代表人资格的自然人,市场上一般简称为"保代"。

保荐机构应当遵守法律、行政法规和中国证监会相关规定,恪守业务规则和行业规范,诚实守信,勤勉尽责,对发行人进行充分的尽职调查,尽职推荐发行人证券发行上市,持续督导发行人履行规范运作、信守承诺、信息披露等义务。证券发行上市保荐包括尽职推荐和持续督导两个环节,即保荐机构应当尽职推荐发行人证券发行上市;发行人证券上市后,保荐机构应当持续督导发行人履行规范运作、信守承诺、信息披露等义务。

实施证券发行上市保荐制度的主要目的是通过落实证券公司等中介机构及其从业人员的责任,加强市场诚信建设,培育市场主体,强化市场约束机制,提高上市公司质量,保护投资者的合法权益,促进证券市场健康发展。

17. 保荐制度的主要内容有哪些?

根据中国证监会发布的《证券发行上市保荐业务管理办法》的规定,证券发行上市保荐制度主要包括以下内容:

(1) 建立了保荐机构和保荐代表人的注册登记管理制度

公司证券发行上市不但需要有保荐机构进行保荐，还需具有保荐代表人资格的从业人员具体负责保荐工作。这样既明确了机构的责任，也将责任具体落实到了个人。

（2）明确了保荐期限

除了创业板公司采用简易程序且自行销售外，公司首次公开发行股票和上市公司发行新股、可转换公司债券均需要保荐机构和保荐代表人保荐。保荐期间分为尽职推荐和持续督导两个阶段。从中国证监会正式受理公司申请文件到完成发行上市为尽职推荐阶段。首次公开发行股票并在中小企业板上市的，持续督导期间为证券上市当年剩余时间及其后2个完整会计年度；中小企业板上市公司发行新股、可转换公司债券的，持续督导期间为证券上市当年剩余时间及其后1个完整会计年度。首次公开发行股票并在创业板上市的，持续督导期间相应延长了1年。

首次公开发行股票并在创业板上市的，持续督导期内保荐机构应当自发行人披露年度报告、中期报告之日起15个工作日内在中国证监会指定网站披露跟踪报告。发行人临时报告披露的信息涉及募集资金、关联交易、委托理财、为他人提供担保等重大事项的，保荐机构应当自临时报告披露之日起10个工作日内进行分析并在中国证监会指定网站发表独立意见。

（3）确立了保荐责任

保荐机构和保荐代表人在向中国证监会推荐企业发行上市前，要对发行人进行尽职调查和辅导；要保证或有充分理由确信向中国证监会提交的相关文件不存在虚假记载、误导性陈述或重大遗漏；要在推荐文件中对发行人的信息披露质量、发行人的独立性和持续经营能力等做出必要的承诺。保荐机构在持续督导阶段，要对上市公司履行规范运作、信守承诺、信息披露等义务的情况进行持续跟踪，及时揭示风险，督促纠正错误，并给予规范性指导。

持续督导的期间自证券上市之日起计算。持续督导期届满，如有尚未完结的保荐工作，保荐机构应当继续完成。保荐机构在尽职推荐期间、持续督导期间未勤勉尽责的，持续督导期届满，保荐机构仍应承担相应的责任。

（4）采取持续信用监管措施

除对保荐机构和保荐代表人的违法违规行为进行行政处罚和依法追究法律责任外，还将对违反相关规定的保荐机构和保荐代表人采取监管措施，即根据情节轻重，在一定时间内不受理或不再受理其提出的推荐发行上市申请，严重的还要取消其从事保荐业务的资格。对有关机构和个人的不良信用表现记录在案并在必要时予以公布。

18. 什么是多层次资本市场？

多层次资本市场，是指为满足多样化市场主体的要求而建立起来的分层次资本市场体系。目前，我国已经建立场内市场体系包括深沪主板市场、中小企业板市场、创业板市场（见下图）。场外市场体系包括全国中小企业股份转让系统（俗称"新三板"）和区域性股权交易市场（俗称"四板"）。

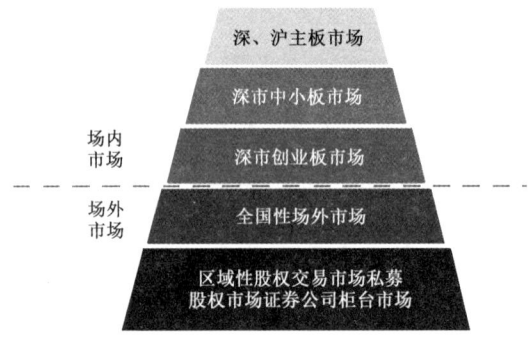

我国场内市场体系和场外市场体系

(1) 中小企业板市场

中小企业板市场于2004年5月设立，是促进我国中小企业发展的系统工程的重要组成部分，也是分步推进创业板市场的重要举措。中小企业板主要服务于处于成熟期且盈利比较稳定的企业。目前，中小企业板定位于主板的重要组成部分，包括比亚迪、苏宁电器等一批重量级的企业都在其中。

(2) 创业板市场

创业板市场于2009年10月设立，主要服务于处于成长期且具有一定盈利能力、创新能力的企业，更多的是新兴行业的企业，体现的是我国技术创新和商业模式创新的最新成果。推出创业板市场的重要意义在于为全社会营造一种创业的氛围，激发创富精神，复制创新模式，推动中国创造，激励创业家成长。

(3) 全国中小企业股份转让系统

全国中小企业股份转让系统是国务院依照《证券法》批准设立的全国性证券交易场所，于2013年1月16日正式揭牌运营。它的前身是证券公司代办股份转让系统，原退市公司系统，俗称"三板"，后建立中关村股份代办转让系统，俗称"新三板"，2013年后扩充到全国，主要为非上市股份公司提供挂牌转让服务。

(4) 区域性股权交易市场

区域性股权交易市场是多层次资本市场的重要组成部分。区域性市场是为市场所在地省级行政区域内的企业特别是中小微企业提供股权、债券的转让和融资服务的私募市场，对于促进企业特别是中小微企业股权交易和融资，鼓励科技创新和激活民间资本，加强对实体经济薄弱环节的支持，具有重要作用。目前国内主要的区域性股权交易市场有天津股权交易所、上海股权托管交易中心、齐鲁股权交易中心、深圳前海股权交易中心、成都（川藏）股权交易中心等。

19. 深交所在吸引企业上市方面有哪些优势?

1990年12月1日,深圳证券交易所诞生于深圳经济特区,是中国大陆两大证券交易所之一,由中国证监会直接监督管理。深交所主要职能包括:提供证券交易的场所和设施;制定深交所业务规则;接受上市申请、安排证券上市;组织、监督证券交易;对会员和上市公司进行监管;管理和公布市场信息;中国证监会许可的其他职能。

近年来,在中国证监会领导下,深交所致力于建设多层次资本市场体系,全力服务于各类企业和经济转型,着重服务于战略性新兴产业,深交所的培育、服务和监管与各类企业的创新、成长和壮大良性互动。截至2016年10月末,深市共有上市公司1 828家,占深沪两市上市公司总数的61.6%,其中,主板478家、中小板804家、创业板546家,总市值22.6万亿元,投资者2.04亿户,2016年总成交额64.4万亿元,占深沪市场总成交额的62%。目前,深市多层次资本市场体系基本形成,已经成为全球最活跃和最具吸引力的资本市场之一。深交所吸引企业上市的主要优势有:

(1) **更具市场化精神**

深交所地处深圳,毗邻中国香港,创建之初深受市场化、法治精神影响,更加秉承公开、公平、公正的市场原则,加强服务,创新监管,贴近市场。

(2) **市场化的上市公司群体**

与沪市以国有企业为主体不同,深交所以数量众多的中小民营高科技企业为主,当然也有一大批类似万科那样的混合所有制的市场化大蓝筹。很多企业在产业细分市场有着明显的优势,发展充满活力,管理团队更具创新意识和拼搏意识,由这些上市公司形成的良好市场氛围,有利于企业家群体的成长和合作。

(3) 更有利于企业融资和并购

由于投资者，尤其是专业投资机构青睐其中的成长型公司，使中小科技民营企业的市场认同度高。2016年10月31日，中小板和创业板上市公司平均市盈率分别为72倍和103倍，相对高的市盈率更有利于提高企业再融资和并购重组的效率。

(4) 更具创新服务精神

由于地处经济特区深圳，深交所更具创新氛围和服务精神。深交所服务企业的传统二十多年来一直坚持不懈，2013年，深交所开始了建设"中小企业之家"的工作，进一步整合包括培训、上市、研究、信息、展陈、商务等增值服务资源，打造综合服务平台，不断提升服务企业能力。深交所还持续开展"走进上市公司活动"，推出"投资易""互动易"等服务工具，为上市公司和投资者之间的交流搭建便捷的桥梁。

(5) 对拟上市企业加快全面服务步伐

深交所全方位开展上市推广服务工作，有效地解决了企业上市不同阶段的问题和困难。深交所通过对拟上市企业进行各种形式和层次的培训、交流，可帮助这些企业顺利进入资本市场。

(6) 对各类企业更具多样性包容性

深交所中小板和创业板市场已形成了不同的特色，对创新型和成长型企业具有极大的吸引力，许多文化传媒、电子商务、第三方物流等企业纷纷选择在深交所上市。同时，中国证监会正研究在创业板市场设立一个单独的层次，专门服务于尚未盈利的互联网和科技企业。目前，相关的准备工作正在积极进行之中。这个层次推出之后，创业板对科技企业的服务能力将进一步提升。

20. 现有民营上市公司有什么特点？

截至 2016 年 9 月末，在 800 家中小企业板上市公司中民营企业占比 82%，在 540 家创业板上市公司中民营企业占比 91%。民营上市公司一般有以下特点：

（1）公司董事长（总经理）大多是企业创始人，富有企业家精神

他们善于把握机会，勇于创新，敢于冒险，带领企业在激烈的市场竞争中不断发展壮大。许多民营上市公司脱胎于改革开放早期的乡镇企业或者草根创业，从零做起，凭借创始人过人的才能，审时度势，逐渐在市场竞争中脱颖而出，成为行业的佼佼者。

（2）民营上市公司存在家族控制现象

民营企业发展之初普遍具有家族企业性质，依靠血缘关系所产生的凝聚力在很短的时间内迅速成长壮大。上市后，家族成员仍大量持有公司股份，部分家族成员成为公司高管人员直接参与公司经营管理。此外，还有部分民营上市公司的骨干员工为公司高管的亲属或本地人，公司治理和日常经营管理可能存在一定程度的家族控制现象。

（3）董事、监事和高级管理人员大多持有公司股份，其个人收益与企业发展紧密相连

在民营上市公司中董事、监事和高级管理人员持股现象比较普遍。公司大多以股权激励等形式向董事、监事和高级管理人员发行股份使其个人收益与公司效益挂钩，借以吸引人才稳定管理团队调动其积极性，有利于企业长远发展。

（4）民营上市公司机制灵活，效率较高

在发展初期，民营上市公司与国有上市公司相比，在技术、资金和人才等方面均处于劣势，但在运营机制上则灵活机动，公司决策链短，执行力高，善于捕捉商机，管理效率较

高。民营上市公司在市场营销和用人机制上比较灵活,善于扬长避短,在竞争中赢得一席之地,乃至成为细分行业市场的领军企业。

(5) 部分公司在行业中占据主导地位

部分民营上市公司经过多年努力,凭借自身优势已发展成为所在行业的龙头企业,在市场竞争中占据主导地位。这一点在科技类企业中表现尤为突出。部分企业创始人原就职于科研院所,掌握相关产品生产核心技术,企业凭借其特殊背景和技术优势赢得市场先机。

(6) 部分民营上市公司的治理结构和管理制度不甚完善

民营上市公司因自身历史发展原因,容易形成"一言堂"的管理方式。企业创始人在公司享有至高无上的控制力和权威。高管人员唯命是从,甚至股东大会、董事会和监事会也流于形式。企业内部缺乏科学的决策机制和民主管理机制,重大决策大多由企业领导人独自裁决,存在主观性和随意性,为企业带来较大风险。企业领导人的特殊地位也使得公司相关管理制度难以贯彻落实。

第二章
发行上市可行性

第一节 发行上市条件

21. 公开发行股票并在中小企业板上市的条件是什么?

①发行人依法设立且持续经营在 3 年以上的股份有限公司。有限责任公司按原账面净资产值折股整体变更为股份有限公司的,持续经营时间可以从有限责任公司成立之日起计算。

②发行人最近 3 年内主营业务和董事、高级管理人员没有发生重大变化,实际控制人没有发生变更。

③最近 3 年连续盈利且最近 3 年累计净利润不低于 3 000 万元,净利润以扣除非经常性损益前后较低者为计算依据。

④最近 3 年经营活动产生的现金流量净额累计超过 5 000 万元;或者最近 3 个会计年度的营业收入累计超过 3 亿元。

⑤发行前股本总额不少于 3 000 万元。

⑥最近一期末无形资产(扣除土地使用权、水面养殖权和采矿权等后)占净资产的比例不高于 20%。

⑦最近一期末不存在未弥补亏损。

⑧对税收优惠不存在严重依赖。

⑨没有重大偿债风险。

⑩没有重大或有事项风险。

⑪不得存在下列可能对持续盈利能力产生重大不利影响的情形：

一是发行人的经营模式、产品或服务的品种结构已经或者将发生重大变化，并对发行人的持续盈利能力构成重大不利影响；

二是发行人的行业地位或发行人所处行业的经营环境已经或者将发生重大变化并对发行人的持续盈利能力构成重大不利影响；

三是发行人最近一个会计年度的营业收入或净利润对关联方或者存在重大不确定性的客户存在重大依赖；

四是发行人最近一个会计年度的净利润主要来自合并财务报表范围以外的投资收益；

五是发行人在用的商标、专利、专有技术以及特许经营权等重要资产或技术的取得或者使用存在重大不利变化的风险；

六是其他可能对发行人持续盈利能力构成重大不利影响的情形。

22. 公开发行股票并在创业板上市的条件是什么？

①发行人依法设立且持续经营在3年以上的股份有限公司。有限责任公司按原账面净资产值折股整体变更为股份有限公司的，持续经营时间可以从有限责任公司成立之日起计算。

②最近两年连续盈利，最近两年净利润累计不少于1 000万元；或者最近一年盈利，最近一年营业收入不少于5 000万元；净利润以扣除非经常性损益前后孰低者为计算依据。

③最近一期末净资产不少于2 000万元，且不存在未弥补亏损。

④发行后股本总额不少于3 000万元。

⑤发行人应当主要经营一种业务。

⑥发行人最近两年内主营业务和董事、高级管理人员均没有发生重大变化,实际控制人没有发生变更。

⑦发行人及其控股股东、实际控制人最近3年内不存在损害投资者合法权益和社会公共利益的重大违法行为。

对于尚未盈利的互联网科技创新企业上市的制度安排正在研究中。

23. 创业板与中小企业板在发行条件上有何具体区别?

创业板与中小企业板在发行条件上的区别见下表:

创业板与中小企业板在发行条件上的区别

条件	创业板	中小企业板
主体资格	依法设立且持续经营3年以上的股份有限公司,定位服务成长型创业企业	依法设立且合法存续的股份有限公司
股本要求	发行后的股本总额不少于3 000万元	发行前股本不少于3 000万元,发行后不少于5 000万元
盈利要求	最近两年连续盈利,最近两年净利润累计不少于1 000万元;或者最近一年盈利,最近一年营业收入不少于5 000万元。净利润以扣除非经常性损益前后孰低者为计算依据	最近3个会计年度净利润均为正数且累计超过3 000万元;最近3个会计年度产生的现金流量净额超过5 000万元或者营业收入累计超过3亿元;最近一期不存在未弥补亏损
资产要求	最近一期末净资产不少于2 000万元	最近一期末无形资产占净资产的比例不高于20%

续表

条件	创业板	中小企业板
主营业务要求	发行人应当主营一种业务,且最近两年内未发生变更	最近3年内主营业务没有发生重大变化
同业竞争和关联交易	发行人的业务与控股股东、实际控制人及其控制的其他企业不存在同业竞争,以及影响独立性或者显失公允的关联交易	除创业板条件外,还要求募集投资项目实施后不会产生同业竞争或者对发行人的独立性产生不利影响
实际控制人与高管变更时间要求	两年内不得发生重大变更	3年内不得发生重大变更

24. 企业发行上市在产业政策方面有何要求？

企业申请公开发行股票并上市必须符合国家产业政策。国家鼓励和重点支持的产业会得到支持。一些产业或业务会受到限制，包括：

①国家限制发展和要求淘汰的产业，详见国家发改委最新颁布的《产业结构调整指导目录》；

②因国家宏观经济调控受到限制的产业；

③有关政策明确限制的业务，如国家风景名胜区门票经营权、报刊等媒体的采编业务；

④因保密要求不能履行信息披露义务最低标准的业务。

25. 投资性公司是否可以申请 IPO？

根据《首次公开发行股票并上市管理办法》（证监会

令第32号）及《首次公开发行股票并在创业板上市管理办法（2014年修订）》（证监会令第99号）的规定，如果作为投资性公司的发行人的净利润不是主要来自合并财务报表范围以外的投资收益，则该投资性公司申请IPO不会受到限制。

26. 股票上市需要具备哪些条件？

根据《证券法》的规定，股份有限公司申请股票上市，应当符合下列条件：

①股票经国务院证券监督管理机构核准已公开发行；

②公司股本总额不少于人民币3 000万元；

③公开发行的股份达到公司股份总数的25%以上；公司股本总额超过人民币4亿元的，公开发行股份的比例为10%以上；

④公司最近3年无重大违法行为，财务会计报告无虚假记载。

证券交易所可以规定高于《证券法》规定的上市条件，并报国务院证券监督管理机构批准。根据深圳证券交易所《深圳证券交易所股票上市规则（2012年修订）》规定，发行人首次公开发行股票后申请其股票在中小企业板上市，公司股本总额不少于人民币5 000万元，提升了对总股本的要求。根据深圳证券交易所《创业板股票上市规则（2012年修订）》规定，发行人首次公开发行股票后申请其股票在创业板上市，公司股本总额不少于人民币3 000万元。

第二节 企业如何自我评估发行上市可行性

27. 企业如何评估自身是否具备发行上市的业务条件？

企业评估自身是否具备发行上市的业务条件，重点关注以下几个方面：

（1）企业所处行业是否是国家鼓励和优先发展的行业

如果企业所处的行业是国家鼓励和优先发展的行业，这类企业上市的可行性就较高；反之，如果是国家限制和淘汰的行业，上市的可能性就大幅降低。

（2）企业在行业中的地位

一般而言，在细分行业中处于领先地位的企业往往会受到资本市场的青睐，行业排名过低的企业上市会比较难。

（3）企业所处行业是否具有广阔发展空间

一般而言，所处行业具有广阔发展空间的企业上市的可能性较大。某些具有未来概念的行业（如物联网、生物制药等）以及高科技行业（如芯片设计、移动互联网、高端装备制造、新材料等）具有较为广阔的发展空间。市场容量大的传统行业竞争往往较为激烈，企业应有较高的市场份额和较好的财务业绩才能顺利上市；市场容量小的传统行业，由于缺乏成长空间，较难得到资本市场的认同。

（4）商业模式

企业在商业模式上进行创新，并在财务业绩上得到充分体现，是企业差异化竞争优势的体现。一般而言，具有独特商业模式和持续盈利能力的企业，往往在上市融资方面具有优势。

（5）客户和供应商

企业拥有优质的客户和供应商，表明企业的供应链系统较为健康，拥有稳定的上下游。采购或销售的地域范围、供应商或客户结构多元化，不依赖单一主体，表明企业有较强的抗风险能力，容易得到资本市场的认可。

（6）管理团队和人才队伍

人才是企业的骨干力量，特别是在激烈的市场竞争中，企业间的竞争已经转化为人才竞争。公司要生存、要发展，必须吸引一批优秀人才，用好、培养好现有人才。优秀的管理团队和人才队伍，意味着企业拥有较强的市场竞争力，能够在众多企业中脱颖而出。

（7）核心知识产权

企业拥有较多的核心发明专利、商标等知识产权或其他专有技术，并能据此产生差异化的竞争优势。

（8）其他方面的差异化核心竞争力

企业具有其他方面的差异化核心竞争力，能增强企业的持续盈利能力，实现企业的稳步成长。

28. 企业如何评估自身是否具备发行上市的法律条件？

企业评估自身是否具备发行上市的法律条件，重点关注以下几个方面：

（1）主体资格

上市主体应当是依法设立且持续经营在3年以上的股份有限公司。有限责任公司按原账面净资产值折股整体变更为股份有限公司的，持续经营时间可以从有限责任公司成立之日起计算。对于不符合上述要求的中小企业板拟上市企业，经过国务院特批也能取得合格的主体身份。

（2）历史沿革

企业股权历史沿革清晰和转让股权合法，无虚假出资、违规持股的现象，不存在股权权属纠纷。目前对于历史沿革的监管要求有所降低。

第一部分 股票发行上市基础知识及前期准备

(3) 独立性

独立性本质上是考察企业是否拥有完整的业务体系和直接面向市场独立经营的能力。企业在资产、人员、财务、机构和业务五个方面须具有独立性，只有做到经营上的独立性企业才能实现自主发展、持续盈利。

(4) 同业竞争

同业竞争，是指一切直接、间接地控制公司或有重大影响的法人或自然人及其控制的法人单位与公司从事相同、相似的业务，双方构成或可能构成直接或间接的利益冲突关系。

实务中避免同业竞争的范围包括一切直接、间接地控制公司或有重大影响的自然人或法人及其控制的法人单位（即竞争方）。对于控股股东、实际控制人直系亲属拥有的相同、相似业务或产业链上下游业务要纳入上市主体；对于控股股东、实际控制人旁系亲属拥有的相同、相似业务或产业链上下游业务，要从资产的来源、渠道的重合性等因素分析判断，鉴于中国的家族文化，该业务鼓励纳入上市主体，不纳入的要做充分论证。判断是否存在同业竞争时，应关注发行人在业务、技术、工艺、原材料、供应商、客户等方面与控股股东、实际控制人及其控制的其他企业之间的关系。如有充分依据说明与竞争方从事的业务有不同的客户对象、市场区域或应用不同的技术手段等，存在明显细分市场差别，而且该市场细分是客观的、切实可行的，不会产生实质性同业竞争的，上市公司应充分披露与其竞争方存在经营相同、相似业务及市场差别情况。

(5) 关联交易

关联交易，是指关联方之间转移资源、劳务或义务的行为。显失公允的关联交易是指交易价格明显偏离市场交易价格，造成不正当的利益输送或者造成上市主体的不当损失，都不利于保护上市主体的自身利益以及未来公众股股东的权益，上市主体必须避免上述行为的出现。

关联交易的类型主要包括：

①购买或销售商品；

②购买或销售商品以外的其他资产；

③提供或接受劳务；

④担保；

⑤提供资金（贷款或股权投资）；

⑥租赁；

⑦代理；

⑧研究与开发项目的转移；

⑨许可协议；

⑩代表企业或由企业代表另一方进行债务结算；

⑪关键管理人员薪酬。

深交所股票上市规则对此有较明确的规定可供参考。

当然，企业上市也不可能完全避免关联交易，关键是注意在关联交易定价的公允性、决策程序的合法性、合规性及对发行人的独立性影响方面的分析上取得市场的认同。

（6）公司治理

企业应具有权责分明、各司其职、有效制衡、科学决策、协调运作的法人治理结构，并制定出比照上市公司运行的，明确、清晰的制度文本。相关机构和人员能够依法履行职责是判断企业达到上述要求的标准。

（7）企业经营和董、监、高任职资格的合法性

经营合法，首先是指经营范围合法合规，未从事法律禁止或须特许批准的经营活动，其次是指企业经营行为合法合规，且平等、有序地参与市场竞争。董、监、高不能属于被中国证监会采取禁入措施尚在禁入期的人员，不属于最近36个月内受到中国证监会处罚或者最近12个月内受到证券交易所公开谴责，以及因涉嫌犯罪被司法机关立案侦查或者涉嫌违法违规

第一部分 股票发行上市基础知识及前期准备

被中国证监会立案调查尚未有明确结论意见的人员。

（8）违法行为及违反公众利益的重大行为

企业不得存在以下违法行为或存在违反公众利益的重大行为：

①最近36个月内未经法定机关核准，擅自公开或者变相公开发行过证券，或者有关违法行为虽然发生在36个月前，但目前仍处于持续状态。

②最近36个月内违反工商、税收、土地、环保、海关以及其他法律、行政法规，受到行政处罚，且情节严重。

③最近36个月内曾向中国证监会提出发行申请，但报送的发行申请文件有虚假记载、误导性陈述或重大遗漏；或者不符合发行条件以欺骗手段骗取发行核准；或者以不正当手段干扰中国证监会及其发行审核委员会审核工作；或者伪造、变造发行人或其董事、监事、高级管理人员的签字、盖章；本次报送的发行申请文件有虚假记载、误导性陈述或者重大遗漏；涉嫌犯罪被司法机关立案侦查，尚未有明确结论意见；严重损害投资者合法权益和社会公共利益的其他情形。

（9）募投项目

国家产业政策是评估募投项目的重要标准，国家鼓励和重点支持的产业、高科技产业、朝阳产业、成长型产业容易得到认可。募投项目的程序必须完备，如土地许可等。募投项目实施后，也不应当对企业的独立性产生影响。

29. 企业如何评估自身是否具备发行上市的财务条件？

企业评估自身是否具备发行上市的财务条件，重点关注以下几个方面：

①企业资产质量良好，资产负债结构合理，盈利能力较强，现金流量正常。

②会计基础工作及内部控制。企业会计基础工作必须稳健

扎实,规范运作。企业内部控制在所有重大方面是有效的,注册会计师出具的内部控制鉴证报告是无保留意见的结论。财务报表编制符合企业会计准则和相关会计制度的规定,在所有重大方面公允地反映了发行人的财务状况、经营成果和现金流量,注册会计师出具了无保留意见的审计报告。

③依法纳税和税收优惠。企业在经营过程中要依法纳税,享受的各项税收优惠需符合相关法律法规的规定,并且企业经营成果对税收优惠不存在严重依赖。

④关联交易。企业要完整披露关联方关系,并按重要性原则恰当披露关联交易,要求关联交易价格公允且不存在通过关联交易操纵利润的情形。

⑤交易性金融资产。企业账面不应存在大量的交易性金融资产或可供出售的金融资产,比如股票、债券等理财性投资,不得存在大额对外投资,否则会引起对融资的必要性的怀疑。另外,金融资产产生的投资收益会导致非经常损益在公司净利润中的占比过高等,影响公司的持续盈利能力。

⑥重大依赖。如果企业的营业收入或净利润,过于依赖于关联方或者重大不确定性的客户,则会使得企业业绩的可持续性受到影响。

⑦其他影响持续盈利能力的情形。企业不能出现下列影响持续盈利能力的事件:经营模式、产品或服务的品种结构已经或者将发生重大变化,并对持续盈利能力构成重大不利影响;行业地位或所处行业的经营环境已经或者将发生重大变化,并对持续盈利能力构成重大不利影响;在用的商标、专利、专有技术以及特许经营权等重要资产或技术的取得或者使用存在重大不利变化的风险;最近一个会计年度的营业收入或净利润对关联方或者存在重大不确定性的客户存在重大依赖;最近一个会计年度的净利润主要来自合并财务报表范围以外的投资收益;其他可能对持续盈利能力构成重大不利影响的情形。

⑧募投项目。在募投项目设计初期,应当关注项目实施后的规模与现有状况之间是否匹配,产能能否消化。

第三节 发行上市费用和上市地的选择

30. 企业发行上市过程中需要承担哪些费用?

企业从改制到发行上市需要支付一定的费用,主要包括中介机构费用、交易所费用和推广辅助费用三个部分。其中,中介机构费用包括改制设立财务顾问费用、辅导费用、保荐与证券承销费用、会计师费用、律师费用、资产评估费用等。交易所费用系企业发行上市后所涉及的费用,主要包括上市初费和年费等。推广辅助费用主要包括印刷费、媒体及路演的宣传推介费用等。上述三项费用中,中介机构费用是发行上市成本高低的主要决定因素。从目前实际发生的发行上市费用情况看,我国境内发行上市的总成本一般为融资金额的6%~8%。

企业承担的费用的财务处理方面:承销费、保荐费、上网发行费、招股说明书印刷费、申报会计师费、律师费、评估费等与发行权益性证券直接相关的新增外部费用应从发行权益性证券的发行收入中扣减,并不影响企业的当期成本费用和利润。广告费、路演及财经公关费、上市酒会费等其他费用应在发生时计入当期损益。

31. 企业上市主要考虑哪些规范成本与费用?

在进行企业是否上市的决策过程中,企业需要考虑的规范成本与费用主要包括:税务成本、社保成本、上市筹备费用、高级管理人员报酬、中介费用以及披露成本等。

(1) 税务成本

企业在改制为股份有限公司之前可能需要补缴部分税款，主要为3年内未严格按税法缴纳的企业所得税，这是拟上市公司普遍存在的问题。

企业在改制过程中还会产生改制过程中需要股东缴纳的个人所得税或企业的资本利得税，以及进行资产整合过程中的各项税费。

（2）社保成本

在劳动密集型企业，往往存在劳动用工不规范的问题，比如降低社保基数、少报用工人数、以综合保险代替城镇社保、少计加班工资、少计节假工资等。目前，证券市场对合法、合规的要求较为严格，要求企业在提交申请材料前要补足五险一金。

（3）上市筹备费用

上市筹备工作是一个系统工程，不仅需要各个职能部门按照上市公司的规范性要求提升管理工作水平，还要求组建一个专业的上市筹备工作团队对整个上市筹备工作进行组织与协调。因此，上市筹备费用对于企业来讲，也是必须考虑的成本因素。上市筹备费用主要包括：上市筹备工作团队以及各部门为加强管理而新增的人力成本；公司治理、制度规范、流程再造培训费用；为加强内部控制规范而新增的管理成本等。

（4）高级管理人员报酬

资本市场的财富效应使得企业在上市决策过程中必须考虑高级管理人员的报酬问题。除了高管的固定薪资之外，还要考虑符合公司发展战略的高管激励政策。高管固定薪资一般不会因企业上市而带来增量成本，但高管激励政策往往成为拟上市公司新增的高额人力资源成本。因为在目前的市场环境下，大多数企业会采用高管持股计划或期权计划作为对高级管理人员的主要激励手段。

对于中小民营企业，上市需要考虑的高级管理人员报酬问题有时还表现在高级管理人员的增加上。大多数中小民营企业为了满足公司治理的要求，不得不安排更多的董事会成员、监事会成员和高级管理人员。

（5）中介费用

企业上市必须是企业与中介机构合作才能实现的工作。在市场准入的保护伞下，中介服务成为一种稀缺资源，使得中介费用成为主要的上市成本之一。企业上市必需的合作中介包括券商、会计师事务所、资产评估机构、律师事务所等。中介费用的高低取决于合作双方的协议结果，它的主要影响因素包括目标融资额、合作方的规模与品牌、企业规模、企业业务复杂程度、市场行情等。其中券商的费用占主体，是可以延迟至成功募资后再实际支付。

（6）披露成本

严格的信息披露要求，使得公司的基本经营情况被公开，给予竞争对手一个学习的机会，当然这也是所有上市公司都面临的成本，另外，中介机构也掌握着大量企业的重要信息，公司面临重要信息流失的风险。

32. 企业选择上市地应考虑哪些因素？

首发企业可以根据自身意愿，在深沪市场之间自主选择上市地。

企业选择上市地的核心，并不是选择交易所而是选择自己的股东，只有适合自己的股东群体才能使产业发展与资本市场发展相得益彰。企业在选择上市地时一般应考虑以下因素：

①是否符合公司发展战略的需要，包括产品市场、客户和国际化程度、企业与拟上市地国家（或地区）业务的关联度；

②一般而言，公司的信息半径与产业、客户等有关，如国

外一般投资者对中国的非网络业的企业的认同度较低;

③上市标准的差异,国内外上市标准差异较大,国内市场中小板与创业板也有不同的定位,因此足够了解拟上市地的游戏规则并符合企业上市要求显得很重要。其中包括对公司治理的适应,如根据萨班斯法案,美国对中小企业也提出很严格的治理要求,企业因此会付出更多的成本;

④一级市场的筹资能力、市盈率水平、二级市场的流通性、市场活跃状况、后续融资能力;

⑤上市成本,包括初始上市成本与后续维护费用;

⑥上市时间与进程;

⑦地理位置、文化背景、法律制度等;

⑧政府的有关政策。

33. 企业如何决定在境内还是境外上市?

企业选择在境内上市或境外上市应视各自的具体情况而定,关键是要找准定位。一般来说,在境内上市对情况比较熟悉,对相关法律法规和游戏规则比较了解,文化背景相通,上市成本较低,有地理位置优势,主要产品和市场在国内的企业容易得到投资者认同,广告效应明显。但企业对境内上市的认同度较高,因此排队现象较为明显,上市时间与进程较难以把握,但这可能是暂时现象,随着注册制改革的进一步到位,上述现象可能有望得到缓解。因此,对大多数企业而言,在境内上市利大于弊。

实际上从国际经验来看,大多数国家的企业都是充分利用本国市场的地利、人和的优势在本土上市,随着企业经营规模的扩大和业务的国际化发展再选择境外多地挂牌,如到了跨国公司的规模,可实现多国挂牌交易,因为企业规模大,才能承受多地上市的成本。

当然,如果企业的主要产品和市场在境外,或者国际化程度较高能得到境外市场及投资者高度认同，或者企业规模大需要多地上市解决融资问题，可选择合适的境外市场上市。

34. 目前中国企业到境外上市主要存在什么困难？

①对于境外的文化背景、法律制度认识有限，尤其是欧、美等地加上语言上的障碍，公司股东和管理层在直接交流上存在问题，间接信息来源较多，导致沟通效率较低、成本较高。

②上市成本较高，因为境外中介机构的收费方式和水平与境内的有很大区别，尤其在美国、中国香港、英国等地上市前支付的费用以及上市后的维护费用均是境内的数倍，这对中小企业来说负担较重。

③聘用境外上市的人员比较困难，尤其在内地城市懂外语又懂证券投资的人员较少，流动性大。即使公司上市了，与境外交易所沟通的工作还主要依赖于这些人员。

在境外交易所上市的发行价格高低也是中国企业很关注的问题。从目前的情况看，除美国纳斯达克交易所外，在其他的交易所 IPO 的发行市盈率一般低于境内 IPO 发行市盈率，融资的数额受到较大影响。

因为境外上市涉及国家经济的多方面政策，所以企业拟到境外上市面临的政策性批准程序较多，存在政策风险和时间的不确定性，随之而来的就是成本增加的压力。

35. 在中小企业板上市的好处有哪些？

2004 年 5 月 27 日，党中央、国务院高瞻远瞩、审时度势，做出设立中小企业板的重大决策，一个专门服务于中小企业的市场板块应运而生，中小企业的发展迎来了朝气蓬勃的春天。12 年来，中小企业板逐步成长为促进我国中小企业发展壮大的高效融资平台，优化产业结构和资源配置的重要渠道，

中国多层次资本市场建设中承前启后的中坚力量,为我国国民经济转型与发展做出了卓越贡献。在中小企业板上市主要有以下好处:

(1) 更有利于企业发展

中小板民营企业占主体,深交所的监管和服务更贴近民营企业。民营经济代表中国未来的发展方向,深交所必然成为中国的主流交易平台。

(2) 更有利于企业融资

中小板总体的平均市盈率、换手率更高,更有利于企业首发融资、再融资、并购重组和股权转让。

(3) 更具行业集群效应

中小板上市公司中细分行业龙头企业占 40%,上市公司覆盖 23 个行业,3/4 以上是促进国民经济工业化、信息化发展,提高居民生活消费水平的重要行业。同行业上市公司的聚集会带来同类型的投资者的聚集,有利于上市公司合理定位企业形象,获得投资者认可。

(4) 更具全面服务条件

深交所具有服务企业的传统,20 年来一直坚持不懈。深交所全方位参与上市推广服务工作,有能力解决企业上市不同阶段的不同困难。深交所有各种形式和层次的培训、交流,能够深度服务企业,帮助企业顺利进入资本市场。

36. 在创业板上市的好处有哪些?

自 2009 年 10 月 30 日启动以来,创业板市场肩负促进自主创新,推动新兴产业发展的历史使命,始终保持稳健发展。在中国经济谋求转型的大背景下,以新兴产业为代表的创业板市场持续活跃,指数屡创新高,投资者结构不断优化;上市公司积极利用资本市场谋求主业发展,优秀公司脱颖而出;市场各项基础制度也得到持续优化和完善。这些都为创业板下一步改革与发展奠定了扎实基础。更为重要的是,创业板正深刻地改变着传统的思维方式和公司价值判断观念,激发着全社会的创新活力和热情,推动着创业企业成为促进我国经济增长方式转变的中坚力量。在创业板上市主要有以下好处:

(1) 更有利于企业成长

深交所着重服务于战略性新兴产业,深交所的培育、服务和监管与民营企业的创新、成长和壮大良性互动。成长型、创业型企业也可获得资本市场的有力支持。

(2) 更具多样性包容性

创业板上市公司规模灵活,很多要求都从三年降到两年,未来创业板的上市条件将适度放宽,进一步降低发行门槛,淡化持续盈利能力的实质性判断。同时,创业板没有行业限制,可以接纳更多元、更具特色的各类企业上市。

(3) 更有利于企业融资

相对于主板,创业板总体的平均市盈率、换手率更高,更有利于企业首发融资、并购重组和股权转让。创业板推出再融资制度,特别是"小额快速"定向增发机制将进一步提高再融资效率。

(4) 更具创新服务精神

由于地处深圳,深交所更具创新氛围和服务精神。深交所深度了解企业需求,针对企业发展所处阶段、企业特点,切实解决企业困难。

创业板上市公司与中小板上市公司相比,目前暂时限制借壳行为。

37. 相同规模视角下深市与沪市的市盈率有何区别?

截至 2016 年 10 月 31 日,上海以及深圳市场 A 股按照股本规模划分,根据 Wind 资讯数据计算所得,相同股本规模股票深圳市场市盈率要高于上海市场（见下表）。

相同规模视角下深市与沪市的市盈率的区别

深市 A 股				
股本规模 （亿股）	市盈率为正的股票只数 （只）	平均市值 （亿元）	平均盈利 （亿元）	平均市盈率
3 亿股以下	421	65.16	0.62	105.92
3 亿~6 亿股	497	82.52	1.14	72.58
6 亿~10 亿股	337	120.60	2.12	56.87
10 亿股以上	371	271.29	8.96	30.27
沪市 A 股				
股本规模 （亿股）	市盈率为正的股票只数 （只）	平均市值 （亿元）	平均盈利 （亿元）	平均市盈率
3 亿股以下	169	61.43	0.86	71.57
3 亿~6 亿股	219	82.31	1.37	59.98
6 亿~10 亿股	194	114.62	2.53	45.25
10 亿股以上	415	508.70	37.83	13.45

备注：所涉数据来源于 Wind 资讯，数据截至 2016 年 10 月 31 日。市盈率为正的股票只数中的市盈率是指市盈率（LYR），即价格除以上一年度每股盈利计算的静态市盈率；平均市值根据 A 股市值简单平均计算所得；平均盈利根据每只股的 A 股市值/市盈率（LYR）再加总后简单平均计算所得；平均市盈率根据平均市值/平均盈利计算所得。

38. 深市和沪市哪个市场交易更活跃？

深市较为活跃。换手率是指在一定时间内市场中股票转手买卖的频率，是成交量与流通股本的比值，是反映股票流动性和交易活跃程度的指标之一。根据 Wind 资讯数据，近年来，深市的日均换手率远大于沪市,详情见下表。

深沪两市区间日均换手率

	2016 年 (截至 10 月 31 日)	2015 年	2014 年
深市	2.16	3.88	1.95
沪市	0.65	1.66	0.73

深沪两市数据来源:Wind 资讯。

39. 企业发行规模大,是否适宜在深圳上市?

目前,所有企业不再受发行规模限制,企业可以自由选择上市地。深市中小板也有规模较大的苏宁云商、比亚迪等有影响力的民营企业,创业板更是战略性新兴产业企业的聚集地,也有一批有影响的大企业,因此,如果取消了发行规模限制,将会有更多优秀的、规模较大的企业聚集到中小板与创业板。

第三章
聘请中介机构

40. 企业发行上市需要聘请哪些中介机构?

企业发行上市一般需要聘请以下中介机构:
①保荐机构(证券公司);
②会计师事务所;
③律师事务所;
④资产评估机构。

41. 企业选择中介机构应注意哪些问题?

企业股票发行上市需要聘请中介机构,企业和中介机构之间是一种双向选择的关系,企业在选择中介机构时应该注意以下几个方面:

①中介机构是否具有从事证券业务的资格。在我国,会计师事务所和资产评估机构从事股票发行上市业务必须具有证券从业资格,证券公司必须具有保荐承销业务资格。

②中介机构的执业能力、执业经验和执业质量。企业需要对中介机构的执业能力、执业经验和执业质量进行了解,选择具有较强执业能力、熟悉企业所从事行业的中介机构,以保证中介机构的执业质量。中介机构的声誉实际上是其整体实力的综合反映,良好的声誉是中介机构内在质量的可靠保证。此

外，中介机构所派遣项目团队及其成员的专业水平、项目经验、敬业精神、职业道德等，也是重要考量因素。

③中介机构对企业发行上市的重视程度、资源投入情况。

④中介机构之间应该进行良好的合作。股票发行上市是发行人以及各中介机构"合力"的结果，中介机构之间（尤其是保荐机构与律师、会计师之间）应该能够进行良好的合作。

⑤中介机构的费用是企业控制发行上市成本需要考虑的一个重要问题，具体收费或收费标准一般由双方协商确定。

42. 企业发行上市过程中保荐机构主要负责哪些工作？保荐机构在推荐中小商业银行发行上市时应履行哪些核查义务？

（1）保荐机构在企业发行上市过程中主要负责的工作

①协助企业拟定改制重组方案和设立股份有限公司；

②根据《保荐人尽职调查工作准则》的要求对企业进行尽职调查；

③对公司主要股东、董事、监事和高级管理人员等进行辅导和专业培训，帮助其了解与股票发行上市有关的法律法规，知悉上市公司及其董事、监事和高级管理人员的法定义务和责任；

④帮助企业完善组织结构和内部管理，规范企业行为，明确业务发展目标和募集资金投向等；

⑤组织发行人和中介机构制作发行申请文件，并依法对公开发行申请文件进行全面核查，向中国证监会尽职推荐并出具发行保荐书及发行保荐工作报告等；

⑥对发行人是否具备持续盈利能力、是否符合法定发行条件做出专业判断，并确保发行人的申请文件和招股说明书等信息披露资料真实、准确、完整、及时；

⑦组织发行人和中介机构对中国证监会的审核反馈意见进

行回复或整改；

⑧负责证券发行的主承销工作，组织承销团承销；

⑨与发行人共同组织路演、询价和定价工作；

⑩在发行人证券上市后，持续督导发行人履行规范运作、信守承诺、信息披露等义务。

（2）保荐机构在推荐中小商业银行发行上市时，应结合所推荐中小商业银行的实际情况，重点核查的事项

①贷款风险分类制度的健全性和执行的有效性，确认所推荐的中小商业银行已根据银行业监管部门要求制定贷款分类制度并在报告期内得到有效执行。

②公司治理结构、风险管理体系和内部控制制度的健全性和有效性，确认所推荐的中小商业银行已建立健全的公司治理结构、完善的风险管理体系和内部控制制度，并确认其报告期内各项风险管理与内部控制措施得到全面有效执行。

③重点风险领域相关业务的风险与合法、合规性，确认所推荐的中小商业银行相关业务合法、合规，不存在重大风险。

④贷款集中度和关联贷款，确认所推荐中小商业银行不存在重大信用风险。

 43. 企业发行上市过程中会计师事务所和注册会计师主要负责哪些工作？

企业发行上市必须聘请具有证券从业资格的会计师事务所承担有关审计和验资等工作。其主要工作如下：

①负责企业财务报表审计，并出具3年一期审计报告；

②负责企业资本验证，并出具有关验资报告；

③负责企业盈利预测报告审核，并出具盈利预测审核报告（如果需要）；

④负责企业内部控制鉴证，并出具内部控制鉴证报告；

⑤负责核验企业的非经常性损益明细项目和金额；

⑥对发行人主要税种纳税情况出具专项意见；

⑦对发行人原始财务报表与申报财务报表的差异情况出具专项意见；

⑧发行人财务报告审计截止日至招股说明书签署日之间超过4个月的，对发行人提供的期间季度财务报表进行审阅；

⑨提供与发行上市有关的财务会计咨询服务。

44. 企业发行上市过程中律师事务所和律师主要负责哪些工作？

企业发行上市必须依法聘请中华人民共和国境内律师事务所担任法律顾问，其主要工作如下：

①对改制重组方案的合法性进行论证；

②指导设立或变更为股份有限公司；

③协助和指导发行人制定法人治理规范运作的相关制度并遵照执行；

④对企业发行上市涉及的法律事项进行审查并协助企业进行规范、调整和完善；

⑤对发行主体的历史沿革、股权结构、资产、组织机构运作、独立性、税务等法律事项的合法性做出判断；

⑥对股票发行上市的各种法律文件的合法性进行判断；

⑦协助和指导发行人起草公司章程等公司法律文件；

⑧出具法律意见书；

⑨出具律师工作报告；

⑩出具相关资产产权证书的鉴证意见；

⑪对有关申请文件提供鉴证意见。

45. 企业发行上市过程中资产评估机构和评估师主要负责哪些工作？

企业申请公开发行股票涉及资产评估的，应聘请具有证券从业资格的资产评估机构承担,资产评估工作一般包括资产清查、评定估算、出具评估报告。根据《公司注册资本登记管理规定》,有限责任公司整体变更为股份有限公司时,有限责任公司的净资产应当由具有评估资格的资产评估机构评估作价,并由验资机构进行验资。

企业以实物、知识产权、土地使用权等非货币资产出资设立公司的,应当评估作价,核实资产。国有及国有控股企业以非货币资产出资或者接受其他企业的非货币资产出资,应当遵守国家有关资产评估的规定,委托有资格的资产评估机构和执业人员进行评估;其他的非货币资产出资的评估行为,可以参照执行。

各级财政(或国有资产管理,下同)部门对国有资产评估项目实行核准制和备案制。有关经济行为的资产评估活动由国有资产占有单位按照现行法律、法规的规定,聘请具有相应资质的中介机构独立进行,评估报告的法律责任由签字的注册资产评估师及其所在的评估机构共同承担。经各级政府批准的涉及国有资产产权变动、对外投资等经济行为的重大经济项目,其国有资产评估实行核准制。凡由国务院批准实施的重大经济项目,其评估报告由财政部进行核准;凡由省级人民政府批准实施的重大经济项目,其评估报告由省级财政部门进行核准。对其他国有资产评估项目实行备案制。除核准项目以外,中央管理的国有资产,其资产评估项目报财政部或中央管理的企业集团公司、国务院有关部门备案。地方管理的国有资产评估项目的备案工作,比照上述原则执行。

46. 企业选择保荐机构应该注意哪些问题?

企业选择保荐机构既要注重保荐机构本身的信誉,更要注重为企业服务的保荐团队。具体而言:

①保荐机构的知名度、专业水平、成功案例和行业声誉,

第一部分 股票发行上市基础知识及前期准备 47

以及保荐机构的经营稳健性和资产质量优劣,这对能否真正实现发行人与保荐机构的长期稳定合作十分重要。

②为企业服务的保荐团队。团队非常重要,应尽量选择有相关行业经验和实战案例的保荐团队,便于双方深入沟通行业竞争格局、市场发展趋势、挖掘公司核心竞争力、审慎讨论公司募投项目与发展战略,同时最好在协议签订前能明确至少一名牵头保荐代表人作为项目负责人,该人应具有专业水准、敬业精神、沟通与协调能力。

③保荐机构的业务支持平台。根据职责要求,保荐机构应对发行人的整体价值和发展潜力做出尽职调查和准确判断。一个成功的保荐项目,需要行业研究、价值判断、市场销售、企业管理等多方面的人才和专家参与。

④保荐机构的行业研究水平。随着证券市场不断发展,越来越多的创新型企业有上市需求,这些创新型企业在选择保荐机构时,应尽量选择有一定研究水平和实力的保荐机构,便于今后深入发掘企业在行业中的竞争优势、未来潜力以及行业估值。

⑤保荐机构派出人员的道德素养。对保荐机构相关人员违反规定提出入股等无理要求一定要坚定的拒绝。《证券发行上市保荐业务管理办法》明确规定保荐代表人及其配偶不得以任何名义或者方式持有发行人的股份。因此,对于保荐代表人及保荐机构相关人员提出的入股要求应予以回绝。

⑥保荐机构对项目的重视程度。保荐机构的重视程度一般与其收入、项目的难易程度相关,一般而言,保荐机构的收入来自于承销费用,企业融资规模大,保荐机构收入相应变高,因此,保荐机构会更偏爱规模大一些的企业,当然如企业成长性好,保荐机构可能会从战略合作的高度重视一些高成长的企业。

⑦保荐机构的保荐代表人数量。由于每家企业需要两个保

荐代表人,如果保荐机构的保荐代表人数量不足,可能会影响企业的正常申报。

 47. 保荐机构选择企业关注哪些要素?

(1)硬性条件

《公司法》《证券法》《首次公开发行股票并上市管理办法》和《首次公开发行股票并在创业板上市管理办法》等法律、法规对企业在国内证券市场发行上市做了较为明确的硬性条件规定。

(2)软性条件

①公司主要管理层的素质。公司主要管理层直接影响着整个公司的运作方式、路线和目标,保荐机构通过与管理层的交流考察后,会根据主要管理人员的构成、经验履历和管理方式做出对发行人的初步判断。

②公司的业务状况、所处行业特点及成长性。保荐机构在选择发行人时,会详细考虑发行人的业务状况。同时,在关注发行人过去的成长成果的同时,保荐机构会更为关注发行人未来的发展潜力。

③公司的股权结构和内部治理结构。公司的股东结构、独立董事设置、董事会与经理层关系、内部控制制度、激励机制构成了评价公司治理结构的指标。保荐机构会详尽考察发行人股权结构和内部治理结构,清晰、责任明确的股权结构和内部治理结构有利于发行人的快速稳健发展。

④公司的财务状况。公司的财务状况反映了公司的整体资产质量。保荐机构会仔细研究发行人历年的财务报表,并根据标准的财务指标体系加以分析,财务体系健康的公司方能符合保荐机构保荐上市的标准。

⑤公司拟募集资金投向的可行性和获利能力。拟募集资金的投向关系到发行人今后的发展思路和增长潜力,如果募集资

金投向与公司当前主业密切相关、资金投入能够起到做大做强主业的效果、拟投资项目的预期回报率理想，该类型的发行人将会获得保荐机构和广大投资者的青睐。

⑥公司人才综合素质。中小企业普遍存在人才缺乏，研发、创新能力不足的缺陷。保荐机构对发行人所拥有人才的综合素质和团队理念要进行预先的评估，以掌握公司今后发展的动力所在，只有稳定优秀的人才队伍才能够保证公司持续稳定地发展。

⑦公司研发与创新能力。公司的研发能力、创新意识、对市场和客户变化的反应速度、新技术和新产品的市场接受程度等构成了公司的核心竞争力。为了确认发行人拥有可持续发展的能力，研发创新能力是保荐机构选择发行人时要考虑的重要因素之一。

⑧公司内部控制制度的有效性。保荐机构会仔细考察公司是否具有严格的内控制度，并会在注重形式的同时（如制度完整全面）更注重实质，即制度是否在有效地运行。保荐机构既可通过独立的观察和抽查，也可通过与公司审计师的交流与协作获得可靠的判断。

⑨公司或有风险。公司涉及诉讼、担保、抵押等，可能会对公司未来经营状况带来重大影响。保荐机构会慎重地分析这些或有风险对发行人的影响，以判断发行人的稳定性和持续盈利能力。

第四章
企业内部组织和业务架构的调整

48. 企业内部组织和业务架构设计的要点有哪些?

①拟上市公司应当依法明确股东大会、董事会、监事会和经理层的职责权限、任职条件、议事规则和工作程序,确保决策权、执行权和监督权相互分离,形成制衡。

②拟上市公司的重大决策、重大事项、重要人事任免及大额资金支付业务等,应当按照规定的权限和程序实行相应的集体决策审批。避免任何个人单独决策或者擅自改变集体决策意见。

③拟上市公司应当按照规范、科学、高效、透明、制衡的原则,综合考虑企业性质、发展战略、文化理念和管理要求等因素,合理设置内部职能机构和岗位,明确各机构、岗位的职责权限。

49. 公司架构设计需要考虑哪些原则?

拟上市公司的架构设计既要考虑公司结构的合法性、规范性,也要兼顾运作的实用性和效率。

拟上市公司涉及多家关联公司时,公司架构的设计关系到公司合法性和合理性的重大问题,处理不好可能成为上市的障碍。一般来说,涉及多家关联公司的架构需要进行梳理甚至重组，遵循的原则有：

（1）突出主营业务，应将非主营业务及相关资产、人员从拟上市公司及其子公司中剥离；

（2）避免同业竞争，如在合并报表范围外还存在与拟上市公司有相同或者相似的业务，应当由拟上市公司或子公司收购，或出售给无关联的第三方，也可以停止业务、注销公司；

（3）避免不必要的关联交易，要保证拟上市公司及子公司在人员、业务、财务、资产和机构的独立，不能将拟上市公司必要的经营环节放在合并报表范围之外。

50. 为统筹规划和组织发行上市，拟上市公司是否需要成立专门的机构？如何界定该机构的职能？

为统筹规划和组织发行上市，拟上市公司应聘请董事会秘书、证券事务代表（这是上市时法定需要具备的两个职位），同时可以设立证券事务部门，负责与中介机构之间的沟通、联络证券监管等政府部门以及组织开展公司"三会"等工作。为更好地推进发行上市工作，建议拟上市公司组建由实际控制人、董事会秘书、财务总监及其他相关部门骨干人员参与的上市工作小组。

上市工作小组可再分设业务组、法律组和财务组，分别对口保荐人、律师、会计师、资产评估师等中介机构。

①业务组负责协调业务尽职调查；协助完成募投项目设计；负责提供招股说明书业务部分所需资料和分析，并对相应部分进行审核等。

②法律组负责协调法律尽职调查；办理规范、重组、改制相关的法律事务及工商变更手续；履行"三会"的程序及撰写相关会议文件；建立与完善对外担保及信息披露等管理制度；负责提供招股说明书法律部分所需资料和分析，并对相应部分进行审核等。

③财务组负责协调财务尽职调查；配合中介机构完成审计、评估等相关工作；完善内部控制制度；提供招股说明书财务部分所需资料和分析，并对相应部分进行审核等。

上市工作小组应积极配合中介机构的工作，对中介机构在尽职调查过程中发现的问题按要求积极进行整改规范，确保公司规范运作，符合发行上市要求。

51. 什么是子公司？什么是分公司？

根据《公司法》第十四条的规定，公司可以设立子公司，也可以设立分公司。

设立分公司，应当向公司登记机关申请登记，领取营业执照。分公司不具有法人资格，其民事责任由公司承担。分公司设负责人，没有董事、监事等设置，但需要在当地进行税务登记。分公司不存在股权，也不能转让。

子公司具有法人资格，依法独立承担民事责任，应设置董事会或一名执行董事、监事会或监事、总经理等组织架构，子公司需要独立纳税。公司以认缴的出资额为限承担有限责任。公司持有子公司的股权可以依法转让。

一般来说，子公司分为以下两种情形：
①公司对其持股比例超过50%；
②虽然公司对其持股比例没有达到50%，但是可以控制其重要人员选任和重大决策活动。

52. 子公司众多对改制上市有什么影响？

子公司数量众多本身不会成为上市的障碍，但子公司众多会增加改制上市的工作量，影响工作进程，因为中介机构须逐个核查子公司的历史沿革、规范经营和财务状况并发表专业意见。子公司的重大不规范事项或重大违法行为可能会成为拟上市公司的法律障碍。

53. 子公司能否有其他股东？能否和公司管理人员一起设立子公司？

子公司可以有其他股东，俗称"小股东"。尽管子公司纳入合并财务报表，但公司利润的一部分将根据小股东的股权比例予以扣减。在改制上市过程中，由于子公司纳入审计范围，需要承担较高标准的规范要求和承受各项规范成本。但公司股票上市并不是子公司的股权上市，也就是说子公司小股东虽然承担了上市的义务，却不能享受上市而带来的股权溢价。这种情形容易导致公司和子公司小股东的矛盾，所以要慎重对待子公司小股东的存在。

公司和公司管理人员共同成立子公司也是关联交易，并且这种持续性的关联交易容易造成公司管理人员向公司输送不当利益的嫌疑，因此拟上市公司应当慎重以此方式设立子公司。

54. 拟上市公司可以和合并报表子公司共用行政、人事、财务等职能部门吗？

为加强对子公司的控制与管理，拟上市公司应对子公司制定统一的行政、人事和财务等管理制度。但子公司作为独立的纳税主体，应确保成本费用核算的完整性，因此子公司应尽量设置与业务运营相匹配的职能部门，同时，在法定的决策管理框架基础上，可以由母公司代行部分行政、人事和财务的职能。

55. 什么叫参股公司？

参股公司是指公司作为出资一方设立、但持股比例尚未达到控制程度的次一级公司，所以参股公司一般不称为子公司。

56. 参股公司的收益能否计入拟上市公司的业绩？公司收益主要来源于参股公司可以上市吗？

一般来说，参股公司因分红或股权转让获得的收益应计入拟上市公司的收益，但不能作为主营业务的收入以考核公司的经营能力。根据《首次公开发行股票并上市管理办法》，最近一年的净利润如果主要来源于参股公司，则不符合上市的条件。因为参股公司不纳入审计的范围，其真实性、准确性有待考证，而且参股公司的收益并不能反映拟上市公司的经营能力，所以不能作为拟上市公司的参考业绩。

《首次公开发行股票并在创业板上市管理办法》（证监会令第99号）虽然修改了持续盈利的相关规定，但仍然要求保荐机构要对创业板拟上市公司的持续盈利能力发表专业判断并充分披露，因此，即使在创业板上市，公司收益主要来源于参股公司也会构成重大的不利影响。

57. 什么叫合并财务报表？合并财务报表范围如何确定？

合并财务报表，是指应当由母公司编制的反映母公司及其全部子公司形成的企业集团整体财务状况、经营成果和现金流量的财务报表。所谓母公司，是指控制一个或一个以上主体（含企业、被投资单位中可分割的部分、企业所控制的结构化主体等，下同）的主体；所谓子公司，是指被母公司控制的主体。

合并财务报表至少应当包括下列组成部分：
①合并资产负债表；
②合并利润表；
③合并现金流量表；
④合并所有者权益（或股东权益）变动表；
⑤附注。

根据《企业会计准则第 33 号——合并财务报表》的规定，合并财务报表的合并范围应当以控制为基础予以确定。所谓控制，是指投资方拥有对被投资方的权利，通过参与被投资方的相关活动而享有可变回报，并且有能力运用对被投资方的权利影响其回报金额；所谓相关活动，是指对被投资方的回报产生重大影响的活动。被投资方的相关活动应当根据具体情况进行判断，通常包括商品或劳务的销售和购买、金融资产的管理、资产的购买和处置、研究与开发活动以及融资活动等。

58. 在确定合并财务报表范围时，如何判断投资方是否能够控制被投资方？

除非有确凿证据表明投资方不能主导被投资方相关活动，下列两种情况表明投资方对被投资方拥有控制权利。

①投资方持有被投资方半数以上的表决权的；

②投资方持有被投资方半数或以下的表决权，但通过与其他表决权持有人之间的协议能够控制半数以上表决权的。

属于上述两种情形的被投资方，应纳入合并财务报表。

根据《企业会计准则第 33 号——合并财务报表》的规定，投资方应当在综合考虑所有相关事实和情况的基础上，对是否控制被投资方进行判断。相关事实和情况主要包括：

①被投资方的设立目的；

②被投资方的相关活动以及如何对相关活动做出决策；

③投资方享有的权利是否使其目前有能力主导被投资方的相关活动；

④投资方是否通过参与被投资方的相关活动而享有可变回报；

⑤投资方是否有能力运用对被投资方的权利影响其回报金额；

⑥投资方与其他方的关系。

投资方享有现时权利使其目前有能力主导被投资方的相关活动，而不论其是否实际行使该权利，视为投资方拥有对被投资方的权利，应将其纳入合并财务报表范围。

投资方在判断是否拥有对被投资方的权利时，应当仅考虑与被投资方相关的实质性权利，包括自身所享有的实质性权利以及其他方所享有的实质性权利。所谓实质性权利，是指持有人在对相关活动进行决策时有实际能力行使的可执行权利。判断一项权利是否为实质性权利，应当综合考虑所有相关因素，包括权利持有人行使该项权利是否存在财务、价格、条款、机制、信息、运营、法律法规等方面的障碍；当权利由多方持有或者行权需要多方同意时，是否存在实际可行的机制使得这些权利持有人在其愿意的情况下能够一致行权；权利持有人能否从行权中获利等。

59. 投资方仅对被投资方享有保护性权利，可否将其纳入合并财务报表范围？

根据《企业会计准则第33号——合并财务报表》第12条的规定，仅享有保护性权利的投资方不拥有对被投资方的权力，因此不能将其纳入合并财务报表范围。所谓保护性权利，是指仅为了保护权利持有人利益却没有赋予持有人对相关活动决策权的一项权利。保护性权利通常只能在被投资方发生根本性改变或某些例外情况发生时才能够行使，它既没有赋予其持有人对被投资方拥有权利，也不能阻止其他方对被投资方拥有权利。

60. 如何确定投资性主体的合并财务报表范围？投资性主体应满足哪些条件？

根据《企业会计准则第33号——合并财务报表》的规定，如果母公司是投资性主体，则母公司应当仅将为其投资活动提供相关服务的子公司（如有）纳入合并范围并编制合并财务报表；其他子公司不应当予以合并，母公司对其他子公司的投资应当按照公允价值计量且其变动计入当期损益。

当母公司同时满足下列条件时，该母公司属于投资性主体：

①该公司是以向投资者提供投资管理服务为目的，从一个或多个投资者处获取资金；

②该公司的唯一经营目的，是通过资本增值、投资收益或两者兼有而让投资者获得回报；

③该公司按照公允价值对几乎所有投资的业绩进行考量和评价。

母公司属于投资性主体的，通常情况下应当符合下列所有特征：

①拥有一个以上投资；

②拥有一个以上投资者；

③投资者不是该主体的关联方；

④其所有者权益以股权或类似权益方式存在。

61. 非公司制的国有股份应如何折股？

根据《企业国有资产法》《企业国有资产监督管理暂行条例》《企业国有产权转让管理暂行办法》《企业国有资产评估管理暂行办法》《企业国有产权交易操作规则》等规定，国有资产折股应当符合以下基本要求：

①国有资产作价入股必须进行资产评估。国有资产的转让方应当委托具有相关资质的资产评估机构，依照国家有关规定进行资产评估。评估报告经核准或者备案后，作为确定企业国有产权转让价格的参考依据。

②国有资产作价入股时，企业应当以经核准或备案的资产评估结果为作价参考依据；当交易价格低于评估结果的90%

时，应当暂停交易，在获得原经济行为批准机构同意后方可继续交易。

③国有资产严禁低估作价折股。一般应以评估确认后的净资产折为国有股的股本。如不全部折股，则折股方案须与募股方案和预计发行价格一并考虑。

④企业改制设立股份有限公司时，要取得关于企业设立时国有股权（包括国家股及国有法人股）的设置文件。国务院国资委、财政部、省级财政或国资部门出具的关于公司国有股权设置的批复文件是企业提交公开发行股票申请文件的必备文件。该设置文件中需要明确国有股的界定及设置，包括股东名称、持股数量、占总股本的比例、股权性质等。

第五章
企业规范运作与重组

62. 何为规范运作？为发行上市进行的规范运作和企业日常经营的规范运作有何不同？

规范运作，是指经营主体持续按照国家法律、行政法规、部门规章、地方性法规以及相关规范性文件的要求组织开展经营活动。

对拟上市企业的规范运作要求比企业日常经营规范运作的标准要高得多，执行也更严格。对于拟上市公司，从法律、行政法规、部门规章、规范性文件等层面构建了严格的监管体系，主要包括《公司法》《证券法》《首次公开发行股票并上市管理办法》《首次公开发行股票并在创业板上市管理办法》及其他由中国证监会、证券交易所等相关部门发布的与企业上市有关的相关规定；而对于企业的日常经营，主要按照其所在行业产业政策、监管法规以及财政、工商、税务、环保等部门相关规定进行规范运作。

拟上市主体在日常经营规范运作的基础上，还需满足多项条件才能实现首次公开发行股票并上市，主要有：

（1）主体资格方面

要求股份公司持续经营满3年，且最近3年（主板、中小板）或两年（创业板）主营业务和董事、高级管理人员没有发生重大变化,实际控制人没有发生变更,股权清晰等。

（2）规范运行方面

要求企业已建立健全公司治理结构且"三会"运作规范；董事、监事和高级管理人员满足任职资格要求；内部控制制度健全且被有效执行；无重大违法违规；无资金被控股股东、实际控制人及其控制的其他企业占用的情形，亦不存在对关联方违规担保等情形。

（3）财务与会计方面

要求企业会计基础工作规范且财务报表编制公允反映企业经营情况；内部控制由注册会计师出具无保留结论的鉴证报告；依法纳税；财务指标符合上市要求等。

此外，企业还需要达到发行监管对资产完整、人员独立、财务独立、机构独立及业务独立的要求，以及不存在与控股股东、实际控制人及其控制的其他企业从事相同、相似的业务的情形。

63. 上市需要规范哪些事项？要规范到什么程度？

上市准备阶段是对拟上市公司全面进行清理规范的过程。在此过程中，中介机构需要对公司的历史沿革、股权形成过程、公司架构、法人治理结构、商业模式、资产状态、运营过程、财务制度、核算方式、内控制度等事项进行核查验证，对于不合法、不规范或不合理的事项都要综合考虑，结合公司的实际情况进行规范化处理。

根据中国证监会规定，IPO申报材料需包含最近3年的审计报告。因此，实务中拟上市公司在向证监会提交IPO申报材料时，其规范工作要达到以下两个要求：第一，审计报告期内不存在重大违法行为；第二，不规范行为得以纠正或消除。

64. 拟上市公司法律规范和财务规范如何衔接？

拟上市公司法律规范与财务规范密切相关，因此，在规范、重组和运营过程中，要整体、系统性地安排财务、法律和业务的规范工作，不能割裂对待。法律规范和财务规范的内在关系如下：

①企业经营活动不规范会导致财务不规范。法律不规范的行为已经发生，会计核算往往只能如实反映，如企业出资不实、资产权属不清、偷逃税务、未按规定为员工缴纳社保公积金、违规对外担保及大股东违规占用企业资金等法律不规范情形必然会通过财务核算得以呈现。

②不按会计准则的规定进行确认、计量和报告形成的财务不规范，亦会使得企业存在法律不规范情形。如企业按需确认收入、混淆研发费用资本化和费用化边界、随意计提和摊销费用等违反会计准则的财务不规范，亦会使得企业公司治理、税收缴纳等方面存在法律不规范的情形。

③内部控制的有效性是法律规范和财务规范的衔接点。不管是包括法律不规范在内的经营不规范，还是财务不规范，以及二者综合反映的原始财务报表与申报财务报表的差异情况，本质上是由于企业内部控制存在缺陷所致，即内部控制的失效使得其合理保证财务报告的可靠性、生产经营的合法性、营运效率与效果的内部控制目标无法实现。

由于规范运作是企业上市审核的重点内容，需要企业严格按照《企业内部控制基本规范》及其配套指引的要求建立健全有效的内部控制制度，以实现内部控制目标，进而提升相关法律、财务及业务的规范运行。

65. 拟上市公司法律规范包括哪些内容？

拟上市公司的法律规范主要包括如下几个方面内容：

①主体资格方面,要求股份有限公司依法设立和存续,且持续经营3年以上。

②资产权属方面,要求出资已足额缴纳并且规范,主要资产不存在瑕疵或重大权属纠纷。

③经营合规性方面,要求企业生产经营符合国家产业政策,不存在违反工商、税收、土地、环保、海关以及其他法律、行政法规受到行政处罚,且情节严重的情形。

④股权及实际控制人方面,要求企业的股权清晰,实际控制人最近3年(创业板最近两年)没有发生变更。

⑤公司治理结构方面,要求企业已经依法建立健全股东大会、董事会、监事会、独立董事、董事会秘书制度,且"三会"运作规范。

⑥董事、监事和高级管理人员方面,要求相关人员符合法律、行政法规和规章规定的任职资格,了解与股票发行上市有关的法律法规。

⑦对外担保方面,不存在为控股股东、实际控制人及其控制的其他企业进行违规担保的情形。

⑧独立性与同业竞争方面,要求企业实现资产完整、人员独立、财务独立、机构独立及业务独立,且不存在同业竞争情形。

企业应在中介机构的指导下对上述情形进行规范运作。

66. 拟上市公司财务规范包括哪些内容?

拟上市公司财务规范主要包括四个方面的内容:

①税收方面,要求企业依法纳税,各项税收优惠合法合规;

②会计基础工作方面,要求会计基础工作规范,财务报表符合准则的规定,并由会计师出具无保留意见的审计报告;

③内部控制方面,要求企业内控制度健全并且有效,并由

会计师出具无保留结论的内部控制鉴证报告;

④资金管理方面,要求企业建立严格的资金管理制度,不存在大股东占用资金的情形。

报告期内,企业在以上四个方面必须予以规范,企业在财务规范过程中,最好在保荐机构(证券公司)的指导下,由具有证券资格的会计师事务所出具审计、内控鉴证报告。

67. 企业应如何规范会计基础工作?

会计基础工作规范的前提是经营规范(包括税收规范),一些企业在初期生存发展的压力之下,在决策各项经营行为时可能有尽量减少税收负担的考虑,这些考虑可能导致采购、生产及销售等环节未获取合法凭证或取得的凭证未反映经营实质,财务不能真实记录企业经营活动,从而使会计基础工作不规范。这就要求企业树立规范经营依法纳税的理念,为会计基础工作规范创造条件。

会计基础工作规范问题还与管理层对财务管理工作不够重视有关,部分企业在财务人员配备以及在会计基础工作管理方面欠缺较多,导致会计核算基础薄弱,规范性差。企业应建立规范的财务会计核算体系,保证财务部门岗位齐备,所聘用人员具备相应的专业知识及工作经验,能够胜任该岗位工作,各关键岗位应严格执行不相容职务分离的原则。企业应通过记账、核对、岗位职责落实、职责分离、档案管理等会计控制方法,确保企业会计基础工作规范,使财务报告编制有良好基础。

68. 企业应如何规范资金管理?

企业规范资金管理时应注意以下要点:

(1)建立严格的资金管理制度

这些管理制度包括建立和完善严格的资金授权、批准、审验、责任追究等相关管理制度，加强资金活动的管理。

（2）杜绝大股东占用资金

部分企业实际控制人认为拟上市企业与其控制的其他企业虽然法律主体不同，但实质属一体，因此资金在其控制的企业之间甚至与其个人账户任意划转，造成关联资金往来或大股东占用资金等情形，这种主体认识的模糊不清与发行上市对拟上市企业独立性的要求格格不入。

（3）保证资金收支与企业正常业务活动的相关性

所有资金收支在账簿中应完整记录，避免利用员工账户或其他个人账户进行货款收支或其他与公司业务相关的款项往来等情况。

（4）尽量减少现金交易

企业与个人或个体经销商等交易金额较大的，企业应采取各项措施尽量提高通过银行系统收付款的比例，减少现金交易比例；对现金交易部分，应建立现代化的收银系统，防止出现某些环节的舞弊现象。

 69．什么是内部控制基本规范要点？

根据国家有关法律法规，财政部会同中国证监会、审计署、中国银监会、中国保监会于2008年5月22日制定并发布了《企业内部控制基本规范》（财会［2008］7号）；同时为了促进企业建立、实施和评价内部控制，规范会计师事务所内部控制审计行为，于2010年4月26日制定并发布了《企业内部控制应用指引第1号——组织架构》等18项应用指引、《企业内部控制评价指引》和《企业内部控制审计指引》（以下简称《企业内部控制配套指引》）。

《企业内部控制基本规范》及企业内部控制配套指引所称的内部控制，是由企业董事会、监事会、经理层和全体员工实施的、旨在实现控制目标的过程。内部控制的目标分为五个方面：

①合理保证企业经营管理合法合规；

②合理保证企业资产安全；

③合理保证企业财务报告及相关信息真实完整；

④提高经营效率和效果；

⑤促进企业实现发展战略。

执行企业内部控制规范体系的企业，必须对本企业内部控制的有效性进行自我评价，披露年度自我评价报告，同时聘请具有证券、期货业务资格的会计师事务所对其财务报告内部控制的有效性进行审计，出具审计报告。

70. 企业如何开展内部控制体系建设工作？

企业应当根据《企业内部控制基本规范》及企业内部控制配套指引的规定，结合所在行业要求和自身特点，从自身经营管理的实际出发，识别和评估相关风险，加强对关键和重点业务的控制，保持信息沟通的顺畅，对实施效果做好监督评价，努力构建一套符合实际、业务规范、控制合理、管理有效的内部控制体系，具体包括内部控制梳理对标、内部控制整改固化、内部控制评价和内部控制审计等四个步骤。

①内部控制梳理对标，成立专属部门、确定梳理范围、实施风险评估、整理现有制度、辨识内部控制环节和对标管理规范。

②内部控制整改固化，记录内部控制缺陷、设计整改方案、完善内控制度、更新内控文件。

③内部控制评价，根据评价指引建立相应的程序和组织，最终通过评价工作的开展实现内部控制评价报告的编制和对外的披露。

④内部控制审计，应提供详尽的信息以有利于注册会计师省时高效地完成内部控制审计，并出具管理层声明，披露审计

报告。

企业在构建并实施内部控制体系时需要遵循全面性、重要性、制衡性、适应性和成本效益原则。

 71. 企业在内部控制规范方面的治理架构是怎样的？如何看待董事会、专业委员会、管理层、各业务与专业部门和内部审计在内部控制规范中的职责？

公司治理架构是内部控制五个构成要素中内控环境的重要组成部分，它为内部控制体系的实施提供了一个具体的环境和监督机制，是内部控制体系有效运作的基础和保证。《企业内部控制基本规范》及企业内部控制配套指引中明确了治理架构及其在内部控制规范中的责任要求。

（1）董事会

董事会负责内部控制的建立健全和有效实施。

（2）审计委员会

企业应当在董事会下设立审计委员会负责审查企业内部控制，监督内部控制的有效实施和内部控制自我评价情况，协调内部控制审计及其他相关事宜等；审计委员会负责人应当具备相应的独立性、良好的职业操守和专业胜任能力。

（3）监事会

监事会对董事会建立与实施内部控制的工作进行监督。

（4）管理层、各业务与专业部门

管理层、各业务与专业部门负责组织领导企业内部控制的日常运行，企业应当结合业务特点和内部控制要求设置内部机构，明确职责权限，将权利与责任落实到各责任单位。

（5）内部审计部门

内部审计机构应当结合内部审计监督，对内部控制的有效性进行监督检查；内部审计机构对监督检查中发现的内部控制缺陷，应当按照企业内部审计工作程序进行报告；对监督检查中发现的内部控制重大缺陷,有权直接向董事会及其审计委员会、监事会报告。

(6) 员工

全体员工应广泛参与内部控制的具体实施。

72. 如何评价内部控制的有效性?内部控制缺陷的评价标准是什么?

内部控制评价,是指企业董事会或类似决策机构对内部控制的有效性进行全面评价、形成评价结论、出具评价报告的过程;评价内部控制的有效性包括评价内部控制设计与运行的有效性。

(1) 内部控制设计的有效性

如果某项控制由拥有必要授权和专业胜任能力的人员按照规定的程序与要求执行,能够实现控制目标,表明该项控制的设计是有效的。

(2) 内部控制运行的有效性

如果某项控制正在按照设计运行,执行人员拥有必要授权和专业胜任能力,能够实现控制目标,表明该项控制的运行是有效的。

企业在实施内部控制有效性的评价时至少遵循全面性、重要性和客观性原则,对内部控制有效性进行全面评价,包括对财务报告内部控制有效性和非财务报告内部控制有效性的评价。

内部控制评价需要掌握合理的依据,以确定在某个时间点或时间段内部控制是否存在重大缺陷。内部控制缺陷包括设计缺陷和运行缺陷;按影响企业内控目标实现的严重程度,分为重大缺陷、重要缺陷和一般缺陷。其中,重大缺陷是指一个或多个控制缺陷的组合,可能导致企业严重偏离控制目标,具体到财务报告内部控制上,就是内部控制中存在的、可能导致不能及时防止或发现并纠正财务报表重大错报的一个或多个控制缺陷的组合。

内部控制缺陷评价的原则如下：

①一个内部控制可以对应一个或多个控制目标，相应地一个内部控制缺陷可能影响包括财务报告真实完整在内的一个或多个内部控制目标。针对财务报告内部控制审计而言，应该以财务报告控制目标为核心，对内部控制缺陷进行评价。

②内部控制缺陷的评价标准应当从定性和定量角度综合考虑，并保持相对稳定。在具体对缺陷进行评价时，应该考虑采用定性与定量标准相结合的工作方法，并根据实际情况，谨慎选择。

一是从定量的角度考虑，在评价控制缺陷时，需要根据财务报表审计确定的重要性水平或缺陷造成损失的大小来确定标准，以支持对内部控制缺陷重要性的评价；

二是从定性的角度考虑，需要谨慎考虑事实依据并结合职业判断根据缺陷潜在负面影响的性质、范围等因素确定标准。

同时，需要对整个思考判断过程进行记录，尤其是详细记录关键判断和得出结论的理由，并对于"可能性"和"重大错报"的判断给予明确的考量和陈述。

73. 通常什么样的问题会导致内部控制无效的结论？内部控制无效的结论对企业发行上市会产生什么样的影响？

当企业的内部控制由于设计、运行缺陷而存在内部控制缺陷时，应确认一个或多个控制缺陷组合的严重程度，判断是否构成重大缺陷，当企业内部控制存在重大缺陷时会导致内部控制无效。内部控制可能存在重大缺陷的迹象主要包括：

①注册会计师发现企业董事、监事和高级管理人员存在舞弊；

②企业更正已经公布的财务报表；

③注册会计师发现当期财务报表存在重大错报,而内部控制在运行过程中未能发现该错报;

④企业审计委员会和内部审计机构对内部控制的监督无效;

⑤与管理层和审计委员会沟通的重要缺陷在一个合理的期间内仍没有得到纠正;

⑥整体内部环境失效。

有效的内部控制能够合理保证企业财务报告的可靠性、生产经营的合法性,以及营运的效率与效果,是企业存在和发展的基础;内部控制失效意味着企业缺乏有效的管理机制,不能有效地对企业管理风险、经营风险进行监控和防范,导致企业决策失误并可能最终损害企业的竞争力和股东价值。国内外监管机构对于拟上市公司或上市公司内部控制有效性的关注体现了资本市场和投资者对于企业内部控制的重视。因此,内部控制无效的结论将使得企业无法实现首次公开发行并上市或上市公司证券发行,甚至可能面临监管质疑或处罚。

74. 改制上市一定要重组吗?如何判断哪些事项需要重组?

改制上市是否要重组应当根据拟上市公司的具体情况决定,不是所有公司都需要重组。如果公司架构复杂,存在主业不突出、同业竞争和关联交易的情形,或拟上市主体的资产、业务不完整,财务、机构和人员不独立,都需要以重组的方式对资产、业务、股权、公司架构等事项进行调整,为发行上市奠定基础。

75. 重组需要制订方案吗?重组方案要考虑什么因素?

拟上市公司如需重组,应当在尽职调查的基础上,由 IPO 券商牵头与会计师事务所与律师事务所等中介机构一同制订规范的重组方案。重组方案需要根据拟上市公司的具体情况,考虑突出主营业务、整体上市、避免同业竞争和不必要的关联交易，并且尽量降低税负成本和对公司经营活动的影响。

重组方案也需要对上市主体的股权结构进行综合平衡，一般而言，公司规模越小，控股权比例应越高，越需要审慎吸收战略投资者以避免控股权的稀释。此外，还可以考虑通过各类控股公司来实现多层控制。

76. 企业改制重组可享受的契税减免优惠政策主要包括哪些？

根据《国务院关于促进企业兼并重组的意见》（国发〔2010〕27号）和《国务院关于进一步优化企业兼并重组市场环境的意见》（国发〔2014〕14号），企业改制重组可以享受以下税收优惠政策：

①对企业兼并重组涉及的资产评估增值、债务重组收益、土地房屋权属转移等给予税收优惠，具体按照财政部、税务总局《关于企业兼并重组业务企业所得税处理若干问题的通知》（财税〔2009〕59号）的规定执行。

②修订完善兼并重组企业所得税特殊性税务处理的政策，降低收购股权（资产）占被收购企业全部股权（资产）的比例限制，扩大特殊性税务处理政策的适用范围；并完善非货币性资产投资交易的企业所得税、企业改制重组涉及的土地增值税等相关政策。

③企业通过合并、分立、出售、置换等方式，转让全部或者部分实物资产以及与其相关联的债权、债务和劳动力的，不属于增值税和营业税征收范围，不应视同销售而征收增值税和营业税。

77. 中介机构如何协助拟上市公司开展规范、重组工作？

中介机构必须在全面了解公司状况的基础上协助拟上市公

司开展规范和重组工作。主要工作包含以下几个方面：

①会计师事务所结合财务报表对公司出资状况及近3年的财务状况进行核查；

②律师事务所对公司历史沿革、股权状况、资产权属状况、公司架构等进行核查；

③保荐机构（证券公司）在会计师事务所和律师事务所工作的基础上，对公司的商业模式、经营情况、发展战略进行综合的分析、判断，然后协调公司和三方中介机构将规范要求和公司诉求相结合，制订系统的改制上市方案，再组织实施并根据具体进展情况进行调整。

78. 公司应如何配合中介机构进行规范、重组工作？

公司应当向中介机构全面、真实地披露相关情况并提供有关资料，不要有所保留或隐藏，否则可能导致其重组、规范方案出现障碍甚至推倒重做，造成不必要的时间、经济成本。

公司还需要将自己的诉求完整表达给中介机构，并根据中介机构的要求，讨论调整公司架构、模式、制度等事项，以便在保障经营、获得利润的基础上最大限度地规范经营活动。

在尽职调查的基础上，中介机构应当结合公司诉求，制订规范、重组、改制和上市的系统规划，制作工作清单和时间表，明确工作内容、责任方和时间要求，并不断监督、检查工作计划的执行情况。

在规范、重组过程中，公司应当及时与中介机构沟通、协调，对重组改制方案的变更、调整进行讨论并修正工作清单和时间表，以达到动态系统管理的效果。

第六章
改制设立股份有限公司

79. 公司上市都需要改制吗?

根据首次公开发行股票并上市管理办法,拟上市主体应当是股份有限公司,或者是经国务院特别批准的拟变更为股份有限公司的有限责任公司。换言之,在深圳证券交易所和上海证券交易所上市的公司均应是股份有限公司。因此,拟上市公司如果还不是股份有限公司的,均需要从其他组织形式变更为股份有限公司,这就是通常所说与上市相关的改制。

80. 设立股份有限公司应具备哪些条件?

除经国务院特别批准,有限责任公司在依法变更为股份有限公司时,可以采取募集设立方式公开发行股票外,企业申请发行股票,必须先设立股份有限公司。根据《公司法》的规定,设立股份有限公司应当具备以下条件:

①发起人符合法定人数。发起人数量应当有 2 人以上 200 人以下,其中须有半数以上的发起人在中国境内有住所。

②有符合公司章程规定的全体发起人认购的股本总额或者募集的实收股本总额。法律、行政法规以及国务院决定对股份有限公司注册资本实缴、注册资本最低限额另有规定的,从其规定。

③股份发行、筹办事项符合法律规定。发起人必须依照规定申报文件,承担公司筹办事务。

④发起人制定公司章程,采用募集设立的经创立大会通过。发起人应根据《公司法》《上市公司章程指引》的要求制定章程草案。

⑤有公司名称,建立符合股份有限公司要求的组织机构。拟设立的股份有限公司应当依照工商登记的要求确定公司名称,并建立股东大会、董事会、监事会和经理等组织机构。

⑥有公司住所。

81. 设立股份有限公司有哪些方式?

股份有限公司的设立,可以采取发起设立或者募集设立。

①发起设立,是指由发起人认购公司应发行的全部股份而设立公司。主要为以下两种情况:一是新设设立,即2个以上200个以下发起人出资新设立一个公司;二是变更设立,即有限责任公司以经审计的账面净资产值为限折成股份有限公司注册资本的设立方式。

②募集设立,是指由发起人认购公司应发行股份的一部分(不得少于公司股份总数的35%),其余股份向社会公开募集或者向特定对象募集而设立公司。经国务院批准,有限责任公司在依法变更为股份有限公司时,可以采取募集设立方式公开发行股票。

实践中,更多的情况是发起设立中的变更设立,即由有限责任公司整体变更为股份有限公司后再申请发行股票,募集设立的情况非常少见。

82. 设立股份有限公司需要经过哪些程序?

以发起方式设立股份有限公司的主要程序如下:

①主发起人拟订设立股份有限公司方案,确定设立方式、

发起人数量、注册资本和股本规模、业务范围、邀请发起人等。

②对拟出资资产进行资产评估或审计。

③签订发起人协议书，明确各自在公司设立过程中的权利和义务。

④发起人制定公司章程。

⑤由全体发起人指定的代表或者共同委托的代理人向公司登记机关申请名称预先核准。

⑥法律、行政法规规定设立公司必须报经批准的，或者公司经营范围中属于法律、行政法规或者国务院决定规定在登记前须经批准的项目的，以公司登记机关核准的公司名称报送批准，履行有关报批手续。

⑦发起人按公司章程规定缴纳出资，并依法办理以非货币性财产出资的财产权的转移手续。

⑧选举董事会成员和监事会成员，由董事会向公司登记机关报送公司章程以及法律、行政法规规定的其他文件，申请设立登记。

以募集设立方式设立股份有限公司的主要程序如下：

①签订发起人协议。发起人签订发起人协议，明确各自在公司设立过程中的权利和义务。

②发起人制定公司章程。

③发起人认购一定数额的股份。发起人认购的股份不得少于公司股份总数的35%。法律、行政法规另有规定的，从其规定。

④公开募集股份。发起人向社会公开募集股份须报经国务院证券监督管理机构核准，公告招股说明书，并制作认股书。

⑤发起人与依法设立的证券公司签订承销协议并由证券公司承销。

⑥发起人同银行签订代收股款协议。

⑦发行股份的股款缴足后,经依法设立的验资机构验资并出具证明。

⑧发起人应当自股款缴足后 30 日内召开公司创立大会。

⑨董事会于创立大会结束后 30 日内申请设立登记。

83. 如何选择改制时点?改制对企业运作有何影响?

通常情况下,企业改制会在规范和重组完成的基础下进行,但因为各企业自身的情况千差万别,也会出现改制安排在重组的过程中,即部分重组事项会放在拟上市公司改制为股份公司以后开展,所以企业进行改制时点的选择时,需要结合规范、重组的目标以及企业改制方案的复杂程度、上市时间计划、改制对于引进各项经营资源的影响等多重因素综合考虑确定改制时点。

改制后,公司需要依法按照股份公司的各项要求开展"三会"运作、健全内控制度及其他决策管理活动,规范性要求会明显提高,此外,改制可能导致自然人股东产生个人所得税,因此改制时点的选择对于纳税义务和纳税时点有重要的影响。还有,在改为股份公司后的一年内,发起人的股份不能够转让,而且股份公司董事、监事和高级管理人员持有的股份受到每年转让不超过 25% 的限制,如果还需要通过股权转让方式继续重组的拟上市公司就会带来操作的困难,对公司的被并购也会产生同样的操作障碍。

84. 企业改制上市主要涉及哪些政府部门协调事项?

企业发行上市是一项系统工程,涉及很多政府职能部门,特别是在改制和尽职调查的过程中,需要地方政府及所属部门进行审批、提供相关证明或办理相关手续。通常所涉及的主要政府部门及协调事项如下:

(1) 地方政府

规划、引导、协调当地企业改制上市工作。企业需要地方政府协调解决的问题主要有：

①各种无重大违法违规行为的证明及认定；

②涉及国有资产、集体资产改制所形成的股权的合法性认定；

③国有企业土地相关审批、国有股划转等协调事项。

（2）企业上市地方主管部门（金融办、上市办）

主导企业改制上市过程中的组织协调和指导服务工作，协调地方政府及其相关职能部门解决企业在改制上市过程中遇到的相关问题，推进企业改制上市工作。

（3）辖区证监局

受理企业上市辅导报备，进行辅导验收，配合中国证监会进行举报信核查等。

（4）发改委（包括地方发改委和国家发改委）

对企业上市所募集资金投资项目进行核准或备案。在中国证监会审核时，国家发改委还将就申报中小板的发行人的募投项目是否符合国家产业政策和投资管理规定出具相关意见。

（5）税务机关（包括国税局和地税局）

为企业报告期内经营活动及改制过程中的纳税行为是否规范出具证明。

（6）国土资源管理部门

协调办理历史遗留的各种土地等产权问题，为企业土地使用是否合法合规出具证明。

（7）房地产管理部门

协调办理历史遗留的各种房产等产权问题。

（8）劳动与社会保障部门

对企业是否遵守国家劳动法规，是否按规定给员工缴纳社保"五险一金"等出具无违规证明。

（9）工商行政管理局

为企业的建设项目办理非工商登记有关手续提供支持，办理企业年检，变更营业执照，工商注册登记，出具是否合法合规证明。

（10）商务部门

根据国家有关政策负责办理中外合资、外资独资企业在境外上市的初审，审批外商投资股份有限公司的设立及其变更，在中外合资、外资独资企业在境内上市时，对发行人外资股进行确认。

（11）国有资产管理部门

为企业中涉及国家出资的企业提供相关业务咨询及法律法规政策指导服务，对国有大型企业需报国家审批的项目、改制上市等，协助企业办理相关审批手续，对于改制过程中涉及国有资产转让是否合法、合规出具证明。

（12）海关部门

对有进出口业务的企业出具无违规证明。海关违规常见的三种情形：免税进口的设备违规使用；保税区材料用于保税区外以避税；企业报关时报关手续主观或者客观出现错误。

85. 为上市而设立股份有限公司应达到哪些要求？

如果以上市为目的，不论采用何种方式设立股份有限公司，都应达到以下基本要求：

①形成清晰的业务发展战略目标；

②突出主营业务，形成核心竞争力和持续发展的能力；

③避免同业竞争，减少和规范关联交易；

④产权关系清晰，不存在法律障碍；

⑤建立健全公司治理结构，股东大会、董事会、监事会以及经理层规范运作，比照上市公司引入董事，设立并聘任董事会秘书；

⑥具有完整的业务体系和直接面向市场独立经营的能

力，做到资产完整、人员独立、财务独立、机构独立、业务独立；

⑦会计基础工作规范，财务报表的编制符合《企业会计准则》和相关会计制度的规定，在所有重大方面公允地反映了发行人的财务状况、经营成果和现金流量；

⑧建立健全有效的内部控制制度，能够保证财务报告的可靠性、生产经营的合法性和营运的效率与效果；

⑨公司章程明确对外担保的审批权限和审议程序，不存在为控股股东、实际控制人及其控制的其他企业进行违规担保的情形；

⑩有严格的资金管理制度，不得有资金被控股股东、实际控制人及其控制的其他企业以借款、代偿债务、代垫款项或者其他方式占用的情形。

 86. 整体变更设立股份有限公司有哪些注意事项？

《公司法》第九条规定，有限责任公司变更为股份有限公司，应当符合本法规定的股份有限公司的条件，主要包括：

①有2名以上的股东；

②建立符合股份有限公司要求的组织机构；

③制定公司章程。

有限责任公司整体变更设立股份有限公司需注意的事项如下：

①除国务院批准采取募集方式外，在变更时不能增加新股东。

②公司变更前的债权、债务由变更后的公司承继，并且不应进行资产剥离。

③对于不符合股份有限公司一般条件的有限责任公司，若股东少于2人，只能在变更行为发生前进行重组，如采取有限责任公司增资扩股或有限责任公司的股东将其出资对外转让，

使其股东达到2人或2人以上。此外,重组时要符合有关规定,如公司实际控制人不能发生变更,管理层不能有重大变化,主营业务也不能发生重大变化。

④《公司法》第九十五条规定,有限责任公司变更为股份有限公司时,折合的实收股本总额不得高于公司净资产额。

87. 如何确保有限责任公司整体变更的业绩和存续期连续计算?

有限责任公司变更为股份有限公司时,应按有限责任公司原账面净资产值折股整体变更为股份有限公司,且折合的实收股本总额不得高于公司净资产额,以保障股份有限公司持续经营时间从有限责任公司成立之日起计算,从而确保有限责任公司阶段的业绩和存续期得以与股份有限公司连续计算。

88. 有限责任公司整体变更是以合并会计报表净资产折股还是以母公司会计报表净资产折股?

有限责任公司整体变更为股份有限公司时,应以母公司会计报表净资产折股。

有限责任公司作为企业法人,是一个独立的法律主体。有限责任公司整体变更为股份有限公司,本质是法律层面上企业法人组织形式的改变。而合并报表反映的对象是由母公司和其下属子公司组成的会计主体的整体财务状况。这个会计主体仅仅是经济意义上的主体,并不是法律意义上的主体,不符合整体变更对法律主体的要求,而且,会计准则对母公司报表和合并报表编制的要求存在重大差异(如对子公司长期投资核算),导致母公司会计报表净资产与合并会计报表净资产之间存在较大差异。因此,有限责任公司整体变更时,必须是以其母公司会计报表的净资产折股。

89. 有限责任公司整体变更为股份有限公司时如何设计股本规模？

企业在制订改制方案时，对股本规模的设计应注意以下几点：

①股本的规模应符合相关法律法规的规定：拟在中小企业板上市的公司公开发行前股本总额不少于 3 000 万元，发行后不少于 5 000 万元；拟在创业板上市的公司公开发行后的股本总额不少于 3 000 万元；

②股本规模大小不直接影响企业的市值，亦不直接影响企业首次公开发行的融资额。

由于企业的市值等于企业净利润乘以市盈率，而目前首次公开发行的融资规模一般是发行后股本总额的 25%（倒推计算，4 亿股本以上的发行规模是发行后股本总额的 10%），即融资额等于企业净利润乘以发行市盈率再乘以 25%（或 10%），因此，股本大小不会对企业的市值和融资额产生直接影响。

③股本规模大小，与发行规模有关，如发行股本在 4 亿股以上，最低只需要发行总股本的 10%，如发行股本在 4 亿股以下，则最低需要发行总股本的 25%。如企业不愿意在 IPO 过程中多发，应确保发行前总股本至少在 3.6 亿股以上。

④股本规模应与企业营收规模，净利润规模相匹配。股本规模直接影响每股收益，可以充分参考目前上市公司同行业的平均每股收益来确定改制时的股本规模。

90. 改制后股份公司可以增资或股权转让吗？要经过哪些程序？注意哪些事项？

改制后的股份公司发起人在股份公司成立之日起一年内不得转让股权，但可以对老股东或新股东进行增资。如没有特别约定，股份公司成立一年后，发起人的股份可以转让，其他股东并不具有优先受让权。股份公司的股份转让目前按税法规定将类似上市公司的股票交易，暂免个人所得税，而改制前的股权转让须交个人所得税。

增资事项需要由股份公司股东大会以特别决议通过方能进行，即需要出席股东大会股东所持表决权三分之二以上通过。改制后，未上市前的股权转让应注意股权转让的合法、合规性与合理性，以及受让人与实际控制人的关系，资金的合法来源，不能为以后的 IPO 申报制造障碍以及增加工作量。

在增资与吸引新股东的过程中要关注不能稀释太多股份，股权的集中程度与企业的规模成正比，如企业规模较小的时候，最好股权要相对集中，随着企业的做大过程，还需要大量的股权作为融资与并购工具。

对增资对象要关注其股份背景，增加外资与国有成分将会增加企业在 IPO 申报过程中的批文数量。

引进战略投资者要注意价格的合理性，要慎用净资产值定价。要充分参考同行业上市公司的市盈率、市销率与市净率的基础上合理定价（见下表）。同时对单一机构的比例不能太高，避免形成被投资企业之间的关联关系。业绩高速成长的企业还需要分期分批地引入投资人，充分将成长性融入定价因素。

2016 年 10 月 31 日深市上市公司估值

板块	市盈率	市销率	市净率
创业板	103.07	13.01	6.45
中小板	72.50	6.51	4.64
深市主板	49.58	3.99	3.29

91. 有限责任公司整体变更评估基准日至股份有限公司设立日期间已实现利润应如何处理?

公司应在会计报表附注的"其他重要事项"中披露自评估基准日至公司设立日期间公司已实现利润的分配情况。如果上述期间实现的利润已分配给发起人,且自评估基准日起存货、固定资产、无形资产等资产未根据评估价值进行成本结转或调整折旧或摊销计提数的,公司应当说明上述利润分配是否会导致发起人出资不实,是否影响公司资本保全,如产生出资不实或影响资本保全的应明确责任及具体解决办法。

92. 有限责任公司变更为股份制有限公司后有何公司治理要求?

有限责任公司变更为股份制有限公司后,股份有限公司应依法建立"三会一层",即股东大会、董事会(增加独立董事)、监事会(包括股东代表和适当比例的公司职工代表,其中职工代表的比例不得低于三分之一)、经理层(增加董事会秘书),形成相互协调、彼此制衡的规范的法人治理结构;制定股东大会议事规则、董事会议事规则、监事会议事规则等内部控制制度;健全股东投票计票制度,建立公司与股东之间的多元化纠纷解决机制,切实保障投资者依法行使收益权、知情权、参与权、监督权、求偿权等股东权利。

第七章
规划募集资金使用

93. 什么是 IPO 的募集资金？

IPO 的募集资金，是指发行人通过首次公开发行证券向投资者募集并用于特定用途的资金。

IPO 在国际市场的主要作用为分散投资人，满足交易所市场对股权分散度的要求，因此要求有 25% 的最低发行量，所以 IPO 的资金量一般较大，理论上占市值的 25%，国外还会配有老股转让措施来分散投资人。一般而言，全球市场都不会对 IPO 的资金使用提出明确的要求。

在中国实践中，更多将 IPO 看作是募集资金的行为，并要求有明确的用途，由于 25% 的股份所募集的资金量远超一般项目的规模，对于软件、互联网等轻资产类企业更难以出现满足巨额资金的项目。因此，编制出能通过国家发改委备案的募集资金项目是企业上市前的重要工作与难点问题。如编制的项目的资金规模较小，还会影响到 IPO 的发行价格。

申报创业板上市企业的募集资金项目无须国家发改委备案。

94. 企业规划 IPO 募集资金使用时应注意哪些事项？

中国证监会规定 IPO 募集资金应当有明确的用途，因此，企业在规划募集资金使用和选择投资项目时应注意以下几个方面：

①募集资金投向应符合国家的产业政策，企业应了解当前国家重点鼓励发展的产业、产品和技术所在行业的发展导向以及国家明确限制或禁止的领域、产品和技术工艺等；

②募集资金投向是否与企业的主营业务和长期发展目标一致；

③募集资金投向是否存在技术、市场、资源约束、环保、效益方面的重大风险；

④募集资金投资项目的实施是否会产生同业竞争；

⑤募集资金投向与关联方合资的项目或募集资金投入使用后与关联方发生的交易是否存在损害企业和中小股东利益的情况；

⑥募集资金的规模要充分考虑企业募资的规模，尽量减少可能出现的超募情况，而募资不足的情形可以通过配套其他融资方式来补充。

 95. IPO 募集资金可以用在哪些方面？发行人应如何加强对募集资金运用的信息披露？

募集资金可用于固定资产投资项目，也可用于公司的一般用途，如补充流动资金、偿还银行贷款等。募集资金的数额和投资方向应当与发行人现有生产经营规模、财务状况、技术水平和管理能力、未来资本支出规划等相适应。

募集资金用于固定资产投资项目的，发行人应按照《招股说明书准则》的要求披露项目的建设情况、市场前景及相关风险等。募集资金用于补充流动资金等一般用途的，发行人应在招股说明书中分析披露募集资金用于上述一般用途的合理性和必要性。其中，用于补充流动资金的，应结合公司行业特点、现有规模及成长性、资金周转速度等合理确定相应规模；

用于偿还银行贷款的,应结合银行信贷及债权融资环境、公司偿债风险控制目标等说明偿还银行贷款后公司负债结构合理性等。

创业板还要求发行人募集资金应当用于主营业务,并有明确的用途。募集资金中用于补充流动资金占募集资金的比例未有明确的规定与上限,比例的合理性与发行人的商业模式、所处行业有密切的关系。

初审过程中,发行人需调整募集资金用途的,应履行相应的法律程序;已通过发审会的,发行人原则上不得调整募集资金项目,但可根据募投项目实际投资情况、成本变化等因素合理调整募集资金的需求量,并可以部分募集资金用于公司一般用途,但需在招股说明书中说明调整的原因。

发行人应谨慎运用募集资金、注重投资者回报,并根据相关监管要求,加强募集资金运用的持续性信息披露。

96. IPO 的募集资金可否用于置换已投入募投项目的自筹资金?置换操作有哪些要求?

根据《深圳证券交易所中小企业板上市公司规范运作指引》和《深圳证券交易所创业板上市公司规范运作指引》规定,上市公司以募集资金置换预先已投入募集资金投资项目的自筹资金的,应当履行下列程序后方可实施:

①公司董事会审议通过;

②会计师事务所出具鉴证报告;

③独立董事、监事会、保荐机构发表明确同意意见;

④履行信息披露义务。

置换操作具体要求如下:

①置换时间距募集资金到账时间不得超过 6 个月;

②公司已在发行申请文件中披露拟以募集资金置换预先投入的自筹资金且预先投入金额确定的,应当在置换实施前对外

公告；

③公司已在发行申请文件中披露拟以募集资金置换预先投入的自筹资金且预先投入金额确定的，应当在完成置换后 2 个交易日内报告深交所并公告。

97. 募集资金拟用于收购资产的，招股说明书中应披露哪些内容？

募集资金拟用于收购资产的，招股说明书中应披露以下内容：

①拟收购资产的内容；

②拟收购资产的评估、定价情况；

③拟收购资产与发行人主营业务的关系。

若收购的资产为在建工程的，还应披露在建工程的已投资情况、尚需投资的金额、负债情况、建设进度、计划完成时间等。

根据《公开发行证券的公司信息披露内容与格式准则第 1 号——招股说明书》的规定，本次募集资金拟用于重大资产购买的，则应当披露盈利预测报告。

98. 募集资金拟用于向其他企业增资或收购其他企业股份的，招股说明书中应披露哪些内容？

募集资金拟用于向其他企业增资或收购其他企业股份的，招股说明书中应披露以下内容：

①拟增资或收购的企业的基本情况及最近一年及一期经具有证券期货相关业务资格的会计师事务所审计的资产负债表和利润表；

②增资资金折合股份或收购股份的评估、定价情况；

③增资或收购前后持股比例及控制情况；

④增资或收购行为与发行人业务发展规划的关系。

99. 企业上市后的募集资金使用应注意哪些问题？

IPO募集的资金必须按照招股说明书所列资金用途使用。改变招股说明书所列资金用途必须经股东大会做出决议。擅自改变用途而未作纠正的或者未经股东大会认可的不得公开发行新股。具体而言，募集资金使用应注意以下事项：

①上市公司应当对募集资金使用的申请、分级审批权限、决策程序、风险控制措施及信息披露程序做出明确规定。

②上市公司应当确保募集资金使用的真实性和公允性，防止募集资金被控股股东、实际控制人等关联人占用或挪用并采取有效措施避免关联人利用募投项目获取不正当利益。

③上市公司应当每半年全面核查募投项目的进展情况。上市公司募投项目实际使用募集资金与最近一次披露的投资计划差异超过30%的，应当调整募投项目投资计划并在募集资金存放和使用情况的专项报告中披露最近一次募集资金投资计划、目前实际投资进度、调整后的投资计划以及投资计划变化的原因等。

④上市公司募集资金投资项目出现以下情形的，应当对该项目的可行性、预计收益等重新进行论证，决定是否继续实施该项目，并在最近一期定期报告中披露项目的进展情况、出现异常的原因以及调整后的募集资金投资计划（如有）：

一是募集资金投资项目市场环境发生重大变化；

二是募集资金投资项目搁置时间超过一年；

三是超过最近一次募集资金投资计划的完成期限且募集资金投入金额未达到相关计划金额50%；

四是其他募集资金投资项目出现异常的情形。

⑤上市公司改变募投项目实施地点的，应当经上市公司董事会审议通过，并在2个交易日内公告，说明改变情况、原因、对募集资金投资项目实施造成的影响以及保荐机构出具的

意见。上市公司取消原募投项目,实施新项目,以及改变募投项目实施主体、实施方式的,视为募集资金用途变更,还应在独立董事、监事会发表意见后提交股东大会审议。

100. 上市公司募集资金补充流动资金有何规定?

根据《深圳证券交易所中小企业板上市公司规范运作指引》和《深圳证券交易所创业板上市公司规范运作指引》的规定,中小企业板、创业板上市公司可以用闲置募集资金暂时用于补充流动资金,但应当符合以下条件:

①不得变相改变募集资金用途。
②不得影响募集资金投资计划的正常进行。
③单次补充流动资金时间不得超过12个月。
④已归还前次用于暂时补充流动资金的募集资金(如适用)。
⑤过去12个月内未进行风险投资,并承诺在使用闲置募集资金暂时补充流动资金期间不进行风险投资、不对控股子公司以外的对象提供财务资助。

闲置募集资金用于补充流动资金时,仅限于与主营业务相关的生产经营使用,不得通过直接或间接安排用于新股配售、申购,或用于股票及其衍生品种、可转换公司债券等的交易。

⑥保荐机构、独立董事、监事会出具明确同意的意见。

上述事项应当经上市公司董事会审议通过,并在2个交易日内公告,补充流动资金到期日之前公司应将该部分资金归还至募集资金专户,并在资金全部归还后2个交易日内公告。

101. 暂时闲置的募集资金进行现金管理有何要求?

根据中国证监会《上市公司监管指引第2号——上市公司募集资金管理和使用的监管要求》和深交所《中小企业板信息披露业务备忘录第29号:募集资金使用》的规定,在不影响募集资金投资计划正常进行的前提下，暂时闲置的募集资金可进行现金管理，其投资的产品须符合以下条件：

①安全性高，满足保本要求，产品发行主体能够提供保本承诺；

②流动性好，不得影响募集资金投资计划正常进行。

投资产品不得质押，产品专用结算账户（如适用）不得存放非募集资金或用作其他用途，开立或注销产品专用结算账户的，上市公司应当及时报交易所备案并公告。

使用闲置募集资金投资产品的，应当经上市公司董事会审议通过，独立董事、监事会、保荐机构发表明确同意意见。

102. 中小企业板上市公司超募资金使用应遵守哪些规定？

根据《中小企业板信息披露业务备忘录第29号：募集资金使用》（2013年2月修订）的规定，上市公司实际募集资金净额超过计划募集资金金额（以下简称"超募资金"）的，应根据企业实际生产经营需求，提交董事会或股东大会审议后按照以下先后顺序有计划地进行使用：第一，补充募投项目资金缺口；第二，用于在建项目及新项目；第三，归还银行贷款；第四，暂时补充流动资金；第五，进行现金管理；第六，永久补充流动资金。

上市公司使用超募资金进行现金管理或暂时补充流动资金，适用暂时闲置的募集资金进行现金管理的相关规定。

上市公司使用超募资金用于在建项目及新项目的，应当符合以下要求：

①应当按照在建项目和新项目的进度情况使用。通过子公司实施项目的，应当在子公司设立募集资金专户管理。如果仅将超募资金用于向子公司增资，参照超募资金偿还银行贷款或补充流动资金的相关规定处理。

②保荐机构、独立董事应出具专项意见，符合证券交易所

《股票上市规则》相关规定应当提交股东大会审议的,还应当提交股东大会审议。

③应当按照证券交易所《股票上市规则》的要求履行信息披露义务。

上市公司使用超募资金偿还银行贷款或永久补充流动资金的,应当经股东大会审议批准,并提供网络投票表决方式,独立董事、保荐机构应当发表明确同意意见并披露,且应当符合以下要求:

①公司最近 12 个月未进行证券投资等高风险投资;

②公司应承诺偿还银行贷款或补充流动资金后 12 个月内不进行证券投资等高风险投资及为他人提供财务资助并对外披露;

③应当按照实际需求偿还银行贷款或补充流动资金,每 12 个月内累计金额不得超过超募资金总额的 30%。

103. 创业板上市公司超募资金使用应遵守哪些规定?

根据《创业板信息披露业务备忘录第 1 号:超募资金及闲置募集资金使用》(2014 年 12 月修订)的规定,超募资金使用的基本要求如下:

①超募资金应当存放于募集资金专户管理。

②超募资金原则上应当用于公司主营业务。除金融类企业外,超募资金不得用于持有交易性金融资产和可供出售的金融资产、借予他人、委托理财(现金管理除外)等财务性投资或者开展证券投资、衍生品投资等高风险投资,不得直接或者间接投资于以买卖有价证券为主要业务的公司。

③超募资金用于永久补充流动资金和归还银行贷款的金额,每 12 个月内累计不得超过超募资金总额的 30%。

④超募资金用于暂时补充流动资金,视同用闲置募集资金暂时补充流动资金。闲置募集资金单次补充流动资金最长不得

超过12个月。

104. 中小企业板上市公司募集资金变更为永久补充流动资金有何要求？

根据《中小企业板信息披露业务备忘录第29号：募集资金使用》（2013年2月修订）的规定，全部募集资金项目完成前，因部分募集资金项目终止或者部分募集资金项目完成后出现结余资金，上市公司拟将该部分募集资金用途变更为永久性补充流动资金的，应当符合以下要求：

①募集资金到账超过1年；

②不影响其他募集资金项目的实施；

③按照募集资金用途变更的要求履行审批程序和信息披露义务；

④公司最近12个月内未进行证券投资等高风险投资；

⑤公司应承诺补充流动资金后12个月内不进行证券投资等高风险投资并对外披露。

第二部分
股票发行与上市流程

第一章
尽 职 调 查

105. 什么是发行上市尽职调查?尽职调查什么时候开展?

发行上市尽职调查,是指中介机构履行职责,根据自身的专业知识对拟上市公司合并报表内的公司以及合并报表外可能相关的公司、业务进行全面核查的行为。

尽职调查是掌握拟上市公司是否存在发行上市障碍和制定改制上市方案的重要基础工作。公司确定发行上市规划后,即可开展尽职调查。尽职调查越早开展,越有利于准确抓住问题,对症下药,尽早消除发行上市障碍。

106. 发行上市尽职调查的目的和意义是什么?

改制上市过程中,尽职调查的目的在于让保荐人等中介机构全面和充分地了解发行人的生产经营情况以及针对发行上市所面临的风险和问题,使保荐人有充分理由确信发行人符合《证券法》等法律法规及中国证监会规定的发行条件以及确信发行人申请文件和公开发行募集文件真实、准确、完整,不存在虚假记载、误导性陈述或者重大遗漏。

发行上市尽职调查有以下几个方面意义:

(1) 减少信息不对称

发行人和保荐人对企业的了解程度不一样,所获取信息的范围也不尽相同,这种信息的不对称会影响股票发行上市保荐工作的成效,甚至影响股票发行上市的成败。因此,保荐人有必要通过对发行人进行尽职调查,减少双方在信息获知上的不平衡。

(2) 评估企业潜在风险

任何准备发行上市的企业都存在各种各样的风险,比如过往财务账册的规范性和准确性、相关资产是否具有发行人赋予的相应价值、是否存在任何可能导致发行人运营或财务运作出现问题的因素等。尽职调查是发行上市风险管理的第一步,有助于保荐人更好地了解企业,发现企业存在的各种风险并评估其影响。

(3) 发现企业内在价值

发行上市过程中,保荐人需要发掘企业内在价值,以便确定股票的发行价格。企业内在价值不仅取决于当前的财务账面价值,也取决于未来的收益,而尽职调查有助于保荐人更好地从当前价值和未来收益两个方面全面发现企业的内在价值。

107. 保荐人尽职调查的主要内容有哪些?发行监管工作中,对中介机构核查私募投资基金备案情况有何具体要求?

(1) 根据中国证监会 2006 年 5 月 29 日发布的《保荐人尽职调查工作准则》,保荐人的尽职调查应包括的内容

①发行人基本情况调查,包括改制与设立情况、历史沿革、发起人股东的出资情况、重大股权变动、重大重组情况、主要股东情况、员工情况、独立情况、内部职工股情况、商业信用情况;

②业务与技术调查,包括行业情况及竞争情况、采购情况、生产情况、销售情况、核心技术人员、技术与研发情况、

同业竞争情况、关联方与关联交易情况等;

③高管人员调查,包括其经历与操守、胜任能力与勤勉尽责、薪酬及兼职、报告期内高管人员变动、高管人员持股及其他对外投资情况等;

④组织结构与内部控制调查,包括公司章程及其规范运行情况、组织结构和"三会"运作情况、独立董事制度及其执行情况、内部控制环境、业务控制、信息系统控制、会计管理控制、内部控制的监督等;

⑤财务与会计调查,包括财务报告及相关财务资料、会计政策和会计估计、评估报告、内控鉴证报告、财务比率分析、销售收入、销售成本与销售毛利、期间费用、非经常性损益、货币资金、应收款项、存货、对外投资、固定资产、无形资产、投资性房地产、主要债务、现金流量、或有负债、合并报表的范围、纳税情况、盈利预测等;

⑥业务发展目标调查,包括发展战略、经营理念和经营模式、业务发展目标、募集资金投向与未来发展目标的关系等;

⑦募集资金运用调查,包括本次募集资金使用情况、募集资金投向产生的关联交易等;

⑧风险因素及其他重要事项调查,包括风险因素、重大合同、诉讼和担保、信息披露制度的建设和执行情况、其他中介机构执业情况等。

(2)发行监管工作中,对中介机构核查私募投资基金备案情况的要求

《证券投资基金法》《私募投资基金监督管理暂行办法》及《私募投资基金管理人登记和基金备案办法(试行)》等相关法律法规和自律规则对私募投资基金的备案有明确规定,私募投资基金投资运作应遵守相应规定。

从发行监管工作看,在IPO阶段私募投资基金一般通过两种方式参与证券投资:一是企业首次公开发行前私募投资基金

投资入股或受让股权;二是首发企业发行新股时,私募投资基金作为网下投资者参与新股询价申购。

保荐机构和发行人律师(以下称中介机构)在开展证券发行业务的过程中,应对上述投资者是否属于《证券投资基金法》《私募投资基金监督管理暂行办法》和《私募投资基金管理人登记和基金备案办法(试行)》规范的私募投资基金以及是否按规定履行备案程序进行核查并发表意见。

具体来说,对第一种方式,中介机构应对发行人股东中或事先确定的投资者中是否有私募投资基金、是否按规定履行备案程序进行核查,并分别在《发行保荐书》《发行保荐工作报告》《法律意见书》《律师工作报告》中对核查对象、核查方式、核查结果进行说明。对第二种方式,保荐机构或主承销商应在询价公告中披露网下投资者的相关备案要求,在初步询价结束后、网下申购日前进行核查,网下申购前在发行公告中披露具体核查结果,在承销总结报告中说明;见证律师应在专项法律意见书中对投资者备案情况发表核查意见。

108. 保荐人的尽职调查和发行人律师、会计师的尽职调查是何关系?有何不同?

各中介机构对发行人的尽职调查范围包括法律、财务和业务等方面的调查。发行人律师的尽职调查侧重于法律合规方面,会计师的尽职调查侧重于财务方面,保荐人的尽职调查除了涵盖法律和财务外,还包括发行人的业务和技术等。三家中介机构的尽职调查既有联系,又有各自的侧重点。

保荐人、律师、会计师在进行尽职调查时部分调查事项可能相同或互相关联。三家中介机构均需要调查发行人的历史沿革、股权结构、纳税情况、关联方和关联交易等。部分事项则可能互相关联,比如,律师调查关联方关系时可以为会计师调查关联交易提供关联方清单;会计师调查营业外支出时可以为律师调查行政处罚、诉讼、仲裁等提供线索；保荐人调查业务时可以为会计师划分收入分类提供依据。

虽然三家中介机构的尽职调查工作互相联系，但也各有侧重点。律师的尽职调查主要侧重于发行人经营的合法合规性，包括发行人资产权属、主体资格、股权演变、公司治理、关联交易及同业竞争、环境保护、劳动用工、税收补贴、诉讼、仲裁和行政处罚等，律师的尽职调查是发表法律意见的基础。会计师的尽职调查主要侧重于财务的真实性和准确性，包括资产、负债、收入、成本等的真实性、准确性和完整性、内部控制的有效性等，会计师的尽职调查是发表审计意见的基础。保荐人除了需要对法律和财务进行尽职调查外，还需要对业务和技术进行分析，挖掘投资亮点，凡涉及发行条件或对投资者做出投资决策有重大影响的信息，保荐人均应当勤勉尽责地进行尽职调查，保荐人的尽职调查是发表发行保荐意见的基础。

各中介机构在进行尽职调查时虽然获取的部分基础资料文件可能是相同的，但各中介机构应独立进行判断，独立发表意见。各中介机构对相同事项发表的专业意见不能存在重大差异，若存在差异，则应当对相关事项进行调查、复核。

109. 尽职调查一般分为几个阶段？各个阶段的调查重点是什么？

发行上市尽职调查主要分为两个阶段：

第一个阶段是以企业改制成股份有限公司为目标的尽职调查。该阶段调查重点是了解企业的历史沿革，主体资格，主营业务和主要资产的构成及其真实性、合法性，业务、资产、机构、财务和人员等方面的独立性，同业竞争，关联方关系等方面的情况。

第二个阶段是股份有限公司成立后以股票发行和上市为目

标的尽职调查。该阶段主要是结合《首次公开发行股票并上市管理办法》和《首次公开发行股票并在创业板上市管理办法》，从主体资格、独立性、规范运行、财务与会计、募集资金运用等方面进行全面尽职调查。

110. 尽职调查的方法通常包括哪些？

尽职调查常用方法主要有以下几种：

（1）审阅文件资料

通过审阅公司工商注册、财务报告、业务文件、法律合同等各项资料审阅，发现潜在的异常情况及重大问题。

（2）参考外部信息

通过网络、行业杂志、业内人士等信息渠道，了解公司及其所处行业的情况。

（3）相关人员访谈

与企业内部各层级人员、相关中介机构、供应商和客户进行充分沟通交流，获取第一手资料。

（4）企业实地调查

查看企业厂房、土地、设备、产品和存货等实物资产。

另外，会计师常用的函证、分析性复核等方法也可作为保荐机构进行尽职调查的方法。

111. 保荐人在尽职调查中的责任和义务有哪些？

根据《保荐人尽职调查工作准则》规定，凡涉及发行条件或对投资者做出投资决策有重大影响的信息，保荐人均应当勤勉尽责地进行尽职调查。

保荐人尽职调查时，应当考虑其自身专业胜任能力和专业独立性，并确保参与尽职调查工作的相关人员能够恪守独立、客观、公正的原则，具备良好的职业道德和专业胜任能力。保荐人应在此基础上，履行以下职责：

①对发行人公开发行募集文件中无中介机构及其签名人员专业意见支持的内容,保荐人应当在获得充分的尽职调查证据并对各种证据进行综合分析的基础上进行独立判断。

②对发行人公开发行募集文件中有中介机构及其签名人员出具专业意见的内容,保荐人应当结合尽职调查过程中获得的信息对专业意见的内容进行审慎核查。对专业意见存有异议的,应当主动与中介机构进行协商,并可要求其做出解释或出具依据;发现专业意见与尽职调查过程中获得的信息存在重大差异的,应当对有关事项进行调查、复核,并可聘请其他中介机构提供专业服务。

③保荐人应在尽职调查基础上形成发行保荐书,同时,应当建立尽职调查工作底稿制度。工作底稿应当真实、准确、完整地反映尽职调查工作。

112. 发行人在尽职调查中的责任和义务有哪些?

发行人作为信息披露第一责任人,必须始终恪守诚实守信的行为准则。在尽职调查过程中,发行人的基本义务和责任是:为保荐人、会计师事务所和律师事务所等中介机构提供真实、完整的财务会计资料和其他资料,并且全面配合中介机构开展尽职调查工作。

113. 如何编制和整理尽职调查工作底稿?

工作底稿,是指保荐机构及其保荐代表人在从事保荐业务全部过程中获取和编写的、与保荐业务相关的各种重要资料和工作记录的总称。凡对保荐机构及其保荐代表人履行保荐职责有重大影响的文件资料及信息,均应当作为工作底稿予以留存。保荐机构应按照《保荐人尽职调查工作准则》(证监发行字[2006]15号)、《证券发行上市保荐业务工作底稿指引》(证监会公告[2009]5号)的相关规定编制和整理尽职调查工作底稿。

工作底稿可以纸质文档、电子文档或者其他介质形式的文档留存，其中重要的工作底稿应当采用纸质文档的形式。以纸质以外的其他介质形式存在的工作底稿，应当以可独立保存的形式留存。

工作底稿应当确保内容完整、格式规范、标识统一、记录清晰。工作底稿各章节之间应当有明显的分隔标识，不同章节中存在重复的文件资料，可以采用相互引证的方法。

在编制和整理工作底稿时，可在《证券发行上市保荐业务工作底稿指引》制定的《证券发行上市保荐业务工作底稿目录》的基础上，结合发行人的具体业务特点适当调整、补充及完善，最终形成符合保荐工作要求的工作底稿。

114. 尽职调查与发行保荐书有什么关系？尽职调查工作底稿能否作为中介机构免责的依据？

保荐人应在进行尽职调查后形成尽职调查工作报告和相应的尽职调查工作底稿，并在其基础上制作发行保荐书，审慎出具保荐意见或其他专业意见。保荐机构的工作底稿应当真实、准确、完整地反映尽职调查工作。

发行人是信息披露第一责任人，在证券发行过程中，承担无过错责任。保荐人如能证明自己没有过错，则可以免责。而保荐人在尽职调查过程中是否勤勉尽职，尽职调查工作底稿无虚假记载、误导性陈述及重大遗漏，是证明保荐人没有过错的重要证据。

115. 什么是财务专项核查？财务专项核查和尽职调查是何关系？

近年来，少数上市公司财务造假引起监管层的高度重视，为推进以信息披露为中心的新股发行体制改革工作，夯实首次公开发行股票公司财务会计信息真实性、准确性、完整性，检查中介机构执业质量，中国证监会分别于 2012 年 5 月 23 日发布了《关于进一步提高首次公开发行股票公司财务信息披露质量有关问题的意见》（证监会公告 [2012] 14 号），于 2012 年 12 月 28 日发布了《关于做好首次公开发行股票公司 2012 年度财务报告专项检查工作的通知》（发行监管函 [2012] 551 号），要求开展财务专项核查工作，进一步提高首次公开发行股票公司财务信息的披露质量。

财务专项核查主要是对 IPO 在审企业的财务真实性进行核查，重点检查虚构交易、现金收付等，力求挤出财务水分，充分披露在审企业风险，要求各中介机构在开展 IPO 相关工作时，应严格遵守现行各项执业准则和信息披露规范要求，勤勉尽责，审慎执业，对 IPO 在审企业报告期内财务会计信息真实性、准确性、完整性开展全面自查工作。

财务专项核查属于尽职调查的一部分，但相比以往的尽职调查更加严格和细致，重点核查虚构交易、操纵利润、关联交易、粉饰报表等多项常见的财务造假行为。在财务专项核查结束后，保荐机构、会计师事务所应提交自查报告，逐项具体说明对各项财务问题、执业中需关注问题的落实情况、核查过程和核查结论，核查过程应明示具体核查人员、核查时间、核查方式、获取证据等相关内容。

总体而言，财务专项核查是特殊时期的一项专项尽职调查活动，不是中国证监会对发行上市工作的日常性要求，但其监管精神应持续贯彻到发行上市的尽职调查工作中。

116. 什么是信息披露质量抽查？其具体操作流程是什么？

根据《中国证监会关于进一步推进新股发行体制改革的意见》（证监会公告 [2013] 42 号）和《关于组织对首发企业信息披露质量进行抽查的通知》（发行监管函 [2014] 147

号），对申请首次公开发行股票的企业，将在上发审会前对发行人信息披露质量进行抽查。抽查将通过审阅申报材料及工作底稿，并以抽样的方式进行现场检查，从而核实和印证中介机构是否就发行人信息披露质量履职尽责。抽查既不对企业进行全面体检，也不对企业的盈利能力进行判断。

信息披露质量抽查的具体操作流程：

（1）抽取范围

申请首次公开发行股票的企业，在上发审会前均应纳入抽取范围，并参加一次被抽取工作，已参加过抽取的企业将不再参加以后的抽取工作。

（2）抽取方式

被抽取企业将以抽签的方式随机产生，抽取过程公开透明。中国证监会将定期向中国证券业协会移交拟参加抽取的企业名单，具体抽取工作将由中国证券业协会负责。被抽取企业产生后，相关信息将及时向社会公布。此外，若审核过程中发现在审企业所披露的信息可能存在虚假记载、误导性陈述或重大遗漏，或者中介机构尽职履责情况存在重大疑问的，审核部门可以直接将其列为抽查对象。

（3）抽取结果处理

抽查完成后，如发现存在一般性问题的，将通过约谈提醒、下发反馈意见函等方式督促发行人及中介机构在后续工作中予以改进。情节较重的，将由中国证监会相关职能部门依法采取监管谈话、警示函等行政监管措施。经过抽查发现明确的违法违规线索的，将移送稽查部门进一步查实查证，涉及犯罪的，将移交司法机关严肃处理。

117. 什么是问核制度？问核制度和尽职调查是什么关系？

根据中国证监会 2011 年 4 月 6 日发布的《关于保荐项目尽职调查情况问核程序的审核指引》规定，证监会对保荐机构和保荐代表人实施问核制度，要求在保荐机构所保荐项目的见面会召开当天，由中国证监会审核人员约请保荐机构的保荐业务负责人或保荐业务部门负责人、签字保荐代表人，逐项询问该项目主要问题的尽职调查工作情况，并由上述人员签字确认其已勤勉尽责履行了各项尽职调查义务。审核人员将对问核情况进行评价，评价结果作为对保荐机构和保荐代表人考核和评价的依据之一。

2013年12月27日，中国证监会发布《关于进一步加强保荐机构内部控制有关问题的通知》（发行监管函〔2013〕346号），该文件规定中国证监会不再设置问核环节，但要求保荐机构设立内部问核机制，主要规定如下：

（1）保荐机构应在《发行保荐工作报告》中详细说明问核的实施情况、问核中发现的问题，以及在尽职调查中对重点事项采取的核查过程、手段及方式。

（2）保荐机构履行问核程序时，应要求项目的两名签字保荐代表人填写"关于保荐项目重要事项尽职调查情况问核表"，誊写该表所附承诺事项，并签字确认。保荐业务负责人或保荐业务部门负责人应当参加问核程序，并在问核表上签字确认。

（3）问核表作为发行保荐工作报告的附件，在受理发行人上市申请文件时一并提交。综上所述，问核制度是对保荐机构和保荐代表人尽职调查工作的一项监督机制。问核制度的目的是了解保荐机构和保荐代表人对发行人重要事项的核查情况，监督保荐机构及其保荐代表人切实履行保荐职责，提高工作质量。

118. 创业板首发管理办法已不再把持续盈利能力作为发行上市条件，尽职调查是否仍需关注持续盈利能力？

2014年2月11日，中国证监会发布实施《首次公开发行股票并在创业板上市管理办法》,该管理办法以信息披露为核心,删除了将"发行人应当具有持续盈利能力"作为发行条件的要求。

对于发行人的持续盈利能力,中国证监会不再在审核过程中进行实质判断,但这并非意味着不再关注发行人的持续盈利能力。修订后的《首次公开发行股票并在创业板上市管理办法》要求保荐人及其保荐代表人对发行人的申请文件和信息披露资料进行审慎核查,由保荐人及其保荐代表人对发行人是否具备持续盈利能力做出专业判断。

因此,尽职调查仍然需要对发行人的持续盈利能力高度关注。如发行人持续盈利能力存在重大不利影响,发行人应当在招股说明书中分析并完整披露对其持续盈利能力产生重大不利影响的所有因素,充分揭示相关风险,并披露保荐人对发行人是否具备持续盈利能力的核查结论意见。

第二部分　股票发行与上市流程

第二章
辅 导 与 备 案

119. 什么是辅导?

辅导,是指保荐机构在推荐发行人首次公开发行股票并上市前,对发行人的董事、监事和高级管理人员、持有5%以上股份的股东和实际控制人(或者其法定代表人)进行系统的法规知识、证券市场知识培训,使其全面掌握发行上市、规范运作等方面的有关法律法规和规则,知悉信息披露和履行承诺等方面的责任和义务,树立进入证券市场的诚信意识、自律意识和法制意识。

为保障股票发行核准制的顺利实施,提高首次公开发行股票公司的质量及规范运作的水平,凡拟在中华人民共和国境内首次公开发行股票的股份有限公司,在提出首次公开发行股票并上市的申请前,应聘请辅导机构进行辅导。

120. 哪些机构实施辅导? 辅导对象包括哪些?

辅导机构应是具有保荐机构资格的证券公司以及其他经有关部门认定的机构。辅导对象拟聘用或已聘用的会计师事务所、律师事务所的执业人员应在辅导机构的协调下参与辅导工作,辅导机构也可根据需要另行聘请执业会计师、律师等参与辅导。

辅导对象主要包括公司的董事（包括独立董事）、监事、高级管理人员、持有5%以上股份的股东和实际控制人（或其法定代表人）。同时辅导机构还可根据实际情况，增加董事会秘书办公室工作人员如证券事务代表、财务主要人员为辅导对象。

121. 辅导的程序有哪些？

实施辅导的程序一般包括签订辅导协议、辅导备案、实施辅导、辅导总结和辅导验收等。

①辅导机构与辅导对象签订保荐（辅导）协议，辅导机构针对辅导对象成立辅导工作小组，制订辅导工作计划和实施方案。

②保荐（辅导）协议签署5个工作日内，辅导机构向辅导对象所在地的中国证监会派出机构备案。

③辅导机构按照辅导工作计划对辅导对象进行系统的法规知识、证券市场知识培训，使其全面掌握发行上市、规范运作等方面的有关法律法规和规则，知悉信息披露和履行承诺等方面的责任和义务，树立进入证券市场的诚信意识、自律意识和法制意识。

同时，在此期间，辅导机构还将与其他中介机构对辅导对象开展尽职调查，共同指导辅导对象解决历史遗留问题，督促其按照现代企业制度的要求，完善法人治理结构，建立健全并真正落实内部约束机制，确保辅导对象资产权属清晰、经营体系独立完整、财务管理与会计体系健全、内部决策和控制制度规范。同时辅导机构应对律师事务所、会计师事务所等证券服务机构出具的专业意见进行审慎复核。

④在辅导期间，辅导机构应当根据辅导的情况向辅导对象当地中国证监会派出机构报送辅导工作备案报告，并对派出机构的反馈意见进行逐项落实；同时视中国证监会当地派出机构

的要求，可以就接受辅导、准备首次公开发行股票等事项在当地两种主要报纸上进行公告。

⑤在辅导工作结束后，辅导机构向辅导对象当地中国证监会派出机构报送辅导工作总结报告，提出辅导评估申请，派出机构应按规定进行辅导验收。

⑥辅导机构结束辅导工作、派出机构进行辅导验收后，保荐机构可结合辅导情况、尽职调查情况、内部核查结论，在确信发行人符合法律、行政法规和中国证监会的有关规定的情况下，方可推荐其证券发行上市。

122. 辅导的主要内容有哪些？

辅导的主要内容包括但不限于以下几个方面：

①对公司的董事（包括独立董事）、监事、高级管理人员、持有5%以上股份的股东和实际控制人（或其法定代表人）进行全面的证券法律、法规知识学习和培训，聘请机构内部或外部的专业人员进行必要的授课，确信其理解发行上市有关法律、法规和规则，理解作为公众公司规范运作、信息披露和履行承诺等方面的责任和义务；

②协助辅导对象初步建立符合现代企业制度要求的公司治理结构，协助辅导对象建立和完善公司管理、投资决策和内部控制制度；

③核查辅导对象在公司设立、改制重组、股权设置和转让、增资扩股、资产评估、资本验证等方面是否合法、有效，产权关系是否明晰，股权结构是否符合有关规定；

④协助和督促辅导对象实现独立运营，做到业务、资产、人员、财务、机构独立完整，主营业务突出，具备核心竞争力；

⑤协助和督促辅导对象按规定妥善处置商标、专利、土地、房屋等的法律权属问题；

⑥规范辅导对象与控股股东及其他关联方的关系；

⑦督促辅导对象建立和完善规范的内部决策和控制制度，形成有效的财务、投资以及内部约束和激励制度；

⑧协助和督促辅导对象建立健全公司财务会计管理体系，杜绝会计虚假；

⑨协助辅导对象形成明确的业务发展目标和未来发展计划，并制定可行的募集资金投向及其他投资项目的规划。

 123. 发行人何时进行辅导备案？辅导的时间是否有要求？辅导期间是否需要向所属监管局报备？

根据《中国证监会关于进一步推进新股发行体制改革的意见》，保荐机构与发行人签订发行上市相关的辅导协议后，应及时在保荐机构网站及发行人注册地证监局网站披露对发行人的辅导工作进展；辅导工作结束后，应对辅导过程、内容及效果进行总结并在上述网站披露。

根据《证券发行上市保荐业务管理办法》，保荐机构在推荐发行人首次公开发行股票并上市前，应当对发行人进行辅导，对发行人的董事、监事和高级管理人员、持有5%以上股份的股东和实际控制人（或者其法定代表人）进行系统的法规知识、证券市场知识培训，使其全面掌握发行上市、规范运作等方面的有关法律法规和规则，知悉信息披露和履行承诺等方面的责任和义务，树立进入证券市场的诚信意识、自律意识和法制意识。保荐机构辅导工作完成后，应由发行人所在地的中国证监会派出机构进行辅导验收。

保荐机构应当与发行人签订保荐协议，明确双方的权利和义务，按照行业规范协商确定履行保荐职责的相关费用。保荐协议签订后，保荐机构应在5个工作日内报发行人所在地的中国证监会派出机构备案。

此外，各地证监局制定了具体实施细则：

根据《北京证监局拟上市公司辅导工作监管指引（试行）》，为保证辅导工作质量，辅导期应不少于3个月，存在特定情况之一的，经审核同意后，可酌情缩短辅导期限。除特殊情况外，自受理日起每两个月报送一期辅导工作报告。

根据《山东证监局企业上市辅导监管工作指引》，辅导期限原则上不少于90日，存在特例情况之一的，辅导机构可缩短辅导期限。自接收辅导备案材料之日起，辅导机构原则上每60日报送一期辅导工作报告。

根据《浙江证监局拟上市公司辅导工作监管指引》，辅导机构应当针对发行人的具体情况，合理确定辅导期，制定切实可行的辅导计划和实施方案，并根据辅导计划分阶段公示辅导工作中期进展材料。

根据《安徽证监局首发上市辅导监管工作指引（试行）》，保荐机构应当针对辅导对象的具体情况，合理确定辅导期限。首次辅导备案后，保荐机构至少每6个月报送一期辅导期内备案报告。

根据《江西证监局企业上市辅导监管工作指引》，辅导期限原则上不少于90日，存在特定情况之一的，经审核同意后，辅导机构可酌情缩短辅导期限。辅导对象应自辅导备案受理日起30日内，就接受辅导事宜通过当地两种主要报纸各公告两次以上。辅导对象发布公告前应事先报审核通过。自本局受理辅导备案材料之日起，辅导机构原则上每90日报送一期辅导工作报告，辅导期间应至少报送两期辅导工作报告。

根据《湖南证监局首次公开发行股票辅导监管工作流程》，登记备案至申请验收之间，时间超过2个月的，保荐机构须每两个月报一次阶段性辅导工作总结。

124. 辅导备案需要提交哪些材料？

备案登记材料根据各地中国证监会派出机构的具体要求提

交，一般应包括：

①辅导备案申请报告（内容包括辅导备案的请求，介绍辅导对象的设立及历史沿革、股权结构、主要股东和实际控制人、主营业务及主要产品、所属行业概况及在行业中的地位、经营情况及财务状况等）；

②辅导对象接受辅导的公告；

③辅导人员名单、简历及证券从业资格证明；

④辅导机构基本情况、相关内部控制制度及营业执照；

⑤辅导对象全体董事、监事、高级管理人员、持有5%以上股份的股东和实际控制人（或其法定代表人）的名单及其简历；

⑥辅导协议；

⑦辅导计划及实施方案；

⑧辅导对象基本情况备案表；

⑨辅导人员对同期担任辅导工作的公司家数的说明。

 **125. 何时能够申请辅导验收？申请辅导验收材料包括哪些内容？**

在辅导工作结束后，辅导机构认为辅导工作已经达到预期效果，辅导对象已经具备了进入证券市场的必备知识和条件，可向辅导对象所在地中国证监会派出机构报送辅导工作总结报告，提出辅导评估申请，申请辅导验收。时间上，通常在保荐机构向中国证监会报送申报材料前两到三周左右，具体时间依各地中国证监会派出机构要求不同而有所差异。

申请辅导验收的材料根据各地中国证监会派出机构的要求提交，一般应包括：辅导验收申请报告、辅导工作总结报告、辅导报备材料、辅导内容及实施情况的工作底稿、财务报表、监管机关出具的反馈意见和落实情况等。辅导工作底稿内容一般包括：备案登记材料和所有辅导工作进展报告、辅导计划及实施方案、辅导协议、辅导人员变更及交接手续、辅导对象存在的重大问题及解决情况、历次辅导培训、考试及辅导评估的资料等。申请辅导验收的材料在提交申请时报送中国证监会派出机构专管人员。

126. 辅导验收环节的主要程序有哪些？重点关注内容有哪些？

在辅导验收环节，中国证监会派出机构主要采用审阅保荐机构辅导材料、约谈、电话问询和实地走访相结合的监管方式深入了解辅导企业。针对保荐机构提交的辅导材料中存在的问题，及时提出反馈意见，要求辅导人员切实履行尽职调查义务，完善辅导工作底稿；通过约谈公司董事长、总经理、财务负责人等高管人员，督促公司尽快改进经营运作中的不规范之处；现场走访公司，实地查看公司的主要办公和生产经营场所，了解公司的生产经营情况。

派出机构的现场调查时间一般不超过5个工作日，总体时间一般不超过20个工作日（不含辅导机构和公司补充、修改材料以及整改落实的时间）。

书面核查阶段主要是对辅导机构上报的备案材料、辅导验收材料、尽职调查报告、律师事务所出具的法律意见书、经审计的财务报告以及派出机构日常监管（包括调查与专项核查）所掌握的其他材料等进行书面审阅核查。重点关注以下内容：

①辅导计划和实施方案是否得到有效实施；
②辅导内容是否完整；
③辅导程序是否符合要求；
④辅导工作备案报告和辅导工作总结报告是否存在虚假记载、误导性陈述或重大遗漏；
⑤是否达到辅导目标。

辅导评估阶段主要是针对书面核查和现场调查所掌握的情况，评估辅导机构的辅导工作效果，并结合日常监管及相关限期整改情况，予以辅导验收。

存在下列情形之一的，派出机构将在辅导验收报告（或辅导监管报告）中建议中国证监会认定辅导机构辅导工作不合格：

①因辅导机构不认真履行职责或辅导对象不积极配合而使辅导未达到计划目标的；

②"辅导工作备案报告"和"辅导工作总结报告"中存在虚假记载、误导性陈述或重大遗漏的；

③发行人存在重大法律障碍或风险隐患而未在"辅导工作总结报告"中指明的；

④派出机构认定的其他情形。

127. 辅导验收是否需要进行考试？参加辅导考试人员有哪些？

现场调查期间或现场调查前，派出机构将组织对发行人董事、监事及其他高级管理人员的法律法规考试，并将考试结果体现在辅导监管报告中。

参加辅导考试人员为辅导对象的有关人员，包括董事、监事、高级管理人员、持有5%以上股份的股东和实际控制人（或其法定代表人）。已取得上市公司独立董事任职资格证书、董事会秘书证书的辅导对象可免于参加辅导考试。

128. 何时能够取得辅导验收报告（或辅导监管报告）？

辅导机构结束辅导工作后，保荐机构向中国证监会派出机构申请辅导验收，派出机构完成辅导验收后，出具辅导验收报告（或辅导监管报告）。根据实际情况，部分派出机构要求保荐机构内核通过后，才能按程序出具辅导验收报告（或辅导监管报告)。

129. 辅导验收与首次公开发行材料受理有何关系?

辅导验收报告(或辅导监管报告)是中国证监会受理处受理首次公开发行材料的必备文件。该文件通常由中国证监会派出机构传真至受理处,受理人员核验后才受理发行人相关申报材料。

第三章
发行申报材料的制作

130. 发行人制作申请文件需要做好哪些准备工作?

发行申请文件由发行人和各中介机构共同配合准备,通常由保荐机构牵头。申请文件制作的前期准备工作如下:

①建立相关工作底稿;
②关于本次发行上市事宜召开董事会、股东大会;
③取得政府部门的相关批文或文件;
④聘请中介机构出具相关专业意见;
⑤准备好各类申请文件的原件或做好鉴证,并汇总制作申请文件;
⑥配合中介机构履行问核程序。

131. 中小企业板与创业板发行上市申请文件要求有何异同?

创业板申请文件准则总体框架与中小企业板保持一致,即以招股说明书为主体,以发行人的申请及授权文件、保荐机构等中介机构文件等为支持的内容体系。

中小企业板发行上市申请文件目录共分十章,分别为:
①招股说明书与发行公告;
②发行人关于本次发行的申请及授权文件;

③保荐机构关于本次发行的文件；
④会计师关于本次发行的文件；
⑤发行人律师关于本次发行的文件；
⑥发行人的设立条件；
⑦关于本次发行募集资金运用的文件；
⑧与财务会计资料相关的其他文件；
⑨定向募集公司还应提供的文件；
⑩其他文件。

除上述文件外，中小企业板发行上市还需要提交公司基本信息情况表和公司及相关中介机构联系表。

根据《公开发行证券的公司信息披露内容与格式准则第29号——首次公开发行股票并在创业板上市申请文件（2014年修订）》（证监会公告［2014］29号），创业板发行上市申请文件目录共分六章，分别为：

①招股说明书与发行公告；
②发行人关于本次发行的申请及授权文件；
③保荐机构和证券服务机构文件；
④发行人的设立文件；
⑤与财务会计资料相关的其他文件；
⑥其他文件。

除上述文件外，创业板发行上市还需要提交创业板信息统计表和创业板申报公司信息统计表。

针对创业板企业成长性高、业绩不稳定、经营风险高的特点，为推动建立具有责任约束和权力制衡的机制，明确创业板发行上市相关各方的责任，实现各市场主体"各司其职、各尽其能、各负其责、各担风险"，创业板申请文件准则增加了部分文件要求，以强化控股股东、实际控制人、保荐机构等相关主体的责任。

132. 创业板发行上市申请文件有何特点?

发行人报送申请文件,初次报送应提交原件一份,复印件两份;根据审核需要,中国证监会可以要求发行人补充报送申请文件。发行人不能提供有关文件原件的,应由发行人律师提供鉴证意见,或由出文单位盖章,以保证与原件一致。如原出文单位不再存续,由承继其职权的单位或做出撤销决定的单位出文证明文件的真实性。

为突出创业板的特点,进一步强化发行申报的责任机制,对比中小企业板,创业板发行上市申请文件还要求发行人增加提供下列文件:

①发行人控股股东、实际控制人对招股说明书的确认意见。为加强发行人控股股东、实际控制人对发行人信息披露的责任,根据《首次公开发行股票并在创业板上市管理办法》的规定,《创业板申请文件准则》要求提供发行人控股股东、实际控制人对招股说明书的确认意见,确认招股说明书中与其相关的内容真实、准确、完整、及时,其不存在指使发行人违反规定披露信息,或者指使发行人披露有虚假记载、误导性陈述或重大遗漏的信息的情形。

②保荐机构关于发行人成长性的专项意见。根据《首次公开发行股票并在创业板上市管理办法》的规定,保荐人保荐发行人发行股票并在创业板上市,应当对发行人的成长性进行尽职调查和审慎判断并出具专项意见。发行人为自主创新企业的,还应当在专项意见中说明发行人的自主创新能力,并分析其对成长性的影响。《创业板申请文件准则》要求保荐机构将该专项意见作为发行保荐书的附件,并作为发行人申请文件的必备文件。

③发行人关于公司设立以来股本演变情况的说明及其董事、监事、高级管理人员的确认意见。为加强发行人股本演变

情况的披露,《公开发行证券的公司信息披露内容与格式准则第 28 号——创业板公司招股说明书》(以下简称《创业板招股说明书准则》)要求发行人在招股说明书正文披露其本次发行前后的前十名股东,对公司自设立以来的具体股本演变情况以招股说明书附件的形式作详细披露。为与《创业板招股说明书准则》相衔接,《创业板申请文件准则》将发行人关于公司设立以来股本演变情况的说明及其董事、监事、高级管理人员的确认意见增列为申请文件的必备文件。

④发行人律师关于发行人董事、监事、高级管理人员、发行人控股股东和实际控制人在相关文件上签名盖章的真实性的鉴证意见。鉴于上市公司伪造或变造发行人董事、监事、高级管理人员签名的情形时有发生,《创业板申请文件准则》要求发行人提供其律师对发行人的董事、监事、高级管理人员、发行人控股股东和实际控制人在相关文件上签名盖章的真实性的鉴证意见。

⑤根据《证券法》及《创业板招股说明书准则》对信息披露责任主体的要求,《创业板申请文件准则》相应地要求除发行人董事外,发行人的监事、高级管理人员也应对申请文件的真实性、准确性、完整性进行承诺。

133. 2014 年创业板发行上市申请文件对哪些内容进行了修订?

根据《公开发行证券的公司信息披露内容与格式准则第 29 号——首次公开发行股票并在创业板上市申请文件(2014 年修订)》(证监会公告〔2014〕29 号),主要修订情况如下:

(1)落实新股发行体制改革的要求

一是为强化责任主体诚信义务,在申请文件目录第六章增加"6-4 承诺事项"部分,将发行人及其控股股东等责任主体的重要承诺及未能履行承诺的约束措施作为申请文件内容;

二是为提高财务信息披露的及时性,在申请文件目录第三章增加"3-2-2发行人审计报告基准日至招股说明书签署日之间的相关财务报表及审阅报告"作为申请文件内容;三是为强化保荐机构内控要求,将"关于保荐项目重要事项尽职调查情况问核表"作为发行保荐工作报告的附件,申报时一并提交。

(2)强化保荐机构对企业成长性的核查要求

由于《关于进一步做好创业板推荐工作的指引》(证监会公告〔2010〕8号)已经废止,考虑到成长性仍为创业板发行人的核心特征,该指引中对保荐机构关于企业成长性核查的相关要求予以保留,并在创业板申请文件准则中以"附件2:发行人成长性专项意见编制指引"的形式加以规定,督促保荐机构勤勉尽责,综合分析判断企业成长性,并出具结论明确的成长性专项意见。

134. 曾经发行过内部职工股的企业的申请文件有何特殊要求?

历史上曾经允许企业发行内部职工股,此类发行人提交给中国证监会的申请材料中,除常规材料外,还应提供的文件包括:有关内部职工股发行和演变情况的文件(历次发行内部职工股的批准文件、内部职工股发行的证明文件、主管机构出具的历次托管证明、有关违规清理情况的文件、发行律师对前述文件真实性的鉴证意见);省级人民政府或国务院有关部门关于发行人内部职工股审批、发行、托管、清理以及是否存在潜在隐患等情况的确认文件;中介机构的意见(发行人律师关于发行人内部职工股审批、发行、托管和清理情况的核查意见)。

在招股说明书中,发行人如发行过内部职工股,或出现原工会持股或职工持股进行转让的,应主要披露以下情况:

①内部职工股的审批及发行情况,包括审批机关、审批日期、发行数量、发行方式、发行范围、发行缴款及验资情况;

②内部职工股发生过转移或交易的情况;

③历次托管的情况,包括发行时前10名持有人的情况,发行前托管的前10名持有人的情况,托管单位变化的情况及原因,托管与被托管单位的名称、持股数量及比例,应托管股票数额及实际托管数额的差额,托管完成时间,未托管股票的数额及原因,对未托管股票的处理办法,本次股票发行前托管的股份占总股份的比例;

④发生过的违法违规情况,包括超范围和超比例发行的情况,通过增发、配股、国家股和法人股转配等形式变相增加内部职工股的情况,内部职工转让和交易中的违法违规情况,法人股个人化的情况,这些违法违规行为的纠正情况;

⑤对尚存在内部职工股潜在问题和风险隐患的,应披露有关责任的承担主体等;

⑥对发行人存在原工会持股或职工持股会持股进行转让的,应详细披露有关持股和转让的情况,说明是否存在潜在问题和风险隐患,以及有关责任的承担主体等。

135. 申请材料中有关文件是否必须全部为原件?若无法获取原件,复印件是否可代替?

发行人报送申请文件,初次报送应提交原件一份,复印件三份(创业板两份)。如发行人不能提供有关文件原件,应由发行人律师提供鉴证意见,或由出文单位盖章,以保证与原件一致。如原出文单位不再存续,由承继其职权的单位或做出撤销决定的单位出文证明文件的真实性。

136. 盈利预测报告是否为申请文件的必备文件？披露盈利预测对发行上市有何影响？企业盈利预测未达到预测数会受到哪些处罚？

盈利预测报告不是申请材料的必备文件。

如果发行人提供盈利预测报告，将有助于投资者对于发行人及其股票做出正确判断，若发行人确信能对最近的未来期间的盈利情况做出比较切合实际的预测，发行人可以披露盈利预测报告。发行人披露盈利预测的，利润实现数如未达到预测数的80%，除因不可抗力外，其法定代表人、盈利预测审核报告签字注册会计师应当在股东大会及中国证监会指定报刊上（创业板应在指定网站）公开做出解释并道歉；中国证监会可以对法定代表人处以警告。利润实现数未达到盈利预测的50%的，除因不可抗力外，中国证监会在36个月内不受理该公司的公开发行证券申请。

137. 创业板发行上市招股说明书有何主要特点？

根据《公开发行证券的公司信息披露内容与格式准则第28号——创业板公司招股说明书》，创业板发行上市招股说明书主要特点如下：

①突出发行人核心竞争优势及其成长性、自主创新的披露："概览"一节，要求扼要披露发行人核心竞争优势，列示其具体表现；"业务和技术"一节，要求突出披露技术创新、业务模式创新及相关内容；"募集资金运用"一节，要求披露对增强发行人核心竞争优势的影响；"未来发展与规划"一节，强化发行人披露反映成长性和自主创新的规划、目标、措施；在"风险因素""业务与技术""财务会计信息与管理层分析"等相关章节，也有涉及发行人成长性和自主创新相关信息的披露。

②强化发行人充分披露风险，加大创业企业的风险提示：强化发行人应在招股说明书显要位置，以统一的格式与文字作创业板投资风险的板块提示（一般应在招股书首页作创业板投资风险提示，另招股书封面页特别要求明确提示创业板投资风险）；在首页对发行人经营状况、财务状况、持续盈利能力和成长性有严重不利影响的风险因素，进行重大事项提示；要求发行人应当遵循重要性原则，按顺序披露可能直接或间接对发行人经营状况、财务状况、持续盈利能力和成长性产生重大不利影响的所有因素；要求发行人针对自身实际情况，具体地描述相关风险因素，描述应充分、准确。

③体现创业企业募集资金运用的特点，同时强化披露的责任约束：明确要求发行人募集资金应当围绕主营业务进行投资安排，应披露预计募集资金数额、专户存储安排、募集资金具体用途、预计投入的时间进度情况；实际募集资金数额与预计募集资金存在差异的，发行人应说明资金运用和资金管理的安排；特别增强了对非固定资产投资项目的披露；对用于偿债和补充运营资金的情形，制定了适当的披露标准。

④强化发行人未来发展与规划的披露：要求发行人披露未来 3 年的发展规划及发展目标，说明发行人在增强成长性、增进自主创新能力、提升核心竞争优势等方面拟采取的措施；要求发行人结合募集资金运用，审慎分析说明发行人的未来发展，说明在增强成长性和自主创新方面的情况；要求发行人披露的规划、目标、措施以及相应的分析，与招股说明书其他相关内容相衔接。

⑤建立适应创业企业公司治理的披露标准：要求发行人披露建立审计委员会的情况；对外投资、担保事项的安排，说明决策权力及程序等方面的规划及最近 3 年的执行情况；投资者权益保护的情况。

⑥在保持主板和中小企业板披露要求的基础上，适当增加

有关财务会计信息的披露:要求发行人增加对存货、应收账款、无形资产、主要债项、对外投资、所有者权益和现金流量等项目的分析内容,增加披露上述项目的披露要求,主要包括:税项、递延所得税资产和递延所得税负债相关内容的披露和分析、"归属于发行人股东的净利润、归属于发行人股东扣除非经常性损益后的净利润、归属于发行人股东的每股净资产"等三个财务指标。每股收益也要求分基本每股收益和稀释每股收益来列示。

⑦调整财务会计信息和发行人股本的披露要求:将散见于各节的财务会计信息的披露及分析内容合并为"财务会计信息与管理层分析"一节,并采用了"边披露边分析"的方式;对部分项目的披露要求进行了调整,如创业板招股说明书准则中要求发行人只披露对公允反映公司财务状况和经营成果有重大影响的会计政策和会计估计;调整发行人股本情况的披露方式,招股说明书正文主要披露发行人目前的股本状况和股东结构,具体的历史演变过程以附件"发行人关于公司设立以来股本演变情况的说明及其董事、监事、高级管理人员的确认意见"的形式与招股说明书一同披露。

138. 创业板发行上市招股说明书 2015 年对哪些内容进行了修订?

根据《公开发行证券的公司信息披露内容与格式准则第 28 号——创业板公司招股说明书(2015 年修订)》,本次修订的主要内容如下:

(1)封面、书脊、扉页、目录、释义方面

在招股说明书扉页里应载有"保荐人承诺因其为发行人首次公开发行股票制作,出具的文件有虚假记载、误导性陈述或者重大遗漏,给投资者造成损失的,将先行赔偿投资者损失"的声明与承诺。

(2) 同业竞争与关联交易方面

为充分揭示发行人同业竞争与关联交易情况，切实做到披露到位，本次修订要求发行人应详细披露已达到发行监管对公司独立性的下列基本要求：资产完整方面、人员独立方面、财务独立方面、机构独立方面和有业务独立方面。同时发行人还应披露保荐人对前款内容真实、准确、完整发表的结论性意见。

(3) 财务会计信息与管理层分析方面

一是发行人应披露本次募集资金到位当年发行人每股收益相对上年度每股收益的变动趋势；二是当发行人预计即期回报被摊薄时应披露的信息、制定填补回报的具体措施以及董事、高级管理人员根据中国证监会相关规定做出的相关承诺。

(4) 募集资金运用方面

一是当募集资金向实际控制人、控股股东及其关联方收购资产，如果对被收购资产有效益承诺，应披露效益无法完成时的补偿责任的规定；二是发行人应披露董事会对募集资金投资项目可行性的分析意见。

139. 制作招股说明书需要注意哪些问题？

招股说明书的制作应按照《公开发行证券的公司信息披露内容与格式准则第1号——招股说明书》或《公开发行证券的公司信息披露内容与格式准则第28号——创业板公司招股说明书》编制，在制作招股说明书中，应注意以下问题：

①该准则某些具体要求对发行人确实不适用的，发行人可根据实际情况，在不影响披露内容完整性的前提下进行适当调整，但应在申报时做书面说明。

②发行人有充分依据证明本准则要求披露的某些信息涉及国家机密、商业机密及其他因披露可能导致其违反国家有关保密法律法规规定或严重损害公司利益的，发行人可向中国证监

会申请豁免按本准则披露。

③发行人在招股说明书及其摘要中披露的所有信息应真实、准确、完整、及时。

④发行人在招股说明书及其摘要中披露的财务会计资料应有充分的依据，所引用的财务报表、盈利预测报告（如有）应由具有证券期货相关业务资格的会计师事务所审计或审核。

⑤招股说明书引用的数据应有充分、客观的证据，并注明资料来源。

⑥招股说明书应使用事实描述性语言，保证其内容简明扼要、通俗易懂，突出事件实质，不得有祝贺性、广告性、恭维性或诋毁性的词句。

140. 招股说明书中引用的财务报告的有效期如何规定？

招股说明书中引用的财务报表在其最近一期截止日后6个月内有效。特别情况下发行人可申请适当延长，但至多不超过1个月。财务报表应当以年度末、半年度末或者季度末为截止日。

141. 招股说明书的有效期如何规定？

招股说明书的有效期为6个月，自中国证监会核准发行申请前招股说明书最后一次签署之日起计算。

142. 报送发行上市申请文件需要注意哪些问题？

根据《公开发行证券的公司信息披露内容与格式准则第9号——首次公开发行股票并上市申请文件》和《公开发行证券的公司信息披露内容与格式准则第29号——首次公开发行股票并在创业板上市申请文件》（2014年修订）的规定，报送首次公开发行股票并上市申请文件应注意以下几点：

①材料完备性：按该准则附录制作申报文件。如果某些材

料对发行人不适用，可不提供，但应向中国证监会做出书面说明。

②报送文件的格式要求：申请文件应采用幅面209毫米×295毫米规格的纸张（相当于标准A4纸张规格），双面印刷（需提供原件的历史文件除外）。申请文件的封面和侧面应标明"××公司首次公开发行股票并在创业板上市申请文件"或"××公司首次公开发行股票并在创业板上市"申请文件字样。申请文件的尾页应标明发行人董事会秘书及有关中介机构项目负责人的姓名、电话、传真及其他的联系方式。申请文件章与章之间、节与节之间应有明显的分隔标识，申请文件中的页码应与目录中标示的页码相符。

③报送文件数量的要求：初次报送应提交原件一份，复印件三份（创业板复印件两份）；在提交发行审核委员会审核前，根据中国证监会要求的份数补报申请文件。发行人在每次报送书面申请文件的同时，应报送一份相应的标准电子文件（标准.doc或.rtf格式文件）。发行结束后，发行人应将招股说明书的电子文件及历次报送的电子文件汇总报送中国证监会备案。

④报送文件有效性的要求：发行人不能提供有关文件的原件的，应由发行人律师提供鉴证意见，或由出文单位盖章，以保证与原件一致。如原出文单位不再存续，由承继其职权的单位或做出撤销决定的单位出文证明文件的真实性。

⑤报送文件签字要求：申请文件所有需要签名处，均应为签名人亲笔签名，不得以名章、签名章等代替。

⑥报送文件的更换和补充：申请文件一经受理，未经中国证监会同意，不得增加、撤回或更换，根据审核需要，中国证监会可要求发行人和中介机构补充材料。发行人应根据中国证监会对申请文件的反馈意见提供补充材料。有关中介机构应对反馈意见相关问题进行尽职调查或补充出具专业意见。

143. 发行人应申报哪些纳税资料？子公司的纳税资料是否也需提供？

发行人应向中国证监会发行监管部门申报的主要纳税资料包括：

①发行人最近3年及一期所得税纳税申报表；

②有关发行人税收优惠、财政补贴的证明文件；

③主要税种纳税情况的说明及注册会计师出具的意见；

④主管税收征管机构出具的最近3年及一期发行人纳税情况的证明。

所有纳入合并报表的子公司的纳税申报表及纳税证明等材料，也需比照股份公司的要求一并提供。

144. 报送发行上市申请文件后变更中介机构或中介机构被行政机关调查应如何处理？

（1）报送发行上市申请文件后变更中介机构主要分为两大类情形，处理原则如下：

首先，发行人在报送申请文件后股票未发行前更换主承销商（保荐机构）、签字会计师或会计师事务所、签字律师或律师事务所（以下简称其他中介机构）的，可根据中国证监会《股票发行审核标准备忘录8号》的规定按下列原则和要求处理，有关规定如下：

①更换主承销商（保荐机构）的处理原则。

第一，更换主承销商（保荐机构）的，应重新履行申报程序，并重新办理公司申请文件的受理手续。

第二，更换后的主承销商（保荐机构）应重新制作发行人的申请文件，并对申请文件进行质量控制，根据《公开发行证券公司信息披露内容与格式准则第9号——首次公开发行股票申请文件》，对需由主承销商（保荐机构）出具意见的文件，应重新核查并出具新的意见。

第三，发审会后更换主承销商的，原则上应重新上发审会。

②更换其他中介机构的处理原则

第一，更换后的会计师或会计师事务所应对申请首次公开发行股票的公司的审计报告，出具新的专业报告。

第二，更换后的律师或律师事务所应出具新的法律意见书和律师工作报告。

第三，发审会后更换其他中介机构的，且发行人未出现审核标准备忘录（2001）第五号《关于已通过发审会审核的拟发行公司会后发生事项的处理程序》，现应参照《股票发行审核标准备忘录第 5 号》（证监会 2002 年 5 月 10 日发）所列情形的，原则上不需要重新上发审会，但更换前的其他中介机构因经办发行上市业务受到中国证监会、相关行业主管机关或协会等机构处罚，或中国证监会另有规定的除外。

第四，主承销商（保荐机构）对更换后的其他中介机构出具的专业报告应重新履行核查义务。

③不同阶段更换中介机构的其他要求

第一，报送申请文件后股票未发行前更换的，更换前后的主承销商（保荐机构）、其他中介机构及发行人应向中国证监会发行监管部门分别说明更换原因。

第二，反馈意见后更换的，更换后的主承销商（保荐机构）、其他中介机构根据中国证监会发行监管部门对发行人申请文件的审核反馈意见，在发行人出具正式回复意见基础上，对相关问题重新进行尽职调查，出具新的专业意见。

第三，发审会后到招股书签署日期间更换的，更换后的其他中介机构除完成上述工作外，应根据发审委对发行人申请文件的审核意见，对发审委意见的落实情况发表意见，并对所发生的事项重新复核，出具新的报告。

第四,已完成封卷工作的,需补充封卷。

其次,申请首次公开发行股票的企业(以下简称发行人)相关中介机构及相关签字人员被行政处罚、采取监管措施或更换的,可按照《发行监管问答——在审首发企业中介机构被行政处罚、更换等的处理》(2016年12月9日修订)处理,有关规定如下:

①在审首发企业,更换保荐机构的,发行人、原保荐机构及更换后的保荐机构应当说明更换的原因。对于原保荐机构因发行人不配合其履行保荐职责或认为发行人不符合发行上市条件而主动终止保荐协议,或者发行人非因保荐机构被立案或执业受限而主动与保荐机构终止保荐协议的,一律需要重新履行申报程序。不属于上述情形的,更换后的保荐机构应当重新履行完整的保荐工作程序,对原保荐机构辅导情况进行复核确认,重新出具保荐文件,并在保荐文件中对新出具的文件与原保荐机构出具的文件内容是否存在重大差异发表明确意见。如更换后的保荐机构认为其新出具的文件与原保荐机构出具的文件内容无重大差异的,则继续安排后续审核工作。如存在重大差异的,则依据相关规定进行相应处理;已通过发审会的,需重新上发审会。以往的规范性文件与此要求不一致的,以本监管问答为准。

②更换保荐代表人、律师事务所、会计师事务所或签字律师、会计师的,更换后的机构或个人需要重新进行尽职调查并出具专业意见,保荐机构应进行复核。如保荐机构认为新出具的文件与原机构或个人出具的文件内容无重大差异的,则继续安排后续审核工作。如保荐机构认为有重大差异的,则依据相关规定进行相应处理;已通过发审会的,需重新上发审会。

③审核过程中,保荐机构、律师事务所、会计师事务所或相关保荐代表人、签字律师、签字会计师被行政处罚、采取监管措施的,保荐机构及所涉中介机构均应就其出具的专业意见

进行复核并出具复核意见,但相关机构或人员在被立案调查阶段已经进行过复核工作的除外。如复核后不存在影响发行人本次发行上市的重大事项的,则继续安排后续审核工作;已通过发审会的,可不重新上发审会。

相关行政处罚或监管措施导致保荐机构、会计师事务所、律师事务所或签字保荐代表人、会计师、律师执业受限制的,在相关行政处罚或监管措施实施完毕之前,不安排后续审核工作。

④在审首发企业更换保荐代表人、保荐机构、律师、律师事务所、会计师、会计师事务所的,原签字机构和个人需出具承诺,对其原签署的相关文件的真实、准确、完整承担相应的法律责任。如发现其出具的文件存在问题的,中国证监会将依法从严追责。

(2)发行人的保荐机构因保荐相关业务(首发、再融资、并购重组)涉嫌违法违规被行政机关调查,尚未结案的,保荐机构应当按照以下方式履行其对发行人保荐工作的复核程序:

①在审发行申请项目。

第一,保荐机构应当对其推荐的所有在审发行申请项目进行全面复核,重新履行保荐机构内核程序和合规程序,最终出具复核报告,确定相关项目是否仍符合发行条件,是否仍拟推荐。保荐机构内核负责人、合规总监和公司法定代表人应当在复核报告上签字确认。复核报告应当将内核小组会议纪要、合规部门会议纪要作为附件,一并报送。经复核,拟继续推荐的,可同时申请恢复审查;经复核,不拟继续推荐的,应当同时申请终止审查。

第二,对于被调查或侦查事项涉及的保荐代表人签字的其他保荐项目,保荐机构除按上述要求进行复核外,还应当更换相应保荐代表人后,方可申请恢复审查。

②已过发审会的项目。对于已过发审会的项目，保荐机构因涉嫌违法违规被行政机关调查，尚未结案的，相关保荐机构也应当按照上述复核要求完成复核工作。经复核，拟继续推荐的，可继续依法履行后续核准发行程序；经复核，不拟继续推荐的，应当同时申请终止审查。

第二部分 股票发行与上市流程

第四章
发行审核流程

145. 股票发行审核程序主要包括哪些?

中国证监会对申请中小企业板和创业板上市的公司首发申请文件审核分开进行。中小企业板公司首发申请文件审核由发行监管部审核一处负责非财务审核,审核二处负责财务审核;创业板公司首发申请文件审核由发行监管部审核三处负责非财务审核,审核四处负责财务审核。总体上,IPO发行审核分为9个步骤。

(1)基本审核流程图

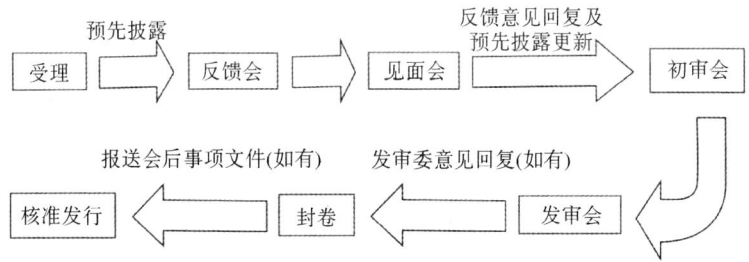

(2)首发申请审核主要环节简介

①受理和预先披露。中国证监会受理部门根据《中国证券监督管理委员会行政许可实施程序规定》(证监会令第66号,以下简称《行政许可程序规定》)、《首次公开发行股票并

上市管理办法》（证监会令第 32 号）、《首次公开发行股票并在创业板上市管理办法》（证监会令第 99 号）等规则的要求，依法受理首发申请文件，并按程序转发行监管部。发行监管部在正式受理后即按程序安排预先披露，并将申请文件分发至相关监管处室，相关监管处室根据发行人的行业、公务回避的有关要求以及审核人员的工作量等确定审核人员。主板、中小板申请企业需同时送国家发改委征求意见。

②反馈会及反馈与补充材料。相关监管处室审核人员审阅发行人申请文件后，从非财务和财务两个角度撰写审核报告，提交反馈会讨论。反馈会主要讨论初步审核中关注的主要问题，确定需要发行人补充披露以及中介机构进一步核查说明的问题。

反馈会按照申请文件受理顺序安排。反馈会由综合处组织并负责记录，参会人员有分管主任以及相关监管处室审核人员和处室负责人等。反馈会后将形成书面意见，履行内部程序后反馈给保荐机构。反馈意见发出前不安排发行人及其中介机构与审核人员沟通，此阶段也被俗称为静默期。

保荐机构收到反馈意见后，组织发行人及相关中介机构按照要求进行回复。综合处收到反馈意见回复材料进行登记后转相关监管处室。审核人员按要求对申请文件以及回复材料进行审核。

发行人及其中介机构收到反馈意见后，在准备回复材料过程中如有疑问可与审核人员进行沟通，如有必要也可与处室负责人、部门负责人进行沟通。

实务中此沟通会出现相同问题不同看法，以及多次反复沟通，直至得到监管人员认同为止，一般耗时较长。如沟通中发现在初审报告未涉及的重大问题，还可能会出现二次反馈。

审核过程中如发生或发现应予披露的事项，发行人及其中介机构应及时报告发行监管部并补充、修改相关材料。初审工作结束后,将形成初审报告(初稿)提交初审会讨论。

③见面会。反馈会后按照申请文件受理顺序安排见面会。见面会旨在建立发行人与发行监管部的初步沟通机制,参会人员包括发行人代表、发行监管部相关负责人、相关监管处室负责人等。

④预先披露更新。反馈意见已按要求回复、财务资料未过有效期且需征求意见的相关政府部门无异议的,将安排预先披露更新。对于具备条件的项目,发行监管部将通知保荐机构报送发审会材料和用于更新的预先披露材料,并在收到相关材料后安排预先披露更新,以及按受理顺序安排初审会。

⑤初审会。初审会由审核人员汇报发行人的基本情况、初步审核中发现的主要问题及反馈意见回复情况。初审会由综合处组织并负责记录,发行监管部相关负责人、相关监管处室负责人、审核人员以及发审委委员(按小组)参加。

根据初审会讨论情况,审核人员修改、完善初审报告。初审报告是发行监管部初审工作的总结,履行内部程序后与申请材料一并提交发审会。

初审会讨论决定提交发审会审核的,发行监管部在初审会结束后出具初审报告,并书面告知保荐机构需要进一步说明的事项以及做好上发审会的准备工作。初审会讨论后认为发行人尚有需要进一步披露和说明的重大问题、暂不提交发审会审核的,将再次发出书面反馈意见。

⑥发审会。发审委制度是发行审核中的专家决策机制。目前,主板和中小企业板发审委委员共25人,创业板发审委委员共35人,每届发审委成立时,均按委员所属专业划分为若干审核小组,按工作量安排各小组依次参加初审会和发审会。各组中委员个人存在需回避事项的,按程序安排其他委员替补。发审委通过召开发审会进行审核工作。发审会以投票方式对首发申请进行表决。根据《中国证券监督管理委员会发行

审核委员会办法》规定，发审委会议审核首发申请适用普通程序。发审委委员投票表决采用记名投票方式，会前需撰写工作底稿，会议全程录音。

发审会召开5天前中国证监会发布会议公告，公布发审会审核的发行人名单、会议时间、参会发审委委员名单等。首发发审会由审核人员向委员报告审核情况，并就有关问题提供说明，委员发表审核意见，发行人代表和保荐代表人各2名到会陈述和接受询问，聆询时间不超过45分钟，聆询结束后由委员投票表决，7名委员，5票同意为通过。个人投票意向与意见不对外公开，如无条件通过，则无须出具意见。如发审会有条件通过时，会要求发行人有需要进一步披露和说明问题的，形成书面审核意见后告知保荐机构。

保荐机构收到发审委审核意见后，组织发行人及相关中介机构按照要求回复。综合处收到审核意见回复材料后转相关监管处室。审核人员按要求对回复材料进行审核并履行内部程序。

如被发审会否决，发审会将讨论并形成否决意见后告知保荐机构。

⑦封卷。发行人的首发申请通过发审会审核后，需要进行封卷工作，即将申请文件原件重新归类后存档备查。封卷工作在按要求回复发审委意见后进行。如没有发审委意见需要回复，则在通过发审会审核后即进行封卷。

⑧会后事项。会后事项是指发行人首发申请通过发审会审核后，招股说明书刊登前发生的可能影响本次发行上市及对投资者做出投资决策有重大影响的应予披露的事项。发生会后事项的需履行会后事项程序，发行人及其中介机构应按规定向综合处提交会后事项材料。综合处接收相关材料后转相关监管处室。审核人员按要求及时提出处理意见。需重新提交发审会审核的，按照会后事项相关规定履行内部工作程序。如申请文件

没有封卷，则会后事项与封卷可同时进行。

⑨核准发行。核准发行前，发行人及保荐机构应及时报送发行承销方案。

封卷并履行内部程序后，将进行核准批文的下发工作。发行人领取核准发行批文后，无重大会后事项或已履行完会后事项程序的，可按相关规定启动招股说明书刊登工作。

审核程序结束后，发行监管部根据审核情况起草持续监管意见书，书面告知日常监管部门。

（3）与发行审核流程相关的其他事项

发行审核过程中，中国证监会将征求发行人注册地省级人民政府是否同意其发行股票的意见，并就发行人募集资金投资项目是否符合国家产业政策和投资管理规定征求国家发改委的意见（限申请在主板和中小企业板上市的企业）。特殊行业的企业还根据具体情况征求相关主管部门的意见。

为深入贯彻落实国家西部大开发战略、支持西部地区经济社会发展，改进发行审核工作服务水平，充分发挥深、沪两家交易所的服务功能，更好地支持实体经济发展，首发审核工作整体按西部企业优先的原则实施。

2016年9月9日，中国证监会发布了《中国证监会关于发挥资本市场作用服务国家脱贫攻坚战略的意见》。对注册地和主要生产经营地均贫困地区且开展生产经营满3年、缴纳所得税满3年的企业，或者注册地在贫困地区、最近一年在贫困地区缴纳所得税不低于2 000万元且承诺上市后3年内不变更注册地的企业，申请首次公开发行股票并上市的，适用"即报即审、审过即发"政策。2016年9月29日，中国证监会办公厅扶贫办明确了以下三大问题：一是在企业IPO过程中贫困县脱贫摘帽后也可以延续上述政策，但注册地必须在贫困县，纳税一定要在贫困县。二是生产地与注册地不可分离，信息管理技术人员都要在贫困县，需要观念先进、管理技术优势人才的全面帮扶,而不需要仅有注册地的空壳公司,一定要起到脱贫的实效。三是关于生产经营时限的"最近一年",是指整个会计年度而不是12个月,即若2017年申报IPO,要求2016年1月1日起注册在贫困县,财政补贴不能算,分公司不能算。

依据上述原则,并结合企业申报材料的完备情况,对具备条件进入后续审核环节的企业按受理顺序顺次安排审核进度计划。

发行审核过程中的终止审查、中止审查和恢复审查按相关规定执行。审核过程中收到举报材料的,依程序处理。

发行审核过程中,将按照对首发企业信息披露质量抽查的相关要求组织抽查。

发行审核过程中遇到现行规则没有明确规定的新情况、新问题,发行监管部将召开专题会议进行研究,并根据内部工作程序提出处理意见和建议。

 146. 审核过程中监管部门重点关注哪些问题?中国证监会审核中小商业银行发行上市时重点关注哪些问题?

(1) 审核过程中监管部门关注的问题(见下表)

审核过程中监管部门关注的问题

主体资格	①报告期内管理层、主营业务是否发生重大变化 ②实际控制人是否发生变更 ③股权是否清晰,注册资本是否足额缴纳
独立性	①资产、人员、财务、机构和业务是否独立于控股股东 ②关联交易披露是否充分,是否存在利用未披露的关联方增加收入利润的情况,对关联交易非关联化处理的真实性和合理性 ③关联交易是否必要、程序是否合规、定价是否公允,是否影响发行人业务独立性 ④是否存在与控股股东之间的同业竞争

续表1

规范运作	①生产经营是否存在违法违规问题 ②是否存在非法集资、环保、工商、税务和海关等问题 ③内部控制是否健全、有效 ④管理层能否勤勉尽责 ⑤是否存在违规担保和资金占用情况
财务会计	①财务资料是否真实，与同行业公司相比财务指标是否异常、结算模式是否合理、客户结构是否符合商业逻辑，财务信息和非财务信息能否相互印证 ②发行人和其他利益相关方是否存在大额异常的资金流动 ③发行人是否存在较大经营风险和财务风险 ④会计处理是否符合企业会计准则规定 ⑤经营业绩是否依赖于税收优惠、财政补贴等非经常性项目
持续盈利能力	①经营模式、产品或服务品种结构、行业经营环境是否发生重大不利变化 ②净利润是否对关联方或者有重大不确定性的客户存在重大依赖，或是否主要来自合并财务报表范围以外的投资收益 ③商标、专利、专有技术以及特许经营权等是否存在重大不利变化
募集资金运用	①项目是否符合产业和环保等政策 ②是否存在较大的投资风险和财务风险 ③是否会产生同业竞争或者新的关联交易
信息披露	①信息披露是否真实、准确、完整 ②是否存在误导性陈述 ③申报材料内容与发行人在发审委会议上陈述内容是否一致

续表 2

其他问题	①土地权属 ②行业地位、发展前景 ③集体资产量化和转让 ④国有资产转让 ⑤保荐机构及其保荐代表人、其他中介机构及其签字人员最近 3 年的执业质量,其是否存在违法违规行为

（2）中国证监会在审核中小商业银行发行上市时,重点关注的问题

①中小商业银行是否符合产权清晰、公司治理健全、风险管控能力强、资产质量好、有一定规模且业务较为全面、竞争力和盈利能力较强的要求。

②最近两年银行业监管部门监管评级的综合评级结果。

③最近三年年末及最近一期末风险监管核心指标是否符合银行业监管部门的相关规定。

④持续经营能力。

⑤最近一年及最近一期末存款或贷款规模在主要经营地中小商业银行的市场份额排名中是否居于前列。

⑥最近三年内是否进行过重大不良资产处置、剥离,或发生过重大银行案件。

⑦报告期内监管评级、风险监管核心指标的变动情况及变动原因。

⑧内部职工持股是否符合财政部、人民银行、中国银监会、中国证监会、中国保监会《关于规范金融企业内部职工持股的通知》（财金 [2010] 97 号）的规定。

⑨银行设立、历次增资和股权转让是否按规定向银行业监管部门履行了必要的审批或者备案等手续。

⑩是否已结合资本状况、股权结构、业务现状及其发展状

况等因素,合理确定资本金补充机制,并在招股说明书中予以披露。

⑪是否参照《公开发行证券的公司信息披露编报规则第26号——商业银行信息披露特别规定》(证监会公告[2008]33号)的规定编制招股说明书。

147. 审核过程中企业应注意哪些问题?

企业申请文件受理后,即进入中国证监会的审核程序。在审核过程中,企业应注意以下问题:

①了解中国证监会有关部门的内部组织与分工。

②遵守静默期有关规定,不得影响和干扰预审员和发审委委员的审核;同时要在静默期结束后与预审人员充分沟通(反馈意见后附有联系方式),让预审人员深入了解企业及企业所在行业的情况,避免因沟通不够导致判断失误的情况。

③在回复反馈意见的过程中,企业应注意:

第一,在接到反馈意见后,由保荐机构召集发行人、会计师和律师对反馈意见进行研究。为了避免答非所问,须尽量明确审核人员的关注要点,对问题中不明确的地方可以进行汇总,咨询审核人员,以做到有的放矢。待问题明确之后,保荐机构及其他中介机构根据反馈意见的要求,合理分工,展开补充尽职调查,形成正式的反馈意见答复。发行人应积极配合各中介机构的尽职调查工作。

第二,在答复问题时,要做到充分、真实、准确地披露产生问题的原因、目前的状况和解决问题的方法。如果发行人语焉不详,甚至弄虚作假,轻则拖延审核时间,重则会被退回申请材料。

第三,发行人应逐项落实反馈意见,并在规定期限内提供书面回复,若涉及对招股说明书的修改,需以楷体加粗字体标明。

第四，对于重大疑难问题，发行人应主动与审核人员进行沟通。如有必要，还必须向处长与分管主任进行主动沟通。

 148. 上发审会前，中国证监会要求发行人提供几次反馈意见？

根据《中国证券监督管理委员会行政许可实施程序规定》的要求，审查部门在审查申请材料过程中，认为需要申请人做出书面说明、解释的，原则上应当将问题一次性汇总成书面反馈意见。申请人应当在审查部门规定的期限内提交书面回复意见，确有困难的，可以提交延期回复的书面报告，并说明理由。确需由申请人做出进一步说明、解释的，审查部门可以提出第二次书面反馈意见，并要求申请人在书面反馈意见发出之日起 30 个工作日内提交书面回复意见。发行人的书面回复意见不明确，情况复杂，审查部门难以做出准确判断的，经中国证监会负责人批准，可以增加书面反馈的次数，并要求申请人在书面反馈意见发出之日起 30 个工作日内提交书面回复意见。

根据《关于首次公开发行股票预先披露等问题的通知》，发行人及其保荐机构应在规定时间内提交反馈意见回复材料；不能在规定时间内提交的，可申请延期一次，但应书面说明理由和延期时间，延期时间不得超过 2 个月。无法在上述期限内提交相关材料的，发行人及其保荐机构应按规定的有关要求，申请中止审查。

实践中，以一次书面反馈，多次口头沟通为主。除书面反馈外，审核人员可能以口头形式要求发行人和保荐机构针对相关事项进行核查和说明，并以书面形式报送至中国证监会。

149. 什么是审核静默期制度？企业在静默期应注意哪些问题？

静默期是国外成熟资本市场的惯常做法，通常指企业在IPO审核期间对潜在投资者应保持缄默，近年来为我国证券市场所借鉴，但在我国主要指对审核人员保持静默。

根据《中国证监会行政许可执法监督暂行规定》，发行审核过程中实行静默期制度，即自受理申请文件至出具第一次反馈意见之间的这段时间，以及在发行监管部形成初审意见后至发审会召开期间设定为静默期，负责该审核事项的工作人员不得与申请人及其代理人主动接触。

创业板在《首次公开发行股票并在创业板上市管理办法》中明确规定：申请文件受理至发行人发行申请经中国证监会核准、依法刊登招股说明书前，发行人及与本次发行有关的当事人不得以广告、说明会等方式为公开发行股票进行宣传。

150. 什么是专项复核？哪些情况下企业会被要求专项复核？专项复核应符合什么要求？

根据《股票发行审核标准备忘录第16号——首次公开发行股票的公司专项复核的审核要求》，为提高股票发行核准工作的质量和效率，中国证监会发行监管部在审核首次公开发行股票的公司的申请文件时，如发现其申报财务会计资料存在重大疑问，或其财务会计方面的内部控制制度有可能存在重大缺陷并由此导致申报资料存在重大问题时，可另行委托一家具备证券执业资格的会计师事务所对申报财务会计资料的特定项目进行专项复核。专项复核的决定由中国证监会发行监管部做出。专项复核的目的是为发行人申报财务会计资料的可靠性提供重要依据。

会计师事务所接受专项复核委托后，应当按照财政部

《企业会计准则》及其他有关规定,以及中国注册会计师协会颁布的《中国注册会计师审计准则》及有关执业规范以及证监会的信息披露要求,根据中国证监会发行监管部的书面反馈意见和发行人具体情况拟定专项复核工作计划、确定复核范围和程序,并应在实施之前将专项复核工作计划报中国证监会发行监管部备案。

执行专项复核业务的会计师事务所应出具专项复核报告,该报告至少应包括四个部分:

①复核时间、范围及目的;

②相关责任;

③履行的复核程序;

④复核结论。专项复核会计师应对复核事项提出明确的复核意见,不得以"未发现"等类似的消极意见代替复核结论。专项复核报告最迟应在发行人申报财务资料有效期截止前一个月送至中国证监会。如果专项复核会计师就复核事项所出具的复核意见与原申报财务资料存在差异,发行人、保荐机构及申报会计师应就该复核差异提出处理意见,审核人员应将该复核差异及处理情况向发行审核委员会汇报。

151. 什么叫发行审核的普通程序和特殊程序?二者有何区别?

根据《中国证券监督管理委员会发行审核委员会办法》,主板和中小企业板发审委、创业板发审委(以下统称"发审委")审核发行人股票发行申请和可转换公司债券等中国证监会认可的其他证券的发行申请时,发审委会议分普通程序和特殊程序两种:普通程序是指发审委会议审核发行人公开发行股票申请和可转换公司债券等中国证监会认可的其他公开发行证券申请的程序。特殊程序是指发审委审核上市公司非公开发行股票申请和中国证监会规定的其他非公开发行证券申请的程序。

普通程序和特殊程序的主要区别为：

①普通程序下，每次参加发审委会议的发审委委员为 7 名，表决投票时同意票数达到 5 票为通过，同意票数未达到 5 票为未通过。特殊程序下，每次参加发审委会议的委员为 5 名，表决投票时同意票数达到 3 票为通过，同意票数未达到 3 票为未通过。

②普通程序下，发审委委员发现存在尚待调查核实并影响明确判断的重大问题，应当在发审委会议前以书面方式提议暂缓表决，发审委会议首先对该股票发行申请是否需要暂缓表决进行投票，同意票数达到 5 票的，可以对该股票发行申请暂缓表决；同意票数未达到 5 票的，发审委会议按正常程序对该股票发行申请进行审核，发审委会议对发行人的股票发行申请只能暂缓表决一次。而在特殊程序下，不得提议暂缓表决。

暂缓表决的具体原因各不相同，一般源于发审委委员认为反馈意见尚未核查清楚，需要补充解释，或由于上会前夕收到举报，需要中介机构进行核查。

③普通程序下，发审委会议审核的发行人名单、会议时间、参会发审委委员名单、审核结果及发审委会议提出询问的主要问题都在中国证监会网站上公布。特殊程序下，中国证监会不公布发审委会议审核的发行人名单、会议时间、参会发审委委员名单和审核结果。

152. 发行审核委员会制度主要内容有哪些？

①中国证监会设立主板和中小企业板市场发行审核委员会（以下简称"主板发审委"）、创业板市场发行审核委员会（以下简称"创业板发审委"）和上市公司并购重组审核委员会（以下简称"并购重组委"）。

②主板发审委、创业板发审委(以下统称"发审委")审核发行人股票发行申请和可转换公司债券等中国证监会认可的其他证券的发行申请(以下统称"股票发行申请")。

③发审委委员由中国证监会的专业人员和中国证监会外的有关专家组成,由中国证监会聘任。

主板发审委委员为25名,部分发审委委员可以为兼职。其中,中国证监会(含交易所)的人员5名,中国证监会以外的人员20名(中国证监会2014年5月20日公布第十六届主板发行审核委员会委员名单,大幅度增加来自公募基金、全国社保基金、保险公司等市场买方的投资者代表,新增来自香港证监会和香港交易所的委员)。

创业板发审委委员为35名,部分发审委委员可以为专职。其中,中国证监会(含交易所)的人员5名,中国证监会以外的人员30名(2014年9月成立的第六届创业板发审会委员减少了专职委员人数,增加了兼职委员人数及行业专家委员人数;增加来自基金管理公司、保险资产管理公司、创业投资机构等市场买方的投资者代表,新增来自创业板上市公司的委员)。

主板发审委委员、创业板发审委委员和并购重组委委员不得相互兼任。

④发审委会议根据审核工作需要,可以邀请发审委委员以外的行业专家到会提供专业咨询意见。发审委委员以外的行业专家没有表决权。

⑤目前创业板审核中设立创业板专家咨询委员会,由15名行业专家组成。中国证监会聘请战略性新兴产业等领域的行业专家组成创业板专家咨询委员会,对发行审核职能部门和创业板发行审核委员会在审核工作中遇到的难以判断的专业问题,将向咨询委委员或其推荐的行业专家进行咨询,协助了解申请企业及其所处行业的真实状况。创业板专家咨询委员会委

员从国家部委、行业协会、科研机构、大专院校等单位聘请。专家咨询委员会委员没有表决权,其专业咨询意见对审核工作不具有约束性。

⑥发审委委员每届任期一年,可以连任,但连续任期最长不超过3届。

⑦发审委通过发审委工作会议履行职责。

⑧发审委会议表决采取记名投票方式,表决票设同意票和反对票,发审委委员不得弃权并且在投票时应当在表决票上说明理由。

⑨在普通程序中,每次参加发审委会议的发审委委员为7名,表决投票时同意票数达到5票为通过,同意票数未达到5票为未通过。

⑩在特别程序中,每次参加发审委会议的委员为5名,表决投票时同意票数达到3票为通过,同意票数未达到3票为未通过。

⑪发审委委员在发审委会议上应当根据自己的工作底稿发表个人审核意见,同时应当根据会议讨论情况,完善个人审核意见并在工作底稿上予以记录。

⑫发审委会议对发行人的股票发行申请形成审核意见之前,可以请发行人代表和保荐代表人到会陈述和接受发审委员的询问。

⑬发审委会议对发行人的股票发行申请只进行一次审核,出现发审委会议审核意见与表决结果有明显差异或者发审委会议表决结果显失公正情况的,中国证监会可以进行调查,并依法做出核准或者不予核准的决定。

⑭中国证监会有关职能部门负责安排发审委会议、送达有关审核材料、对发审委会议讨论情况进行记录、起草发审委会议纪要、保管档案等具体工作。

⑮发审委每年应当至少召开一次全体会议,对审核工作进

行总结。

153. 发审会的工作流程包括哪些？

根据《中国证券监督管理委员会股票发行审核委员会工作细则》，发审委审核拟上市企业的流程如下：

①出席会议委员达到规定人数后，委员填写本次发审委会议证监会发行审核委员会委员与发行人接触事项的有关说明，交由发行监管部工作人员核对后，召集人宣布会议开始并主持会议。

②发行监管部预审人员向委员报告审核情况，并就有关问题提供说明。

③召集人组织委员对初审报告中提请委员关注的问题和审核意见逐一发表个人审核意见。委员也可对初审报告提请关注问题以外的其他问题发表个人审核意见。

④发行人代表和保荐代表人 2 名到会陈述和接受询问，时间不超过 45 分钟。

⑤召集人总结委员的主要审核意见，形成发审委会议对发行人股票发行申请的审核意见。

⑥委员对发审委会议记录、审核意见记录确认并签名。

⑦委员进行投票表决。表决方式采取封闭式记名投票，委员个人的投票意见不对外公布。

⑧发行监管部工作人员负责监票及统计投票结果。

⑨召集人宣布表决结果。

⑩委员在发审委会议表决结果上签名，同时提交审核工作底稿。

另外，在普通程序发审会会议审核情况下，如果发审委员发现存在尚待调查核实并影响判断的重大问题，应当在发审委会议前以书面方式提议暂缓表决。经 5 名委员同意可暂缓表决，发行人应当在收到有关审核意见之日起 1 个月内向发审委提出再审申请。暂缓表决的发行申请再次提交发审委会议审核时，原则上仍由原发审委委员审核。

154. 企业如何参加发行审核会议？

企业应挑选对企业情况最熟悉的两人（一般为董事长或总经理中的一人和财务负责人或董事会秘书中的一人）作为发行人代表和两名签字保荐代表人一起参加发审会会议，参会人员要作简要陈述并接受发审委委员的询问。

参会的发行人代表和保荐代表人应仪表端庄、整洁；发行人代表和保荐代表人应对材料充分熟悉；发审委委员的提问由发行人代表或保荐代表人作答，部分问题会指明由发行人代表或保荐代表人作答；回答问题时语言应条理清晰，言简意赅，不夸夸其谈。

155. 发审委回避制度包括哪些内容？

根据《中国证券监督管理委员会发行审核委员会办法》，发审委委员审核股票发行申请文件时，有下列情形之一的，应及时提出回避：

①发审委委员或者其亲属担任发行人或者保荐机构的董事（含独立董事，下同）、监事、经理或者其他高级管理人员的；

②发审委委员或者其亲属、发审委委员所在工作单位持有发行人的股票，可能影响其公正履行职责的；

③发审委委员或者其所在工作单位近两年来为发行人提供保荐、承销、审计、评估、法律、咨询等服务，可能妨碍其公正履行职责的；

④发审委委员或者其亲属担任董事、监事、经理或者其他高级管理人员的公司与发行人或者保荐机构有行业竞争关系，经认定可能影响其公正履行职责的；

⑤发审委会议召开前，与本次所审核发行人及其他相关单

位或者个人进行过接触,可能影响其公正履行职责的;

⑥中国证监会认定的可能产生利害冲突或者发审委委员认为可能影响其公正履行职责的其他情形。

前款所称亲属,是指发审委委员的配偶、父母、子女、兄弟姐妹、配偶的父母、子女的配偶、兄弟姐妹的配偶。

另外,发行人及其他相关单位和个人如果认为发审委委员与其存在利害冲突或者潜在的利害冲突,可能影响发审委委员公正履行职责的,可以在报送发审委会议审核的股票发行申请文件时,向中国证监会提出要求有关发审委委员予以回避的书面申请,并说明理由。中国证监会根据发行人及其他相关单位和个人提出的书面申请,决定相关发审委委员是否回避。

根据《中国证券监督管理委员会股票发行审核委员会工作细则》(证监发〔2006〕51号),存在应回避情形的,参加普通程序发审委会议的委员应在会议召开3天前通知发行监管部,并提出书面申请及理由,发行监管部经核实后对参会委员作相应调整,并及时履行上网公告程序;参加特别程序发审委会议的委员应在接到会议通知后及时提出有关申请,发行监管部经核实后对参会委员做相应调整。

156. 如何对有异议的发审会审核结果申请复议或行政诉讼?

目前尚无该方面的具体规定。与之有关的规定有:《中国证券监督管理委员会发行审核委员会办法》第二十三条"发审委会议对发行人的股票发行申请只进行一次审核。出现发审委会议审核意见与表决结果有明显差异或者发审委会议表决结果显失公正情况的,中国证监会可以进行调查,并依法做出核准或者不予核准的决定"和第三十八条"中国证监会对发审委实行问责制度。出现发审委会议审核意见与表决结果有明显差异的,中国证监会可以要求所有参会发审委委员分别做出解释和说明。"

在中国证监会依照发审委的审核意见做出的不予核准发行的决定后,如果发行人对此有异议,可以依照《行政复议法》《行政诉讼法》的规定提起行政复议或行政诉讼。

①《行政复议法》第九条规定:"公民、法人或者其他组织认为具体行政行为侵犯其合法权益的,可以自知道该具体行政行为之日起六十日内提出行政复议申请;但是法律规定的申请期限超过六十日的除外。"

②《行政诉讼法》第四十五条规定:"公民、法人或者其他组织不服复议决定的,可以在收到复议决定书之日起十五日内向人民法院提起诉讼。复议机关逾期不作决定的,申请人可以在复议期满之日起十五日内向人民法院提起诉讼。法律另有规定的除外。"

157. 发行审核过程中的中止审查的情形包括哪些?审查中止后可否恢复?

根据《发行监管问答——关于首次公开发行股票中止审查的情形》(2016年12月9日修订),主要有以下四类情形:

(1) 申请文件不齐备等导致审核程序无法继续的情形

①对有关法律、行政法规、规章的规定,需要请求有关机关做出解释,进一步明确具体含义;

②发行人及其中介机构未在规定的期限内提交反馈意见回复;

③发行人发行其他证券品种需要履行信息披露义务,导致审核程序冲突;

④负责本次发行的保荐机构、保荐代表人发生变更,会计师事务所、律师事务所或者签字会计师、律师发生变更,需要履行相关程序。

(2) 发行人主体资格存疑或中介机构执业行为受限导致

审核程序无法继续的情形

①发行人、发行人的控股股东、实际控制人及发行人的保荐机构或律师因涉嫌违法违规被行政机关调查,或者被司法机关侦查,尚未结案;

②保荐机构或其他中介机构被中国证监会依法采取限制业务活动、责令停业整顿、指定其他机构托管、接管等监管措施,尚未解除。

(3)对发行人披露的信息存在重大质疑需要进一步核查的情形

①发行人申请文件中记载的信息存在自相矛盾,或就同一事实前后存在不同表述且有实质性差异;

②根据发行申请文件披露的信息,对发行人是否符合发行条件明显存疑,需要进一步核实;

③媒体报道、信访举报反映或者通过其他途径发现发行人申请文件涉嫌违法违规,或者存在其他影响首次公开发行的重大事项,经初步核查无法澄清。

(4)发行人主动要求中止审查或者其他导致审核工作无法正常开展的情形

发生中止审查事项后,发行人及中介机构需及时补充相关材料或提供书面说明,中国证监会将视情况依照有关规定分别采取要求发行人和中介机构自查、委托其他中介机构或派出机构核查或者直接现场核查等措施。发现存在违规行为的,将对相关责任人采取相应监管措施;发现违法犯罪线索的,将移送稽查部门调查或移送司法机关侦查。

中止审查后,如果中止审查事项已经消除、发行人及中介机构已经进行澄清或者采取纠正措施的,恢复审查。发行人的保荐机构因涉嫌违法违规被行政机关调查,尚未结案的,可在保荐机构按本监管问答规定完成其对发行人保荐工作的复核后,申请恢复审查。但发行人申请材料中记载的财务资料已过有效期且逾期3个月未更新的,证监会将直接终止审查。与此同时,中止审查期间,若发行人不符合发行条件的,中国证监会将依程序终止审查或者做出不予核准的决定。

就申请人主动要求中止审查的情况,申请恢复审查时,应当提交书面申请,经审核同意后恢复审查,恢复审查后,中国证监会将参照发行人首次公开发行申请的受理时间安排其审核顺序。

158. 发行审核过程中的终止审查的情况有哪些?

根据《中国证券监督管理委员会行政许可实施程序规定》(以下简称《实施规定》),发行审核过程中的终止审查规定如下:

根据《实施规定》第二十条规定,在审查申请材料过程中,申请人有下列情形之一的,应当做出终止审查的决定,通知申请人:

①申请人主动要求撤回申请;

②申请人是自然人,该自然人死亡或者丧失行为能力;

③申请人是法人或者其他组织,该法人或者其他组织依法终止;

④申请人未在规定的期限内提交书面回复意见,且未提交延期回复的报告,或者虽提交延期回复的报告,但未说明理由或理由不充分;

⑤申请人未在《实施规定》第十七条第二款、第三款规定的30个工作日内提交书面回复意见。

此外,根据《实施规定》第二十一条规定,申请人主动要求撤回申请的,应当向受理部门提交书面报告,受理部门应当出具终止审查通知,经检查并留存申请人或者其受托人的身份证明文件(或复印件)、授权委托书,留存一份申请材料(或复印件),登记后将申请材料退回申请人。

159. 发行人通过发审会审核后需要做哪些工作？

发行人通过发审会审核后、核准发行前，还需要进行封卷工作和处理会后事项。

（1）封卷

封卷是指发行人在提交发审委意见落实书面材料并经发行监管部审核后，对原始申请文件、反馈意见答复及附件、发审委意见答复及附件等有关资料进行签字归档并封存。封卷工作在落实发审委意见后进行。如没有发审委意见需要落实，则在通过发审会审核后即进行封卷。

（2）会后事项

会后事项，是指发行人首发申请通过发审会审核后，招股说明书刊登前发生的可能影响本次发行及对投资者做出投资决策有重大影响的应予披露的事项。存在会后事项的，发行人及其中介机构应按规定向证监会审核人员提交相关说明。审核人员按要求及时提出处理意见。如申请文件没有封卷，则会后事项与封卷可同时进行。

根据《关于加强对通过发审会的拟发行证券的公司会后事项监管的通知》（证监发行字〔2002〕15号）和股票发行审核标准备忘录第5号《关于已通过发审会拟发行证券的公司会后事项监管及封卷工作的操作规程》，发行人必须关注自身在发审会后至招股说明书刊登之日前是否发生重大事项，即可能影响本次发行上市及对投资者做出投资决策有重大影响的应予披露的事项。

如果发行人发生重大事项的，应于该事项发生后2个工作日内向中国证监会做书面说明并对招股说明书做出修改或进行补充披露，保荐机构及相关专业中介机构应对重大事项发表专业意见。中国证监会在收到上述补充材料和说明后，将按审核标准决定是否需要重新提交发审会讨论。

如果发行人在发审会通过后没有重大事项发生，或该等重大事项不影响公司的发行，还需办理最终封卷手续。发行人在刊登招股说明书的前一工作日，应向中国证监会说明拟刊登的招股说明书与前次封卷的招股说明书之间是否存在差异，保荐机构及相关中介机构应出具声明、承诺或补充法律意见书。

160. 发行申请未获核准的企业何时可以再次报送申请材料？

根据《首次公开发行股票并上市管理办法》和《首次公开发行股票并在创业板上市管理办法》的规定，股票发行申请未获核准的，自中国证监会做出不予核准决定之日起6个月后，发行人可再次提出股票发行申请。

第五章
承销与发行

161. 股票发行方案包括哪些主要内容?

股票发行方案是指股票向投资者发售的具体安排。股票发行方案由发行人和保荐机构协商制定,经中国证监会核准后方可实施。为了保证股票发行方案的时效性,根据中国证监会的规定,发行人及其保荐机构应在招股意向书披露前,向中国证监会提交股票发行方案,同时填报发行方案基本情况表。

目前,股票发行方案主要包括下列内容:

①承销方式,承销方式有代销和包销两种。

②发行方式,发行方式是指发行人采用什么方式,通过何种渠道或途径将证券投入市场,为广大投资者所接受的具体办法。

③发行数量,包括发行总量,新股发行数量,老股转让数量,网上、网下发行数量等。

④定价原则,根据《证券发行承销与管理办法》(2015年12月修订)的规定,发行人及其保荐机构可以通过向网下投资者询价的方式确定股票发行价格,也可以通过发行人与主承销商自主协商直接定价等其他合法可行的方式确定发行价格。公开发行股票数量在2 000万股(含)以下且无老股转让计划的,应当通过直接定价的方式确定发行价格。

⑤发行对象，是指有资格参加股票认购的投资者，主承销商会预先公布网上、网下投资者的条件和要求。

⑥回拨机制，采取网下和网上发行时，先设定不同发行方式下的初始发行数量，然后根据认购结果，按照预先公布的规则适当调整网上与网下的发行数量。

⑦配售机制，是指股票在投资者之间以何种方式、何种原则进行分配。

⑧股份锁定安排，网上定价发行的股票，一般没有锁定期；网下询价发行的股票，发行人、承销商与投资者可自主约定锁定期。

⑨发行时间，发行方案应说明投资者申购新股的具体日程。选择发行时间要考虑市场状况、其他证券的竞争性发行等因素。

⑩发行程序，发行方案应详细说明发行程序和操作细节，如日程安排、申购上下限、申购程序、发行费用等。

162. 什么是承销？

根据《证券法》第二十八条的规定，发行人向不特定对象发行的证券，法律、行政法规规定应当由证券公司承销的，发行人应当同证券公司签订承销协议。承销是指由证券公司凭借自己的销售能力在事先约定的发行有效期内将证券销售出去的过程。根据《证券法》第一百二十五条的规定，证券承销是证券公司的主要业务之一，经国务院证券监督管理机构批准，证券公司获得证券承销业务的经营资格后，方可接受发行人的证券发行委托。承销方式有包销和代销两种。

163. 什么是代销？什么是包销？代销和包销有何不同？

根据《证券法》第二十八条的规定，证券代销是指证券公司代发行人发售证券，在承销期结束时，将未售出的证券全部退还给发行人的承销方式。证券包销是指证券公司将发行人的证券按照协议全部购入或者在承销期结束时将售后剩余证券全部自行购入的承销方式。

证券包销又可分为全额包销和余额包销。所谓全额包销,是指证券公司将发行人的证券按照协议全部购入的承销方式。也就是说,采取全额包销方式时,证券公司首先将发行人的证券按照协议全部购入,然后再将其卖给投资者。所谓余额包销,是指证券公司将发行人的证券按照协议在承销期结束时将售后剩余证券全部自行购入的承销方式。也就是说,采取余额包销方式时,证券公司首先代理发行人发售证券,在承销期结束时将售后剩余证券全部自行购入。目前,我国首次公开发行上市股票的承销均采取余额包销的方式。

根据《证券法》第三十三条的规定,证券的代销、包销期限不得超过 90 日。

代销与包销最大的不同在于发行人与证券公司之间的法律关系不同,前者仅为一般的委托代理关系,后者实质上是股票购销关系。代销方式下,在约定的发行有效期内,如证券公司没有将所有证券出售出去,剩余部分将退回发行人,证券公司不承担任何风险,因此,代销方式的承销佣金相对较低。包销方式下,在约定的发行有效期内,如证券公司没有将所有证券出售出去,剩余部分由证券公司自行购买,因此,证券公司的风险较大,承销佣金也较高。

164. 如何确定发行数量?

根据股票上市条件,发行后总股本 4 亿元以下的(不含 4 亿元),首次公开发行数量不低于发行后总股本的 25%;发行后总股本 4 亿元以上的(含 4 亿元),首次公开发行数量不低于发行后总股本的 10%。首次公开发行股票的数量应满足上述上市条件的最低要求。

根据《证券发行与承销管理办法》（2015年12月修订），首次公开发行数量包括新股发行数量和老股转让数量。发行人股东拟老股转让的，还应在招股时披露预计老股转让的数量上限，老股转让股东名称及各自转让老股数量，并明确新股发行与老股转让数量的调整机制。根据《证券发行与承销管理办法》（2015年12月修订），首次公开发行股票后总股本4亿股（含）以下的，网下初始发行比例不低于本次公开发行股票数量的60%，发行后总股本超过4亿股的，网下初始发行比例不低于本次公开发行股票数量的70%。

165. 老股转让方案设计和实施过程中需考虑哪些主要因素？监管规定要求公司股东拟公开发售的股份需持有36个月以上，36个月应以哪个时点作为界定基准？

（1）老股转让方案设计和实施过程中需考虑的5个主要因素

①老股转让数量。发行方案中确定数量上限，然后根据询价结果确定最终的老股转让数量。确定数量时需考虑各种可能的询价结果、申购结果和回拨情况，以便各种极端情况下都能发行成功。同时，确定老股转让数量时要注意，确保公开发行的股份达到发行后股本的25%。

②拟转让股东及各股东拟转让数量。拟转让股东需持股36个月以上，拟转让股份不存在法律纠纷或质押、冻结等依法不得转让情形。确定各股东拟转让数量上限，以及各股东转让数量的调整原则。

③锁定要求。根据规定，老股转让数量不得超过自愿设定12个月及以上限售期的投资者获得配售股份的数量，可简单理解为转让的老股需锁定12个月及以上。

④费用分摊原则。发行人与拟转让股东应当就发行承销费用的分摊原则进行约定，新股部分承销费率不能高于老股部分

承销费率。

⑤配售原则。配售原则需充分考虑老股转让不同数量、不转让老股等各种情况。

目前，在实务操作过程中，老股转让的情形很少出现了。

（2）监管规定要求公司股东拟公开发售的股份需持有36个月以上，36个月时点的界定基准

36个月持有期的要求，是指拟减持公司股份的股东自取得该等股份之日起至股东大会通过老股转让方案表决日止，不低于36个月。

166. 什么是路演？

路演一词源自于英文"Road Show"。简言之，路演是一系列股票发行推介活动的总称，其主要目的是促进股票成功发行。路演过程中，发行人及主承销商在主要的路演地对可能的投资者进行推介活动，加深投资者对即将发行的股票的认知程度，并从中了解投资人的投资意向，发现投资需求和价值定位，确保股票的成功发行。

根据《首次公开发行股票承销业务规范》（2016年1月修订），承销商可以和发行人采用现场、电话、互联网等合法合规的方式进行路演推介，且应当至少采用互联网方式向公众投资者进行公开路演推介。路演推介期间，承销商和发行人与投资者任何形式的见面、交谈、沟通，均视为路演推介。

从首发公司的推介情况来看，如发行人和主承销商决定路演，通常会选择北京、上海和深圳三个机构投资者比较集中的城市进行现场推介，分别采取一对一或一对多的形式与投资者进行现场沟通，发行人和主承销商有关人员回答投资者的问题。另外，在网上申购前，发行人和主承销商应当通过互联网向公众投资者推介。

167. 股票发行方式主要有哪些？

首次公开发行股票可以根据实际情况，采取向战略投资者配售、向参与网下发行的投资者配售以及向参与网上发行的投资者配售等方式。实际操作中企业选择股票发行方式，应符合中国证监会的政策规定，尊重市场习惯，考虑不同发行方式下的发行风险、股票二级市场表现、股东结构等因素。

现阶段，IPO股票发行主要采用询价发行或直接定价发行。询价分为初步询价和累计投标询价。发行人及其主承销商可以根据初步询价结果确定发行价格区间，在发行价格区间内通过累计投标询价确定发行价格，也可以通过初步询价直接确定发行价格；直接定价发行是公开发行股票数量在2 000万股（含）以下且无老股转让计划的发行人通过与主承销商自主协商直接定价，并全部向网上投资者发行。对于通过网下初步询价确定股票发行价格的，网下配售和网上发行均按照定价发行方式进行。对于通过网下累计投标询价确定股票发行价格的，参与网上发行的投资者按初步询价区间的上限进行申购。

168. 网下询价配售发行主要有哪些步骤？

网下向投资者询价配售一般通过交易所网下发行电子平台和登记结算公司登记结算平台进行。其主要步骤为：

①在初步询价阶段，投资者申报拟申购价格及申购量；

②主承销商根据报价结果，确定发行价格（区间）、有效报价投资者及配售对象；

③在申购阶段，有效报价投资者及配售对象填写申购单（采用累计投标方式定价的还需申报申购价格）；

④主承销商初步配售股票；

⑤获配投资者缴款；

⑥中国结算深圳分公司根据主承销商配售结果进行新股认购款扣收;

⑦主承销商确认最终配售结果。

169. 什么是自主配售权?

自主配售权,是指由主承销商在配售股票过程中,按照一定的标准自主选择投资者并确定投资者获配数量,主要用于向机构投资者的配售。实践中,成熟市场主要配售原则有:

①需要最大限度地向主要长期高质量投资者配售,以减少股价的波动性;

②其余配售用来加强股东群体的平衡,以使投资者群体尽可能更加广泛,这些投资者将包括对冲基金、地区性基金、企业投资者、高净值投资者;

③确保配售数额不会太少,使投资者有意愿在上市后继续持有。

我国市场 2012 年以前网下向机构配售主要采用比例配售或摇号配售。2013 年新股发行改革引入自主配售,根据《证券发行与承销管理办法》,首次公开发行股票时,发行人与主承销商可以自主协商确定参与网下询价投资者的条件、有效报价条件、配售原则、配售方式,并按照事先确定的配售原则在有效申购的网下投资者中选择配售股票的对象。自主配售曾在 2014 年初被短暂采用过,因市场条件不成熟后又恢复到比例配售。

170. 目前网下主要按何种方式进行配售?

根据《证券发行与承销管理办法》(2015 年 12 月修订),目前网下实行分类比例配售,即安排不低于本次网下发行股票数量的 40% 优先向公募基金和社保基金配售,安排一定比例的股票向企业年金基金和保险资金配售。公募基金、社保基金、企业年金基金和保险资金有效申购不足安排数量的,发行人和主承销商可以向其他符合条件的网下投资者配售剩余部分。对网下投资者进行分类配售的,同类投资者获得配售的比例应当相同。公募基金、社保基金、企业年金基金和保险资金的配售比例应当不低于其他投资者。

171. 在进行网下配售时,哪些人不能作为配售对象?

根据中国证监会《证券发行与承销管理办法》(2015年12月修订)第十六条规定,首次公开发行股票时,主承销商不得向下列对象配售股票:

①发行人及其股东、实际控制人、董事、监事、高级管理人员和其他员工;发行人及其股东、实际控制人、董事、监事、高级管理人员能够直接或间接实施控制、共同控制或施加重大影响的公司,以及该公司控股股东、控股子公司和控股公司控制的其他子公司。

②主承销商及其持股比例5%以上的股东,主承销商的董事、监事、高级管理人员和其他员工;主承销商及其持股比例5%以上的股东、董事、监事、高级管理人员能够直接或间接实施控制、共同控制或施加重大影响的公司,以及该公司控股股东、控股子公司和控股股东控制的其他子公司。

③承销商及其控股股东、董事、监事、高级管理人员和其他员工。

④上述①②③项所述人士的关系密切的家庭成员,包括配偶、子女及其配偶、父母及配偶的父母、兄弟姐妹及其配偶、配偶的兄弟姐妹、子女配偶的父母。

⑤过去6个月内与主承销商存在保荐、承销业务关系的公司及其持股5%以上的股东、实际控制人、董事、监事、高级管理人员,或已与主承销商签署保荐、承销业务合同或达成相

关意向的公司及其持股5%以上的股东、实际控制人、董事、监事、高级管理人员。

⑥通过配售可能导致不当行为或不正当利益的其他自然人、法人和组织。

⑦主承销商或发行人就配售对象资格设定的其他条件。上述②③项规定的禁止配售对象管理的公募基金不受前款规定的限制，但应当符合中国证监会的有关规定。

172. 网上按市值申购和配售发行方式有哪些主要规定和步骤？

网上按市值申购和配售发行方式是指主承销商利用证券交易所的交易系统发行所承销的股票，持有一定数量非限售A股股份市值的投资者，在指定的时间内以确定的发行价格通过与证券交易所联网的各证券公司进行委托申购股票并在摇号抽签后根据中签结果缴纳新股认购款的一种发行方式。根据深圳证券交易所2016年1月发布实施的《深圳市场首次公开发行股票网上发行实施细则》的规定，持有深圳市场非限售A股市值1万元以上（含1万元）的投资者才能参与新股申购，每5 000元市值可申购一个申购单位，不足5 000元的部分不计入申购额度。每一个申购单位为500股，申购数量应当为500股或其整数倍，但最高不得超过当次网上初始发行股数的千分之一，且不得超过999 999 500股。

主要步骤为：

①申购日前一交易日，中国结算深圳分公司计算投资者持有市值并向各证券公司发送；

②申购日，投资者进行申购委托；

③中国结算深圳分公司确认有效申购总量，并对每一个有效申购单位配一个号，对所有有效申购单位按时间顺序连续配号；

第二部分 股票发行与上市流程

④如有效申购量小于或等于本次网上发行量，投资者按其有效申购量认购新股，如有效申购量大于本次网上发行量，主承销商组织摇号抽签，投资者每中签一个号可获配500股；

⑤中签投资者足额缴纳认购款；

⑥结算参与人向交易所申报未按时足额缴款的获配投资者；

⑦中国结算深圳分公司根据中签结果和放弃认购申报扣收新股认购款。

173. 什么是回拨机制？网下、网上的回拨原则及比例是如何确定的？

回拨机制指在同一次发行中采取网下配售和上网发行时，先设定不同发行方式下的初始发行数量，然后根据认购结果，按照预先公布的规则适当调整网上与网下的发行数量。

根据《证券发行与承销管理办法》（2015年12月修订），公开发行股票后总股本4亿股（含）以下的，网下初始发行比例不低于本次公开发行股票数量的60%；发行后总股本超过4亿股的，网下初始发行比例不低于本次公开发行股票数量的70%。首次公开发行股票网下投资者申购数量低于网下初始发行量的，发行人和主承销商不得将网下发行部分向网上回拨，应当中止发行。网上投资者申购数量不足网上初始发行量的，可回拨给网下投资者。网上投资者有效申购倍数超过50倍、低于100倍（含）的，应当从网下向网上回拨，回拨比例为本次公开发行股票数量的20%；网上投资者有效申购倍数超过100倍的，回拨比例为本次公开发行股票数量的40%；网上投资者有效申购倍数超过150倍的，回拨后网下发行比例不超过本次公开发行股票数量的10%。本款所指公开发行股票数量应按照扣除设定12个月及以上限售期的股票数量计算。安排向战略投资者配售股票的，应当扣除向战略投资者配售部分后确定网下网上发行比例。

174. 如涉及老股转让配售有何特别注意事项？

根据目前老股转让情况，如发行方案中有老股转让，除应当遵守《证券发行与承销管理办法》（2015年12月修订）、《首次公开发行股票时公司股东公开发售股份暂行规定》（2014年3月修订）的相关规定外，配售时需特别注意有限售部分、无限售部分、全部发行的股份、网上向网下回拨后均要符合配售原则。

例如，《证券发行与承销管理办法》（2015年12月修订）规定，应安排不低于网下发行量的40%优先向公募基金和社保基金配售，安排一定比例的股票向企业年金基金和保险资金配售；对网下投资者进行分类配售的，同类投资者获得配售的比例应当相同；公募基金、社保基金、企业年金基金和保险资金的配售比例应当不低于其他投资者。主承销商和发行人需在上述规定基础上确定具体的配售方式和配售原则。

因为老股转让数量不得超过自愿设定12个月及以上限售期的投资者获得配售股份的数量，所以老股转让股份一般作为有限售部分的股份进行配售。配售时，要确保有限售股份、无限售股份、所有公开发行的股份都符合配售原则。

175. 什么是超额配售选择权（"绿鞋"）？超额配售选择权制度有什么作用？什么情况下可以采取超额配售选择权？

超额配售选择权，又称"绿鞋"，是指发行人授予主承销商的一项选择权，获此授权的主承销商可以按发行价格向投资者超额发售不超过一定数量的股份。在证券上市之日起一定期限内（一般为30天），主承销商有权根据市场情况选择从二级市场购买发行人股票，或者要求发行人增发股票，分配给投资者。

根据《证券发行与承销管理办法》第十五条的规定，首次公开发行股票数量在4亿股以上的，发行人及其主承销商可以在发行方案中采用超额配售选择权。超额配售选择权的实施应当遵守中国证监会、证券交易所、证券登记结算机构和中国证券业协会的规定。

超额配售选择权制度，是发行人和主承销商适当调节发行规模，减少新股上市波动的一种技术安排。其主要作用如下：

（1）稳定新股价格

一方面，当新股上市受到投资者热捧，股价上扬，主承销商可以采用超额配售选择权，根据事先协议要求发行人增发股票，通过增加股票供给，平抑股价。另一方面，当新股上市不受投资者追捧，导致股价跌破发行价，承销商则可采用超额配售选择权，根据事先协议从二级市场购买发行人股票，通过增加股票需求，阻止股价持续下跌。

（2）增加上市公司的募集资金

目前，我国股市一级市场新股发行供不应求，二级市场股价多数上扬。这种情况下，主承销商可运用超额配售选择权制度，要求发行人增发股票，从而增加发行人的募集资金。

例如，工商银行（601398）在2006年首次公开发行A股时全额行使了超额配售选择权，按照发行价格3.12元，在初始发行130亿股A股的基础上超额发行19.5亿股A股，占初始发行规模的15%。工商银行因此增加了60.84亿元的募集资金。根据工商银行的发行安排，新股上市日起30个自然日内，主承销商可使用超额配售股票所获得的资金从二级市场买入工行股票以稳定后市，但每次申报买入价不得高于发行价，累计买入股数不得超过超额配售股数。

在A股市场超额配售选择权制度的实践中，主承销商一般与战略投资者达成预先付款并推迟股份交收的协议。如工商银行主承销商超额配售的 19.5 亿股股票，就是通过向战略投资者延期交付的方式获得，这些股份转而全部面向网上资金申购发行。具体来说，工商银行 2006 年 10 月上市时正值大牛市，新股价格远高于发行价。有鉴于此，主承销商于 2006 年 11 月 16 日要求发行人在初始发行 130 亿股 A 股的基础上超额发行 19.5 亿股 A 股，这些股票于 11 月 16 日登记于延期交付的战略投资者的股票账户中，战略投资者所获延期交付的股票，与之前所获股票一样，在锁定期等方面相同。

176. 目前 IPO 发行中，首发股票价格如何确定？

《证券发行承销与管理办法》（2015 年 12 月修订）规定，首次公开发行股票，可以通过向网下投资者询价的方式确定股票发行价格，也可以通过发行人与主承销商自主协商直接定价等其他合法可行的方式确定发行价格。公开发行股票数量在 2 000 万股（含）以下且无老股转让计划的，应当通过直接定价的方式确定发行价格。目前市场上多采用第一种方式。

询价方式主要步骤为：

①主承销商披露询价及推介公告；

②主承销商及发行人向投资者进行现场和互联网的路演推介；

③投资者通过研读发行人的信息披露文件、参与路演等，对公司进行估值，并通过网下发行电子平台提交报价单，包括申购价格和申购数量；

④主承销商和发行人根据投资者的报价情况，剔除部分无效报价和高报价，确定一个发行价格或价格区间；

⑤如确定的是价格区间，投资者正式申购时还需填报价格，主承销商和发行人根据申购情况确定最终价格。

首次公开发行股票采用直接定价方式的，全部向网上投资者发行，不进行网下询价和配售。

但在实务操作中，监管机构比较关注 IPO 的定价，近年来较难以突破 23 倍市盈率。

177. 投资者参与网上网下发行需何时缴款？不按要求缴款有何约束措施？

首次公开发行股票的网下发行应和网上发行同时进行，网下和网上投资者在申购时无须缴付申购资金。网下和网上投资者获得配售后，应当按时足额缴付认购资金。网上投资者连续 12 个月内累计出现 3 次中签后未足额缴款的情形时，6 个月内不得参与新股申购。网下投资者未按时足额缴付认购资金的，证券业协会将按照首发股票网下投资者黑名单制度进行黑名单管理。

178. 什么情况下可向战略投资者配售？配售有何要求？

根据《证券发行承销与管理办法》（2015 年 12 月修订）第十四条规定，首次公开发行股票数量在 4 亿股以上的，可以向战略投资者配售股票。发行人应当与战略投资者事先签署配售协议。发行人和主承销商应当在发行公告中披露战略投资者的选择标准、向战略投资者配售的股票总量、占本次发行股票的比例以及持有期限等。战略投资者不参与网下询价，且应当承诺获得本次配售的股票持有期限不少于 12 个月，持有期自本次公开发行的股票上市之日起计算。

179. 什么是有效报价？

有效报价，是指网下投资者所申报价格不低于主承销商和发行人确定的发行价格或发行价格区间下限，且符合主承销商和发行人事先确定且公告的其他条件的报价。

180. 发行人如何申请在交易所发行？

发行人领取中国证监会的核准通知后，即可与交易所联系安排股票发行与上市的有关事宜。

不同的发行方式下，发行人在股票发行期间需要完成的工作有细微的差别，依时间顺序需要完成的主要工作包括：

①申请股票代码及股票简称；
②披露招股意向书及询价公告；
③准备和报送发行申请资料、文件；
④申请股票发行；
⑤披露招股说明书及发行公告；
⑥网上路演；
⑦申购结束后领取新股申购结果；
⑧参与摇号抽签（不同的发行方式略有不同）；
⑨披露中签结果；
⑩募集资金验资；
⑪准备办理股份登记及股票上市申请文件。

181. 上市公司的股票代码与股票简称如何确定？

发行人的股票代码由交易所根据编码规则确定，股票简称则由公司拟定报交易所核定。

发行人申请股票简称及股票代码需准备证监会公开发行股票核准批文、股票简称及股票代码申请书。发行人在股票代码与股票简称申请书中应拟定公司股票挂牌交易的股票简称，由交易所核定；股票代码则由交易所按照编码规则的要求在发行人申请证券代码及证券简称当日确定。

第二部分 股票发行与上市流程

182. 从启动发行到上市大概要多长时间？具体流程有哪些？

按照目前常用的网下询价配售和网上按市值申购和配售定价发行相结合的方式，从披露招股意向书到公司挂牌上市，如无特殊情况，一般三周左右，如直接定价全部网上发行，可节约4个左右交易日。具体流程如下（其中，T日为网上申购日，L日为上市日）：

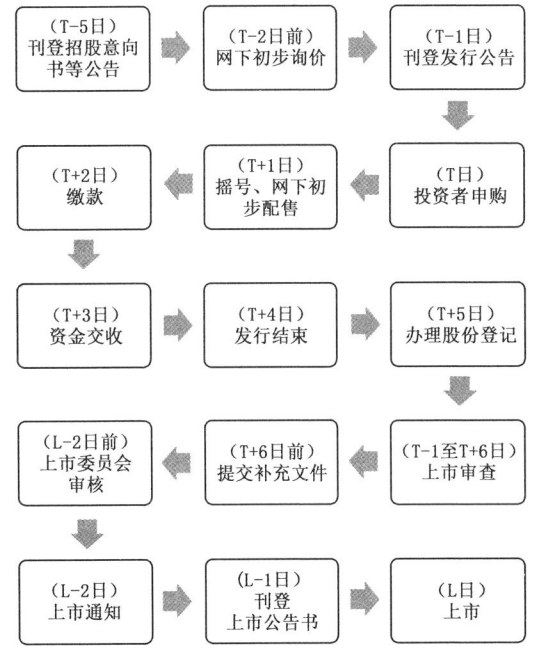

183. 深圳证券交易所股票上市初费收费标准是多少？

深圳证券交易所股票上市初费按以下标准收取：

总股本	上市初费
2亿元以下（含）	300 000元
2亿元至4亿元（含）	450 000元
4亿元至6亿元（含）	550 000元
6亿元至8亿元（含）	600 000元
8亿元以上	650 000元

注：深交所中小企业板在此标准上减半取整收取，创业板再减半。总股本为A、B股合计。

184. 哪些情形下发行人应当中止发行？发行中止后能否重启？

《证券发行承销与管理办法》（2015年12月修订）规定，有以下情形的应中止发行：

①公开发行股票数量在4亿股（含）以下的，有效报价投资者的数量不少于10家；公开发行股票数量在4亿股以上的，有效报价投资者的数量不少于20家。剔除最高报价部分后有效报价投资者数量不足的，应当中止发行。

②首次公开发行股票网下投资者申购数量低于网下初始发行量的，发行人和主承销商不得将网下发行部分向网上回拨，应当中止发行。

③网下和网上投资者缴款认购的股份数量合计不足本次公开发行数量的70%时，可以中止发行。

④中国证监会对证券发行承销过程实施事中事后监管，发现涉嫌违法违规或者存在异常情形的，可责令发行人和承销商暂停或中止发行，对相关事项进行调查处理。

⑤除以上中止发行情形外，发行人和主承销商还可以约定中止发行的其他具体情形并事先披露，如网下报价情况未及发

行人和主承销商预期、网上申购不足、网上申购不足向网下回拨后仍然申购不足的，可以中止发行。

中止发行后，在核准文件有效期内，经向中国证监会备案，可重新启动发行。发行过程中曾因提供有效报价的投资者数量不足而导致发行中止的公司有八菱科技、朗玛信息和海达股份，上述3家公司重启发行后均发行成功并上市。

185. 什么是发行失败？

根据《证券法》第三十五条的规定，股票发行采用代销方式的，代销期限届满，向投资者出售的股票数量未达到拟公开发行股票数量70%的，为发行失败。发行人应当按照发行价并加算银行同期存款利息返还股票认购人。

承销方式下，如果投资者申购不足，发行人和承销商可以选择中止发行，在核准批文有效期内择机重新发行。

第六章
上市及上市后监管

186. 发行人申请在中小板、创业板上市有哪些条件？

根据《深圳证券交易所股票上市规则》，发行人首次公开发行股票后申请其股票在深交所上市，应当符合下列条件：

①股票已公开发行；

②公司股本总额不少于5 000万元；

③公开发行的股份达到公司总数25%以上；公司股本总额超过4亿元的，公开发行股份比例为10%以上；

④公司最近3年无重大违法行为，财务会计报告虚假记载；

⑤深交所要求的其他条件。

根据《深圳证券交易所创业板股票上市规则》，发行人申请股票在深交所上市，应当符合下列条件：

①股票已公开发行；

②公司股本总额不少于3 000万元；

③公开发行的股份达到公司总数25%以上；公司股本总额超过4亿元的，公开发行股份比例为10%以上；

④公司股东人数不少于200人；

⑤公司最近3年无重大违法行为，财务会计报告虚假记载；

⑥深交所要求的其他条件。

187. 企业首次公开发行后如何申请在交易所上市？

企业首次公开发行结束后，需向交易所申请上市并办理相关手续，主要包括：

①办理股份登记手续；
②提交上市申请文件；
③签订上市协议；
④缴纳上市初费；
⑤在股票上市前披露上市公告书等文件；
⑥上市首日参加上市仪式。

188. 深交所如何审核发行人的上市申请？上市审核需多长时间？

深交所设立的上市委员会对上市申请进行审议，做出独立的专业判断并形成审核意见。深交所根据上市委员会审核意见做出是否同意上市的决定。

发行人向深交所申请其首次公开发行的股票上市，应当提交上市报告书等文件，深交所在收到全套上市申请文件后七个交易日内，做出是否同意上市的决定。出现特殊情况时，深交所可以暂缓做出决定。

189. 企业上市后需要注意哪些问题？

企业上市后就成为一家公众公司，主要需要注意以下问题：

（1）规范运作

上市公司要严格按照《公司法》《证券法》等相关法律法规的要求，完善股东大会、董事会、监事会制度，形成权力机构、决策机构、监督机构与经理层之间权责分明、各司其职、有效制衡、科学决策、协调运作的法人治理结构,规范股东大会、董事会、监事会、经理等高管人员的运作等。

(2) 严格遵守证券上市协议

证券上市协议是上市公司与交易所签订的、用以规范股票上市行为的协议。上市协议中明确规定了公司上市后应履行的各项义务,公司上市后应积极履行在证券上市协议中承诺的各项义务,包括严格遵守股票上市规则、按时交纳上市费等。

(3) 提高公司运营的透明度

上市公司要切实履行作为公众公司的信息披露义务,严格遵守信息披露规则,保证信息披露内容的真实性、准确性、完整性、及时性和公平性,增强信息披露的有效性。要制定并严格执行信息披露管理制度和重要信息的内部报告制度,明确公司及相关人员的信息披露职责和保密责任,保障投资者平等获取信息的权利。公司股东及其他信息披露义务人,要积极配合和协助上市公司履行相应的信息披露义务。上市公司要积极做好投资者关系管理工作,拓宽与投资者的沟通渠道,培育有利于上市公司健康发展的股权文化。

(4) 配合监管部门进行各项检查

公司上市后将接受中国证监会、中国证监会派出机构、交易所三方的监管,中国证监会及其派出机构将对上市公司规范运作、信息披露、募集资金进行巡回检查。公司应积极配合监管部门的各项检查,并落实监管部门的监管意见。

190. 企业上市后如何进行规范运作?

上市公司规范运作主要应注意以下几个方面的问题:

①按照中国证监会的各项要求完善治理结构,实现并保持上市公司资产完整、人员独立、财务独立、机构独立和业务独立;

②按照中国证监会《上市公司章程指引》(2014年修订)

和交易所各项业务规则、指引的要求完善公司章程,并严格遵守公司章程;

③依据中国证监会《关于在上市公司建立独立董事制度的指导意见》《上市公司股东大会规则》及公司章程的要求,规范股东大会、董事会和监事会的运作,规范"三会"的投票表决,并注意规范关联股东和关联董事的回避和表决程序;

④加强内部控制制度建设,强化内部管理,对内部控制制度的完整性、合理性及其实施的有效性进行定期检查和评估;

⑤上市公司应组织控股股东及实际控制人、董事、监事、高级管理人员定期参加监管部门及交易所举办的培训;

⑥上市公司应加强公司信息内控制度建设,健全公司信息管理流程、机制,坚持管理层率先垂范原则,建立完善的防控内幕交易体系,不仅在内部筹划、论证、决策过程中要防控内幕交易,在与供应商、客户、信贷机构等进行业务洽谈过程中也应提醒对方做好信息保密。

191. 企业上市后需要接受交易所哪些持续监管?

根据《证券法》的规定,交易所对上市公司披露信息进行监管,同时对证券交易进行实时监控。企业上市后的持续监管事项如下:

(1) 信息披露监管

交易所对公司信息披露监管的主要目的是督促上市公司依法、及时、准确地披露信息,其主要内容有三项,即日常信息披露监管、市场信息监管和上市公司运作监管。

①日常信息披露监管主要包括针对定期报告(年度报告、中期报告、季度报告)和临时报告(董事会、监事会、股东大会决议,收购、出售资产,关联交易,其他重大事件,股票交易异常波动,公司的合并、分立等)的监管。

②市场信息监管主要包括针对报刊、网络等传媒涉及上市

公司未公开披露的信息和引起股票行情异常波动信息的监管。

③上市公司运作监管主要指交易所依据法律、行政法规、部门规章、规范性文件、业务规则的规定对公司的规范运作情况进行监管。

(2) 实时监控监管

交易所通过"市场监察系统",对证券交易活动进行实时动态监控和事后统计分析,借助系统对价量异常波动和交易异常行为的预警和报警,监控涉嫌操纵市场、内幕交易等违法违规行为及潜在交易风险。按照中国证监会的要求,及时报告异常交易情况。

 192. 交易所对上市公司的监管重点有哪些?

结合以往上市公司监管实践,现阶段交易所主要关注如下几个方面:

①严禁侵占上市公司资金。控股股东或实际控制人不得以向上市公司借款、由上市公司提供担保、代偿债务、代垫款项等各种名目侵占上市公司资金。

②坚决遏制违规对外担保。上市公司要根据有关规定明确对外担保的审批权限,严格执行对外担保审议程序。上市公司任何人员不得违背公司章程规定,未经董事会或股东大会批准或授权,以上市公司名义对外提供担保。

③减少并规范关联交易行为。上市公司在履行关联交易的决策程序时要严格执行关联方回避制度,并履行相应的信息披露义务,保证关联交易的公允性和交易行为的透明度。公司董事、监事和高级管理人员不得通过隐瞒甚至虚假披露关联方信息等手段,规避关联交易决策程序和信息披露要求。对因非公允关联交易造成上市公司利益损失的,上市公司有关人员应承担责任。

④规范使用募集资金。公司应当按照发行申请文件承诺的

募集资金投向使用募集资金,遵守中国证监会、交易所有关募集资金管理的各项规定。同时公司为规范使用募集资金,应建立募集资金专项存储制度,完善资金内部控制制度,明确资金使用批准程序。

⑤董事、监事、高级管理人员买卖本公司股票应规范。董事、监事、高级管理人员在下列期间不得买卖本公司股票及其衍生品种:一是公司定期报告公告前30日内,因特殊原因推迟公告日期的,自原公告日前30日起至最终公告日;二是公司业绩预告、业绩快报公告前10日内;三是自可能对本公司股票交易价格产生重大影响的重大事项发生之日或进入决策过程之日起,至依法披露后2个交易日内;四是中国证监会及交易所规定的其他期间。

⑥防范内幕交易。鉴于内幕交易造成对投资者权益的侵害以及证券市场秩序的破坏,严厉打击内幕交易行为是证监会、交易所实施证券监管的重要目标。

⑦中国证监会规定及上市协议约定的其他工作。

193. 保荐机构的持续督导工作涉及哪些内容?

保荐机构应当针对上市公司具体情况确定持续督导的内容和重点,并承担下列工作:

①督导上市公司建立健全并有效执行公司治理制度、内控制度、信息披露制度等内部制度。

②主动、持续关注上市公司及相关信息义务人是否存在应披露未披露事项,督促其及时履行信息披露义务;主动、持续关注并了解上市公司相关重大事项及其变化。

③对募集资金使用情况、限售股份上市流通、关联交易、对外担保、委托理财、对外提供财务资助、风险投资等重大事项发表意见。

④按要求对上市公司进行定期现场检查和专项现场检查。

⑤中国证监会、证券交易所规定及保荐协议约定的其他工作。

194. 股份限售时间有何规定？

《公司法》《中国证监会关于进一步推进新股发行体制改革的意见》《深圳证券交易所股票上市规则》《深圳证券交易所创业板股票上市规则》《深圳证券交易所中小企业板上市公司规范运作指引》《关于进一步规范创业板上市公司董事、监事和高级管理人员买卖本公司股票行为的通知》，均对股份限售做出了明确规定。相关主体持股限售时间规定如下：

（1）一般性要求

①控股股东、实际控制人及其一致行动人持股。自公司股票上市之日起36个月内，不转让或者委托他人管理其直接或者间接持有的发行人公开发行股票前已发行的股份，也不由发行人回购其直接或者间接持有的发行人公开发行股票前已发行的股份。

②董事、监事和高级管理人员直接持股。自公司股票上市交易之日起一年内不得转让；之后在任职期间每年转让的股份不得超过其所持有本公司股份总数的25%；离职后半年内，不得转让其所持有的本公司股份。

③上市前一般股东持股。自公司股票在证券交易所上市交易之日起一年内不得转让。

④控股股东、持有公司股份的董事和高级管理人员应在公开募集及上市文件中公开承诺："公司上市后6个月内如公司股票连续20个交易日的收盘价均低于发行价，或者上市后6个月期末收盘价低于发行价，持有公司股票的锁定期限自动延长至少6个月。"

（2）中小企业板特殊要求

①中小企业板上市公司董事、监事和高级管理人员。申报

第二部分 股票发行与上市流程

离任 6 个月后的 12 个月内通过证券交易所挂牌交易出售本公司股票数量占其所持有本公司股票总数的比例不得超过 50%。

②股票上市 1 年后 3 年内，控股股东和实际控制人股份。经控股股东和实际控制人申请并经交易所同意，出现下列情形可豁免遵守上市后 36 个月不转让承诺：第一，转让双方存在实际控制关系，或者均受同一控制人控制的；第二，因上市公司陷入危机或面临严重财务困难，受让人提出的挽救公司的重组方案获得该公司股东大会审议通过和有关部门批准，受让人继续遵守承诺；第三，交易所认定的其他情形。

（3）创业板特殊要求

①上市公司董事、监事和高级管理人员。在首次公开发行股票上市之日起 6 个月内申报离职的，自申报离职之日起 18 个月内不得转让其直接持有的本公司股份；在首次公开发行股票上市之日起第 7 个月至第 12 个月之间申报离职的，自申报离职之日起 12 个月内不得转让其直接持有的本公司股份。

②股票上市 1 年后 3 年内，控股股东和实际控制人股份。经控股股东和实际控制人申请并经交易所同意，出现下列情形可豁免遵守上市后 36 个月不转让承诺：第一，转让双方存在实际控制关系，或者均受同一控制人控制的；第二，交易所认定的其他情形。

195. 企业上市后可通过哪些方式再融资？

企业在中小企业板、创业板上市后，可以通过股权融资和债券融资两种方式进行再融资。股权融资的方式包括非公开发行股票、公开增发股票、配股、发行优先股等。债券融资方式包括可转换公司债券、分离交易的可转换公司债券、公司债等。股权融资中非公开发行比较多见，债券融资中公司债近几年成为比较常见的方式。对于创业板公司，还可进行小额快速再融资，降低融资成本，加快融资效率。

196. 境内首次公开发行上市后,公司国有股东如何转持国有股充实全国社保基金?

根据《境内证券市场转持部分国有股充实全国社会保障基金实施办法》(财企〔2009〕94号,以下简称《实施办法》)的相关规定,股份有限公司首次公开发行股票并在境内上市时,国有股东应按实际发行股份数量的10%,将上市公司部分国有股转由全国社会保障基金理事会持有。关于国有股转持的主要要求如下:

①国有股东是指经国有资产监督管理机构确认的国有股东。国有股是指国有股东持有的上市公司股份。

②股权分置改革新老划断后,凡在境内证券市场首次公开发行股票并上市的含国有股的股份有限公司,除国务院另有规定的,均须按首次公开发行时实际发行股份数量的10%,将股份有限公司部分国有股转由社保基金会持有,国有股东持股数量少于应转持股份数量的,按实际持股数量转持。

③《实施办法》颁布后首次公开发行股票并上市的股份有限公司,由经国有资产监督管理机构确认的国有股东承担转持义务。

④混合所有制的国有股东,由该类国有股东的国有出资人按其持股比例乘以该类国有股东应转持的权益额,履行转持义务。具体方式包括:在取得国有股东各出资人或各股东一致意见后,直接转持国有股,并由该国有股东的国有出资人对非国有出资人给予相应补偿;或者由该国有股东的国有出资人以分红或自有资金一次或分次上缴中央金库。

⑤对符合直接转持股份条件,但根据国家相关规定需要保持国有控股地位的,经国有资产监督管理机构批准,允许国有股东在确保资金及时、足额上缴中央金库的情况下,采取包括但不限于以分红或自有资金等方式履行转持义务。

⑥转由社保基金会持有的境内上市公司国有股,社保基金会承继原国有股东的禁售期义务。对自股权分置改革新老划断至《实施办法》颁布前首次公开发行股票并上市的股份有限公司转持的股份,社保基金会在承继原国有股东的法定和自愿承诺禁售期的基础上,再将禁售期延长3年。社保基金会享有转持股份的收益权和处置权,但不干预上市公司日常经营管理。

197. 国有创业投资机构和国有创业投资引导基金豁免转持需满足什么条件?

根据财政部2015年8月11日颁布实施的《关于取消豁免国有创业投资机构和国有创业投资引导基金国有股转持义务审批事项后有关管理工作的通知(财资〔2015〕39号)》,符合条件的国有创业投资机构和国有创业投资引导基金,投资于未上市中小企业形成的国有股,可申请豁免国有股转持义务。

豁免国有股转持义务的国有创业投资机构应当符合下列条件:

①豁免国有股转持义务的创投机构资质要求:一是经营范围符合《创业投资企业管理暂行办法》(发展改革委等10部门令第39号,以下简称39号令)或《私募投资基金监督管理暂行办法》(证监会令第105号,以下简称105号令)规定,且工商登记名称中注有"创业投资"字样。在2005年11月15日前完成工商登记的,可保留原有工商登记名称,但经营范围须符合39号令或105号令规定。二是遵照39号令规定条件和程序完成备案,且最近一年必须通过备案管理部门年度检查(申请豁免转持义务当年新备案的创投机构除外),投资运作符合39号令有关规定;或者遵照105号令规定条件和程序完成备案,且通过中国证券投资基金业协会有关资格审查,投资运作符合105号令有关规定。

②豁免国有股转持义务的引导基金应当按照《关于创业投资引导基金规范设立与运作的指导意见》（国办发〔2008〕116号）规定，规范设立并运作。

③本通知所称未上市中小企业应当同时符合下列条件。

一是经企业所在地县级以上劳动和社会保障部门或社会保险基金管理单位核定，职工人数不超过500人。

二是根据会计师事务所审计的年度合并会计报表，年销售（营业总收入）不超过2亿元，资产总额不超过2亿元。

④创投机构或引导基金投资于未上市中小企业，其投资时点以创投机构或引导基金投资后，被投资企业取得工商行政管理部门核发的法人营业执照或工商核准变更登记通知书的日期为准。同一创投机构或引导基金对未上市中小企业进行多轮投资的，第一次投资为初始投资，其后续投资均按初始投资的时点进行确认。被投资企业规模按照创投机构或引导基金初始投资时点之上一年度末的相关指标进行认定。

198. 上市公司重大资产重组什么情况下需要召开媒体说明会？媒体说明会包括哪些内容？

根据深交所《主板信息披露业务备忘录第10号——重大资产重组媒体说明会》、《中小企业板信息披露业务备忘录第15号——重大资产重组媒体说明会》和《创业板信息披露业务备忘录第23号——重大资产重组媒体说明会》规定，上市公司的重大资产重组项目涉及以下情形之一的，应当召开媒体说明会：

①重大资产重组属于《上市公司重大资产重组管理办法》第十三条规定的交易情形的（以下简称"重组上市"）；

②涉嫌规避重组上市监管要求的；

③受到重大媒体质疑、投诉举报的；

④中国证监会及其派出机构和深交所认为有必要的其他

情形。

上市公司召开媒体说明会时,参会人员应当详细介绍重大资产重组方案情况,并全面回应市场关注和质疑。媒体说明会应至少包括以下内容:

①上市公司现控股股东、实际控制人应充分说明本次交易的必要性、交易作价的合理性、承诺履行和上市公司规范运作等情况;

②上市公司董事、监事及高级管理人员应充分说明其对交易标的及其行业的了解情况、重大市场质疑和投诉的主要内容及说明(如有),以及董事、监事及高级管理人员在本次重大资产重组项目的推进和筹划中是否切实履行了忠实、勤勉义务等;

③拟新进入的控股股东、实际控制人应详细说明交易作价的合理性,业绩承诺的合规性和合理性(如有);

④交易对方和重组标的董事及高级管理人员应充分说明重组标的报告期生产经营情况和未来发展规划,以及对相关的重大市场质疑和投诉的说明(如有);

⑤中介机构应充分说明核查过程和核查结果,评估机构应详细说明重组标的的估值假设、估值方法及估值过程的合规性,以及估值结果的合理性;

⑥参会人员认为应说明的其他问题;

⑦中国证监会及其派出机构和深交所要求说明的其他问题。因涉嫌规避重组上市监管要求召开媒体说明会的,上市公司现控股股东、实际控制人以及独立财务顾问应明确说明本次重大资产重组是否构成重组上市。

199. 上市公司申请停牌的，停牌申请和停牌公告应当包括哪些内容？上市公司因筹划重大资产重组事项申请停牌的，应当遵守哪些规定？

深交所《主板信息披露业务备忘录第 9 号——上市公司停复牌业务》《中小企业板信息披露业务备忘录第 14 号——上市公司停复牌业务》和《创业板信息披露业务备忘录第 22 号——上市公司停复牌业务》三个备忘录对上市公司的停牌申请需披露的公告进行了详细说明。

以中小板上市公司为例，根据《中小板信息披露业务备忘录第 14 号——上市公司停复牌业务》的规定，上市公司申请停牌的，停牌申请和停牌公告应当至少包括以下内容：

①公司股票及其衍生品种（包括股票、可转债、公司债及其他衍生品等）的停复牌安排；

②停牌期限；

③公司筹划的具体事项，包括重大资产重组、非公开发行股票、购买或出售资产、对外投资和签订重大合同等；

④申请停牌的规则依据等。

上市公司因筹划重大资产重组事项申请停牌的，应当遵守以下规定：

①公司申请重大资产重组停牌的，首次申请停牌时间不得超过 1 个月，申请停牌时，公司应当向深交所提交以下文件：

一是经董事长签字、董事会盖章的"上市公司重大资产重组停牌申请表"；

二是涉及筹划重大资产重组的停牌公告；

三是经重大资产重组的交易对方或其主管部门盖章确认的关于本次重大资产重组的意向性文件；

四是交易对手方关于不存在《关于加强与上市公司重大资产重组相关股票异常交易监管的暂行规定》第十三条情形

的说明文件。

②公司预计无法在进入重组停牌程序后 1 个月内披露重组预案的,公司应当向深交所申请继续停牌并披露继续停牌公告,继续停牌的时间不得超过 1 个月。继续停牌公告原则上应当包括以下内容:

一是主要交易对方,公司与多方沟通尚未最终确定交易对方的,应当在进展公告中说明相关情况,并至少披露交易对方类型(控股股东、实际控制人或第三方等),以及是否涉及关联交易;

二是交易方式,包括发行股份购买资产、现金购买或出售资产、资产置换或其他重组方式等;

三是标的资产情况,标的资产范围尚未最终确定的,至少应当披露标的资产的行业类型,涉及多个标的资产的,分别披露所处的行业;

四是公司股票停牌前 1 个交易日的主要股东持股情况,包括前 10 名股东的名称、持股数量和所持股份类别,以及前 10 名无限售流通股股东的名称全称、持有无限售流通股的数量和种类(A、B、H 股或其他)。

③公司预计无法在进入重组停牌程序后 2 个月内披露重组预案,但拟继续推进的,应当召开董事会审议继续停牌议案,并在议案通过之后向深交所申请继续停牌并披露继续停牌公告,原则上公司筹划重大资产重组累计停牌时间不得超过 3 个月。继续停牌公告原则上应当包括以下内容:

一是标的资产及其控股股东、实际控制人具体情况;

二是交易具体情况,包括但不限于是否导致控制权发生变更、是否发行股份配套募集资金等;

三是与现有或潜在交易对方的沟通、协商情况,包括公司是否已与交易对方签订重组框架或意向协议,或对已签订的重组框架或意向协议的重大修订或变更;

四是本次重组涉及的中介机构名称，包括财务顾问等中介机构对标的资产的尽职调查、审计、评估工作的具体进展情况；

五是本次交易是否需经有权部门事前审批，以及目前进展情况。

④公司预计无法在进入重组停牌程序后3个月内披露重组预案的，如拟继续推进重组，公司应当在原定复牌期限届满前按照本备忘录第十五条的规定，召开股东大会审议关于继续停牌筹划重组的议案，且继续停牌时间不超过3个月。公司应当在股东大会通知发出的同时披露重组框架协议的主要内容。

⑤公司预计无法进入重组停牌程序后4个月内披露重组预案的，公司应当披露具体复牌时间，财务顾问应当就公司停牌期间重组进展信息披露的真实性、继续停牌的合理性和6个月内复牌的可行性发表专项核查意见。

⑥公司进入重大资产重组停牌程序后，应当按照交易进程备忘录及时在重组交易进展公告中披露停牌期间的重要进展，包括但不限于以下进展：

一是各方就交易方案的商议情况；

二是公司与聘请的中介机构签订重组服务协议；

三是公司与交易对方签订重组框架或意向协议，对已签订的重组框架或意向协议做出重大修订或变更；

四是公司取得有权部门关于重组事项的事前审批意见等；

五是尽职调查、审计、评估等工作取得阶段性进展；

六是存在可能终止重组的风险，交易双方因价格分歧、股票市场价格波动以及税收政策、标的资产行业政策发生重大变化等原因，导致可能存在重组失败风险的，公司应当及时提示相关风险并披露后续进展；

七是已披露重组标的的公司，更换、增加、减少重组标的，披露拟变更标的的具体情况、变更的原因；

八是更换财务顾问等中介机构。

200. 深交所的自律监管措施包括哪几类？

根据深圳证券交易所《深圳证券交易所自律监管措施和纪律处分实施细则》规定，深交所对在深交所上市或者转让股票、债券、基金等证券的发行人、管理人、上市公司及相关主体、深交所会员和投资者的违法违规行为实施自律监管措施。其中，对在深交所上市或者转让股票、债券、基金等证券的发行人、管理人、上市公司及相关主体的违法行为，深交所或深交所业务部门可以单独或者合并实施以下自律监管措施：

①口头警示；
②书面警示；
③约见谈话；
④要求期限做出解释和说明；
⑤要求中介机构或者要求聘请中介机构核查并发表意见；
⑥要求期限改正；
⑦要求公开致歉；
⑧要求限期召开投资者说明会；
⑨要求限期参加培训或者考试；
⑩建议更换相关任职人员；
⑪暂不受理有关当事人出具的文件；
⑫暂不受理或者办理相关业务；
⑬暂停适用信息披露直通车业务；
⑭限制交易；
⑮上报中国证监会；
⑯深交所规定的其他自律监管措施。

对于深交所会员及相关主体的违法行为，深交所或深交所业务部门可以单独或者合并实施以下自律监管措施：

①口头警示；

②书面警示;

③约见谈话;

④要求期限做出解释和说明;

⑤要求自查;

⑥要求期限改正;

⑦暂停受理或者办理相关业务;

⑧限制交易;

⑨上报中国证监会;

⑩深交所规定的其他自律监管措施。

对于深交所投资者的违法行为,深交所或深交所业务部门可以单独或者合并实施以下自律监管措施:

①口头警示;

②书面警示;

③约见谈话;

④要求提交书面承诺;

⑤要求限期参加培训或者考试;

⑥将证券账户列入重点监控账户;

⑦限制交易;

⑧上报中国证监会;

⑨深交所规定的其他自律监管措施。

第三部分
股票发行审核关注要点

第一章
主 体 资 格

第一节 企业改制上市的主体资格要求

201. 中小企业板 IPO 上市企业的主体资格要求是什么？

根据《首次公开发行股票并上市管理办法》（2015 年 12 月 30 日修正，下同）规定，首次公开发行股票并在中小企业板上市需要满足以下主体资格要求：

①发行人应当是依法设立且合法存续的股份有限公司。经国务院批准，有限责任公司在依法变更为股份有限公司时，可以采取募集设立方式公开发行股票。

②发行人自股份有限公司成立后，持续经营时间应当在 3 年以上，但经国务院批准的除外。此外，有限责任公司按原账面净资产值折股整体变更为股份有限公司的，持续经营时间可以从有限责任公司成立之日起计算。

③发行人的注册资本已足额缴纳，发起人或股东用做出资的资产的财产权转移手续已办理完毕，发行人的主要资产不存在重大权属纠纷。

④发行人的生产经营符合法律、行政法规和公司章程的规定，符合国家产业政策。

⑤发行人最近3年内主营业务和董事、高级管理人员没有发生重大变化,实际控制人没有发生变更。

⑥发行人的股权清晰,控股股东和受控股股东、实际控制人支配的股东持有的发行人股份不存在重大权属纠纷。

202. 创业板 IPO 上市企业的主体资格要求是什么?

根据《首次公开发行股票并在创业板上市管理办法》(2015年12月30日修正,下同)规定,首次公开发行股票并在创业板上市需要满足以下主体资格要求:

①发行人是依法设立且持续经营3年以上的股份有限公司。有限责任公司按原账面净资产值折股整体变更为股份有限公司的,持续经营时间可以从有限责任公司成立之日起计算。

②最近两年连续盈利,最近两年净利润累计不少于1 000万元;或者最近一年盈利,最近一年营业收入不少于5 000万元。净利润以扣除非经常性损益前后孰低者为计算依据。

③最近一期末净资产不少于2 000万元,且不存在未弥补亏损。

④发行后股本总额不少于3 000万元。

⑤发行人的注册资本已足额缴纳,发起人或者股东用做出资的资产的财产权转移手续已办理完毕。发行人的主要资产不存在重大权属纠纷。

⑥发行人应当主要经营一种业务,其生产经营活动符合法律、行政法规和公司章程的规定,符合国家产业政策及环境保护政策。

⑦发行人最近两年内主营业务和董事、高级管理人员均没有发生重大变化,实际控制人没有发生变更。

⑧发行人的股权清晰,控股股东和受控股股东、实际控制人支配的股东所持发行人的股份不存在重大权属纠纷。

⑨发行人具有完善的公司治理结构,依法建立健全股东大

会、董事会、监事会以及独立董事、董事会秘书、审计委员会制度，相关机构和人员能够依法履行职责；发行人应当建立健全股东投票计票制度，建立发行人与股东之间的多元化纠纷解决机制，切实保障投资者依法行使收益权、知情权、参与权、监督权、求偿权等股东权利。

⑩发行人会计基础工作规范，财务报表的编制和披露符合企业会计准则和相关信息披露规则的规定，在所有重大方面公允地反映了发行人的财务状况、经营成果和现金流量，并由注册会计师出具无保留意见的审计报告。

⑪发行人内部控制制度健全且被有效执行，能够合理保证公司运行效率、合法合规和财务报告的可靠性，并由注册会计师出具无保留结论的内部控制鉴证报告。

⑫发行人的董事、监事和高级管理人员应当忠实、勤勉，具备法律、行政法规和规章规定的资格，不存在法律规定的禁止任职情形。

⑬发行人及其控股股东、实际控制人最近三年内不存在损害投资者合法权益和社会公共利益的重大违法行为；发行人及其控股股东、实际控制人最近三年内不存在未经法定机关核准，擅自公开或者变相公开发行证券，或者有关违法行为虽然发生在3年前，但目前仍处于持续状态的情形。

203. 重大违法违规行为如何界定？3年前的违法违规行为影响上市吗？

重大违法违规行为，是指违反国家法律、行政法规和规章，且受到行政处罚、情节严重的行为。但具体如何认定违法违规行为是否构成"重大"，是一个实质判断问题。根据《首次公开发行股票并上市管理办法》、《首次公开发行股票并在创业板上市管理办法》、《上市公司证券发行管理办法》（证监会令第30号 2006年5月6日）、《创业板上市公司证券发行

管理暂行办法》(证监会令第 100 号 2014 年 5 月 14 日)等规定,重大违法违规行为包括以下情形:

①未经法定机关核准,擅自公开或者变相公开发行过证券。

②违反证券法律、行政法规或规章,受到中国证监会的行政处罚,或者受到刑事处罚。

③违反工商、税收、土地、环保、海关以及其他法律、行政法规,受到行政处罚且情节严重,或者受到刑事处罚。

④向中国证监会提出发行申请,但报送的发行申请文件有虚假记载、误导性陈述或重大遗漏;或者不符合发行条件以欺骗手段骗取发行核准;或者以不正当手段干扰中国证监会及其发行审核委员会审核工作;或者伪造、变造发行人或其董事、监事、高级管理人员、控股股东、实际控制人的签字、盖章。

⑤严重损害投资者合法权益和社会公共利益的违法行为。

⑥违反国家其他法律、行政法规且情节严重的行为。

近 3 年无重大违法违规行为的起算时点,法律、行政法规和规章有明确规定的,从其规定;没有规定的,从违法违规行为的发生之日起计算;违法违规行为有连续或者继续状态的,从行为终了之日起计算;若构成刑事责任或被处以罚金的,应当以执行完毕或缴纳完毕之日起计算 36 个月。

对行政处罚决定不服正在申请行政复议或者提起行政诉讼的,在行政复议决定或者法院判决尚未做出之前,原则上不影响依据该行政处罚决定对该行为是否为重大违法违规行为的认定,但可依法申请暂缓做出审核决定。

3 年前的违法违规行为是否影响上市,需要结合违法违规行为的性质及其重要程度进行综合判断。比如因违法违规受到海关、税收、环保等部门的行政处罚,3 年之后一般不会构成上市障碍,如果处罚行为较晚,则应从执行完毕时起算,影响较大。但是,如果在国有企业改制过程中存在侵吞国有资产行为,或重大出资不实或虚假出资并对公司现状仍有重大影响的违法行为,即使3年之后也会对上市构成障碍。

204. 股东人数超过200人的非上市公众公司申请在证券交易所上市的审核标准是什么?

《证券法》(2014年8月31日修正)第十条明确规定"向特定对象发行证券累计超过二百人的"属于公开发行,需依法报经中国证监会核准。对于股东人数已经超过200人的未上市股份有限公司,符合《非上市公众公司监管指引第4号——股东人数超过200人的未上市股份有限公司申请行政许可有关问题的审核指引》(以下简称"指引",证监会公告〔2013〕54号,2013年12月26日)可申请公开发行并在证券交易所上市,需满足以下审核标准:

(1)公司依法设立且合法存续

200人公司的设立、增资等行为不违反当时法律明确的禁止性规定,目前处于合法存续状态。城市商业银行、农村商业银行等银行业股份公司应当符合《关于规范金融企业内部职工持股的通知》(财金〔2010〕97号)。

200人公司的设立、历次增资依法需要批准的,应当经过有权部门的批准。存在不规范情形的,应当经过规范整改,并经当地省级人民政府确认。

200人公司在股份形成及转让过程中不存在虚假陈述、出资不实、股权管理混乱等情形,不存在重大诉讼、纠纷以及重大风险隐患。

(2)股权清晰

200人公司的股权清晰,是指股权形成真实、有效,权属清晰及股权结构清晰,具体要求包括:

①股权权属明确。200人公司应当设置股东名册并进行有

序管理，股东、公司及相关方对股份归属、股份数量及持股比例无异议。股权结构中存在工会或职工持股会代持、委托持股、信托持股，以及通过"持股平台"（是指单纯以持股为目的的合伙企业、公司等持股主体）间接持股等情形的，应当按照指引的相关规定进行规范。

②股东与公司之间、股东之间、股东与第三方之间不存在重大股份权属争议、纠纷或潜在纠纷。

③股东出资行为真实，不存在重大法律瑕疵，或者相关行为已经得到有效规范，不存在风险隐患。申请行政许可的股东人数超过200人的公司应当对股份进行确权，通过公证、律师见证等方式明确股份的权属。申请公开发行并在证券交易所上市的，经过确权的股份数量应当达到股份总数的90%以上（含90%）。未确权的部分应当设立股份托管账户，专户管理，并明确披露有关责任的承担主体。

（3）经营规范

200人公司持续规范经营，不存在资不抵债或者明显缺乏清偿能力等破产风险的情形。

（4）公司治理与信息披露制度健全

200人公司按照中国证监会的相关规定，已经建立健全了公司治理机制和履行信息披露义务的各项制度。

第二节 股权问题

205. 什么是股份有限公司发起人？发起人和股东有什么区别？谁可以作为股份有限公司发起人？

股份有限公司发起人是指参加订立发起人协议，提出设立股份公司申请，认购股份并对公司设立承担责任的人。股份有限公司可以采取发起设立或者募集设立的方式设立。股份有限公司发起人有两种形成方式：一种是以发起设立方式设立的股份有限公司的发起人，一种是以募集设立方式设立的股份有限公司的发起人。发起人享有股东的权利并承担股东的义务，同时还须承担发起人的义务。受让发起人持有的股份而成为股东的，不是发起人。

根据《民法通则》《公司法》等法律、法规的规定以及发行审核的实践，能否作为股份有限公司的发起人主要分下列情形：

①能独立地承担民事责任的自然人可以作为发起人。

②企业法人可以作为发起人。

③除法律法规禁止其从事投资和经营活动之外，机关法人、社会团体法人和事业单位法人可以作为发起人。

④外商投资企业可以作为发起人。

⑤具备法人条件并依法登记为法人的农村集体经济组织（如合作社、经济联合社或代行集体经济管理职能的村民委员会）、具有投资能力的城市居民委员会可以作为发起人。

⑥会计师事务所、审计事务所、律师事务所和资产评估机构不能作为其他行业股份有限公司的发起人。

⑦工会和职工持股会不能作为发起人。

⑧有关法律法规规定不能进行股权投资的商业银行、保险公司、证券公司等民事主体，不可作为发起人。

206. 为什么中国证监会不受理工会或职工持股会作为股东或发起人的公司公开发行股票的申请？

中国证监会停止审批职工持股会及工会作为发起人或股东的公司的发行申请，主要出于以下考虑：

①防止发行人借职工持股会及工会的名义变相发行内部职工股，甚至演变成社会化的"非法集资"。

②在民政部门不再接受职工持股会的社团法人登记后，职

工持股会不再具备成为上市公司股东及发起人的主体资格。而若工会成为上市公司的股东,则与其设立和活动的目的和宗旨不符。

207. 基金子公司资产管理计划、证券公司资产管理计划、期货公司资产管理计划、信托计划、保险公司资产管理计划、银行理财产品能否作为拟上市公司的发起人或者股东?

中国证监会于 2013 年 12 月 26 日发布施行的《非上市公众公司监管指引第 4 号——股东人数超过 200 人的未上市股份有限公司申请行政许可有关问题的审核指引》规定,在依据该指引申请行政许可(含 IPO 申请)时,以私募股权基金、资产管理计划以及其他金融计划进行持股的,如果该金融计划是依据相关法律法规设立并规范运作,且已经接受证券监督管理机构监管的,可不进行股份还原或转为直接持股。

实践中,截至目前,中国证监会暂时不接受基金子公司资产管理计划、证券公司资产管理计划、期货公司资产管理计划、信托计划、保险公司资产管理计划、银行理财产品等金融计划作为拟上市公司的发起人或者股东,主要原因是认为这些金融计划会影响到拟上市公司股东股权的清晰性和稳定性。

208. 私募股权基金成为拟上市公司的发起人或股东需满足哪些登记备案要求?未在基金业协会备案的私募股权基金能否成为拟上市公司的发起人或股东?

公司型私募股权基金和合伙型私募股权基金成为拟上市公司的发起人或股东,该基金需要按照规定向中国基金业协会进行备案,并且该基金的管理人需要按照规定向中国基金业协会进行登记。未在中国基金业协会备案的私募股权基金,应在 IPO 申报前完成备案,否则应将其对拟上市公司的持股进行清理。

209. 当涉及私募股权基金时，如何计算拟上市公司的股东人数是否超过 200 人？股东人数超过 200 人的拟上市公司的股东确权有哪些特别要求？

公司型私募股权基金和合伙型私募股权基金成为拟上市公司股东时，应当穿透核查最终投资者是否为合格投资者，并合并计算投资者人数是否超过 200 人。但是，对于社会保障基金、企业年金等养老基金、慈善基金等社会公益基金、依法设立并在基金业协会备案的投资计划，以及中国证监会规定的其他投资者，不再穿透核查最终投资者是否为合格投资者和合并计算投资者人数。

申请行政许可的股东人数超过 200 人的公司应当对股份进行确权，通过公证、律师见证等方式明确股份的权属。申请公开发行并在证券交易所上市的，经过确权的股份数量应当达到股份总数的 90% 以上（含 90%）。未确权的部分应当设立股份托管账户，专户管理，并明确披露有关责任的承担主体。

210. 如何确定有限责任公司整体变更设立为股份有限公司过程中发起人的权属清晰？

在有限责任公司整体变更设立为股份有限公司过程中，应确定发起人用做出资的资产财产转移手续已办理完毕，通过非货币性交易、债务重组、企业合并等方式取得的资产权属清晰，不存在出资的财产未变更至公司名下的情况。

通过非货币性交易、债务重组、企业合并等方式取得的资产如果存在权属不清晰，如证照登记的名称与实际资产的拥有者不符、土地使用权、房产证件、专利、商标、资质证件未变更到股份有限公司等情况，则可能产生潜在的争议及法律风险。

211. 股份有限公司发起人股份转让有什么要求？

①《公司法》规定，发起人持有的本公司股份，自公司成立之日起一年内不得转让；公司公开发行股份前已发行的股份，自公司股票在证券交易所上市交易之日起一年内不得转让。

②根据《首次公开发行股票并上市管理办法》及《首次公开发行股票并在创业板上市管理办法》的规定，中小企业板上市公司最近3年内实际控制人应没有发生变更，创业板上市企业最近两年内实际控制人应没有发生变更。

③《深圳证券交易所主板、中小企业板股票上市规则》（2014年修订）以及《深圳证券交易所创业板股票上市规则》（2014年修订）均规定，发行人向证券交易所提出首次公开发行的股票上市申请时，控股股东和实际控制人（泛指一致行动人，即包含了与其有关联关系的其他股东）应当承诺："自发行人股票上市之日起36个月内，不转让或者委托他人管理其直接或间接持有的发行人首次公开发行股票前已发行的股份，也不由发行人回购该部分股份。"发行人应当在上市公告书中公告上述承诺。

但部分情形下可豁免遵守上述承诺。《深圳证券交易所主板、中小企业板股票上市规则》第5.1.6条规定：上市公司自发行人股票上市之日起一年后，出现下列情形之一的，经控股股东或实际控制人申请并经证券交易所同意，可豁免遵守上述承诺：第一，转让双方存在实际控制关系，或均受同一控制人所控制；第二，因上市公司陷入危机或者面临严重财务困难，受让人提出的挽救公司的重组方案获得该公司股东大会审议通过和有关部门批准，且受让人承诺继续遵守上述承诺；第三，证券交易所认定的其他情形。

《深圳证券交易所创业板股票上市规则》第5.1.6条规

定：创业板上市公司自发行人股票上市之日起一年后，出现下列情形之一的，经控股股东和实际控制人申请并经深交所同意，可豁免遵守上述承诺：第一，转让双方存在实际控制关系，或者均受同一控制人控制的；第二，交易所认定的其他情形。

212. 什么是股权代持？股权代持在 IPO 前是否需要清理？

股权代持又称委托持股、隐名投资或假名出资，是指实际出资人与名义出资人通过签订股权代持协议，以他人名义代实际出资人享有和履行股东权利义务的一种股权或股份处置方式。在实际案例中，股权代持协议多被用于规避公司股东人数上限、规避境外自然人或法人的投资限制、规避其他股东的优先购买权以及保护知名、敏感人物的隐私等方面。

根据《首次公开发行股票并上市管理办法》第 13 条要求，"发行人的股权清晰，控股股东和受控股股东、实际控制人支配的股东持有的发行人股份不存在重大权属纠纷"，《首次公开发行股票并在创业板上市管理办法》第 15 条要求，"发行人的股权清晰，控股股东和受控股股东、实际控制人支配的股东所持发行人的股份不存在重大权属纠纷"。由于委托持股会影响发行人股权的清晰度，且股权代持协议可能因具体情况而被认定为无效合同或者可撤销合同，存在潜在的股权纠纷风险。根据当前实践中把握的标准，委托持股须在发行前进行规范与清理。

213. 企业与 PE 之间的股权对赌协议是否要在 IPO 前解除？

对赌协议作为新、老股东对其民事权利义务的约定和处分，如果系相关各方真实意思的表示，不违反法律、行政法规的强制性规定，应受到法律的保护，但依法构成合同无效或被撤销的情形除外。如果上市前股权对赌协议未执行完毕,即在企业申报上市前关于业绩保障的股权对赌未予执行,是否导致股权比例调整尚不能确定。在这种情况下,执行股权对赌协议导致的股权架构的不确定性在一定程度上影响了企业股权的稳定性,会对企业上市构成法律障碍。因此,按照监管的要求,拟上市企业需要在申报前完全解除其或其原股东与 PE 之间签订的对赌协议。

214. 企业在 IPO 前引进新股东需要注意哪些问题?

引进新股东主要包括增资和股权转让两种方式。企业在 IPO 之前引进新股东时需要注意以下问题:

①有关增资和股权转让应真实、合法合规,即增资和股权转让履行了相应的程序,转让有限责任公司的股份需要得到其他股东放弃认购承诺函。

②不影响公司连续计算经营时间(业绩)。如不发生主营业务的重大变化,董事、高级管理人员不发生重大变化,实际控制人不发生变更等。

③股权转让需签署合法的转让合同,有关股权转让是双方真实意思表示,已完成有关增资款和转让款的支付,办理了工商变更手续,不存在纠纷或潜在纠纷,不存在代持或信托持股。

④要有充分合理的理由来解释和说明新股东的进入可以为公司创造价值、有利于公司的规范运作和经营发展。

⑤增资筹集的资金规模适当,以免对上市融资必要性形成不利影响。如果新股东以资产折股出资,其规模也应适当,并考虑该资产对公司营业记录可比性的影响。

⑥增资入股或者受让股份的新股东与公司或者原股东及保荐人等中介机构是否存在关联关系,应避免新股东与公司存在同业竞争的情形,新股东增资的资金来源应合法、清晰。

⑦应避免引进公司的供应商、经销商或客户成为股东,这样的架构将使公司的收入和利润受到非市场因素的影响,财务成果的真实性很难考证,导致形成上市障碍。

⑧涉及工会或职工持股会转让股份的,需有工会会员及职工持股会会员一一确认的书面文件。

⑨若拟引进的新股东为事业单位,则需符合国家的有关规定,企业化经营的事业单位应先办理企业法人登记,再以企业法人的名义入股;若已入股的事业单位未依法办理企业法人登记并取得企业法人登记证明的,事业单位应提供投入公司的资产实行企业化经营的依据。

⑩有关增资和股权转让的定价原则问题,新增股份的认购价或折股价一般是在净资产值的基础上溢价一定比例,对在IPO前以净资产增资或转让,或者以低于净资产转让的,要求说明原因并由中介进行核查,涉及国有股权的,需履行国有资产评估及报主管部门备案程序,履行国有资产转让需实行挂牌交易的程序,因历史遗留问题存在程序瑕疵的,需取得省级或以上国资部门的确认文件。

⑪如原股东(自然人)以出让股权方式引入新股东,根据《国家税务总局关于加强股权转让所得征收个人所得税管理的通知》(国税函〔2009〕285号)的要求,股权交易各方在签订股权转让协议并完成股权转让交易以后至企业变更股权登记之前,负有纳税义务或代扣代缴义务的转让方或受让方,应到主管税务机关办理纳税(扣缴)申报,并持税务机关开具的股权转让所得缴纳个人所得税完税凭证或免税、不征税证明,到工商行政管理部门办理股权变更登记手续。但实际执行中,为降低企业改制上市成本,有些地方政府允许原股东缓交转让股权的个人所得税。

215. 公司在 IPO 前怎样实施股权激励？

由于监管部门审核的理念要求股权具有确定性，如公司在 IPO 前存在含有期权与期股的股权激励安排都会带来未来股权的不确定性。因此，实务中含有不确定性的股权都要求被清理。

实务中，不少公司的股权激励都是直接以股份来体现，不同的是持有的方式不同，不外三个模式持有：有限公司、有限合伙与自然人直接持有。股权来源主要为大股东转让与公司增资。此三种持股方式各有优劣。

216. "突击入股"对 IPO 有何影响？

"突击入股"主要是指拟上市公司在上市申报材料前的 1 年或半年内，有机构或者个人以低价获得该公司的股份的情形。"突击入股"一般是公司对员工的股权激励，但也存在着个别人直接进入甚至说不清楚的情形。针对这种情况，监管部门会对上市前"突击入股"从严核查，明确要求增加说明申报前最近一年新增股东、实际控制人的相关情况，同时对相关股份要求限售，以及说明入股资金来源。监管部门对"突击入股"的监管态度目前是严格控制和监管。因此，拟上市公司应慎重考虑"突击入股"的必要性、合理性和公平性。

217. 哪些人员在成为拟上市公司股东时资格受到限制？

根据现有的法律法规和政策规定，以下身份人员在成为拟上市公司的股东时资格受到限制。

（1）公务员

根据《公务员法》（2005 年 4 月 27 日发布）规定，公务员必须遵守纪律，不得从事或者参与营利性活动，在企业或者其他营利性组织中兼任职务。

（2）党政机关的干部和职工

根据《关于严禁党政机关和党政干部经商、办企业的决定》（1984年12月3日发布）以及《关于进一步制止党政机关和党政干部经商、办企业的规定》（1986年2月4日发布），国家机关法人的干部和职工，除中央书记处、国务院特殊批准的以外，一律不准经商、办企业。

（3）现役军人

根据《中国人民解放军内务条令》（军发〔2010〕21号）第127条规定，军人不得经商，不得从事本职以外的其他职业和传销、有偿中介活动，不得参与以营利为目的的文艺演出、商业广告、企业形象代言和教学活动，不得利用工作时间和办公设备从事证券交易、购买彩票。

（4）县以上党和国家机关退（离）休干部

根据《中共中央办公厅、国务院办公厅关于县以上党和国家机关退（离）休干部经商办企业问题的若干规定》（1988年10月3日发布），县级以上党和国家机关退（离）休干部，不得兴办商业性企业。

（5）国有企业领导人及其配偶、子女

根据《国有企业领导人员廉洁从业若干规定》（中办发〔2009〕26号 2009年7月1日）规定，国有企业领导人员不得有利用职权谋取私利以及损害本企业利益的行为，个人不得从事营利性经营活动和有偿中介活动，或者在本企业的同类经营企业、关联企业和与本企业有业务关系的企业投资入股；其配偶、子女及其他特定关系人，不得在本企业的关联企业、与本企业有业务关系的企业投资入股。

（6）国企职工

根据《关于规范国有企业职工持股、投资的意见》（国资发改革〔2008〕139号）规定，职工入股原则限于持有本企业股权。国有企业集团公司及其各级子企业改制，经国资监管机构或集团公司批准,职工可投资参与本企业改制,确有必要的,也可持有上一级改制企业股权,但不得直接或间接持有本企业所出资各级子企业、参股企业及本集团公司所出资其他企业股权。

(7)未成年人、无民事行为能力人和限制民事行为能力人

未成年人、无民事行为能力人和限制民事行为能力人可以以自己的名义成为公司股东,但必须借助监护和代理制度,通过法定代理人或监护人行使有关权利。

(8)证券市场禁入人员,不得参与二级市场股票买卖人员

按《证券法》的相关规定,中国证监会、证券交易所、证券公司从业人员为市场禁入人员,不能参与二级股票买卖。如证券公司从业人员并未限制在新三板开户,如新三板因受让股份后成为股东,在IPO前必须完成清理。

218. 基金子公司资产管理计划、证券公司资产管理计划、契约型私募基金能否作为拟上市公司的发起人或者股东?

虽然根据相关规定,基金子公司资产管理计划、证券公司资产管理计划、信托公司、契约型私募基金可以持有公司股权,但根据《上市公司非公开发行股票实施细则》(2007年9月17日,证监发行字〔2007〕302号,2011年修订)第八条的规定,信托公司作为发行对象,只能以自有资金认购,因此,信托计划无法作为拟上市公司的股东,也无法作为非公开发行的对象。另外,虽然《上市公司非公开发行股票实施细则》第八条亦规定,证券投资基金管理公司可以以其管理的基金作为发行对象进行认购,实践中也有资产管理计划参与A股定增的诸多案例。但资产管理计划能否作为拟上市公司的股

东还存在较多争议,实践中券商多持保守态度。同时,尽管《私募投资基金监督管理暂行办法》(证监会令第105号,2014年8月21日)已明确私募投资基金可以采用契约型这一组织形式,但根据《首次公开发行股票并上市管理办法》第十三条关于发行主体资格的规定:"发行人的股权清晰,控股股东和受控股股东、实际控制人支配的股东持有的发行人股份不存在重大权属纠纷。"由于中国证监会对拟上市公司的股权清晰、稳定性的要求,并明确规定禁止信托持股、委托持股等情形,故在公司在IPO过程中直接出现的契约型私募基金可能会被予以清理。

同时,根据《非上市公众公司监管指引第4号——股东人数超过200人的未上市股份有限公司申请行政许可有关问题的审核指引》(证监会公告〔2013〕54号),"以私募股权基金、资产管理计划以及其他金融计划进行持股的,如果该金融计划是依据相关法律法规设立并规范运作,且已经接受证券监督管理机构监管的,可不进行股份还原或转为直接持股。"因此,依法设立、规范运作,且已经在中国基金业协会登记备案并接受证券监督管理机构监管的基金子公司资产管理计划、证券公司资产管理计划、契约型私募基金,其所投资的拟挂牌公司股权在挂牌审查时可不进行股份还原,但须做好相关信息披露工作。该项规定目前主要针对新三板挂牌企业适用,但我们已注意到,目前在新三板挂牌后申请IPO的企业中,已有洁昊环保、海纳川、英派瑞以及凌志软件等企业,在申请IPO时股东中存在资管计划、契约型私募基金或基金公司子公司的相关情况。

219. 公司股权演变中股权转让应注意哪些方面?

根据目前的相关法律、法规及管理部门的要求,公司股权转让过程中应注意以下方面的问题:

（1）履行相应的决策、审批程序

该程序包括转让双方的决策程序和被转让公司的相应决策程序，同时，如转让双方涉及国有资产、集体资产等特殊情形，亦需按照国有产权变动的相关要求履行审批程序。

（2）股权转让作价需公允、合理

目前国家税务总局已陆续出台了针对个人股权转让涉及的个人所得税管理的相关规定，根据《股权转让所得个人所得税管理办法（试行）》（国家税务总局公告2014年第67号）第十条的规定，"股权转让收入应当按照公平交易原则确定"；同时，第十一条规定："符合下列情形之一的，主管税务机关可以核定股权转让收入：

①申报的股权转让收入明显偏低且无正当理由的；

②未按照规定期限办理纳税申报，经税务机关责令限期申报，逾期仍不申报的；

③转让方无法提供或拒不提供股权转让收入的有关资料；

④其他应核定股权转让收入的情形。"

第十二条规定："符合下列情形之一，视为股权转让收入明显偏低：

①申报的股权转让收入低于股权对应的净资产份额的。其中，被投资企业拥有土地使用权、房屋、房地产企业未销售房产、知识产权、探矿权、采矿权、股权等资产的，申报的股权转让收入低于股权对应的净资产公允价值份额的；

②申报的股权转让收入低于初始投资成本或低于取得该股权所支付的价款及相关税费的；

③申报的股权转让收入低于相同或类似条件下同一企业同一股东或其他股东股权转让收入的；

④申报的股权转让收入低于相同或类似条件下同类行业的企业股权转让收入的；

⑤不具合理性的无偿让渡股权或股份；

⑥主管税务机关认定的其他情形。"

（3）股权受让方需具备合格的股东资格

根据法律、法规规定不具备担任公司股东资格的人，不得受让股权并成为股东。

220. 公司存在虚拟股权、期权情况的清理及要求是什么？

根据《首次公开发行股票并上市管理办法》第 13 条、《首次公开发行股票并在创业板上市管理办法》第 15 条要求，"发行人的股权清晰，控股股东和受控股股东、实际控制人支配的股东所持发行人的股份不存在重大权属纠纷"，故如公司存在虚拟股权的，必须清理。对期权，尽管无任何明确规定，但在实务操作中需根据实际情况提前行权，以确保在申报时股权清晰。

第三节 出资问题

221. 发起人出资方式有哪些？

根据《公司法》（2013 年 12 月 28 日修正）、《公司注册资本登记管理规定》（国家工商行政管理总局令第 64 号，2014 年 2 月 20 日）的规定，发起人可以用货币出资，也可以用实物、知识产权、土地使用权等可以用货币估价并可以依法转让的非货币财产作价出资。但劳务、信用、自然人姓名、商誉、特许经营权或者设定担保的财产等法律法规规定不得用于向公司出资的除外。

222. 发起人以非货币财产出资应当注意哪些问题？

发起人以非货币财产出资应当注意以下事项：

①发起人以实物、知识产权、土地使用权等非货币财产出

资设立公司的,应当评估作价,核实资产。国有及国有控股企业以非货币财产出资或者接受其他企业的非货币财产出资,应当遵守国家有关资产评估的规定,委托有资格的资产评估机构和执业人员进行;其他的非货币财产出资的评估行为,可以参照执行。

②法律法规禁止流通的财产,比如枪支、弹药等,依法被查封、扣押、监管的财产,因不具备可依法转让性,不得作为出资,但"可依法转让"与"可自由转让"必须区别开来,比如国家限制流通的财产是否可以作为出资,则需根据具体情况而定。所谓限制流通的财产是指法律法规规定只能在特定主体之间流通或需经特别程序流通的财产,比如金、银、文物等。

③关于作为出资的非货币财产,是否应为被投资公司生产经营所必需的问题。《公司法》《中华人民共和国公司登记管理条例》(2014年2月19日修订)及《公司注册资本登记管理规定》没有做出明确规定。因此,一般情况下,用于出资的非货币财产的范围,除法律禁止情形外,可以由公司股东之间自行协议决定。

需要注意的是,相关外商投资的法律对外商投资企业的投资方的非货币财产有特殊要求。如《中华人民共和国中外合资经营企业法实施条例》(2014年2月19日修订)第二十四条规定"作为外国合营者出资的机器设备或者其他物料,应当是合营企业生产所必需的",因此,在中外合资经营企业中,外国投资者所出资的实物,必须是合资经营企业生产所必需的。另外,《中华人民共和国中外合资经营企业法》(2016年修正)第五条第二款也规定"外国合营者作为投资的技术和设备,必须确实是适合我国需要的先进技术和设备。如果有意以落后的技术和设备进行欺骗,造成损失的,应赔偿损失"。根据此规定,要求外国投资者所出资的知识产权,必须

第三部分 股票发行审核关注要点 213

是适合我国需要的先进技术。至于何谓先进，《中华人民共和国中外合资经营企业法实施条例》第二十五条进一步规定"作为外国合营者出资的工业产权或者专有技术，必须符合下列条件之一：能显著改进现有产品的性能、质量，提高生产效率的；能显著节约原材料、燃料、动力的"。

④以非货币财产出资，涉及财产权利自投资方转移给被投资公司，因此需要注意是否需要缴纳税金的问题。如根据《增值税暂行条例》（2016年2月6日修订）规定，将自产、委托加工或购买的货物作为投资，提供给其他单位或个人经营者，视同销售，要征收增值税。就营业税方面，以无形资产投资入股，参与接受投资方的利润分配、共同承担投资风险的行为，不征收营业税；以不动产投资入股，参与接受投资方利润分配、共同承担投资风险的行为，不征收营业税。

⑤以非货币财产出资，还需要注意投资方应如期办理其财产权的转移手续。对于动产，原则上以交付为转移；对于不动产、机动车，由于我国一般实行登记主义，则需要进行相应的过户登记；对于法律法规规定需要办理过户登记才能算为财产权转移的，如违反规定未及时办理过户登记，即使非货币财产已实际交付给公司使用，仍将视为投资方未实际缴纳认缴资本。

⑥以非货币出资的必须关注所出资产的公允性，如以技术等无形资产出资还需要说明是否使用到生产经营中。如监管部门认为有失公允，会认定为出资不实。

223. 发起人以股权出资应当注意哪些问题？

根据《公司注册资本登记管理规定》（工商总局令2014年第64号）、《商务部关于涉及外商投资企业股权出资的暂行规定》（商务部令2012年第8号）以及《商务部关于改进外资审核管理工作的通知》（2014年6月17日发布）的规定，发起人以股权出资应注意以下问题：

①可以用于出资的股权只能是在中国境内设立的有限责任公司或者股份有限公司的股权，投资对象也只能是境内设立的股份有限公司或有限责任公司。

②用作出资的股权应当权属清楚、权能完整、依法可以转让。股权公司被设立质权、章程约定不得转让、股东转让股权应当报经批准而未经批准以及法律、行政法规或者国务院决定规定不得转让的其他情形等被限制权能或被限制转让的股权，均不得用作出资。

③《公司法》已经删去全体股东以股权作价出资金额和其他非货币财产作价出资金额之和不得高于被投资公司注册资本的70%，股权投资所占被投资公司注册资本比例的限制不复存在。

④用作出资的股权应当经依法设立的评估机构评估，评估增值部分应按有关税收规定缴纳个人或企业所得税。

⑤《公司法》对股权出资期限不再作要求。

224. 发起人是否能够以债权方式出资？

根据《公司注册资本登记管理规定》规定，债权人可以将其依法享有的对在中国境内设立的公司的债权，转为公司股权。转为公司股权的债权应当符合下列情形之一：

①债权人已经履行债权所对应的合同义务，且不违反法律、行政法规、国务院决定或者公司章程的禁止性规定；

②经人民法院生效裁判或者仲裁机构裁决确认；

③公司破产重整或者和解期间，列入经人民法院批准的重整计划或者裁定认可的和解协议。

债权转为公司股权的，公司应当增加注册资本。

此外，涉及政策性债权转股权的，按照国务院有关部门的规定处理。根据《企业公司制改建有关国有资本管理与财务处理的暂行规定》（财企〔2003〕13号）的规定，国有企业实行公司制改建时，经批准或者与债权人协商，可以实施债权转为股权，并按以下规定处理：

①经国家批准的各金融资产管理公司持有的债权，可以实行债权转股权，原企业相应的债务转为金融资产管理公司的股权，企业相应增加实收资本或者资本公积。经银行以外的其他债权人协商同意，可以按照有关协议和公司章程将其债权转为股权，企业相应增加实收资本或者资本公积。

②改建企业经过充分协商，债权人同意给予全部豁免或者部分豁免的债务，应当转作资本公积。

一般情况下，发起人不得单纯以其对第三人的债权出资，即发起人不得以对拟设立公司以外的债权出资。

225. 发起人以无形资产出资应当注意哪些问题？

根据《公司法》《公司注册资本登记管理规定》及中国证监会的有关规定，以无形资产出资时应注意以下问题：

①公司拟在主板、中小企业板上市的，需满足"最近一期末无形资产（扣除土地使用权、水面养殖权和采矿权等后）占净资产的比例不高于百分之二十"的规定。

②无形资产出资必须进行资产评估作价，最好由具有证券从业资格的中介机构进行资产评估和验资。

③无形资产出资形式有一定限制，即无形资产必须符合可以用货币估价和可以依法转让的要求，如发明专利、软件著作权和土地使用权等，股东不得以知名度、自然人姓名、劳务、信用、商誉、思想、特许经营权（包括业务资质，如不可转让的生产经营许可证）等作价出资。

④涉及以非专利技术出资的，发起人应以法定方式向公司交付该技术，确保公司在使用该技术上不存在障碍。

⑤涉及以专利权和计算机软件著作权出资的，应注意其剩

余保护年限、是否许可第三人使用及其对公司经营的影响。

⑥用以出资的无形资产的权属应该无争议，如以专利、商标、设计、技术成果等出资，必须明确其权属，特别是要说明是否属于职务成果，权属是否清晰。

⑦用于出资的无形资产，如商标、专利、非专利技术等，需是对公司经营起到重要作用，能产生一定收益的无形资产，其评估作价应持谨慎性原则，不得低估或高估。

226. 公司股东的出资期限、委托出资、代出资会有限制吗？

根据《公司法》第二十八条的规定："股东应当按期足额缴纳公司章程中规定的各自所认缴的出资额。股东以货币出资的，应当将货币出资足额存入有限责任公司在银行开设的账户；以非货币财产出资的，应当依法办理其财产权的转移手续。股东不按照前款规定缴纳出资的，除应当向公司足额缴纳外，还应当向已按期足额缴纳出资的股东承担违约责任"。公司法对公司股东的出资期限已无明确限制，主要由各股东在公司章程中予以约定，并按照约定按时足额缴纳。

目前《公司法》及相关法律并未对委托出资、代出资做出明确规定和限制，但根据一般要求，公司股东均在公司章程中登记在册，如委托他人出资或由他人代为出资，则将导致实际出资人与公司章程中登记在册的股东不一致，不符合《首次公开发行股票并上市管理办法》第十三条"发行人的股权清晰，控股股东和受控股股东、实际控制人支配的股东持有的发行人股份不存在重大权属纠纷"的规定。因此，如公司存在委托出资或代出资情形的，需及时予以清理，还原股东及股权状况，确保发行人股权清晰。

227. 公司设立时哪些资产需要进行评估？资产评估应注意哪些事项？

根据《公司法》的规定，"股东可以用货币出资，也可以用实物、知识产权、土地使用权等可以用货币估价并可以依法转让的非货币性财产作价出资"，"作为出资的非货币性资产应当评估作价，核实财产，不得高估或者低估"。因此，公司设立时用于出资的非货币性资产（包括实物资产、无形资产、债权和股权等）应当聘请有资格的资产评估机构进行评估。

资产评估应注意以下事项：

①资产评估机构的资质。企业在聘请资产评估机构时，应当注意其是否具有相关业务资质，而且资产评估机构与公司聘请的审计机构在法律形式上不能为同一家中介机构。

②资产评估的合规性。企业及资产评估机构应当按照国家资产评估管理部门和资产评估行业协会关于资产评估的规程进行资产评估，并按规定的资产评估报告格式制备资产评估资料。

③资产评估报告的有效期。资产评估报告一般自评估基准日起一年内有效；超过一年有效期的，原资产评估报告无效，须重新进行评估。

第四节 实际控制人没有发生变更，主营业务、董事、高管无重大变化问题

228. 如何理解和适用"发行人最近3年内实际控制人没有发生变更"？

《首次公开发行股票并上市管理办法》（以下简称"《首发

办法》")第十二条要求,发行人最近3年内实际控制人没有发生变更。为正确理解和适用该条规定,为合理、审慎地判断发行人是否符合该条规定确立基本的把握原则和判断标准,证监会于2007年11月25日发布了《〈首次公开发行股票并上市管理办法〉第十二条"实际控制人没有发生变更"的理解和适用——证券期货法律适用意见第1号》,适用意见如下:

① 从立法意图看,《首发办法》第十二条规定要求发行人最近3年内实际控制人没有发生变更,旨在以公司控制权的稳定为标准,判断公司是否具有持续发展、持续盈利的能力,以便投资者在对公司的持续发展和盈利能力拥有较为明确预期的情况下做出投资决策。由于公司控制权往往能够决定和实质影响公司的经营方针、决策和经营管理层的任免,一旦公司控制权发生变化,公司的经营方针和决策、组织机构运作及业务运营等都可能发生重大变化,给发行人的持续发展和持续盈利能力带来重大不确定性。

② 公司控制权是能够对股东大会的决议产生重大影响或者能够实际支配公司行为的权力,其渊源是对公司的直接或者间接的股权投资关系。因此,认定公司控制权的归属,既需要审查相应的股权投资关系,也需要根据个案的实际情况,综合对发行人股东大会、董事会决议的实质影响、对董事和高级管理人员的提名及任免所起的作用等因素进行分析判断。

③ 发行人及其保荐人和律师主张多人共同拥有公司控制权的,应当符合以下条件:

第一,每人都必须直接持有公司股份和/或者间接支配公司股份的表决权;

第二,发行人公司治理结构健全、运行良好,多人共同拥有公司控制权的情况不影响发行人的规范运作;

第三,多人共同拥有公司控制权的情况,一般应当通过公司章程、协议或者其他安排予以明确,有关章程、协议及安排必须合法有效、权利义务清晰、责任明确,该情况在最近3年内且在首发后的可预期期限内是稳定、有效存在的,共同拥有公司控制权的多人没有出现重大变更;

第四,发行审核部门根据发行人的具体情况认为发行人应该符合的其他条件。

发行人及其保荐机构和律师应当提供充分的事实和证据证明多人共同拥有公司控制权的真实性、合理性和稳定性,没有充分、有说服力的事实和证据证明的,其主张不予认可。相关股东采取股份锁定等有利于公司控制权稳定措施的,发行审核部门可将该等情形作为判断构成多人共同拥有公司控制权的重要因素。

如果发行人最近3年内持有、实际支配公司股份表决权比例最高的人发生变化,且变化前后的股东不属于同一实际控制人,视为公司控制权发生变更。

发行人最近3年内持有、实际支配公司股份表决权比例最高的人存在重大不确定性的,比照前款规定执行。

④发行人不存在拥有公司控制权的人或者公司控制权的归属难以判断的,如果符合以下情形,可视为公司控制权没有发生变更:

第一,发行人的股权及控制结构、经营管理层和主营业务在首发前3年内没有发生重大变化;

第二,发行人的股权及控制结构不影响公司治理有效性;

第三,发行人及其保荐机构和律师能够提供证据充分证明。

相关股东采取股份锁定等有利于公司股权及控制结构稳定措施的,发行审核部门可将该等情形作为判断公司控制权没有发生变更的重要因素。

⑤因国有资产监督管理需要,国务院或者省级人民政府国有资产监督管理机构无偿划转直属国有控股企业的国有股权或

者对该等企业进行重组等导致发行人控股股东发生变更的,如果符合以下情形,可视为公司控制权没有发生变更:

第一,有关国有股权无偿划转或者重组等属于国有资产监督管理的整体性调整,经国务院国有资产监督管理机构或者省级人民政府按照相关程序决策通过,且发行人能够提供有关决策或者批复文件;

第二,发行人与原控股股东不存在同业竞争或者大量的关联交易,不存在故意规避《首发办法》规定的其他发行条件的情形;

第三,有关国有股权无偿划转或者重组等对发行人的经营管理层、主营业务和独立性没有重大不利影响。

按照国有资产监督管理的整体性调整,国务院国有资产监督管理机构直属国有企业与地方国有企业之间无偿划转国有股权或者重组等导致发行人控股股东发生变更的,比照前款规定执行,但是应当经国务院国有资产监督管理机构批准并提交相关批复文件。

不属于前两款规定情形的国有股权无偿划转或者重组等导致发行人控股股东发生变更的,视为公司控制权发生变更。

⑥发行人应当在招股说明书中披露公司控制权的归属、公司的股权及控制结构,并真实、准确、完整地披露公司控制权或者股权及控制结构可能存在的不稳定性及其对公司的生产、经营及盈利能力的潜在影响和风险。

⑦律师和律师事务所就公司控制权的归属及其变动情况出具的法律意见书是发行审核部门判断发行人最近3年内"实际控制人没有发生变更"的重要依据。律师和律师事务所应当确保法律意见书的结论明确,依据适当、充分,法律分析清晰、合理,违反相关规定的,除依法采取相应的监管措施外,监管部门还将对法律意见书的签字律师和签字的律师事务所负责人此后出具的法律意见书给予重点关注。律师

和律师事务所存在违法违规行为的，将依法追究其法律责任。

此外，《首次公开发行股票并在创业板上市管理办法》第十四条规定，发行人最近两年内实际控制人没有发生变更。

229. 拟上市公司最近3年存在对同一控制人下相同、类似或相关业务进行重组，如何判断主营业务未发生重大变化？

中国证监会于2008年5月19日发布的《〈首次公开发行股票并上市管理办法〉第十二条发行人最近3年内主营业务没有发生重大变化的适用意见——证券期货法律适用意见第3号》明确意见如下：

①发行人对同一公司控制权人下相同、类似或相关业务进行重组，多是企业集团为实现主营业务整体发行上市、降低管理成本、发挥业务协同优势、提高企业规模经济效应而实施的市场行为。从资本市场角度看，发行人在发行上市前，对同一公司控制权人下与发行人相同、类似或者相关的业务进行重组整合，有利于避免同业竞争、减少关联交易、优化公司治理、确保规范运作，对于提高上市公司质量，发挥资本市场优化资源配置功能，保护投资者特别是中小投资者的合法权益，促进资本市场健康稳定发展，具有积极作用。

②发行人报告期内存在对同一公司控制权人下相同、类似或相关业务进行重组情况的，如同时符合下列条件，视为主营业务没有发生重大变化：

第一，被重组方应当自报告期期初起即与发行人受同一公司控制权人控制，如果被重组方是在报告期内新设立的，应当自成立之日即与发行人受同一公司控制权人控制；

第二，被重组进入发行人的业务与发行人重组前的业务具有相关性（相同、类似行业或同一产业链的上下游）。

重组方式遵循市场化原则,包括但不限于以下方式:

第一,发行人收购被重组方股权;

第二,发行人收购被重组方的经营性资产;

第三,公司控制权人以被重组方股权或经营性资产对发行人进行增资;

第四,发行人吸收合并被重组方。

③发行人报告期内存在对同一公司控制权人下相同、类似或相关业务进行重组的,应关注重组对发行人资产总额、营业收入或利润总额的影响情况。发行人应根据影响情况按照以下要求执行:

第一,被重组方重组前一个会计年度末的资产总额或前一个会计年度的营业收入或利润总额达到或超过重组前发行人相应项目100%的,为便于投资者了解重组后的整体运营情况,发行人重组后运行一个会计年度后方可申请发行。

第二,被重组方重组前一个会计年度末的资产总额或前一个会计年度的营业收入或利润总额达到或超过重组前发行人相应项目50%,但不超过100%的,保荐机构和发行人律师应按照相关法律法规对首次公开发行主体的要求,将被重组方纳入尽职调查范围并发表相关意见。发行申请文件还应按照《公开发行证券的公司信息披露内容与格式准则第9号——首次公开发行股票并上市申请文件》(证监发行字〔2006〕6号)附录第四章和第八章的要求,提交会计师关于被重组方的有关文件以及与财务会计资料相关的其他文件。

第三,被重组方重组前一个会计年度末的资产总额或前一个会计年度的营业收入或利润总额达到或超过重组前发行人相应项目20%的,申报财务报表至少须包含重组完成后的最近一期资产负债表。

④被重组方重组前一会计年度与重组前发行人存在关联交易的,资产总额、营业收入或利润总额按照扣除该等交易后的

口径计算。

⑤发行人提交首发申请文件前一个会计年度或一期内发生多次重组行为的,重组对发行人资产总额、营业收入或利润总额的影响应累计计算。

⑥重组属于《企业会计准则第20号——企业合并》中同一控制下的企业合并事项的,被重组方合并前的净损益应计入非经常性损益,并在申报财务报表中单独列示。

重组属于同一公司控制权人下的非企业合并事项,但被重组方重组前一个会计年度末的资产总额或前一个会计年度的营业收入或利润总额达到或超过重组前发行人相应项目20%的,在编制发行人最近3年及一期备考利润表时,应假定重组后的公司架构在申报报表期初即已存在,并由申报会计师出具意见。

此外,《首次公开发行股票并在创业板上市管理办法》第十四条规定,发行人最近两年内主营业务没有发生重大变化。

230. 如何认定拟上市公司董事、高管人员的重大变化?

董事、高管人员重大变化的认定没有固定标准,主要是从质和量两个角度考虑,即从变动的原因、变动人员的岗位和职能、变动人员与控股股东和实际控制人的关系、相关变动对公司生产经营的影响等方面判断。相关部门审核时重点关注以下几个方面:

①董事、高管人员变动原因和数量,重点看变动对公司生产经营、经营战略是否存在重大影响;

②变动人员具体的岗位,与股东、实际控制人的关系,如果是职业经理人则变化影响一般较小,如果是公司创始人则有较大可能被视为重大变化;

③为规范公司治理结构,新增董事、独立董事、财务总监、董秘等,不会被认定为高管人员重大变动;

④国有企业在任职期内由于组织安排导致的变化，不轻易认定为重大变化。

实务操作过程中，董事长、总经理以及1/3以上董事、高管人员发生变更往往容易被认定为发生了重大的变化。

231. 首次公开发行股票获批后，董事、高管人员的变化是否影响上市？

《首次公开发行股票并上市管理办法》第三十八条规定："发行申请核准后、股票发行结束前，发行人发生重大事项的，应当暂缓或者暂停发行，并及时报告中国证监会，同时履行信息披露义务。影响发行条件的，应当重新履行核准程序"；《首次公开发行股票并在创业板上市管理办法》第二十八条规定："发行申请核准后至股票发行结束前，发行人应当及时更新信息披露文件内容，财务报表过期的，发行人还应当补充财务会计报告等文件；保荐人及证券服务机构应当持续履行尽职调查职责；其间发生重大事项的，发行人应当暂缓或者暂停发行，并及时报告中国证监会，同时履行信息披露义务；出现不符合发行条件事项的，中国证监会撤回核准决定。"因此，首次公开发行股票获批后，如出现对公司的经营管理有重大影响的人员变化的，应当重新履行核准程序。

232. 如何理解和适用"报告期内只设执行董事的有限责任公司变更为股份公司情形下董事发生重大变化"？

《公司法》第五十条规定，"股东人数较少或者规模较小的有限责任公司，可以设一名执行董事，不设董事会。执行董事可以兼任公司经理。执行董事的职权由公司章程规定。"因此，执行董事和董事会的性质是相同的，属于公司业务决策机构，同时公司法允许执行董事兼任经理，即允许公司的业务决策机构和执行机构在一定程度上予以合并。而股份有限公司为资合公司，通常股东人数较多，规模较大，公司法规定必须设立董事会，由股东选任董事组成董事会作为公司的决策机构，负责经营管理。并且董事会施行集体决策，实行一人一票表决制，达到法律或章程规定票数的决议方能有效。

只设执行董事的有限责任公司在报告期内公司的经营决策机构由执行董事变更为董事会，或在改制变更为股份有限公司后公司的经营决策机构由执行董事变更为董事会，二者在改制前后的决策机制和管理体制是不同的，公司由一人决策转为集体决策。因此，一般情况下，此类公司应当自董事会设立后至少运行一年以上方能申请发行，目的在于判断此类公司组织形式的变化、决策机构和机制的变化是否会影响公司的经营业绩和可持续发展。

但是，如果此类公司当时除设立执行董事外，还设有其他经营管理机构，机构设置合理且运行良好，并且当时的执行董事现时仍在公司管理层担任主要职务，其他主要管理人员现时仍在公司管理层任职的，可以将执行董事与当时的经营管理层结合起来与现有的董事会成员、高级管理人员比较，除去因改制或章程修改所增加的人员，如果没有发生 1/3 以上人员变化，可以视为报告期内董事、高级管理人员未发生重大变化。

第五节　国有企业、集体企业上市过程中涉及主体资格的特殊问题

233. 如何界定国有股？国有企业整体变更股份有限公司时是否必须取得国有股权设置批复？

（1）国有股东标识的企业或单位

企业改制设立股份有限公司涉及国有股权界定时，一般按照《关于施行〈上市公司国有股东标识管理暂行规定〉有关问题的函》（国资厅产权〔2008〕80号）中需要标识国有股的股份条件进行：

①政府机构、部门、事业单位、国有独资企业或出资人全部为国有独资企业的有限责任公司或股份有限公司。

②上述单位或企业独家持股比例达到或超过50%的公司制企业；上述单位或企业合计持股比例达到或超过50%，且其中之一为第一大股东的公司制企业。

③上述②中所述企业连续保持绝对控股关系的各级子企业。

④以上所有单位或企业的所属单位或全资子企业。

（2）要依据国有股权的管理权限履行审核批准程序

按照"国家所有、分级管理"的原则，地方股东单位的国有股权管理事宜一般由省级（含计划单列市，下同）国资部门审核批准；国务院有关部门或中央管理企业的国有股权管理事宜由国务院国资委或财政部审核批准；但发行外资股（B股、H股等），国有股变现筹资，以及地方股东单位的国家股权、发起人国有法人股权发生转让、划转、质押担保等变动（或者或有变动）的有关国有股权管理事宜，须报国务院国资委或财政部审核批准。

（3）要取得关于企业设立时国有股权（包括国家股及国有法人股）的设置文件

国务院国资委、财政部、省级财政或国资部门出具的关于公司国有股权设置的批复文件是企业提交公开发行股票申请文件的必备文件。该设置文件中需要明确国有股的界定及设置，包括股东名称、持股数量、占总股本的比例、股权性质等。

234. 国有资产转让给非国有主体应当注意什么问题？

涉及国有资产转让给非国有主体时，应当注意以下问题：

①国有资产转让价格是否公允、合理。根据《中华人民共和国企业国有资产法》（2008年10月28日发布）、《企业国有资产监督管理暂行条例》（2011年1月8日修订）、《国有资产评估管理办法》（1991年11月16日国务院令第91号发布）、《企业国有资产评估管理暂行办法》（2005年8月25日发布）等规定做好国有资产评估确认手续，保证国有资产转让价格的公允、合理，并进行有效核准或备案。

②国有资产转让行为是否按国有资产管理权限履行有权部门批准程序。

③收购国有资产的价款来源是否合法、合规，其转让款项是否按合同约定及时、足额履行支付手续。

④企业国有产权转让给非国有主体时，可以采取拍卖、招投标、协议转让以及国家法律、行政法规规定的其他方式，但应当在依法设立的产权交易机构中公开进行。同时，企业国有产权向管理层转让时，管理层应当与其他受让参与者平等竞买，并严格执行《企业国有产权向管理层转让暂行规定》（国资发产权〔2005〕78号）的要求，履行相应的审计、清产核资、公开挂牌交易等程序。

235. 国有资产折股应符合什么要求？

国有资产折股应符合以下要求：

根据《企业国有资产法》、《企业国有资产监督管理暂行条例》、《企业国有产权转让管理暂行办法》（2003年12月31日发布）、《企业国有资产评估管理暂行办法》和《企业国有产权交易操作规则》（国资发产权〔2009〕120号）等规定，国有资产折股应当符合以下基本要求：

①国有资产作价入股必须进行资产评估。国有资产的转让方应当委托具有相关资质的资产评估机构，依照国家有关规定进行资产评估。评估报告经核准或者备案后，作为确定企业国有产权转让价格的参考依据。

②国有资产作价入股时，企业应当以经核准或备案的资产评估结果为作价参考依据；当交易价格低于评估结果的90%时，应当暂停交易，在获得原经济行为批准机构同意后方可继续交易。

③国有资产严禁低估作价折股。一般应以评估确认后的净资产折为国有股的股本。如不全部折股，则折股方案须与募股方案和预计发行价格一并考虑。《股份有限公司国有股权管理暂行办法》曾经规定：折股比率（国有股股本/发行前国有净资产）不得低于65%，但该规定已于2008年废止，国有资产折股比例已经没有限制。实务中，滨化股份、辉隆股份、合康变频折股比例均低于65%。

236. 国有企业改制资产评估日和公司制企业设立登记日之间的损益如何处置？

根据《企业公司制改建有关国有资本管理与财务处理的暂行规定》（财企［2002］313号）第八条规定，资产评估结果是国有资本持有单位出资折股的依据，自评估基准日起一年内有效。自评估基准日到公司制企业设立登记日的有效期内，相关损益按如下方法处置：

①原企业实现利润而增加的净资产，应当上缴国有资本持有单位，或经国有资本持有单位同意，作为公司制企业国家独享资本公积管理，留待以后年度扩股时转增国有股份；

②对原企业经营亏损而减少的净资产，由国有资本持有单位补足，或者由公司制企业用以后年度国有股份应分得的股利补足；

③企业超过有效期未能注册登记，或者在有效期内被评估资产价值发生重大变化的，应当重新进行评估。

237. 集体企业改制为股份有限公司并上市应注意哪些事项？

根据近年来关于集体企业改制上市的案例分析，需要重点注意的事项主要包括：

①如果集体企业存在股权转让等历史沿革上的程序瑕疵，则一般需要省级人民政府关于其股权权属清晰的确认函，且确认函需要将所存在的问题逐条表述清楚，笼统总结为"无争议"等概括性结论的文件可能不被接受；如果集体企业改制时股权转让程序完全合规，且不存在集体资产流失等情况，则上市前无须取得前述省级人民政府确认函。

②如果在改制过程中存在自然人损害集体利益的情形，就算是上市前取得省级政府的确认文件，也不一定能够被认可，需要上市前对有关利益股东进行补偿，且补偿方案需要取得集体村民大会或村民代表大会的通过。

③集体企业改制为股份有限公司过程中损害集体利益的情形有如下几种：股份量化至个人时没有进行资产评估；股份对价支付没有根据评估净资产值确认；通过隐瞒资产、部分评估的方式做低甚至做亏集体企业资产以实现低价取得股份的目的。

④集体企业股权转让合法程序的基本要素包括：转让时相关企业的资产或产权须经资产评估、并报集体企业主管部门确认和批准；转让事宜须经过转让方企业、受让方企业的董事会或股东会批准并签订转让协议；对于集体企业，最重要的一个环节是转让事宜须经企业职工代表大会或代表村民的村民集体代表大会同意；相关转让还须经当地至少区级以上政府批准；部分省市，如上海，还要求交易应当在产权交

易所进行。

⑤集体股权转让,一般的做法是在申报材料前拿到省级部门的批文,但不少企业为了争取早日上市冒险先申报,在等待期间再拿省级部门批文。但为了保险起见,至少应该在申报前拿到市级政府的批文。

 238. 挂靠集体企业形成的"红帽子"企业"摘帽"应注意哪些问题?

由于历史原因,有些集体企业实际上是私营企业,只是按照集体企业注册,属于所谓戴"红帽子"的企业。这些戴"红帽子"的企业,事实上自始就是按照有限责任公司或私营企业的制度设立和运作的,只是由于当时的法律和政策环境,为了有助于获得土地使用权和融资,或者为了享受地方政府的一些减免税收和优惠政策,而注册登记为"集体所有制企业"。随着国家政策的变化,这些企业通过改制,重新登记,恢复为私营企业的本来权益属性。

(1)"挂靠"集体企业的基本条件

①在各级工商行政管理部门登记注册为城镇集体企业;

②资本来源主要为个人或国有企业(单位)投资、合资、合作;

③现有财产构成不属于集体性质为主;

④采取上交一定管理费(挂靠费),名义上由有关部门、企业(单位)、社会团体临时管理、委托管理或"挂靠"管理。

(2)"挂靠"集体企业的"摘帽"过程

①清产核资、产权界定。"摘帽子"是对企业的真实所有权人进行判断,关键就是对企业的产权进行界定。只有当企业内确实不存在集体资产、但本身又登记为集体所有制企业的时候,才符合"摘帽"的情形。

产权界定应该符合以下两个原则：按照《城镇集体所有制企业、单位清产核资产权界定工作的规定》（财清字[1996]13号）的规定，产权界定有两个基本原则：其一是"谁投资，谁所有，谁收益"；其二是"按协议约定确定归属"。"集体企业在开办时筹集的各类资金或从收益中提取的各种资金，除国家另有规定的外，凡事先与当事人有约定的，按其约定确定产权归属。"

②有关部门批准。按照《城镇集体所有制企业、单位清产核资产权界定工作的规定》的要求，产权界定工作由各级人民政府分级组织，具体工作由当地集体企业主管部门负责。企业可以编制"产权界定申报表"和起草"产权界定工作报告"，连同其他相关资料上报企业主管部门审核，清产核资机构会审或认定的结果，由主管部门批复到当事企业及有关各方。

③登记、备案。对经核实为私营和个人性质的企业，由各级清产核资机构出具有关证明材料，由工商行政管理、税务等部门限期办理变更企业经济性质和税务登记。

(3)"摘帽"过程中需要注意的事项

①"挂靠"集体企业与主管单位之间，其产权关系有法律依据或约定的从其规定或约定，无约定的按照投资、借款或扶持性投入协商处理。

②对本企业职工以外的个人投入所占比重较大（50%以上）的企业，在明确国家对集体企业各项优惠政策在该企业所形成的集体财产的份额后，可按原始投资比例确定其投资收益。

③为了促进企业的稳定和发展，对经产权界定后明确为私人资产的部门，经所有者同意仍留在企业使用并不变现的资产，按税法规定应缴纳个人所得税部分，可留作集体资产用于原企业的继续生产和发展。

④进行清理甄别的非集体企业,其资产损失和资金挂账,允许比照城镇企业清产核资的有关优惠政策和财务规定处理;对经核实实收资本低于注册资本金的企业,由工商行政管理部门限期补足,逾期未补足的,按实收资本重新核定注册资本金。

239. 集体资产量化或奖励给个人应当注意什么问题?

目前,国家法律、法规和政策没有明确规定企业改制设立时集体资产量化或奖励给个人如何处理。在实践中,企业提交发行上市申请时监管部门会关注以下问题:

(1)企业改制设立时除应履行内部批准程序外,一般会取得当地政府部门关于集体资产量化或奖励到个人的批准文件,企业在申请公开发行前应当进一步取得当地省级人民政府出具的确认文件。

(2)企业在提交公开发行申请时应当由律师出具法律文件,对集体企业资产量化或奖励给个人是否合法,企业在集体资产量化或奖励到个人时股份转让、股份分红行为是否按规定履行代扣代缴个人所得税义务等问题发表法律意见。

240. 什么是政府引导基金?公司引入政府引导基金作为股东需关注哪些问题和程序?

政府引导基金又称创业引导基金,是指由政府出资,并吸引有关地方政府、金融、投资机构和社会资本,不以营利为目的,以股权或债权等方式投资于创业风险投资机构或新设创业风险投资基金,以支持创业企业发展的专项资金。政府引导基金一般有几种不同的运作模式:对创业投资发展处于初期阶段的地区,可采用引入"补偿基金+股权投资"的模式以快速启动引导基金,尝试引导社会资本引入创业投资领域;对创业投资发展处于成长阶段的地区,可通过引入"引导基金+担保机构"的模式，扩大融资规模，加速创业投资的发展；对创业投资发展处于相对成熟的地区，可以通过引导基金作为母基金来吸引社会投资的方式，发挥其最大功效，促进创业投资发展。

公司引入政府引导基金，一般需要关注政府引导基金的性质，是否属于国有股东。如属于国有股东，则需按照国有资产管理法律、法规的要求，在投资及股权变动过程中履行相应的审批、备案、资产评估等手续，且在申报 IPO 时需提供国有资产监督管理部门出具企业国有股权设置管理批复文件。

241. 什么是国有股转持与豁免转持？具体的规定和条件是什么？

根据财政部、国资委、中国证监会、社保基金会发布的《境内证券市场转持部分国有股充实全国社会保障基金实施办法》（财企〔2009〕94 号），国有股转持是指股份有限公司首次公开发行股票并上市时，按实际发行股份数量的 10%，将上市公司部分国有股转由全国社会保障基金理事会持有。具体要求如下：

股权分置改革新老划断后至本办法颁布前首次公开发行股票并上市的股份有限公司的转持程序：

①国有资产监督管理机构根据现有资料对转持公司中的国有股东身份和转持股份数量进行初步核定，并由财政部、国务院国资委、中国证券监督管理委员会（以下简称中国证监会）和社保基金会将上市公司名称、国有股东名称及应转持股份数量等内容向社会联合公告。应转持股份自公告之日起予以冻结。

②国有股东对转持公告如有疑义，应在公告发布后 30 个工作日内向国有资产监督管理机构反馈意见，由国有资产监督管理机构予以重新核定。

③对于以转持股份形式履行转持义务的，国有资产监督管理机构向中国证券登记结算有限责任公司（以下简称中国结算公司）下达国有股转持通知，并抄送社保基金会。中国结算公司在收到国有股转持通知后15个工作日内，将各国有股东应转持股份，变更登记到社保基金会转持股票账户。对于以上缴资金方式履行转持义务的，国有股东应及时足额就地上缴中央金库，凭一般缴款书（复印件）到中国结算公司办理股份解冻手续。

④国有股东在国有股转持程序完成后30个工作日内，应将转持股份情况，或以其他方式履行转持义务情况以及一般缴款书（复印件）等有关文件报国有资产监督管理机构备案，并抄送财政部和社保基金会。

为进一步提高国有资本从事创业投资的积极性，鼓励和引导国有创业投资机构加大对中早期项目的投资，促进我国创业投资事业的发展和科技创新目标的实现，财政部、国资委、中国证监会、社保基金会于2010年10月制定了《关于豁免国有创业投资机构和国有创业投资引导基金国有股转持义务有关问题的通知》（财企〔2010〕278号），经国务院批准，符合条件的国有创业投资机构和国有创业投资引导基金，投资于未上市中小企业形成的国有股，可申请豁免国有股转持义务。具体要求如下：

①豁免国有股转持义务的国有创业投资机构应当符合下列条件：

一是经营范围符合《创业投资企业管理暂行办法》（发展改革委等10部门令第39号，以下简称《办法》）规定，且工商登记名称中注有"创业投资"字样。在2005年11月15日《办法》发布前完成工商登记的，可保留原有工商登记名称，但经营范围须符合《办法》规定。

二是遵照《办法》规定的条件和程序完成备案，经备案管理部门年度检查核实,投资运作符合《办法》有关规定。

②豁免国有股转持义务的国有创业投资引导基金应当为按照《关于创业投资引导基金规范设立与运作的指导意见》(国办发〔2008〕116号)规定,规范设立并运作的国有创业投资引导基金。

③通知所称未上市中小企业,应当同时符合下列条件:

一是职工人数不超过500人。

二是年销售(营业额)不超过2亿元。

三是资产总额不超过2亿元。

上述条件按照国有创业投资机构和国有创业投资引导基金初始投资行为发生时被投资企业的规模确定。

被投资企业拟首次公开发行股票并上市前,符合条件的国有创业投资机构或国有创业投资引导基金直接向财政部提出豁免国有股转持义务申请。财政部经审核后出具豁免国有股转持义务的批复文件,并抄送国资委、中国证监会、社保基金会和相关省(自治区、直辖市、计划单列市)国有资产监督管理机构、财政部门。若被投资企业有其他国有股东,需省级或省级以上国有资产管理机构出具国有股转持批复的,已豁免国有股转持额度在应转持总额度中扣除。

第二章
财务与税收

第一节 会计处理与财务规范

242. 有限责任公司整体变更时,应以合并会计报表净资产还是以母公司会计报表净资产为依据折股?

有限责任公司整体变更为股份有限公司时,应以母公司会计报表净资产折股。

有限责任公司作为企业法人,是一个独立的法律主体。有限责任公司整体变更为股份有限公司,本质是法律层面上企业法人组织形式的改变。而合并报表反映的对象是由母公司和其下属子公司组成的会计主体的整体财务状况,这个会计主体仅仅是经济意义上的主体,并不是法律意义上的主体,不符合整体变更对法律主体的要求。而且,会计准则对母公司报表和合并报表编制的要求存在重大差异,如对子公司长期投资核算,将导致母公司会计报表净资产与合并会计报表净资产之间存在较大差异。因此,有限责任公司整体变更时,必须是以其母公司会计报表的净资产折股。

243. 有限责任公司变更为股份有限公司时应当按照审计结果还是评估结果来进行验资？

如果要连续计算原有限责任公司的业绩，那么在变更为股份有限公司时应采取整体变更的方式，即以具备证券期货从业资格的审计机构出具的审计报告作为验资的依据；如果没有连续计算业绩的需要，也可以按照评估结果进行验资。

整体变更情形下，原有限责任公司（会计主体）的持续经营没有中断，以其审计后的净资产折股数据进行验资，可以连续计算公司经营业绩；如果以评估值进行调账后的净资产折股数据进行验资，则是结束了旧账、建立了新账，原有限责任公司（会计主体）的持续经营在会计处理上中断，股份有限公司被视为新设公司，根据中国证监会相关规定，需要再持续经营3年后才能申请公开发行。

244. 研发费用资本化会计处理应注意哪些问题？

关于研发费用的会计处理，我国会计准则制定部门长期以来持审慎态度，即将研发支出费用化，现行会计准则着眼于推动企业自主创新和技术升级，在会计政策选择方面，引入了研发费用资本化制度，规定企业内部研究开发项目研究阶段的支出费用化，而开发阶段的支出，满足一定条件可以资本化。

在实务中，研发费用资本化有两大难点：一是区分研究阶段和开发阶段的标准较为抽象，加之研究活动与开发活动相互渗透，会计人员很难清楚划分研究与开发阶段。二是判断是否达到开发阶段支出资本化的条件有一定难度。

拟上市企业在研发费用资本化会计处理上，应注意以下要点：

①应从严把握资本化的条件，审慎处理研发费用资本化。在证据不是十分充分的情况下，应尽量采用费用化。

②建立健全研发活动的内部控制。企业可以参照《企业内部控制应用指引第 10 号——研究与开发》，并结合企业自身研发业务的特点，梳理研发活动流程，设置研发活动关键控制点。上述关键控制点将成为判断是否满足研发费用资本化条件的重要依据。

③关注并研究同行业或类似行业上市公司研发费用资本化状况。一般来说，软件、生物医药、文化影视和网络游戏等企业，尤其应高度重视研发费用资本化的认定条件与会计处理，如医药类企业一般将研发费用资本化的节点选在三期临床。

245．高新技术企业研发费用应注意哪些问题？

部分拟在中小企业板、创业板上市的高新技术企业，对研发费用的认定与处理应注意以下问题：

①科技部、财政部和国家税务总局于 2008 年 4 月 14 日印发的《高新技术企业认定管理办法》和《高新技术企业认定管理办法指引》，对高新技术企业研发费用占销售收入的比例、科技人员占员工总数的比例、高新技术产品（服务）收入占企业当年总收入比例等条件都有明确要求，向相关科技部门申报高新技术企业认定时所报数据如与 IPO 申报数据存在差异，应有充分解释其合理性。

②研发费用资本化的认定与会计处理，应严格按照《企业会计准则》的规定执行，从严把握研发费用资本化的认定条件。

246．拟上市企业财务规范问题主要表现在哪些方面？如何应对？

企业财务规范问题可以分成两类：一是企业经营活动的财务规范问题；二是财务会计处理未按照会计准则要求进行处理而形成的规范问题。

(1) 经营活动存在的财务规范问题
①出资不规范;
②采购、生产、销售等主要经营业务不规范;
③投资活动不规范;
④资金管理不规范;
⑤会计主体不清晰,存在完整性问题;
⑥产权问题;
⑦纳税不规范;
⑧违规占用资金;
⑨其他违规行为等。
(2) 未按会计准则、会计制度规范的要求进行会计处理,导致财务不规范问题
①会计政策、会计估计方法不谨慎或随意变更;
②资产减值准备计提不规范;
③收入确认不规范;
④费用随意计提和摊销;
⑤投资收益确认不规范;
⑥关联交易处理不规范;
⑦会计核算随意、会计基础工作不规范。

为解决财务规范问题,拟上市企业应从以下几方面入手:

①管理层要重视。财务规范工作可能涉及企业税负并造成管理成本增加,如果没有企业管理层的强力支持,财务规范工作将难以推进。

②须从经营规范入手。财务信息是企业经营管理活动的真实写照,如果将财务信息视作"产品",财务核算部门则是一个"来料加工"部门,其"原材料"(基础数据)均来自于采购、仓库、生产、销售等经营部门,基础数据的规范性取决于各部门经营活动的规范性,财务规范需要从经营规范入手。

③完善公司治理结构和建立健全内部控制制度。这样才能

从制度上保障企业经营活动与财务会计处理的规范。

247. 拟上市企业财务报告中对关联方认定的标准应如何把握？

《公司法》对关联关系仅有原则性规定。《企业会计准则第36号——关联方披露》、《上市公司信息披露管理办法》和《深圳证券交易所中小板股票上市规则》对关联方的认定标准均有具体的规定，但这些文件对关联方认定的口径并不完全一致。主要差别是：

《企业会计准则第36号——关联方披露》准则对关联方的认定是原则性的，强调的是控制、共同控制和重大影响三种关联关系，认定的角度是从会计主体出发；而《上市公司信息披露管理办法》和《深圳证券交易所中小板股票上市规则》对关联方认定所采取的原则在于是否处在有利的地位控制和影响上市公司利益，对可能或者已经造成企业对其利益倾斜的法人或自然人均可能成为关联方，如持有5%以上股份的股东、过去12个月内存在关联关系或根据相关协议安排未来12个月形成关联关系、中国证监会和深交所认定的其他与企业有特殊关系可能或者已经造成企业对其利益倾斜的法人或自然人，上述关联方单从会计准则的角度是不能被认定的。两者还有的重大区别是，股票上市规则认为上市公司的控股子公司不能损害上市公司利益因此不是关联方。而会计准则从母公司的会计主体出发，认为可能影响母公司与子公司报表，而认定为关联方。

一般认为，财务报告中对关联方的披露应依据财政部颁布的《企业会计准则》，但《关于进一步提高首次公开发行股票公司财务信息披露质量有关问题的意见》（证监会公告〔2012〕14号）规定"发行人及各中介机构应严格按照《企业会计准则》、《上市公司信息披露管理办法》和证券交易所颁布的相关业务规则的有关规定进行关联方认定，充分披露关联方关系及其交易。"因此，财务报告披露关联方应同时符合《企业会计准则》、《上市公司信息披露管理办法》和证券交易所颁布的相关业务规则的有关规定，遵循最严格的标准进行认定。

248. 拟上市企业在什么情况下须作股份支付会计处理？

根据《企业会计准则第 11 号——股份支付》第二条的规定，股份支付是指企业为获取职工和其他方提供服务而授予权益工具或者承担以权益工具为基础确定的负债的交易。

①一般情况下，下列交易不认定为股份支付：

第一，公司实施虚拟股权计划；

第二，对股权进行清晰规范，解决代持；

第三，取消境外上市计划，将相关股权转回境内；

第四，继承、分割、赠予、亲属之间转让；

第五，全体股东的配股等。

②股份支付不仅包含公司对高管的股权激励，也包含公司与客户、技术团队之间的购买行为，如对第三方低价发行股份，以取得对共同专利技术的独家所有权，控股股东及其关联股东低价转让给高管人员，均被认定为股份支付。

③股份支付的会计处理，是指将企业因换取服务而给予的对价作为成本费用。对高管股权激励的对价一般是指高管获取股份支付的价款与股份的公允价值间的差额。拟上市企业股份公允价值一般采用以下方法确定：

第一，有活跃市场的，参考其市场价格；

第二，有可参考 PE 的，在基准 PE 的基础上根据可量化调整因素、市场状况、入股时间等进行微调；

第三，无可参考 PE 的，应采取评估等方法确定。

④拟上市企业进行股份支付会计处理形成的成本费用可作

为非经常性损益。

249. 企业发行前滚存利润应如何处理？

企业发行前历年滚存的利润（经审计确定的已实现利润）可以采取以下方式处理：

① 约定新老股东共享，大多数企业采用这种方式；

② 由老股东单独享有，如中国工商银行。

但企业在发行前需要做出利润分配决议，并在发行申请材料中充分披露分配方案，其中分配方式要在招股说明书中做重大事项提示。

250. IPO申报材料中会计师关于发行的文件有哪些？

会计师关于发行的文件一般有：财务报表及审计报告、盈利预测报告及审核报告（如有）、内部控制鉴证报告、经注册会计师核验的非经常性损益明细表、注册会计师对主要税种纳税情况说明出具的鉴证意见、注册会计师对原始财务报表与申报财务报表差异情况出具的专项意见。

如果募集资金拟用于向其他企业增资或收购其他企业股份，拟增资或收购的企业一年及一期财务报表及审计报告，如募集资金拟用于重大资产购买的，则应当披露发行人假设按预计购买基准日完成购买的盈利预测报告及假设发行当年1月1日完成购买的盈利预测报告及会计师的审核报告。

251. 除会计师关于发行的文件外，发行人还应提交哪些与财务会计资料相关的其他文件？

① 发行人关于最近3年及一期的纳税情况的说明：发行人最近3年及一期所得税纳税申报表；有关发行人税收优惠、财政补贴的证明文件；主要税种纳税情况的说明及注册会计师出具的意见；主管税收征管机构出具的最近3年及一期发行人纳

税情况的证明。

②成立不满3年的股份有限公司需报送的财务资料：最近3年原企业或股份公司的原始财务报表；原始财务报表与申报财务报表的差异比较表；注册会计师对差异情况出具的意见。

③成立已满3年的股份有限公司需报送的财务资料：最近3年原始财务报表；原始财务报表与申报财务报表的差异比较表；注册会计师对差异情况出具的意见。

④发行人设立时和最近3年及一期的资产评估报告（含土地评估报告）。

⑤发行人的历次验资报告。

⑥发行人大股东或控股股东最近一年及一期的原始财务报表及审计报告。

252. 什么是原始财务报表？什么是申报财务报表？

申报期间某期的财务报表业经审计的，则经审计的财务报表为该期原始财务报表；申报期间某期的财务报表未经审计的，则用于纳税申报的财务报表为该期原始财务报表。

申报财务报表是公司申请发行材料中提供的经由证券期货业务资格的注册会计师审计的3年一期会计报表。

发行人应编制原始财务报表与申报财务报表的差异比较表，并对差异部分做出合理解释，并请注册会计师对差异情况出具意见。

253. 什么是非经常性损益？非经常性损益包括哪些项目？

根据《公开发行证券的公司信息披露解释性公告第1号——非经常性损益（2008）》的规定：非经常性损益是指与公司正常经营业务无直接关系，以及虽与正常经营业务相关，但由于其性质特殊和偶发性，影响报表使用人对公司经营业绩和盈利能力做出正常判断的各项交易和事项所产生的损益。

非经常性损益通常包括以下项目：

①非流动性资产处置损益，包括已计提资产减值准备的冲销部分；

②越权审批，或无正式批准文件，或偶发性的税收返还、减免；

③计入当期损益的政府补助，但与公司正常经营业务密切相关，符合国家政策规定，且按照一定标准定额或定量持续享受的政府补助除外；

④计入当期损益的对非金融企业收取的资金占用费；

⑤企业取得子公司、联营企业及合营企业的投资成本小于取得投资时应享有被投资单位可辨认净资产公允价值产生的收益；

⑥非货币性资产交换损益；

⑦委托他人投资或管理资产的损益；

⑧因不可抗力因素，如遭受自然灾害而计提的各项资产减值准备；

⑨债务重组损益；

⑩企业重组费用，如安置职工的支出、整合费用等；

⑪交易价格显失公允的交易产生的超过公允价值部分的损益；

⑫同一控制下企业合并产生的子公司期初至合并日的当期净损益；

⑬与公司正常经营业务无关的或有事项产生的损益；

⑭除同公司正常经营业务相关的有效套期保值业务外，持有交易性金融资产、交易性金融负债产生的公允价值变动损益，以及处置交易性金融资产、交易性金融负债和可供出售金融资产取得的投资收益；

⑮单独进行减值测试的应收款项减值准备转回；

⑯对外委托贷款取得的损益；

⑰采用公允价值模式进行后续计量的投资性房地产公允价值变动产生的损益;

⑱根据税收、会计等法律、法规的要求对当期损益进行一次性调整对当期损益的影响;

⑲受托经营取得的托管费收入;

⑳除上述各项之外的其他营业外收入和支出。

254. 收入确认应满足什么条件?通常应注意哪些问题?

根据《企业会计准则》规定,销售商品收入应同时满足下列条件,才能予以确认:

①企业已将商品所有权上的主要风险和报酬转移给购货方;

②企业既没有保留通常与所有权相联系的继续管理权,也没有对已售出的商品实施有效控制;

③收入的金额能够可靠地计量;

④相关的经济利益很可能流入企业;

⑤相关的已发生或将发生的成本能够可靠地计量。

收入确认通常应考虑其不同销售模式,注意如下问题:

①如果企业采用直销模式,确认收入时应当关注销售协议中收入确认条件、退换货条件、款项支付条件等是否能够证明与商品所有权相关的主要风险和报酬已经发生转移。

②如果企业采用经销商或加盟商模式,应注意经销商或加盟商的布局合理性,定期统计经销商或加盟商存续情况,并充分关注申报期内经销商模式收入的最终销售实现情况;特别应关注不稳定经销商或加盟商的收入确认是否适当、退换货损失的处理是否适当。

③如果企业采用完工百分比法确认销售收入,应当注意完工百分比计算方法的合理性,从内部不同部门获取资料中相关信息的一致性,以及完工百分比是否能够取得外部证据佐证。

④企业存在特殊交易模式或创新交易模式的，应合理分析盈利模式和交易方式创新对经济交易实质和收入确认的影响。

⑤企业的收入确认会计政策一经确定，不得随意变更。

实务中，非制造业企业都会在收入确认中存在一些争议，企业在实践操作中，很多采用了"收钱—开票—确认收入"的现实模式，有可能会成为收付实现制，而不是权责发生制确认收入。

255．毛利率分析应注意哪些问题？

毛利率分析的合理性关乎投资者对企业盈利能力以及收入成本真实性的判断，因此，企业应紧密结合实际经营情况、从行业及市场变化趋势、产品销售价格和产品成本要素等方面对发行人毛利率进行准确、恰当地分析。

毛利率分析的前提是成本核算的真实性、准确性和完整性，应注意成本与收入的配比，注意成本核算的会计政策是否符合发行人实际经营情况，以及成本核算的明细程度是否能满足毛利率分析对基础数据的要求。

毛利率分析应注意定性分析与定量分析相结合，能准确分析产品（服务）结构变化和各成本要素的变动对毛利率变动的具体影响。

企业应注重与同行业上市公司毛利率的比较分析，要结合行业特点、盈利模式、竞争情况、产品的相同或相似性等因素说明毛利差异或接近的合理性。

256．中国证监会财务专项检查工作的开展情况如何？

2012年12月，中国证监会发布551号文《关于做好首次公开发行股票公司2012年度财务报告专项检查工作的通知》，要求保荐机构、会计师事务所按《关于进一步提高首次公开发行股票公司财务信息披露质量有关问题的意见》（证监会公告〔2012〕14号）和《会计监管风险提示 4 号——首次公开发行股票审计》的规定对首发公司报告期内财务会计信息真实性、准确性、完整性开展全面自查工作，并提交自查报告，中国证监会在自查基础上安排重点抽查工作。

在 2012 年度财务专项检查过程中，共 622 家企业提交自查报告，268 家企业提交终止审查申请，终止审查数量占此前在审 IPO 企业家数的 30.49%。抽查 40 家企业，检查中发现个别企业存在体外资金循环、虚构交易或代垫成本、虚增业绩等违法违规问题的线索。其中，两家公司已移交稽查部门。

中国证监会建立了监督检查的长效机制。2013 年 11 月，中国证监会发布《关于进一步推进新股发行体制改革的意见》，规定在发审会前，中国证监会将对保荐机构、会计师事务所、律师事务所等相关中介机构的工作底稿及尽职履责情况进行抽查；2014 年 4 月，中国证监会发布《关于组织对首发企业信息披露质量进行抽查的通知》，至今为止财务专项检查工作已经是保障 IPO 申报质量的一项重要制度安排。

257. 保荐人与会计师对发行人进行财务专项检查应重点关注哪些事项？

根据中国证监会《关于做好首次公开发行股票公司 2012 年度财务报告专项检查工作的通知》的规定，保荐机构、会计师事务所在对发行人进行财务专项检查时，应重点关注首发公司报告期内收入、盈利是否真实、准确，是否存在粉饰业绩或财务造假等情形，下列事项应予以重点核查：

①以自我交易的方式实现收入、利润的虚假增长，即首先通过虚构交易（例如，支付往来款项、购买原材料等）将大额资金转出，再将上述资金设法转入发行人客户，最终以销售交易的方式将资金转回。

②发行人或关联方与其客户或供应商以私下利益交换等方

法进行恶意串通以实现收入、盈利的虚假增长。如直销模式下，与客户串通，通过期末集中发货提前确认收入，或放宽信用政策，以更长的信用周期换取收入增加。经销或加盟商模式下，加大经销商或加盟商铺货数量，提前确认收入等。

③关联方或其他利益相关方代发行人支付成本、费用或者采用无偿或不公允的交易价格向发行人提供经济资源。

④保荐机构及其关联方、PE投资机构及其关联方、PE投资机构的股东或实际控制人控制或投资的其他企业在申报期内最后一年与发行人发生大额交易从而导致发行人在申报期内最后一年收入、利润出现较大幅度增长。

⑤利用体外资金支付货款，少计原材料采购数量及金额，虚减当期成本，虚构利润。

⑥采用技术手段或其他方法指使关联方或其他法人、自然人冒充互联网或移动互联网客户与发行人（即互联网或移动互联网服务企业）进行交易以实现收入、盈利的虚假增长等。

⑦将本应计入当期成本、费用的支出混入存货、在建工程等资产项目的归集和分配过程以达到少计当期成本费用的目的。

⑧压低员工薪金，阶段性降低人工成本粉饰业绩。

⑨推迟正常经营管理所需费用开支，通过延迟成本费用发生期间，增加利润，粉饰报表。

⑩期末对欠款坏账、存货跌价等资产减值可能估计不足。

⑪推迟在建工程转固时间或外购固定资产达到预定使用状态时间等，延迟固定资产开始计提折旧时间。

⑫其他可能导致公司财务信息披露失真、粉饰业绩或财务造假的情况。

保荐机构、会计师事务所应结合发行人具体情况，逐项说明对前述问题的核查程序、核查过程和核查结论，核查过程应明示具体核查人员、核查时间、核查方式、获取证据等相关内容。

258. 发行人应如何建立健全财务报告内部控制制度，合理保证财务报告的可靠性、生产经营的合法性、营运的效率和效果？

发行人应当从以下几个方面建立健全财务报告内部控制制度，以合理保证财务报告的可靠性、生产经营的合法性、营运的效率和效果：

①发行人应建立规范的财务会计核算体系，保证财务部门岗位齐备，所聘用人员具备相应的专业知识及工作经验，能够胜任该岗位工作，各关键岗位应严格执行不相容职务分离的原则。发行人应通过记账、核对、岗位职责落实、职责分离、档案管理等会计控制方法，确保企业会计基础工作规范，财务报告编制有良好基础。

②发行人审计委员会应主动了解内部审计部门的工作动态，对其发现的重大内部控制缺陷及时协调并向董事会报告。审计委员会应对发行人聘请的审计机构的独立性予以审查，并就其独立性发表意见。会计师事务所应对审计委员会及内部审计部门是否切实履行职责进行尽职调查，并记录在工作底稿中。

③发行人相关部门应严格按照所授权限订立采购合同，并保留采购申请、采购合同、采购通知、验收证明、入库凭证、商业票据、款项支付等相关记录。发行人财务部门应对上述记录进行验证，确保会计记录、采购记录和仓储记录保持一致。

④发行人应定期检查销售流程中的薄弱环节，并予以完善。会计师事务所、保荐机构应重点关注销售客户的真实性，客户所购货物是否有合理用途、客户的付款能力和货款回收的及时性，关注发行人是否频繁发生与业务不相关或交易价格明

显异常的大额资金流动,核查发行人是否存在通过第三方账户周转从而达到货款回收的情况。会计师事务所对销售交易中存在的异常情况应保持职业敏感性。

⑤发行人应建立和完善严格的资金授权、批准、审验、责任追究等相关管理制度,加强资金活动的管理。会计师事务所、保荐机构应关注发行人是否存在与控股股东或实际控制人互相占用资金、利用员工账户或其他个人账户进行货款收支或其他与公司业务相关的款项往来等情况,存在上述情况的,应要求发行人采取切实措施予以整改。

⑥对于发行人财务会计基础薄弱且存在内部控制缺陷的,保荐机构应在保荐工作报告中对此做详细记录,并将整改措施和整改结果记录在案;会计师事务所在实施内部控制审计工作的过程中应评价发行人内部控制缺陷的严重程度,测试发行人内部控制制度执行的有效性并发表意见。

259. 相关中介机构如何关注发行人申报期内的异常交易,防范利润操纵?

异常交易一般具有三个特点:一是偶发性;二是交易标的不具备实物形态或对交易对手而言不具有合理用途;三是交易价格明显偏离正常市场价格。相关中介机构在对异常交易的核查过程中,不应仅满足于取得形式上的证据,而应着重于实质性的专业判断,考虑与上述交易相关的损益是否应界定为非经常性损益等。

如发行人营业收入和净利润在申报期内出现较大幅度波动或申报期内营业毛利或净利润的增长幅度明显高于营业收入的增长幅度,会计师事务所、保荐机构应对上述事项发表核查意见,并督促发行人在招股说明书中进行补充披露。

如发行人申报期内存在异常、偶发或交易标的不具备实物形态(例如技术转让合同、技术服务合同、特许权使用合同等)、交易价格明显偏离正常市场价格、交易标的对交易对手而言不具有合理用途的交易,会计师事务所、保荐机构应对上述交易进行核查,关注上述交易的真实性、公允性、可持续性及上述交易相关损益是否应界定为非经常性损益等,并督促发行人对上述交易情况在招股说明书中进行详细披露。

260. 发行人应如何按照有关规定进行关联方认定,充分披露关联方关系及其交易?

发行人应严格按照《企业会计准则36号——关联方披露》《上市公司信息披露管理办法》和证券交易所颁布的相关业务规则中的有关规定,完整、准确地披露关联方关系及其交易。发行人的控股股东、实际控制人应协助发行人完整、准确地披露关联方关系及其交易。

保荐机构、会计师事务所和律师事务所在核查发行人与其客户、供应商之间是否存在关联方关系时,不应仅限于查阅书面资料,应采取实地走访,核对工商、税务、银行等部门提供的资料,甄别客户和供应商的实际控制人及关键经办人员与发行人是否存在关联方关系;发行人应积极配合保荐机构、会计师事务所和律师事务所对关联方关系的核查工作,为其提供便利条件。

会计师事务所、保荐机构应关注与发行人实际控制人、董事、监事、高级管理人员关系密切的家庭成员与发行人的客户、供应商(含外协厂商)是否存在关联方关系。

会计师事务所、保荐机构应关注发行人重要子公司少数股东的有关情况并核实该少数股东是否与发行人存在其他利益关系并披露。

对于发行人申报期内关联方注销及非关联化的情况,发行人应充分披露上述交易的有关情况并将关联方注销及非关联化之前的交易作为关联交易进行披露；会计师事务所、保荐机构应关注在非关联化后发行人与上述原关联方的后续交易情况、非关联化后相关资产、人员的去向等。

261. 中介机构应如何关注发行人存货的真实性和存货跌价准备是否充分计提？

发行人应完善存货盘点制度，在会计期末对存货进行盘点，并将存货盘点结果做书面记录。相关中介机构应关注存货的真实性以及跌价准备计提是否充分，了解发行人是否建立存货及主要资产的定期盘点制度，包括盘点频率、盘点执行人、监盘人等，盘点结果是否形成书面记录；注册会计师应在存货盘点现场实施监盘，并对期末存货记录实施审计程序，以确定其是否准确反映实际的存货盘点结果。

会计师在存货监盘过程中应重点关注异地存放、盘点过程存在特殊困难或由第三方保管或控制的存货。如实施监盘程序确有困难，会计师应考虑能否实施有效替代程序获取充分、适当的审计证据，否则会计师应考虑上述情况对审计意见的影响。

在发行人申报期末存货余额较大的情况下，保荐机构应要求发行人出具关于存货期末余额较大的原因以及是否充分计提存货跌价准备的书面说明，与会计师事务所主动进行沟通，并结合发行人业务模式、存货周转情况、市场竞争情况和行业发展趋势等因素分析发行人上述书面说明的合理性。

第二节 税 务

262. 企业重组、出资时如何缴纳增值税？

根据《国家税务总局关于纳税人资产重组有关增值税问

题的公告》（国家税务总局公告[2011]第13号）的规定：纳税人在资产重组过程中，通过合并、分立、出售、置换等方式，将全部或者部分实物资产以及与其相关联的债权、负债和劳动力一并转让给其他单位和个人，不属于增值税的征税范围，其中涉及的货物转让，不征收增值税。

当企业以资产、委托加工或外购的货物出资时，应当视同货物销售缴纳增值税。上述所指货物包括企业流动资产中的存货、固定资产中的机器设备、运输工具及其他办公物品等动产。

当企业以不动产和无形资产出资时，根据《财政部 国家税务总局关于全面推开营业税改征增值税试点的通知》（财税[2016]36号）中的附件1《营业税改征增值税试点实施办法》，销售服务、无形资产或者不动产（以下称应税行为）的单位和个人，为增值税纳税人，应当按照缴纳增值税，不缴纳营业税。销售服务、无形资产或者不动产，是指有偿提供服务、有偿转让无形资产或者不动产。

《纳税人转让不动产增值税征收管理暂行办法》（国家税务总局公告2016年第14号）中的规定了转让不动产缴纳增值税的具体方法。

263. 企业改制时投入土地及其地面建筑物是否可以减免土地增值税？

根据财政部、国家税务总局《关于企业改制重组有关土地增值税政策的通知》（财税[2015]5号），相关处理原则如下：

①按照《中华人民共和国公司法》的规定，非公司制企业整体改建为有限责任公司或者股份有限公司，有限责任公司（股份有限公司）整体改建为股份有限公司（有限责任公司）。对改建前的企业将国有土地、房屋权属转移、变更到改建后的

企业，暂不征土地增值税。

②按照法律规定或者合同约定，两个或两个以上企业合并为一个企业，且原企业投资主体存续的，对原企业将国有土地、房屋权属转移、变更到合并后的企业，暂不征土地增值税。

③按照法律规定或者合同约定，企业分设为两个或两个以上与原企业投资主体相同的企业，对原企业将国有土地、房屋权属转移、变更到分立后的企业，暂不征土地增值税。

④单位、个人在改制重组时以国有土地、房屋进行投资，对其将国有土地、房屋权属转移、变更到被投资的企业，暂不征土地增值税。

⑤上述改制重组有关土地增值税政策不适用于房地产开发企业。

⑥企业改制重组后再转让国有土地使用权并申报缴纳土地增值税时，应以改制前取得该宗国有土地使用权所支付的地价款和按国家统一规定缴纳的有关费用，作为该企业"取得土地使用权所支付的金额"扣除。

264. 个人或企业以非货币性资产出资时如何缴纳个人所得税和企业所得税？

根据财政部、国家税务总局《关于个人非货币性资产投资有关个人所得税政策的通知》（财税［2015］41号），个人非货币性资产投资涉及的企业所得税处理原则如下：

①个人以非货币性资产投资，属于个人转让非货币性资产和投资同时发生。对个人转让非货币性资产的所得，应按照"财产转让所得"项目，依法计算缴纳个人所得税。

②个人以非货币性资产投资，应按评估后的公允价值确认非货币性资产转让收入。非货币性资产转让收入减除该资产原值及合理税费后的余额为应纳税所得额。个人以非货币性资产

投资,应于非货币性资产转让、取得被投资企业股权时,确认非货币性资产转让收入的实现。

③个人应在发生上述应税行为的次月 15 日内向主管税务机关申报纳税。纳税人一次性缴税有困难的,可合理确定分期缴纳计划并报主管税务机关备案后,自发生上述应税行为之日起不超过 5 个公历年度内(含)分期缴纳个人所得税。

④个人以非货币性资产投资交易过程中取得现金补价的,现金部分应优先用于缴税;现金不足以缴纳的部分,可分期缴纳。

个人在分期缴税期间转让其持有的上述全部或部分股权,并取得现金收入的,该现金收入应优先用于缴纳尚未缴清的税款。

⑤非货币性资产,是指现金、银行存款等货币性资产以外的资产,包括股权、不动产、技术发明成果以及其他形式的非货币性资产。

根据《关于非货币性资产投资企业所得税政策问题的通知》(财税〔2015〕37 号),企业以非货币性资产投资涉及的企业所得税处理原则如下:

①居民企业(以下简称企业)以非货币性资产对外投资确认的非货币性资产转让所得,可在不超过 5 年期限内,分期均匀计入相应年度的应纳税所得额,按规定计算缴纳企业所得税。

②企业以非货币性资产对外投资,应对非货币性资产进行评估并按评估后的公允价值扣除计税基础后的余额,计算确认非货币性资产转让所得。企业以非货币性资产对外投资,应于投资协议生效并办理股权登记手续时,确认非货币性资产转让收入的实现。

③企业以非货币性资产对外投资而取得被投资企业的股

权,应以非货币性资产的原计税成本为计税基础,加上每年确认的非货币性资产转让所得,逐年进行调整。被投资企业取得非货币性资产的计税基础,应按非货币性资产的公允价值确定。

④企业在对外投资5年内转让上述股权或投资收回的,应停止执行递延纳税政策,并就递延期内尚未确认的非货币性资产转让所得,在转让股权或投资收回当年的企业所得税年度汇算清缴时,一次性计算缴纳企业所得税;企业在对外投资5年内注销的,应停止执行递延纳税政策,并就递延期内尚未确认的非货币性资产转让所得,在注销当年的企业所得税年度汇算清缴时,一次性计算缴纳企业所得税。

⑤企业发生非货币性资产投资,符合《财政部 国家税务总局关于企业重组业务企业所得税处理若干问题的通知》(财税〔2009〕59号)等文件规定的特殊性税务处理条件的,也可选择按特殊性税务处理规定执行。

265. 有限责任公司整体变更时,净资产折股应如何纳税?

有限责任公司整体变更时,除注册资本外的资本公积、盈余公积及未分配利润转增股本,分以下几种情况进行纳税处理:

(1) 资本公积、盈余公积及未分配利润中属于个人股东的部分

①根据《国家税务总局关于股份制企业转增股本和派发红股征免个人所得税的通知》(国税发〔1997〕198号)的规定,股份制企业用资本公积金转增股本不属于股息、红利性质的分配,对个人取得的转增股本数额,不作为个人所得,不征收个人所得税。但根据《国家税务总局关于原城市信用社在转制为城市合作银行过程中个人股增值所得应纳个人所得税的批复》(国税函发〔1998〕289号)规定,国税发〔1997〕

198号文中所表述的"资本公积金"是指股份制企业股票溢价发行收入所形成的资本公积金,将此转增股本由个人取得的数额,不作为应税所得征收个人所得税,而与此不相符合的其他资本公积金分配个人所得部分,应当以"利息、股息、红利所得"项目征收个人所得税。

②盈余公积及未分配利润转增股本时应当缴纳所得税。股份制企业用盈余公积金及未分配利润转增股本属于股息、红利性质的分配,对个人取得的红股数额,应作为"利息、股息、红利所得"项目征收个人所得税。

财税〔2015〕116号文件规定:从2016年1月1日起在全国范围内,中小高新技术企业以未分配利润、盈余和资本公积向个人股东转增股本,个人股东一次缴纳个人所得税确有困难的,可在5年内分期缴纳个人所得税。

(2) 资本公积、盈余公积及未分配利润中属于居民企业股东的部分

①根据上述分析,股票(权)溢价发行形成的资本公积金转增股本,不属于利润分配,居民企业股东不缴纳企业所得税。

②留存收益(含盈余公积和未分配利润)进行转增时,视同利润分配。根据国税发〔1997〕198号文精神,对不属于股票溢价发行所形成的资本公积转增,比照留存收益转增办理。

根据2008年1月生效的新的《企业所得税法》,"符合条件的居民企业之间的股息、红利等权益性投资收益"为免税收入。《财政部、国家税务总局关于执行企业所得税优惠政策若干问题的通知》(财税〔2009〕69号)规定,"2008年1月1日以后,居民企业之间分配属于2007年度及以前年度的累积未分配利润而形成的股息、红利等权益性投资收益"也是属于免税收入。因此,居民企业之间利润分配时,

不管是否存在税率差,居民企业股东均不需要补缴所得税差额部分。

(3) 资本公积、盈余公积及未分配利润中属于非居民企业股东的部分

①根据上述分析,股票(权)溢价发行形成的资本公积金转增股本,不属于利润分配,非居民企业股东也不缴纳企业所得税。

②留存收益(含盈余公积和未分配利润)以及不属于股票溢价发行所形成的资本公积转增股本,视同利润分配。这种情况下,非居民企业是否纳税分两种情况。

第一,"在中国境内设立机构、场所的非居民企业从居民企业取得与该机构、场所有实际联系的股息、红利等权益性投资收益"为免税收入。因此,这类非居民企业股东在上述条件下不缴纳企业所得税。但须注意对"在境内设立机构和场所"、"取得的股息、红利与该机构场所有实际联系"适用条件必须符合《企业所得税法》及其实施条例的规定。

第二,"非居民企业在中国境内未设立机构、场所的,或者虽设立机构、场所但取得的所得与其所设机构、场所没有实际联系的,应当就其来源于中国境内的所得缴纳企业所得税。"这类非居民企业从居民企业取得利润分配额,属于从中国境内取得的"股息、红利等权益性投资所得",按照"应纳税所得额×实际征收率"缴纳企业所得税,由利润分配企业代扣代缴。实际征收率是指《企业所得税法》及其实施条例等相关法律法规规定的税率(即10%),或者税收协定规定的更低的税率。同时,《财政部、国家税务总局关于企业所得税若干优惠政策的通知》(财税[2008]1号)规定,"2008年1月1日之前外商投资企业形成的累积未分配利润,在2008年以后分配给外国投资者的,免征企业所得税;2008年及以

第三部分 股票发行审核关注要点

后年度外商投资企业新增利润分配给外国投资者的,依法缴纳企业所得税。"因此,针对上述外商投资企业的外国投资者股东,公司整体变更时留存收益以及应纳税的其他资本公积总额,可扣除2008年1月1日之前形成的累计未分配利润后计算应纳税所得额。

有限公司以净资产折股整体变更为股份公司,类似于将有限公司的盈余公积、未分配利润等转增股本,实质上是对股东的分红。对于企业法人,有关法规规定国内企业之间直接股权投资取得的收益免税;对于自然人投资者,《关于进一步加强高收入者个人所得税征收管理的通知》(国税发〔2010〕54号)规定:"加强企业转增注册资本和股本管理,对以未分配利润、盈余公积和除股票溢价发行外的其他资本公积转增注册资本和股本的,要按照'利息、股息、红利所得'项目,依据现行政策规定计征个人所得税。"

目前实务中,主要有以下几种情况:

直接缴纳:在有限公司整体变更为股份公司时,由公司代扣代缴个人所得税。

缓缴:办理备案手续,经税务主管机关同意并出具备案表,暂缓缴纳个人所得税,待取得股利分红或股权转让时再征收。

符合一定条件后免缴:对符合一定标准(如高新技术企业)的公司分配给个人的股利,并直接投入再生产的情况,予以免缴。

266. 如何判断税收优惠不存在严重依赖?

发行人的经营成果对税收优惠应不存在严重依赖,在审核中主要关注以下几方面:

(1) 税收优惠占净利润的比例

不同行业税收优惠占利润的比例差异较大,很难有个明确的指标判断是否为严重依赖,但如果该比例较高(如超过净利润的30%),将税收优惠按非经常性损益扣除处理之后仍符合发行条件。

(2)税收优惠是否合法合规

发行人的经营成果对税收优惠应不存在严重依赖。如果发行人报告期内享受的税收优惠是应符合国家法律法规的相关规定,一般不存在问题,不同行业税收优惠占利润的比例差异较大,很难有个明确的指标判断是否为严重依赖,应关注未来税收优惠的稳定性和持续性。如果发行人报告期内享受的地方性税收优惠不符合国家法律法规的相关规定,属越权审批,或无正式批准文件或偶发性的,则该等税收优惠必须计入非经常性损益。

(3)未来税收优惠的稳定性和持续性

发行人享受的税收优惠在未来持续经营期内是否延续,国家政策变化对税收优惠的潜在不利影响。

267. 如何认定企业执行的税收优惠政策的合法性?

根据《中华人民共和国税收征收管理法实施细则》(国务院令[2002]362号)的规定,与国家税收法律、行政法规相抵触,或未经过国家法律法规明确授权由地方政府自行制定的地方性税收法规和地方政府规章,不能作为公司享受税收优惠的依据。

一般来说,如果企业享受的税收优惠政策是地方"土政策",与现行的税收征管法律法规不相符合,则会在发行上市过程中产生以下问题:第一,《首次公开发行股票并上市管理办法》规定计算发行人3年净利润总额应该扣除非经常性损益前后较低者为计算依据,根据中国证监会《公开发行证券的公司信息披露解释性公告第1号——非经常性损益(2008)》的要求,越权审批或无正式批准文件的税收返还、减免应该计入非经常性损益。如果拟上市企业本来规模较小，利润额并不是很大，则扣除这部分非经常性损益后，是否能够达到《首次公开发行股票并上市管理办法》规定的财务指标要求可能会存在疑问。第二，在实践中，对于不符合国家税法规定的或者违反国家税法的地方性税收优惠政策存在可能被追缴（包括滞纳金）风险的，发行人除提供省级税务部门的确认文件并由律师出具法律意见外，应在招股说明书等文件中作可能被追缴税款的风险提示并由实际控制人或发行前的全体老股东承担这种税收追缴风险。

268. 个人转让股权应如何缴纳个人所得税？如股权转让收入明显偏低，符合何种条件视为有正当理由？

根据个人所得税法及《股权转让所得个人所得税管理办法（试行）》（国家税务总局公告 2014 年第 67 号），个人转让股权，以股权转让收入减除股权原值和合理费用后的余额为应纳税所得额，按"财产转让所得"项目依 20% 的税率缴纳个人所得税。合理费用是指股权转让时按照规定支付的有关税费。个人股权转让所得个人所得税，以股权转让方为纳税人，以受让方为扣缴义务人。

根据《股权转让所得个人所得税管理办法（试行）》（国家税务总局公告 2014 年第 67 号），申报的股权转让收入低于股权对应的净资产份额以及其他股权转让收入明显偏低情形的，主管机关可以核定股权转让收入，但符合下列条件之一的股权转让收入明显偏低，视为有正当理由：

①能出具有效文件，证明被投资企业因国家政策调整，生产经营受到重大影响，导致低价转让股权；

②继承或将股权转让给其能提供具有法律效力身份关系证明的配偶、父母、子女、祖父母、外祖父母、孙子女、外孙子

女、兄弟姐妹以及对转让人承担直接抚养或者赡养义务的抚养人或者赡养人；

③相关法律、政府文件或企业章程规定，并有相关资料充分证明转让价格合理且真实的本企业员工持有的不能对外转让股权的内部转让；

④股权转让双方能够提供有效证据证明其合理性的其他合理情形。

269. 发行人报告期内因纳税问题受到税收征管部门处罚应如何处理？

如果金额不大且情节不严重，需同级税务征管部门出具依法纳税的证明性文件。

如果相对严重但还没达到重大违法，需税务机关发表意见，表明是否属于重大违法行为。

如果存在欠缴较大金额的所得税、增值税或补缴较大金额的滞纳金的，应由税务部门出具是否构成重大违法行为的确认性文件；保荐机构和律师应对发行人是否存在重大违法行为出具专项意见。

270.《刑法》修正案（七）有关纳税方面违法犯罪有什么规定？

2009年2月28日通过的《刑法》修正案（七）第三条规定，将《刑法》第二百○一条修改为："纳税人采取欺骗、隐瞒手段进行虚假纳税申报或者不申报，逃避缴纳税款数额较大并且占应纳税额百分之十以上的，处三年以下有期徒刑或者拘役，并处罚金；数额巨大并且占应纳税额百分之三十以上的，处三年以上七年以下有期徒刑，并处罚金。扣缴义务人采取前款所列手段，不缴或者少缴已扣、已收税款，数额较大的，依照前款的规定处罚。对多次实施前两款行为，未经处理的，按照累计数额计算。有第一款行为，经税务机关依法下达追缴通知后，补缴应纳税款，缴纳滞纳金，已受行政处罚的，不予追究刑事责任；但是，五年内因逃避缴纳税款受过刑事处罚或者被税务机关给予二次以上行政处罚的除外"。

271. 企业上市后，IPO 前股东持有的股权转让应缴纳哪些税费？

对于个人股东，根据《关于个人转让上市公司限售股所得征收个人所得税有关问题的通知》（财税［2009］167号）和《关于个人转让上市公司限售股所得征收个人所得税有关问题的补充通知》（财税［2010］70号）及《公司法》等其他相关法规的规定，公司原股东在限售期后，转让其原有股份及解禁日前获得股票股利，按照"财产转让所得"，适用 20% 的比例税率征收个人所得税，由个人股东开户的证券机构代扣代缴。在计算转让老股的应纳税所得额时，可以扣除原获得老股的成本和转让过程中发生的与交易相关费用，如印花税、佣金、过户费等。如果个人无法提供真实准确的凭证来计算老股的成本，主管税务机关一律按限售股转让收入的 15% 核定限售股原值及合理税费。

对于企业法人股东，根据国税总局公告的《关于企业转让上市公司限售股有关所得税问题的公告》和《企业所得税法》等有关法规，原股东转让老股获得的投资收益，应纳入其企业所得税应纳税所得额中。如果企业在限售股解禁前将其持有的限售股对外转让，应按减持在证券登记结算机构登记的限售股取得的全部收入，计入企业当年度应税收入计算纳税。此外，根据国家税务总局《关于实施创业投资企业所得税优惠问题的通知》（国税发［2009］87号），创业投资企业采取股权投资方式投资于未上市的中小高新技术企业24个月以上,凡符合一定条件的,可以按照其对中小高新技术企业投资额的70%,在股权持有满2年的当年抵扣该创业投资企业的应纳税所得额;当年不足抵扣的,可以在以后纳税年度结转抵扣。

第三章
独 立 性

272. 什么是发行人的独立性？发行人独立性方面主要包括哪些方面？

发行人的独立性，是指发行人应具有完整的业务体系和直接面向市场独立经营的能力。主要包括资产完整、人员独立、财务独立、机构独立和业务独立等五个方面。发行人应当杜绝与主要股东的同业竞争，规范与关联方的关联交易。

独立性缺失和持续盈利能力不确定，是过去公司申请首次公开发行被否决最多的两项因素。

273. 什么是资产独立性？

资产独立，是指发行人的资产应独立完整，权属清晰。生产型企业应当具备与生产经营有关的生产系统、辅助生产系统和配套设施，合法拥有与生产经营有关的土地、厂房、机器设备以及商标、专利、非专利技术的所有权或者使用权，具有独立的原料采购和产品销售系统；非生产型企业应当具备与经营有关的业务体系及相关资产。

目前，关注重点包括：发行人是否将土地厂房放到上市主体之外，造成上市公司享受不到资产增值的收益；是否存在重要生产环节依赖第三方的情形或主要生产链条依赖外协方式；

是否存在商标、主要生产经营场所共用等。

274. 什么是业务独立性？

业务独立，是指发行人的业务应当独立于控股股东、实际控制人及其控制的其他企业，与控股股东、实际控制人及其控制的其他企业间不得有同业竞争或者显失公平的关联交易。

发行人报告期内涉及业务整合的，关注发行人是否有独立运营的组织架构、整合后运营时间、是否有独立运营能力等问题。

275. 什么是财务独立性？

财务独立，是指发行人应当建立独立的财务核算体系，能够独立做出财务决策，具有规范的财务会计制度和对分公司、子公司的财务管理制度；发行人不得与控股股东、实际控制人及其控制的其他企业共用银行账户。企业的财务决策和资金使用不受控股股东干预。

276. 什么是人员独立性？

人员独立，是指发行人的总经理、副总经理、财务负责人和董事会秘书等高级管理人员不得在控股股东、实际控制人及其控制的其他企业中担任除董事、监事以外的其他职务，不得在控股股东、实际控制人及其控制的其他企业领薪；发行人的财务人员不得在控股股东、实际控制人及其控制的其他企业中兼职。

目前，关注重点包括：董事、监事、高级管理人员及其直系亲属从事发行人相同或类似业务、控股股东和实际控制人的亲属持有与发行人相同或相关联业务等影响独立性问题。

277. 什么是机构独立性?

机构独立,是指发行人应当建立健全内部经营管理机构,独立行使经营管理职权,与控股股东、实际控制人及其控制的其他企业间不得有机构混同的情形。

控股股东、实际控制人应当保证上市公司资产完整和机构独立,不得通过与上市公司共用原材料采购和产品销售系统、与上市公司共用机构和人员、通过行使提案权、表决权以外的方式对上市公司董事会、监事会和其他机构行使职权进行限制或施加其他不正当影响等方式影响上市公司的机构独立。

278. 发行人独立性方面有何规定?

《首次公开发行股票并上市管理办法》第四十二条及《首次公开发行股票并在创业板上市管理办法》第三十四条均要求:"发行人应当在招股说明书中披露已达到发行监管对公司独立性的基本要求。"

公开发行证券的公司信息披露内容与格式准则进一步明确了前述"发行监管对公司独立性的基本要求",该等要求的主要内容包括:

(1) 资产完整方面

生产型企业具备与生产经营有关的主要生产系统、辅助生产系统和配套设施,合法拥有与生产经营有关的主要土地、厂房、机器设备以及商标、专利、非专利技术的所有权或者使用权,具有独立的原料采购和产品销售系统;非生产型企业具备与经营有关的业务体系及主要相关资产。

(2) 人员独立方面

发行人的总经理、副总经理、财务负责人和董事会秘书等高级管理人员不在控股股东、实际控制人及其控制的其他企业中担任除董事、监事以外的其他职务,不在控股股东、实际控

制人及其控制的其他企业领薪；发行人的财务人员不在控股股东、实际控制人及其控制的其他企业中兼职。

（3）财务独立方面

发行人已建立独立的财务核算体系、能够独立做出财务决策、具有规范的财务会计制度和对分公司、子公司的财务管理制度；发行人未与控股股东、实际控制人及其控制的其他企业共用银行账户。

（4）机构独立方面

发行人已建立健全内部经营管理机构、独立行使经营管理职权，与控股股东和实际控制人及其控制的其他企业间不存在机构混同的情形。

（5）业务独立方面

发行人的业务独立于控股股东、实际控制人及其控制的其他企业，与控股股东、实际控制人及其控制的其他企业间不存在同业竞争或者显失公平的关联交易。同时要求，发行人应披露保荐人对前款内容真实、准确、完整发表的结论性意见，并要求发行人披露保荐人对前款内容真实、准确、完整发表的结论性意见。

《深圳证券交易所中小企业板上市公司规范运作指引》和《深圳证券交易所创业板上市公司规范运作指引》均对独立性方面做出规定，要求上市公司应当与控股股东、实际控制人及其关联人（控制的其他企业）的人员、资产、财务分开，机构、业务独立，各自独立核算、独立承担责任和风险，列举了控股股东、实际控制人可能影响上市公司独立性的情形，并要求控股股东、实际控制人采取切实措施保证上市公司资产完整、人员独立、财务独立、机构独立和业务独立，不得通过任何方式影响公司的独立性。

《上市公司治理准则》也对上市公司独立性做出相应规定，要求控股股东与上市公司应实行人员、资产、财务分开，机构、业务独立,各自独立核算、独立承担责任和风险,并对上市公司人员、资产、财务、机构和业务独立做出了具体的规定。

279. 公司的董事长与股东单位的董事长能够为同一人吗?

可以为同一人。虽然《关于对拟发行上市企业改制情况进行调查的通知》(证监发字〔1998〕259号)规定:"上市公司的董事长原则上不应由股东单位的法定代表人兼任;经理、副经理等高级管理人员不得在上市公司与股东单位中双重任职,财务人员不得在关联公司兼职。"但《首次公开发行股票并上市管理办法》颁布后,该通知已经废除。

280. 公司控股股东的资产质量很差是否影响公司上市?

公司控股股东的资产质量状况并不必然影响公司上市,但是控股股东资产质量太差会引起监管部门的关注。

关注的重点包括:是否通过显失公允的关联交易在控股股东和公司之间转移经济利益,如上市前粉饰拟上市公司业绩,上市后侵占上市公司利益;公司是否为控股股东提供违规担保,是否存在拟上市公司资金被控股股东占用的情形;若控股股东因资产质量差导致其持续经营能力存在重大不确定性的,是否存在会导致公司实际控制人发生变更的风险(如将公司控股权质押或控股股东破产清算)。

281. 为什么公司整体上市有助于解决独立性问题?

整体上市,是指一家公司将其主要资产和业务整体改制为股份公司进行上市的做法。由于公司内部业务往往有较多联系,分拆上市容易导致上市公司和控股股东及其下属企业之间产生关联交易以及同业竞争问题,随着中国证监会对上市公司业务独立性的要求越来越高,整体上市越来越成为公司首次公开发行上市的主要模式。

从发行人的角度出发,整体上市将有利于发挥企业集团的整体资源和管理优势,通过完善公司产品结构,提高盈利水平来使上市公司获得业绩增长和估值溢价等方面的好处;同时,整体上市将有利于减少关联交易和避免同业竞争,有利于上市公司规范运作和信息披露,更是从公司治理结构上保证上市公司独立运行。

此外,中国证监会还支持将同一公司控制权人下相同、类似或相关业务进行重组,实现主营业务整体发行上市。整体上市有利于避免同业竞争、减少关联交易、优化公司治理、确保规范运作,对于提高上市公司质量,发挥资本市场优化资源配置功能,保护投资者特别是中小投资者的合法权益,促进资本市场健康稳定发展,具有积极作用。

282. 新的《首发办法》和《创业板首发办法》是否放宽了独立性要求?

修订后的《首发办法》和《创业板首发办法》删除了原发行条件部分的独立性,仅规定:"发行人应当在招股说明书中披露已达到发行监管对公司独立性的基本要求。"但并不意味着放宽了发行上市的独立性要求。

新修订的《招股说明书格式准则》进一步明确了前述"发行监管对公司独立性的基本要求",该等要求的主要内容基本上与原《首发办法》中独立性章节被删除内容一致,并要求发行人披露保荐人对前款内容真实、准确、完整发表的结论性意见。同时,发行人必须要披露及承诺"已达到发行监管对公司独立性的基本要求",如果其不能满足《招股说明书格式准则》所列的独立性系列要求,则说明其不符合申请上市所必需的信息披露的基本要求。因此,发行人及相关中介机构需要对发行人符合独立性基本要求的信息披露承担责任。

第四章
公司治理及规范运作

第一节 组织结构与制度

283. 股份有限公司应设立哪些组织机构?

股东大会、董事会、监事会、经理。上市公司还应该建立健全独立董事、董事会秘书及董事会下属各专门委员会等制度。此外,股份有限公司还应遵守《工会法》和《劳动法》的要求,建立工会及职工代表大会制度。

284. 为什么需要制定公司章程?股份有限公司章程应当载明哪些事项?

公司应当按照《公司法》《上市公司章程指引》的有关规定制定公司章程。

公司章程是关于公司组织和行为的基本规范。公司的组织形式和程序由公司章程规定,公司及其股东、债权人、董事、监事、高管人员的与公司经营相关的行为受公司章程的约束。公司章程不仅是公司的自治规程,而且是国家管理公司的重要依据。公司章程具有以下作用:

①公司章程是公司设立的最主要条件和最重要的文件;
②公司章程是确定公司权利、义务关系的基本法律文件;
③公司章程是公司对外进行经营交往的基本法律依据。
股份有限公司章程应当载明下列事项:
①公司名称和住所;
②公司经营范围;
③公司设立方式;
④公司股份总数、每股金额和注册资本;
⑤发起人的姓名或者名称、认购的股份数、出资方式和出资时间;
⑥董事会的组成、职权和议事规则;
⑦公司法定代表人;
⑧监事会的组成、职权和议事规则;
⑨公司利润分配办法;
⑩公司的解散事由与清算办法;
⑪公司的通知和公告办法;
⑫股东大会会议认为需要规定的其他事项。

285. 修改公司章程应注意哪些事项?

①股东应重视章程的作用,提高对制定或修改公司章程重要性的认识。

章程是公司设立的必备文件,是确定公司各方当事人权利、义务关系的基本法律文件,同时也是公司对外进行经营交往的基本依据。章程对公司股东、董事、监事、高级管理人员均具有约束力,对后加入的股东也具有法律效力。因此,公司的股东和发起人在制定公司章程时,必须考虑周全,规定得明确详细,以免产生歧义。

章程内容是股东之间的约定,只要意思表示真实,不违反法律法规的强制性规定,就是合法有效的。因此,制定或修改公司章程应充分考虑公司自身情况，将可以考虑到的、易产生纠纷的情况规定清楚、详细，对法律没有规定或规定不够具体的内容进行细化和补充。章程规定得越细致规范，操作性越强，就越能起到未雨绸缪的作用。

②章程的修改应按特别程序修改。

③公司章程制定或修改的重点。

规定明确、详尽的股东大会议事规则，使股东大会的召集、表决、决议的制定、通过等一系列问题有章可循。同时，将股东、股东大会的权利义务制定得详尽、可操作。

④规范董事会运作。

A. 要明确董事会的权利范围，尤其要使董事会和股东大会之间权利配置明晰化。

规范董事任免规则、建立规范的董事资格，候选人推荐、评审、股东大会选举、罢免等规则，同时明确：董事只能由具有完全民事行为能力的自然人担任。

B. 建立健全董事会议事规则，包括对董事会会议的召集、通知、出席有效人数、议题的准备、表决方式、效力、代理、股票细则、记录、信息披露等内容做出明确、具体的规定。

C. 强调董事勤勉义务，要求董事不但要遵守法律、法规和章程，还要强调其忠实义务和勤勉义务，禁止董事越权、侵占公司财产、挪用公司资金和利用职务便利损害公司利益。

D. 充分发挥监事会的作用。不但要明确监事会、监事的权利、义务，还必须完善监事会构成及议事规则；更重要的是要明确监事会行使权利的途径及保障。

E. 拟上市公司和上市公司制定、修改公司章程，应该严格遵守《上市公司章程指引》的规定。

286. 什么是累积投票制？在公司选举董事、监事时必须要采取累积投票制吗？

累积投票制，是指股东大会选举董事或者监事时，每一股份拥有与应选董事或者监事人数相同的表决权，股东拥有的表决权可以集中使用，可以防止控股股东完全操纵选举，避免一股一票表决制度存在的弊端。

例如，某公司要选 5 名董事，公司股份共 100 股。股东 20 人，其中两名大股东拥有 51% 的股权，其他 18 名股东共计拥有 49% 的股权。以一般的投票方法，两名大股东就可以使自己的 5 名董事全部当选，每名 51 票。但累积投票制方式，每股的表决权是 5 票，大股东总票数为 255 票（51×5），其他股东是 245 票，这样，理论上其他股东可以选出 2 名董事（一名 123 票，一名 122 票），大股东最多只能选出 3 名董事。

股东大会选举董事、监事，可以依照公司章程的规定或者股东大会的决议，实行累积投票制。

《上市公司治理准则》《深圳证券交易所主板上市公司规范运作指引》规定，控股股东控股比例在 30% 以上的上市公司，选举董监事时应当采用累积投票制。《深圳证券交易所中小企业板上市公司规范运作指引》规定，上市公司应当在公司章程中规定选举 2 名以上董事或监事时实行累积投票制。《深圳证券交易所创业板上市公司规范运作指引（2015 修订）》规定，上市公司应当在公司章程中规定选举 2 名及以上董事或者监事时实行累积投票制度。

287. 公司设立内部审计部门有何要求？

根据《中小企业板上市公司内部审计工作指引》的规定，上市公司应当在股票上市后 6 个月建立内部审计制度，并设立内部审计部门，对公司内部控制制度的建立和实施、公司财务信息的真实性和完整性等情况进行检查监督。内部审计部门对审计委员会负责，向审计委员会报告工作。内部审计部门应当保持独立性，不得置于财务部门的领导之下，或者与财务部门合署办公。上市公司应当依据公司规模、生产经营特点及有关规定，配置专职人员从事内部审计工作，且专职人员应当不少于3人。内部审计部门的负责人应当为专职，由审计委员会提名，董事会任免。

288. 什么是内部控制制度？内部控制的目标是什么？

内部控制制度是由企业董事会、监事会、经理层和全体员工实施的、旨在实现控制目标的过程。

内部控制的目标是合理保证企业经营管理合法合规、资产安全、财务报告和相关信息真实完整，提高经营效果和效率，促进企业实现发展战略。

289. 内部控制的基本要素有哪些？

企业建立与实施有效的内部控制，应当包括内部环境、风险评估、控制活动、信息与沟通、内部监督等基本要素。

（1）内部环境

内部环境是企业实施内部控制的基础，一般包括治理结构、机构设置及权责分配、内部审计、人力资源政策、企业文化等。

（2）风险评估

风险评估是企业及时识别、系统分析经营活动中与实现内部控制目标相关的风险，合理确定风险应对策略。

（3）控制活动

控制活动是企业根据风险评估结果，采用相应的控制措施，将风险控制在可承受度之内。

（4）信息与沟通

信息与沟通是企业及时、准确地收集、传递与内部控制相关的信息，确保信息在企业内部、企业与外部之间进行有效沟通。

（5）内部监督

内部监督是企业对内部控制建立与实施情况进行监督检查，评价内部控制的有效性，发现内部控制缺陷，应当及时加以改进。

290. 建立内部控制应遵循哪些基本原则？

企业建立与实施内部控制，应当遵循下列原则：

（1）全面性原则

内部控制应当贯穿决策、执行和监督全过程，覆盖企业及其所属单位的各种业务和事项。

（2）重要性原则

内部控制应当在全面控制的基础上，关注重要业务事项和高风险领域。

（3）制衡性原则

内部控制应当在治理结构、机构设置及权责分配、业务流程等方面形成相互制约、相互监督，同时兼顾运营效率。

（4）适应性原则

内部控制应当与企业经营规模、业务范围、竞争状况和风险水平等相适应，并随着情况的变化及时加以调整。

（5）成本效益原则

内部控制应当权衡实施成本与预期效益，以适当的成本实现有效控制。

291. 上市公司对其控股子公司的管理控制包括哪些控制活动？

上市公司对其控股子公司的管理控制，至少应当包括下列控制活动：

①建立对各控股子公司的控制制度,明确向控股子公司委派的董事、监事及重要高级管理人员的选任方式和职责权限等;

②依据公司的经营策略和风险管理政策,督导各控股子公司建立起相应的经营计划、风险管理程序;

③要求各控股子公司建立重大事项报告制度、明确审议程序,及时向公司分管负责人报告重大业务事项、重大财务事项以及其他可能对公司股票及其衍生品种交易价格产生较大影响的信息,并严格按照授权规定将重大事项报公司董事会审议或股东大会审议;

④要求控股子公司及时向公司董事会秘书报送其董事会决议、股东大会决议等重要文件,通报可能对公司股票及其衍生品种交易价格产生较大影响的事项;

⑤定期取得并分析各控股子公司的季度或月度报告,包括营运报告、产销量报表、资产负债表、利润表、现金流量表、向他人提供资金及对外担保报表等;

⑥建立对各控股子公司的绩效考核制度。

292. 相关部门颁布了哪些内部控制规范文件?

从2001年6月起,财政部陆续颁布了包括基本规范、货币资金、采购与付款、销售与收款、担保、对外投资、工程项目等七项规范在内的《内部会计控制规范(试行)》。

2006年9月,深圳证券交易所发布《上市公司内部控制指引》,要求深市主板上市公司自发布日至2007年6月30日期间建立起完备的内部控制制度,并从2007年年报开始,按照《上市公司内部控制指引》的要求披露内控制度制定和实施情况。

2008年7月,财政部会同中国证监会、审计署、中国银监会、中国保监会制定了《企业内部控制基本规范》。

2010年4月，财政部等部委联合发布的《企业内部控制应用指引》《企业内部控制评价指引》《企业内部控制审计指引》（财会〔2010〕11号）等企业内部控制配套指引。自2011年1月1日起在境内外同时上市的公司施行，自2012年1月1日起在深圳证券交易所、上海证券交易所主板上市公司施行，2012年主板上市的IPO企业需出具内部控制审计报告；在此基础上，择机在中小企业板和创业板上市公司施行。此外，鼓励非上市大中型企业提前执行。

293. 上市公司规范运作的基本要求有哪些？

上市公司要严格按照《公司法》、外商投资相关法律法规和现代企业制度的要求，完善股东大会、董事会、监事会、独立董事和董事会秘书、董事会专门委员会等制度，形成权力机构、决策机构、监督机构与经理层之间权责分明、各司其职、有效制衡、科学决策、协调运作的法人治理结构。

股东大会要认真行使法定职权，严格遵守表决事项和表决程序的有关规定，科学民主决策，维护上市公司和股东的合法权益。

董事会要对全体股东负责，严格按照法律和公司章程的规定履行职责，把好决策关，加强对公司经理层的激励、监督和约束。要设立以独立董事为主的审计委员会、薪酬与考核委员会并充分发挥其作用。公司全体董事必须勤勉尽责，依法行使职权。

监事会要认真发挥好对董事会和经理层的监督作用。经理层要严格执行股东大会和董事会的决定，不断提高公司管理水平和经营业绩。

中小企业板上市公司董事会下必须设审计委员会、薪酬和考核委员会、提名委员会。

创业板上市公司在公司治理方面参照主板上市公司相关规定且要求从严，董事会下必须设审计委员会、薪酬和考核委员会,并进一步强化独立董事、控股股东和实际控制人的责任。

294. 公司章程中应如何针对公司增加资本做出规定?

根据《上市公司章程指引(2014年修订)》,公司针对增加资本事项应做出如下规定:

公司根据经营和发展的需要,依照法律、法规的规定,经股东大会分别作出决议,可以采用下列方式增加资本:

①公开发行股份;

②非公开发行股份;

③向现有股东派送红股;

④以公积金转增股本。

发行优先股的公司,应当在章程中对发行优先股的以下事项作出规定:公司已发行的优先股不得超过公司普通股股份总数的50%,且筹资金额不得超过发行前净资产的50%,已回购、转换的优先股不纳入计算。

公司不得发行可转换为普通股的优先股,但商业银行可以根据商业银行资本监管规定,非公开发行触发事件发生时强制转换为普通股的优先股,并遵守有关规定。

发行可转换公司债的公司,还应当在章程中对可转换公司债的发行、转股程序和安排以及转股所导致的公司股本变更等事项做出具体规定。

295. 公司章程中应如何针对公司收购本公司股份做出规定?如何收购?

公司在下列情况下,可以依照法律、行政法规、部门规章和公司章程的规定,收购本公司的股份:

①减少公司注册资本;

②与持有本公司股票的其他公司合并;

③将股份奖励给本公司职工;

④股东因对股东大会做出的公司合并、分立决议持异议，要求公司收购其股份的。除上述情形外，公司不得进行买卖本公司股份的活动。

公司因上述收购本公司股份情况第①项至第③项的原因收购本公司股份的，应当经股东大会决议。公司依照上述规定收购本公司股份后，属于收购本公司股份情况第①项情形的，应当自收购之日起10日内注销；属于第②项、第④项情形的，应当在6个月内转让或者注销。

公司依照收购本公司股份情况第③项规定收购的本公司股份，应不超过本公司已发行股份总额的5%；用于收购的资金应当从公司的税后利润中支出；所收购的股份应当1年内转让给职工。

公司收购本公司股份，可以选择下列方式之一进行：
①证券交易所集中竞价交易方式；
②要约方式；
③中国证监会认可的其他方式。

296. 公司章程中对股东权利如何规定？

根据《上市公司章程指引（2014年修订）》，公司股东享有下列权利：

①依照其所持有的股份份额获得股利和其他形式的利益分配；

②依法请求、召集、主持、参加或者委派股东代理人参加股东大会，并行使相应的表决权；

③对公司的经营进行监督，提出建议或者质询；

④依照法律、行政法规及本章程的规定转让、赠予或质押其所持有的股份；

⑤查阅公司章程、股东名册、公司债券存根、股东大会会议记录、董事会会议决议、监事会会议决议、财务会计报告；

⑥公司终止或者清算时,按其所持有的股份份额参加公司剩余财产的分配;

⑦对股东大会做出的公司合并、分立决议持异议的股东,要求公司收购其股份;

⑧法律、行政法规、部门规章或本章程规定的其他权利。

297. 未为职工办理社会保险和住房公积金的企业能否申请发行上市?

根据《首次公开发行股票并上市管理办法》的有关规定,发行人在最近 36 个月内不得存在违反工商、税收、土地、环保、海关以及其他法律、行政法规,受到行政处罚,且情节严重的情形。

根据《首次公开发行股票并在创业板上市管理办法》的有关规定,发行人最近 3 年内不得存在损害投资者合法权益和社会公共利益的重大违法行为。

《中华人民共和国社会保险法》《社会保险费征缴暂行条例》《住房公积金管理条例》对社会保险和住房公积金的征缴范围、缴纳时间和缴费比例做出了规定,各省、直辖市和自治区政府对社会保险和住房公积金制定了具体的征缴政策。按照上述两个条例及相关政策依法缴纳社会保险和住房公积金是企业规范经营的基本要求。

由于我国关于社会保险、住房公积金缴纳的相关规定不尽完善,各地具体操作不尽相同,使部分企业在为农民工、流动职工缴纳社会保险和住房公积金方面存在困难。对于未能为部分员工缴纳社会保险和公积金的企业,需进行以下工作:

①核实并说明未能缴纳的原因;

②取得当地社会保险和住房公积金管理部门出具的相关证明文件;

③实际控制人承诺:如需补缴,由实际控制人承担相关补

缴的风险和法律责任；

④在申报材料中说明应缴未缴金额对报告期净利润等财务指标的影响；

⑤开始着手规范缴交。

298. 企业申请发行上市如何规范劳务派遣用工问题？

企业申请发行上市应规范劳务派遣用工问题，包括：

①劳务派遣单位应取得劳务派遣经营许可证。

②用人单位或者其所属单位出资或者合伙设立的劳务派遣单位，不得向本单位或者所属单位派遣劳动者。

③被派遣劳动者享有与用工单位的劳动者同工同酬的权利。用工单位应当按照同工同酬原则，对被派遣劳动者与本单位同类岗位的劳动者实行相同的劳动报酬分配办法。用工单位无同类岗位劳动者的，参照用工单位所在地相同或者相近岗位劳动者的劳动报酬确定。

④劳务派遣单位应为劳务派遣工依法缴纳社会保险。

⑤劳动合同用工是我国的企业基本用工形式。劳务派遣用工是补充形式，只能在临时性、辅助性或者替代性的工作岗位上实施。临时性工作岗位，是指存续时间不超过 6 个月的岗位；辅助性工作岗位是指为主营业务岗位提供服务的非主营业务岗位；替代性工作岗位是指用工单位的劳动者因脱产学习、休假等原因无法工作的一定期间内，可以由其他劳动者替代工作的岗位。

⑥被派遣劳动者数量不得超过用工单位用工总量的 10%。

⑦用工单位给被派遣劳动者造成损害的，劳务派遣单位与用工单位承担连带赔偿责任。

299. 企业申请发行上市不得存在哪些严重损害投资者合法权益和社会公共利益的其他情形？

根据《首次公开发行股票并上市管理办法》的有关规定，发行人不得有下列情形：

①最近36个月内未经法定机关核准，擅自公开或者变相公开发行过证券；或者有关违法行为虽然发生在36个月前，但目前仍处于持续状态。

②最近36个月内违反工商、税收、土地、环保、海关以及其他法律、行政法规，受到行政处罚，且情节严重。

③最近36个月内曾向中国证监会提出发行申请，但报送的发行申请文件有虚假记载、误导性陈述或重大遗漏；或者不符合发行条件以欺骗手段骗取发行核准；或者以不正当手段干扰中国证监会及其发行审核委员会审核工作；或者伪造、变造发行人或其董事、监事、高级管理人员的签字、盖章。

④本次报送的发行申请文件有虚假记载、误导性陈述或者重大遗漏。

⑤涉嫌犯罪被司法机关立案侦查，尚未有明确结论意见。

⑥严重损害投资者合法权益和社会公共利益的其他情形。

根据《首次公开发行股票并在创业板上市管理办法》的有关规定，发行人最近3年内不得有下列情形：

①存在损害投资者合法权益和社会公共利益的重大违法行为。

②未经法定机关核准，擅自公开或者变相公开发行证券，或者有关违法行为虽然发生在3年前，但目前仍处于持续状态的情形。

300. 国有上市公司章程中如何设置党建条款？

2015年9月，中共中央下发《关于在深化国有企业改革中坚持党的领导加强党的建设的若干意见》，要求国有企业加强党的领导、加强党建工作。

2015年12月，国家国资委下发《关于全面推进法治央企建设的意见》，明确中央企业应"把加强党的领导和完善公司治理统一起来，明确党组织在公司治理结构中的法定地位，将党建工作总体要求纳入公司章程"。

在不违反《公司法》，不与现有上市公司法人治理结构相冲突的情况下，如何把党的领导、党建工作具体落实到公司决策系统？国有上市公司可结合公司实际情况在章程中明确党建机构的设置、职权范围、履职程序等党建工作条款。

以宁夏建材（600449）、新兴铸管（000778）为例。

宁夏建材（600449）：

（1）在总则部分规定

公司根据中国共产党章程规定，设立中国共产党的组织，建立党的工作机构，配备党务工作人员，党组织机构设置、人员编制纳入公司管理机构和编制，党组织工作经费纳入公司预算，从公司管理费中列支。党委在公司发挥政治核心作用。

（2）明确

①董事会决定公司重大事项，应当事先听取公司党委的意见。

②公司董事会选聘高级管理人员时，党委对提名的人选进行酝酿并提出意见，或者向总裁推荐提名人选；党委对拟任人选进行考察，集体研究提出意见。

③董事会应根据需要下设战略、审计、薪酬与考核以及提名等专业委员会；董事会选举产生各专业委员会委员时，应听取党委的意见。

④公司总裁在行使选人用人职权时，应听取党委意见。

新兴铸管（000778）：

①明确设立党委和公司纪委，纳入公司管理机构和编制，

党组织工作经费纳入公司预算。

②规定党委参与公司重大问题的决策、研究决定公司重大人事任免，对董事会、总经理办公会拟决策的重大问题进行研究讨论，提出意见和建议等事项。

③公司纪委履行经常进行党纪党规的教育，对党员领导干部行使权力进行监督，受理党员的控告和申诉，保障党员权利等职责。

第二节 股东大会

301. 股份有限公司股东大会有哪些职权？

根据《公司法》第三十七条及第九十九条的规定，股份有限公司股东大会职权包括以下方面：

①决定公司的经营方针和投资计划；

②选举和更换非由职工代表担任的董事、监事，决定有关董事、监事的报酬事项；

③审议批准董事会的报告；

④审议批准监事会的报告；

⑤审议批准公司的年度财务预算方案、决算方案；

⑥审议批准公司的利润分配方案和弥补亏损方案；

⑦对公司增加或者减少注册资本做出决议；

⑧对发行公司债券做出决议；

⑨对公司合并、分立、解散、清算或者变更公司形式做出决议；

⑩修改公司章程；

对于《公司法》和公司章程规定公司转让、受让重大资产或者对外提供担保等事项必须经股东大会做出决议的，由股东大会就上述事项进行表决。

302. 股东大会一般由何人召集和主持？

根据《公司法》第一百〇一条的规定：股东大会会议由董事会召集，董事长主持；董事长不能履行职务或者不履行职务的，由副董事长主持；副董事长不能履行职务或者不履行职务的，由半数以上董事共同推举一名董事主持。

董事会不能履行或者不履行召集股东大会会议职责的，监事会应当及时召集和主持；监事会不召集和主持的，连续90日以上单独或者合计持有公司10%以上股份的股东可以自行召集和主持。

根据《股东大会规范意见》第二十六条的规定，董事会未能指定董事主持股东大会的，提议股东在报所在地中国证监会派出机构备案后会议由提议股东主持。

303. 股东大会召开的通知时间是几天？股东大会决议在什么情况下生效？

根据《公司法》第一百〇二条的规定：召开年度股东大会会议，应当将会议召开的时间、地点和审议的事项于会议召开20日前通知各股东；临时股东大会应当于会议召开15日前通知各股东。

股东大会做出决议，必须经出席会议的股东所持表决权过半数通过。但是，股东大会做出修改公司章程、增加或者减少注册资本的决议，以及公司合并、分立、解散或者变更公司形式的决议，必须经出席会议的股东所持表决权的2/3以上通过。

304. 公司股东大会临时提案如何提出？

根据《公司法》第五十三条、第一百零一条及第一百〇二条的规定：公司召开股东大会，董事会、监事会以及单独或者合并持有公司3%以上股份的股东，有权向公司提出提案。

单独或者合计持有公司3%以上股份的股东，可以在股东大会召开10日前提出临时提案并书面提交召集人。召集人应当在收到提案后2日内发出股东大会补充通知，公告临时提案的内容。除前款规定的情形外，召集人在发出股东大会通知公告后，不得修改股东大会通知中已列明的提案或增加新的提案。

305. 何种情况下应该召开股东大会？

根据《公司法》第一百条的规定：股东大会应当每年召开一次年会。有下列情形之一的，应当在两个月内召开临时股东大会：

①董事人数不足《公司法》规定人数或者公司章程所定人数的2/3时；

②公司未弥补的亏损达实收股本总额1/3时；

③单独或者合计持有公司10%以上股份的股东请求时；

④董事会认为必要时；

⑤监事会提议召开时；

⑥公司章程规定的其他情形。

306. 公司持有本公司股票有表决权吗？能分红吗？

股东出席股东大会会议，所持每一股份有一表决权。但是，公司持有的本公司股份没有表决权。

公司持有的本公司股份不得分配利润。

307. 公司增资时需要修改章程，股东大会决议时是新老股东共同做出还是老股东即可？

如果公司增资与修改公司章程在同次股东大会上进行表

决,则股东大会决议仅需老股东做出即可;如果公司在增资完成后修改公司章程,则股东大会决议由新老股东共同做出。

308. 股东对尚未分配的利润是否拥有请求权?

股利分配请求权按性质可以分为抽象的股利分配请求权与具体的股利分配请求权。抽象的股利分配请求权,指股东基于其公司股东的资格和地位而享有的一种股东权权能。获取股利是股东投资的主要目的,也是公司作为营利性法人的本质要求。因此,抽象的股利分配请求权是股东所享有的一种固有权,不容公司章程或公司治理机构予以剥夺或限制。由于公司的经营具有风险性,股东能否分得股利,分得几何,均为未知数。故抽象的股利分配请求权为一种期待权。

具体的股利分配请求权,又称为股利金额给付请求权,指当公司存在可供分配的利润时,股东根据股东(大)会决议而享有的请求公司按其持股类别和比例向其支付特定股利的权利。具体的股利分配请求权具有债权性,它实质是股东对经决议认可的实实在在的可分配金额享有的给付请求权。

股东行使股利分配请求权必须具备如下条件:

①公司必须有实际可供分配的利润。根据《公司法》第一百六十六条之规定,股利分配的资金来源为当年税后利润扣除法定公积金、法定公益金与任意公积金之余额。只有当公司符合法定的股利分配要件,当年有可供分配的利润时,方能分配股利。

②公司的利润分配方案得到股东会或股东大会的通过。根据《公司法》第四十二条、第一百〇三条规定,通过召开定期会议或临时会议,在股东会或股东大会通过利润分配方案,使股东享有的利润处于确定状态,使股东的抽象层面的股利分配请求权转化为具体层面的股利分配给付请求权,股东才能行使请求权。

③公司是否存在侵权行为。在公司股利分配请求权纠纷案

件中，侵权行为一般表现为：公司拒绝支付股利、公司少分股利；公司未按股东的出资比例或股份比例分配股利等。

由上可见，股东对公司尚未分配的利润并不直接拥有请求权，但在符合《公司法》第七十四条规定条件时可享有股份回购请求权；《公司法》第七十四条第一款规定："公司连续五年不向股东分配利润，而公司该五年连续盈利，并且符合本法规定的分配利润条件的，对股东会该项决议投反对票的股东可以请求公司按照合理的价格收购其股权。"

第三节 董事会和监事会

309. 股份有限公司董事会有哪些职权？董事如何产生？

根据《公司法》第四十六条及第一百零八条的规定，董事会行使下列职权：

①召集股东大会，并向股东大会报告工作；
②执行股东大会的决议；
③决定公司的经营计划和投资方案；
④制订公司的年度财务预算方案、决算方案；
⑤制订公司的利润分配方案和弥补亏损方案；
⑥制订公司增加或者减少注册资本以及发行公司债券的方案；
⑦制订公司合并、分立、解散或者变更公司形式的方案；
⑧决定公司内部管理机构的设置；
⑨决定聘任或者解聘公司经理及其报酬事项，并根据经理的提名决定聘任或者解聘公司副经理、财务负责人及其报酬事项；
⑩制定公司的基本管理制度；

⑪公司章程规定的其他职权。

股份有限公司设董事会,其成员为5~19人。董事会成员中可以有公司职工代表。董事会中的职工代表由公司职工通过职工代表大会、职工大会或者其他形式民主选举产生。

董事任期由公司章程规定,但每届任期不得超过3年。董事任期届满,连选可以连任。

董事任期届满未及时改选,或者董事在任期内辞职导致董事会成员低于法定人数的,在改选出的董事就任前,原董事仍应当依照法律、行政法规和公司章程的规定,履行董事职务。

董事会设董事长一人,可以设副董事长。董事长和副董事长由董事会以全体董事的过半数选举产生。

310. 董事会设立专业委员会有何要求?

根据《深圳证券交易所中小企业板上市公司规范运作指引》的规定:上市公司董事会应当设立审计委员会、薪酬与考核委员会、提名委员会,制定专门委员会议事规则并予以披露。

根据《深圳证券交易所创业板上市公司规范运作指引》的规定:上市公司董事会应当设立审计委员会、薪酬和考核委员会。

委员会成员由不少于3名董事组成,其中独立董事应当占半数以上并担任召集人。审计委员会的召集人应当为会计专业人士。上市公司可以根据公司章程或者股东大会决议,在董事会中设立其他专门委员会。公司章程中应当对专门委员会的组成、职责等做出规定。

311. 谁能提议召开临时董事会?

根据《公司法》第一百一十条的规定,董事会每年度至少召开两次会议,每次会议应当于会议召开10日前通知全体董事和监事。代表 1/10 以上表决权的股东、1/3 以上董事或者监事会，可以提议召开董事会临时会议。董事长应当自接到提议后 10 日内，召集和主持董事会会议。公司可以制定临时董事会的通知方式及通知时限。

312. 董事会必须有多少董事参加才能举行？决议要多少董事同意才生效？

根据《公司法》第一百一十一条的规定，董事会会议应有过半数的董事出席方可举行。董事会做出决议，必须经全体董事的过半数通过。董事会决议的表决，实行一人一票制。

313. 公司的法定代表人必须是公司的董事长吗？

公司的法定代表人依照公司章程的规定，不一定由董事长担任。根据《公司法》第十三条的规定，公司法定代表人依照公司章程的规定，由董事长、执行董事或者经理担任，并依法登记。公司法定代表人变更，应当办理变更登记。

314. 公司董事长职权范围一般有哪些？

根据《公司法》等相关法律法规的规定，公司董事长职权范围包括：主持股东大会和召集、主持董事会会议；督促、检查董事会决议的执行；董事会授予的其他职权。董事会应谨慎授予董事长职权，例行或长期授权须在章程中明确规定。

315. 公司董事会可否将职权授权董事长或总经理？

根据《公司法》等相关法律法规的规定，公司董事会可以将部分职权授权董事长或总经理，同时应在公司章程中明确规定授权原则和授权内容，授权内容应当明确、具体。

316. 公司董事会决议表决方式有哪些?

董事会决议表决方式通常为书面投票表决。根据《公司法》等相关法律法规规定,董事会决议的表决,实行一人一票。董事会临时会议在保障董事充分表达意见的前提下,可以用其他通信方式进行并做出决议,并由参会董事签字确认。

317. 在什么情况下董事应回避表决?

公司董事与董事会会议决议事项所涉及的企业有关联关系的,不得对该项决议行使表决权,也不得代理其他董事行使表决权。

318. 董事能否委托他人出席董事会?

董事会会议,应由董事本人出席;董事因故不能出席,可以书面委托其他董事代为出席,委托书中应载明代理人的姓名、代理事项、授权范围和有效期限,并由委托人签名或盖章。代为出席会议的董事应当在授权范围内行使董事的权利。董事未出席董事会会议,亦未委托代表出席的,视为放弃在该次会议上的投票权。

319. 董事会运作应注意哪些事项?

①上市公司应制定规范的董事会议事规则,确保董事会高效运作和科学决策。

②董事会应定期召开会议,并根据需要及时召开临时会议。董事会会议应有事先拟定的议题。

③上市公司董事会会议应严格按照规定的程序进行。董事会应按规定的时间事先通知所有董事,并提供足够的资料,包括会议议题的相关背景材料和有助于董事理解公司业务进展的信息和数据。当2名或2名以上独立董事认为资料不充分或论

证不明确时，可联名以书面形式向董事会提出延期召开董事会会议或延期审议该事项，董事会应予以采纳。

④董事会会议记录应完整、真实。董事会秘书对会议所议事项要认真组织记录和整理。出席会议的董事、董事会秘书和记录人应在会议记录上签名。董事会会议记录应作为公司重要档案妥善保存，以作为日后明确董事责任的重要依据。

⑤董事会授权董事长在董事会闭会期间行使董事会部分职权的，上市公司应在公司章程中明确规定授权原则和授权内容，授权内容应当明确、具体。凡涉及公司重大利益的事项应由董事会集体决策。

⑥上市公司董事与董事会会议决议事项所涉及的企业有关联关系的，不得对该项决议行使表决权，也不得代理其他董事行使表决权。该董事会会议由过半数的无关联关系董事出席即可举行，董事会会议所做决议须经无关联关系董事过半数通过。出席董事会的无关联关系董事人数不足3人的，应将该事项提交上市公司股东大会审议。

320. 上市公司独立董事主要有哪些作用？

根据规定，上市公司董事会成员中应当至少包括1/3以上独立董事，其中至少有一名是会计专业人士（指具有会计高级职称或注册会计师资格的人士）。独立董事主要有以下四点作用：

（1）有利于公司的专业化运作

独立董事们能利用其专业知识和经验为公司发展提供有建设性的建议，为董事会的决策提供参考意见，从而有利于公司提高决策水平，提高经营绩效。

（2）有利于检查和评判

独立董事在评价总经理、高级管理人员等的绩效时能发挥非常积极的作用。独立董事相对于内部董事容易坚持客观的评价标准，并易于组织实施一个清晰的形式化的评价程序，从而避免内部董事"自己为自己打分"，以最大限度地谋求股东利益。

（3）有利于监督约束

独立董事可以在监督总经理等高级管理人员方面发挥很重要的作用。

（4）平衡大小股东之间的利益

独立董事由于在公司董事会中处于独立地位，不代表任何利益主体的利益，同时在表决中被赋予了一定的特别权力，对利益主体之间有一定的平衡作用。

321. 公司监事会如何组成？其职权范围是什么？

根据《公司法》第五十三条、第五十四条及第一百一十七条、第一百一十八条的规定，股份有限公司设监事会，其成员不得少于3人。监事会应当包括股东代表和适当比例的公司职工代表，其中职工代表的比例不得低于1/3，具体比例由公司章程规定。监事会中的职工代表由公司职工通过职工代表大会、职工大会或者其他形式民主选举产生。董事、高级管理人员不得兼任监事。

监事会的职权有：

①检查公司财务；

②对董事、高级管理人员执行公司职务的行为进行监督，对违反法律、行政法规、公司章程或者股东大会决议的董事、高级管理人员提出罢免的建议；

③当董事、高级管理人员的行为损害公司的利益时，要求董事、高级管理人员予以纠正；

④提议召开临时股东大会会议，在董事会不履行本法规定的召集和主持股东大会会议职责时召集和主持股东大会会议；

⑤向股东大会会议提出提案;
⑥对董事、高级管理人员依法提起诉讼;
⑦公司章程规定的其他职权。

监事可以列席董事会会议,并对董事会决议事项提出质询或者建议。监事发现公司经营情况异常,可以进行调查;必要时,可以聘请会计师事务所等协助其工作,费用由公司承担。

322. 股份有限公司监事会运作中应注意哪些事项?

股份有限公司监事会每六个月至少召开一次会议。监事可以提议召开临时监事会会议。监事会的议事方式和表决程序,应按照《公司法》和公司章程的规定。监事会决议应当经半数以上监事通过。监事会应当对所议事项的决定做成会议记录,出席会议的监事应当在会议记录上签名。

323. 监事会由何人召集和主持?

监事会主席召集和主持监事会会议;监事会主席不能履行职务或者不履行职务的,由监事会副主席召集和主持监事会会议;监事会副主席不能履行职务或者不履行职务的,由半数以上监事共同推举一名监事召集和主持监事会会议。

第四节 董事、监事和高管任职资格、责任与权利

324. 董事、监事、高级管理人员的任职资格条件有哪些?对拟上市公司董事、监事、高级管理人员有无特殊规定?

根据《公司法》第一百四十六条的规定,有下列情形之一的,不得担任公司的董事、监事、高级管理人员:

①无民事行为能力或者限制民事行为能力;

②因贪污、贿赂、侵占财产、挪用财产或者破坏社会主义市场经济秩序,被判处刑罚,执行期满未逾5年,或者因犯罪被剥夺政治权利,执行期满未逾5年;

③担任破产清算的公司、企业的董事或者厂长、经理,对该公司、企业的破产负有个人责任的,自该公司、企业破产清算完结之日起未逾3年;

④担任因违法被吊销营业执照、责令关闭的公司、企业的法定代表人,并负有个人责任的,自该公司、企业被吊销营业执照之日起未逾3年;

⑤个人所负数额较大的债务到期未清偿。

公司违反前款规定选举、委派董事、监事或者聘任高级管理人员的,该选举、委派或者聘任无效。董事、监事、高级管理人员在任职期间出现上述所列情形的,公司应当解除其职务。

根据《证券市场禁入规定》的有关规定,违反法律、行政法规或者中国证监会有关规定,情节严重的,可以对有关责任人员采取3至5年的证券市场禁入措施;行为恶劣、严重扰乱证券市场秩序、严重损害投资者利益或者在重大违法活动中起主要作用等情节较为严重的,可以对有关责任人员采取5至10年的证券市场禁入措施;有下列情形之一的,可以对有关责任人员采取终身的证券市场禁入措施:

①严重违反法律、行政法规或者中国证监会有关规定,构成犯罪的;

②违反法律、行政法规或者中国证监会有关规定,行为特别恶劣,严重扰乱证券市场秩序并造成严重社会影响,或者致使投资者利益遭受特别严重损害的;

③组织、策划、领导或者实施重大违反法律、行政法规或者中国证监会有关规定的活动的;

④其他违反法律、行政法规或者中国证监会有关规定,情节特别严重的。

根据《证券市场禁入规定》的有关规定,被中国证监会采取证券市场禁入措施的人员,在禁入期间内,不得担任上市公司董事、监事、高级管理人员。

根据2015年修订的《首次公开发行股票并上市管理办法》《首次公开发行股票并在创业板上市管理办法》《公开发行证券的公司信息披露内容与格式准则第1号——招股说明书》《公开发行证券的公司信息披露内容与格式准则第28号——创业板公司招股说明书》的有关规定:

①发行人的总经理、副总经理、财务负责人和董事会秘书等高级管理人员不得在控股股东、实际控制人及其控制的其他企业中担任除董事、监事以外的其他职务,不得在控股股东、实际控制人及其控制的其他企业领薪;发行人的财务人员不得在控股股东、实际控制人及其控制的其他企业中兼职。

②发行人的董事、监事和高级管理人员已经了解与股票发行上市有关的法律法规,知悉上市公司及其董事、监事和高级管理人员的法定义务和责任。

③发行人的董事、监事和高级管理人员符合法律、行政法规和规章规定的任职资格,且不得有下列情形:

第一,被中国证监会采取证券市场禁入措施尚在禁入期的;

第二,最近36个月内受到中国证监会行政处罚,或者最近12个月内受到证券交易所公开谴责;

第三,因涉嫌犯罪被司法机关立案侦查或者涉嫌违法违规被中国证监会立案调查,尚未有明确结论意见。

325. 独立董事的任职资格有什么要求?

除不得有《公司法》和《证券市场禁入规定》中有关不

得担任公司董事、监事、高级管理人员的情形外,根据《关于在上市公司建立独立董事制度的指导意见》《深圳证券交易所独立董事备案办法》(2011年修订),独立董事还需要符合以下条件:

①根据法律、行政法规及其他有关规定,具备担任上市公司董事的资格,并取得深圳或者上海证券交易所颁发的独立董事任职资格证书;

②具有《关于在上市公司建立独立董事制度的指导意见》所要求的独立性,即独立董事必须在人格、经济利益、产生程序、行权等方面独立,不受控股股东和公司管理层的限制;

③具备上市公司运作的基本知识,熟悉相关法律、行政法规、规章及规则;

④具有5年以上法律、经济或者其他履行独立董事职责所必需的工作经验;

⑤公司章程规定的其他条件。

326. 哪些人不可以担任独立董事?

存在下列情形之一的人员,不得担任独立董事:

①在上市公司或者其附属企业任职的人员及其直系亲属和主要社会关系;

②直接或间接持有上市公司已发行股份1%以上或者是上市公司前十名股东中的自然人股东及其直系亲属;

③在直接或间接持有上市公司已发行股份5%以上的股东单位或者在上市公司前五名股东单位任职的人员及其直系亲属;

④在上市公司控股股东、实际控制人及其附属企业任职的人员及其直系亲属;

⑤为上市公司及其控股股东或者其各自附属企业提供财务、法律、咨询等服务的人员,包括但不限于提供服务的中介

机构的项目组全体人员、各级复核人员、在报告上签字的人员、合伙人及主要负责人；

⑥在与上市公司及其控股股东、实际控制人或者其各自的附属企业有重大业务往来的单位任职，或者在有重大业务往来单位的控股股东单位任职；

⑦近一年内曾经具有前六项所列情形之一的人员；

⑧被中国证监会采取证券市场禁入措施，且仍处于禁入期的；

⑨被证券交易所公开认定不适合担任上市公司董事、监事和高级管理人员的；

⑩最近3年内受到中国证监会处罚的；

⑪最近3年内受到证券交易所公开谴责或3次以上通报批评的；

⑫现职和不担任现职但未办理退（离）休手续的党政领导干部（含高校班子成员）；退（离）休的党政领导干部在企业兼职不符合规定且未经过审批的；

⑬公司章程规定的其他人员；

⑭深圳证券交易所认定的其他情形。

327. 谁可以提名独立董事？

根据《关于在上市公司建立独立董事制度的指导意见》第四条的规定，独立董事的提名、选举和更换应当依法、规范地进行，上市公司董事会、监事会、单独或者合并持有上市公司已发行股份1%以上的股东可以提出独立董事候选人，并经股东大会选举决定。其中，《深圳证券交易所创业板股票上市规则》规定，创业板上市公司独立董事的选举，应当采用累计投票制度。

328. 独立董事的职责和权利是什么？

为了充分发挥独立董事的作用，独立董事除了应当具有《公司法》和其他相关法律、法规赋予董事的职权外，上市公司还应当赋予独立董事以下特别职权：

①重大关联交易应由独立董事认可后，提交董事会讨论，独立董事做出判断前，可以聘请中介机构出具独立财务顾问报告，作为其判断的依据；

②向董事会提议或解聘会计师事务所；

③向董事会提请召开临时股东大会；

④提议召开董事会；

⑤独立聘请外部审计机构和咨询机构；

⑥可以在股东大会召开前公开向股东征集投票权。

独立董事除了履行上述职责外，还应当对以下事项向董事会或股东大会发表独立意见：

①提名、任免董事；

②聘请或解聘高级管理人员；

③公司董事、高级管理人员的薪酬；

④上市公司的股东、实际控制人及其关联企业对上市公司现有或新发生的总额高于300万元或高于上市公司最近经审计净资产值的5%的借款或其他资金往来，以及公司是否采取有效措施回收欠款；

⑤上市公司股权分置改革方案；

⑥上市公司管理层收购；

⑦上市公司重大资产重组；

⑧10%以上的闲置募集资金补充流动资金；

⑨股权激励方案；

⑩对外担保和关联方以资抵债方案；

⑪独立董事认为可能损害中小股东权益的事项；

⑫公司章程规定的其他事项。

329. 股份有限公司经理有哪些职责？

根据《公司法》第四十九条及第一百一十三条的规定，经理对董事会负责，行使下列职权：

①主持公司的生产经营管理工作，组织实施董事会决议；
②组织实施公司年度经营计划和投资方案；
③拟订公司内部管理机构设置方案；
④拟定公司的基本管理制度；
⑤制定公司的具体规章；
⑥提请聘任或者解聘公司副经理、财务负责人；
⑦决定聘任或者解聘除应由董事会决定聘任或者解聘以外的负责管理人员；
⑧董事会授予的其他职权。

公司章程对经理职权另有规定的，从其规定。经理列席董事会会议。

330. 董事会秘书如何产生？有什么职责？

董事会秘书由董事长提名，经董事会聘任或解聘。公司董事或者其他高级管理人员可以兼任公司董事会秘书。中小企业板上市公司的董事会秘书应当由公司董事、副总经理或财务负责人担任。创业板上市公司的董事会秘书应当由公司董事、经理、副经理或财务总监担任。

根据《深圳证券交易所股票上市规则（2012年修订）》和《深圳证券交易所创业板股票上市规则（2012年修订）》的规定，董事会秘书对公司和董事会负责，履行如下职责：

①负责公司信息披露事务，协调公司信息披露工作，组织制定公司信息披露事务管理制度，督促公司及相关信息披露义务人遵守信息披露相关规定；

②负责公司投资者关系管理和股东资料管理工作，协调公司与证券监管机构、股东及实际控制人、保荐机构、证券服务机构、媒体等之间的信息沟通；

③组织筹备董事会会议和股东大会，参加股东大会、董事会会议、监事会会议及高级管理人员相关会议，负责董事会会议记录工作并签字；

④负责公司信息披露的保密工作，在未公开重大信息出现泄露时，及时向交易所报告并办理公告事宜；

⑤关注媒体报道并主动求证真实情况，督促董事会及时回复交易所所有问询；

⑥组织董事、监事和高级管理人员进行证券法律法规、股票上市规则及相关规定的培训，协助前述人员了解各自在信息披露中的权利和义务；

⑦督促董事、监事和高级管理人员遵守法律、法规、规章、规范性文件、股票上市规则、交易所其他相关规定及公司章程，切实履行其所做出的承诺；在知悉公司做出或可能做出违反有关规定的决议时，应予以提醒并立即如实地向交易所报告；

⑧《公司法》《证券法》，以及中国证监会和交易所要求履行的其他职责。

331.《刑法》对上市公司的董事、监事、高级管理人员行为有什么特别规定？

2006年6月29日通过的《刑法》修正案（六）第五条规定，将《刑法》第一百六十一条修改为："依法负有信息披露义务的公司、企业向股东和社会公众提供虚假的或者隐瞒重要事实的财务会计报告，或者对依法应当披露的其他重要信息不按照规定披露，严重损害股东或者其他人利益，或者有其他严重情节的，对其直接负责的主管人员和其他直接责任人员，处三年以下有期徒刑或者拘役，并处或者单处二万元以上二十万元以下罚金。"

第九条规定，在《刑法》第一百六十九条后增加一条，作为第一百六十九条之一："上市公司的董事、监事、高级管理人员违背对公司的忠实义务，利用职务便利，操纵上市公司从事下列行为之一，致使上市公司利益遭受重大损失的，处三年以下有期徒刑或者拘役，并处或者单处罚金；致使上市公司利益遭受特别重大损失的，处三年以上七年以下有期徒刑，并处罚金"：

① 无偿向其他单位或者个人提供资金、商品、服务或者其他资产的；

② 以明显不公平的条件，提供或者接受资金、商品、服务或者其他资产的；

③ 向明显不具有清偿能力的单位或者个人提供资金、商品、服务或者其他资产的；

④ 为明显不具有清偿能力的单位或者个人提供担保，或者无正当理由为其他单位或者个人提供担保的；

⑤ 无正当理由放弃债权、承担债务的；

⑥ 采用其他方式损害上市公司利益的。

上市公司的控股股东或者实际控制人，指使上市公司董事、监事、高级管理人员实施前款行为的，依照前款的规定处罚。

犯前款罪的上市公司的控股股东或者实际控制人是单位的，对单位判处罚金，并对其直接负责的主管人员和其他直接责任人员，依照第一款的规定处罚。

2009年2月28日通过的《刑法》修正案（七）第二条规定"二、将刑法第一百八十条第一款修改为：证券、期货交易内幕信息的知情人员或者非法获取证券、期货交易内幕信息的人员，在涉及证券的发行，证券、期货交易或者其他对证券、期货交易价格有重大影响的信息尚未公开前,买入或者卖出该证券,或者从事与该内幕信息有关的期货交易,或者泄露该信息,或者明示、暗示他人从事上述交易活动,情节严重的,处五年以下有期徒刑或者拘役,并处或者单处违法所得一倍以上五倍以下罚金;情节特别严重的,处五年以上十年以下有期徒刑,并处违法所得一倍以上五倍以下罚金。"

《证券法》第六十九条规定:发行人公告的招股说明书、公司债券募集办法、财务会计报告、上市报告文件、年度报告、中期报告、临时报告以及其他信息披露资料,有虚假记载、误导性陈述或者重大遗漏,致使投资者在证券交易中遭受损失的,发行人应当承担赔偿责任;发行人的董事、监事、高级管理人员和其他直接责任人员应当与发行人承担连带赔偿责任,但是能够证明自己没有过错的除外。

332. 发行人高级管理人员兼职应符合什么要求?

根据2015年修订的《公开发行证券的公司信息披露内容与格式准则第1号——招股说明书》《公开发行证券的公司信息披露内容与格式准则第28号——创业板公司招股说明书》的有关规定,发行人的总经理、副总经理、财务负责人和董事会秘书等高级管理人员不得在控股股东、实际控制人及其控制的其他企业中担任除董事、监事以外的其他职务,不得在控股股东、实际控制人及其控制的其他企业领薪;发行人的财务人员不得在控股股东、实际控制人及其控制的其他企业中兼职。

《上市公司治理准则》第二十三条规定,上市公司人员应独立于控股股东。上市公司的经理人员、财务负责人、营销负责人和董事会秘书在控股股东单位不得担任除董事以外的其他职务;《关于上市公司总经理及高层管理人员不得在控股股东单位兼职的通知》规定,总经理及高层管理人员(副总经理、财务主管和董事会秘书)必须在上市公司领薪,不得由控股股东代发薪水。

此外,《企业国有资产法》第二十五条规定,未经股东大会同意,国有资本控股、参股上市公司的董事、高级管理人员不得在经营同类业务的其他企业兼职。发行人为国有控股公司的,还必须遵守该条规定。

333. 上市公司董事长兼总经理可以吗?

可以。但是,根据《企业国有资产法》第二十五条规定,未经股东大会同意,国有资本控股上市公司的董事长不得兼任总经理。

334. 高级管理人员在控股方除担任董事、监事外,担任党的职务可以吗?

高级管理人员在控股方不得担任除董事、监事以外的其他职务。担任党的职务可以,但不能影响公司的独立性。但是高级管理人员担任党的职务并在企业兼职等情况须符合国家、党中央等主管的要求并取得相关部门的批准。

第五节 实际控制人

335. 什么是控股股东及实际控制人?如何认定?

控股股东是指其出资额占有限责任公司资本总额50%以上或者其持有的股份占股份有限公司股本总额50%以上的股东;出资额或者持有股份的比例虽然不足50%,但依其出资额或者持有的股份所享有的表决权已足以对股东会或股东大会的决议产生重大影响的股东。

依照法律、法规的效力位阶判断,《公司法》是认定控股股东的最基本原则,其他规定并未超出《公司法》对于控股股东的定义,因此公司的控股股东可以通过其股权结构及相应股权所代表的投票权进行认定。

实际控制人是指虽不是公司的股东,但通过投资关系、协议或者其他安排,能够实际支配公司行为的自然人、法人或其他组织。

对于多数自然人为控股股东的企业来说,实际控制人均为企业的该控股股东。《深圳证券交易所股票上市规则(2014年修订)》中对"控制"进行了更加明确的定义,控制指有权决定一个企业的财务和经营政策,并能据以从该企业的经营活动中获取利益。有下列情形之一的,为拥有上市公司控制权:

(1)为上市公司持股50%以上的控股股东;

(2)可以实际支配上市公司股份表决权超过30%;

(3)通过实际支配上市公司股份表决权能够决定公司董事会半数以上成员选任;

(4)依其可实际支配的上市公司股份表决权足以对公司股东大会的决议产生重大影响;

(5)中国证监会或者深交所认定的其他情形。

实际控制人的认定通常是建立在控股股东认定的基础上的,通过逐级追溯,被认定的实际控制人通常为自然人、国家。在逐级穿透确定公司实际控制人的过程中需要保证公司控制权是线性的、连续的。同时,认定公司控制权的归属,既需要审查相应的股权投资关系,也需要根据个案的实际情况,综合对发行人股东大会、董事会决议的实质影响、对董事和高级管理人员的提名及任免所起的作用等因素进行分析判断。

336. 什么是一致行动人?

根据中国证监会颁布的《上市公司收购管理办法(2014年修订)》的有关规定,一致行动是指投资者通过协议、其他安排，与其他投资者共同扩大其所能够支配的一个上市公司股份表决权数量的行为或者事实。

在上市公司的收购及相关股份权益变动活动中有一致行动情形的投资者，互为一致行动人。如无相反证据，投资者有下列情形之一的，为一致行动人：

①投资者之间有股权控制关系；

②投资者受同一主体控制；

③投资者的董事、监事或者高级管理人员中的主要成员，同时在另一个投资者担任董事、监事或者高级管理人员；

④投资者参股另一投资者，可以对参股公司的重大决策产生重大影响；

⑤银行以外的其他法人、其他组织和自然人为投资者取得相关股份提供融资安排；

⑥投资者之间存在合伙、合作、联营等其他经济利益关系；

⑦持有投资者30%以上股份的自然人，与投资者持有同一上市公司股份；

⑧在投资者任职的董事、监事及高级管理人员，与投资者持有同一上市公司股份；

⑨持有投资者30%以上股份的自然人和在投资者任职的董事、监事及高级管理人员，其父母、配偶、子女及其配偶、配偶的父母、兄弟姐妹及其配偶、配偶的兄弟姐妹及其配偶等亲属，与投资者持有同一上市公司股份；

⑩在上市公司任职的董事、监事、高级管理人员及其前项所述亲属同时持有本公司股份的，或者与其自己或者其前项所述亲属直接或者间接控制的企业同时持有本公司股份；

⑪上市公司董事、监事、高级管理人员和员工与其所控制或者委托的法人或者其他组织持有本公司股份；

⑫投资者之间具有其他关联关系。

337. 控股股东有哪些需要规范的行为？

①控股股东对上市公司负有诚信义务。控股股东对其所控股的上市公司应严格依法行使出资人的权利，控股股东不得利用资产重组等方式损害上市公司和其他股东的合法权益，不得利用其特殊地位谋取额外的利益。

②控股股东对上市公司董事、监事候选人的提名，应严格遵循法律、法规和公司章程规定的条件和程序。控股股东提名的董事、监事候选人应当具备相关专业知识和决策、监督能力。控股股东不得对股东大会人事选举决议和董事会人事聘任决议履行任何批准手续；不得越过上市公司股东大会、董事会任免上市公司的高级管理人员。

③上市公司的重大决策应由股东大会和董事会依法做出。控股股东不得直接或间接干预公司的决策及依法开展的生产经营活动，损害公司及其他股东的权益。

另外，《深圳证券交易所主板上市公司规范运作指引》《深圳证券交易所中小企业板上市公司规范运作指引》《深圳证券交易所创业板上市公司规范运作指引》中对上市公司控股股东、实际控制人恪守承诺、善意行使控制权、买卖公司股份、信息披露管理等方面的行为规范做出了更为详细的规定。

第六节　同业竞争

338. 什么是同业竞争？

同业竞争是指发行人与其控股股东、实际控制人及其所控制的企业，从事相同或近似的主营业务，双方构成或可能构成直接或间接的竞争关系，造成利益冲突。

认定是否存在同业竞争时,应考虑发行人在业务、技术、工艺、原材料、产品、供应商、购买商、市场等方面与控股股东、实际控制人及其控制的其他企业之间的关系和影响,应本着实质重于形式的原则进行综合判断,关键是看是否构成现实的或潜在的利益冲突。

339. 发行人存在同业竞争能申请上市吗?

不可以申请上市。发行上市的基本要求之一是发行人的业务应当独立于控股股东、实际控制人及其控制的其他企业,与控股股东、实际控制人及其控制的其他企业之间不存在同业竞争。如存在同业竞争情形,应规范解决后方可申报上市。

340. 发行人避免同业竞争的主体范围包括哪些?

一般来讲,避免与发行人构成同业竞争的主体范围包括控股股东、实际控制人及其控制的其他企业,对于股权高度分散的,也应避免与主要股东或其近亲属构成同业竞争。

同时,对以下几类主体或情形也应保持高度关注:

①直接持有5%股份以上股东及该股东的实际控制人,及其两者控制的企业;

②发行人控股股东、实际控制人不控股但能施加重大影响的企业;

③控股股东、实际控制人的直系亲属拥有与发行人相同、相似业务或产业链上下游业务,应当进行整合,纳入上市主体;

④控股股东、实际控制人旁系亲属拥有的与发行人相同、相似业务或产业链上下游业务,要从资产的来源、渠道的重合性等因素分析判断,鉴于中国的家族文化特点,该业务鼓励纳入上市主体,不纳入的要做好尽职调查并做充分论证。

341. 发行人是否存在"同业不竞争"的情形?

关于"同业不竞争"的问题,实务中不应仅仅单纯考虑业务的替代性,还要考虑对发行人独立性的影响。在经营相同业务的情况下,发行人与控股股东、实际控制人及其控制的其他企业在供应商、购买商、技术、工艺、市场等方面可能存在相关性或相似性,难以避免利益冲突,很难得出发行人具有独立性的结论。

从目前的实践来看,除非有强有力的反证,否则一般认为同业就存在竞争。因此,若无确凿证据,"同业不竞争"的理由或情形一般是不成立的。

342. 解决同业竞争的途径和措施有哪些?

同业竞争是上市的实质性障碍,如果发行人存在同业竞争的情形,必须予以解决消除。解决同业竞争的主要途径和措施有:

①发行人收购竞争方拥有的竞争性业务;
②发行人收购竞争公司股权,纳入合并报表范围;
③发行人对竞争方进行吸收合并;
④竞争方将竞争性业务作为出资投入发行人,获得发行人的股份;
⑤发行人将竞争性的业务转让给竞争方;
⑥竞争方将竞争性的业务转让给无关联的第三方;
⑦发行人放弃与竞争方存在同业竞争的业务;
⑧竞争方放弃与发行人存在同业竞争的业务;
⑨控股股东及实际控制人做出今后不再进行同业竞争的有法律约束力的书面承诺。该方式一般是作为前面8种方式的补充。

343. 什么叫竞业禁止？如何解决竞业禁止问题？

竞业禁止是根据法律规定或双方约定，在劳动关系存续期间或劳动关系结束后的一定时期内，限制并禁止员工从事与本单位构成竞争的业务。竞业禁止分为法定竞业禁止和约定竞业禁止两种。

法定竞业禁止，是基于法律的直接规定而产生的一种强制性竞业禁止，当事人不得协商免除。如我国《公司法》第一百四十八条规定：董事、高级管理人员不得未经股东会或者股东大会同意，利用职务便利为自己或者他人谋取属于公司的商业机会，自营或者为他人经营与所任职公司同类的业务。违反该规定从事竞业禁止业务所得的收入应当归公司所有。

约定竞业禁止，是基于当事人与任职单位之间的合同约定而产生的契约性竞业禁止。如《劳动合同法》第二十三条规定："用人单位与劳动者可以在劳动合同中约定保守用人单位的商业秘密和与知识产权相关的保密事项。对负有保密义务的劳动者，用人单位可以在劳动合同或者保密协议中与劳动者约定竞业限制条款，并约定在解除或者终止劳动合同后，在竞业限制期限内按月给予劳动者经济补偿。"第二十四条规定：竞业限制的人员限于用人单位的高级管理人员、高级技术人员和其他负有保密义务的人员。从事同类业务的竞业限制期限，不得超过2年。

对于《公司法》的规定，董事和高管可以履行法定程序，经由股东会或股东大会同意后从事上述经营或活动。对于《劳动合同法》的规定，企业与竞业限制人员的约定可以通过双方协商解除。

344. 公司控股股东、实际控制人的亲属拥有与公司相竞争或相关联业务如何处理？

①原则上，公司控股股东、实际控制人夫妻双方的直系亲属拥有的相竞争业务应认定为构成同业竞争。

②对于公司控股股东、实际控制人夫妻双方的其他亲属拥有的相竞争业务是否构成同业竞争，应本着实质重于形式的原则，从相关企业的历史沿革、资产、人员、业务和技术等方面的关系，以及客户和供应商、采购和销售渠道等方面进行个案分析判断，如相互独立，则可认为不构成同业竞争。

③保荐机构应对公司控股股东、实际控制人夫妻双方的近亲属（具体范围按民法通则相关规定执行：即配偶、父母、子女、兄弟姐妹、祖父母、外祖父母、孙子女、外孙子女）的对外投资情况进行核查，以判断是否存在拥有相竞争业务的情形。

④控股股东、实际控制人应力戒利用其他亲属关系，或者以解除婚姻关系为由来规避同业竞争，在报告期内应从根本上真正解决同业竞争，且相关企业之间完全独立规范运作，不存在混同的情形。

⑤对于公司的控股股东、实际控制人夫妻双方的亲属拥有与公司密切相关的业务是否影响公司的独立性及符合整体上市的要求，参照上述原则执行，即公司的控股股东、实际控制人夫妻双方直系亲属拥有与公司密切相关联的业务，原则上认定为独立性存在缺陷，其他亲属拥有则按照上述第二条的规定进行个案分析判断。

345. 公司的业务目前与控股股东有一定的竞争关系，但上市后募集资金有购买控股股东相同或相近业务的计划，这样对公司上市有无影响？

有影响。

控股股东与上市公司存在同业竞争，两者存在相同或相近的市场、客户、供应商，使用相同的原材料、生产设备、技术等资源，存在控股股东滥用控股地位侵占上市公司利益的可能性，也可能存在控股股东通过利益输送，操纵上市公司利润的可能性。

根据2015年修订的《公开发行证券的公司信息披露内容与格式准则第1号——招股说明书》的有关规定："发行人的业务应当独立于控股股东、实际控制人及其控制的其他企业，与控股股东、实际控制人及其控制的其他企业间不得有同业竞争或者显失公平的关联交易"。根据2015年修订的《公开发行证券的公司信息披露内容与格式准则第28号——创业板公司招股说明书》的有关规定："发行人资产完整，业务及人员、财务、机构独立，具有完整的业务体系和直接面向市场独立经营的能力。与控股股东、实际控制人及其控制的其他企业间不存在同业竞争，以及严重影响公司独立性或者显失公允的关联交易。"因此，发行人应避免与控股股东之间的同业竞争或显失公允的关联交易，公司的业务目前与控股股东有一定的竞争关系，应当在申报材料前通过重组、剥离或出售等方式予以解决。

第七节 关联交易

346. 什么是关联关系、关联方和关联交易？

《公司法》《上市规则》《企业会计准则》都有对关联关

系的相关定义,在实际发行审核过程中三方面的规定都作为参考依据。

根据《公司法》第二百一十六条的规定:"关联关系是指公司控股股东、实际控制人、董事、监事、高级管理人员与其直接或者间接控制的企业之间的关系,以及可能导致公司利益转移的其他关系。但是,国家控股的企业之间不仅因为同受国家控股而被认定为具有关联关系。"

财政部颁布的新《企业会计准则第36号——关联方披露》对关联方的定义为:一方控制、共同控制另一方或对另一方施加重大影响,以及两方或两方以上同受一方控制、共同控制或重大影响的,构成关联方。其中,控制是指有权决定一个企业的财务和经营政策,并能据以从该企业的经营活动中获取利益;共同控制,是指按照合同约定对某项经济活动所共同的控制,仅在与该项经济活动相关的重要财务和经营决策需要分享控制权的投资方一致同意时存在;重大影响,是指对一个企业的财务和经营决策有参与决策的权力,但并不能控制或者与其他方一起共同控制这些政策的制定。但,仅仅同受国家控制而不存在其他关联方关系的企业,不构成关联方。

根据《深圳证券交易所股票上市规则》(2014年修订)、《深圳证券交易所创业板股票上市规则》(2014年修订)的规定,上市公司的关联人包括关联法人和关联自然人。

具有下列情形之一的法人或者其他组织,为上市公司的关联法人:

①直接或者间接地控制上市公司的法人或者其他组织;

②由前项所述法人直接或者间接控制的除上市公司及其控股子公司以外的法人或者其他组织;

③上市公司的关联自然人直接或者间接控制的,或者担任董事、高级管理人员的,除上市公司及其控股子公司以外的法人或者其他组织;

④持有上市公司5%以上股份的法人或者其他组织及其一致行动人；

⑤中国证监会、证券交易所或者上市公司根据实质重于形式的原则认定的其他与上市公司有特殊关系，可能或者已经造成上市公司对其利益倾斜的法人或者其他组织。具有下列情形之一的自然人，为上市公司的关联自然人：

①直接或者间接持有上市公司5%以上股份的自然人；

②上市公司董事、监事及高级管理人员；

③直接或者间接地控制上市公司的法人或者其他组织的董事、监事及高级管理人员；

④本条第①项、第②项所述人士的关系密切的家庭成员，包括配偶、父母及配偶的父母、兄弟姐妹及其配偶、年满十八周岁的子女及其配偶、配偶的兄弟姐妹和子女配偶的父母；

⑤中国证监会、证券交易所或者上市公司根据实质重于形式的原则认定的其他与上市公司有特殊关系，可能造成上市公司对其利益倾斜的自然人。

《企业会计准则第36号——关联方披露》第三条规定，"一方控制、共同控制另一方或对另一方施加重大影响，以及两方或两方以上同受一方控制、共同控制或重大影响的，构成关联方。控制，是指有权决定一个企业的财务和经营政策，并能据以从该企业的经营活动中获取利益。共同控制，是指按照合同约定对某项经济活动所共有的控制，仅在与该项经济活动相关的重要财务和经营决策需要分享控制权的投资方一致同意时存在。重大影响，是指对一个企业的财务和经营政策有参与决策的权力，但并不能够控制或者与其他方一起共同控制这些政策的制定。"

《企业会计准则第36号——关联方披露》第四条规定，"下列各方构成企业的关联方：

①该企业的母公司。

②该企业的子公司。
③与该企业受同一母公司控制的其他企业。
④对该企业实施共同控制的投资方。
⑤对该企业施加重大影响的投资方。
⑥该企业的合营企业。
⑦该企业的联营企业。
⑧该企业的主要投资者个人及与其关系密切的家庭成员。主要投资者个人,是指能够控制、共同控制一个企业或者对一个企业施加重大影响的个人投资者。
⑨该企业或其母公司的关键管理人员及与其关系密切的家庭成员。关键管理人员,是指有权力并负责计划、指挥和控制企业活动的人员。与主要投资者个人或关键管理人员关系密切的家庭成员,是指在处理与企业的交易时可能影响该个人或受该个人影响的家庭成员。
⑩该企业主要投资者个人、关键管理人员或与其关系密切的家庭成员控制、共同控制或施加重大影响的其他企业。"

关联交易,是指关联方之间转移资源、劳务或义务的行为,而不论是否收到价款。根据《企业会计准则第36号——关联方披露》和《深圳证券交易所股票上市规则》(2012年修订)规定,关联交易的类型主要包括:

①购买或者出售资产。
②对外投资(含委托理财、委托贷款、对子公司投资等)。
③提供财务资助。
④提供担保。
⑤租入或者租出资产。
⑥签订管理方面的合同(含委托经营、受托经营等)。
⑦赠予或者受赠资产。
⑧债权或者债务重组。

⑨研究与开发项目的转移。
⑩签订许可协议。
⑪购买原材料、燃料、动力。
⑫销售产品、商品。
⑬提供或者接受劳务。
⑭委托或者受托销售。
⑮关联双方共同投资。
⑯其他通过约定可能造成资源或者义务转移的事项等。

347. 如何规范关联交易？

规范关联交易，首先应从规范公司的关联人着手。公司的关联人可概况分为两类：第一类关联人指对公司占有一定比例出资额或持有一定比例表决权股份而对公司具有控制权或重大影响的股东；第二类关联人指公司的董事、监事、经理等高级管理人员。

①建立和完善预防、救济措施，规范与第一类关联人发生的关联交易。对关联交易可在事前采取积极措施，如规定累积投票权制度、股东表决权排除制度，以防止因资本多数表决权的滥用而导致不公平关联交易的产生。对于因不公平关联交易而导致利益受到侵害的股东，可以规定相应的救济措施，如请求法院否决股东大会、董事会决议效力制度、股东代表诉讼制度、法人人格否认制度，在程序及实体方面使受到侵害者获得司法保护。

②完善公司法人治理结构，规范与第二类关联人发生的关联交易。第二类关联交易，又称自己交易、自利交易或自我交易，主要指公司与其董事、监事、经理等对公司有一定控制权或影响力的公司内部人之间的交易。公司的董事、监事、经理等高级管理人员因其地位或职权而对公司有一定的控制权，如果任由其与公司进行各类交易而不予干涉或限制，难免会发生

滥用控制权损害公司利益的情形。对不公平自我交易进行防范的重要途径之一就是完善公司法人治理结构，加强董事、监事、经理等高级管理人员之间的互相监督和制约，限制权力的滥用。具体如：完善股东大会运作规则，健全股东大会制度；设立独立董事制度；加强监事会的监察职能；强化董事、监事、经理对公司的义务等。

规范关联交易的基本原则是：一是尽量避免不必要的关联交易；二是对于必需的关联交易要保证交易价格的公允性；三是保障股东大会和董事会表决程序的合法性、合理性、正当性，关联股东和关联董事应回避表决；四是要履行必要的信息披露。

348. 规范和减少关联交易的具体办法有哪几种？

规范和减少关联交易的具体办法和途径主要有：

①发行人要遵循资产完整原则，避免借助控股股东资产进行经营的依赖。生产型企业应当具备与生产经营有关的生产系统、辅助生产系统和配套设施，合法拥有与生产经营有关的土地、厂房、机器设备以及商标、专利、非专利技术的所有权或者使用权，具有独立的原料采购和产品销售系统；非生产型企业应当具备与经营有关的业务体系及相关资产。

②发行人应坚持业务独立原则，减少与关联企业或关联自然人之间的交易。发行人的业务应当独立于控股股东、实际控制人及其控制的其他企业，与控股股东、实际控制人及其控制的其他企业间不得有同业竞争或者显失公平的关联交易。

③发行人可通过股权重组与业务重整方法，避免关联交易。常见的手段有：对关联企业的股权结构进行调整，以降低其关联性，以及对关联企业予以收购等；此外，还可以直接对关联企业的业务进行调整，如购买关联交易所对应的资产或者业务等。调整的目的是简化企业的投资关系，减少关联企业的

数量，从而达到减少关联交易的最终目的。

④透过公司章程和相关交易协议，规范关联交易。可在公司章程等相关制度中按照对上市公司的要求，明确关联交易公允决策的权限、程序，明确关联股东、关联董事的回避制度以及对公司和其他股东进行保护的内容；在关联交易协议或合同中，应遵循市场公正、公平、公开的原则，交易定价应按照与市场独立第三方交易的标准，无市场价格可比较或定价受到限制的重大关联交易，应按照成本加上合理利润的原则定价。

⑤按照《企业会计准则》和相关法规，充分披露关联交易。发行人应在财务报表和相关申报文件中，真实、充分披露关联交易，根据相关规定，无论是否发生关联交易均应当披露存在控制关系的母公司和子公司有关信息；与关联方发生关联交易的，应当披露该关联方的性质、交易类型及交易要素。

349. 什么是关联交易非关联化？

关联交易非关联化，是指公司通过各种交易安排或改变股权结构等方式，致使一些关联交易从表面上看完全是两个非关联人之间的交易，如通过一个非关联方将一个关联交易分解为两个非关联交易、隐匿关联关系、隐蔽的非关联方利益输送等。发行人应不存在关联交易非关联化的情形，否则将对申报上市造成实质性障碍。

350. 股份有限公司（上市公司）可否对股东、关联公司进行担保？如果可以，担保需要经过什么程序？对担保金额有何规定？

可以进行担保。

根据中国证监会与中国银监会联合发布的《关于规范上市公司对外担保行为的通知》（证监发〔2005〕120号）、《深圳证券交易所股票上市规则》（2014年修订）、《深圳证券交易所创业板股票上市规则》（2014年修订）规定：

①上市公司对外担保必须经董事会或股东大会审议。

②上市公司的《公司章程》应当明确股东大会、董事会审批对外担保的权限及违反审批权限、审议程序的责任追究制度。

③应由股东大会审批的对外担保，必须经董事会审议通过后，方可提交股东大会审批。须经股东大会审批的对外担保，包括但不限于下列情形：

一是上市公司及其控股子公司的对外担保总额，超过最近一期经审计净资产50%以后提供的任何担保；

二是为资产负债率超过70%的担保对象提供的担保；

三是单笔担保额超过最近一期经审计净资产10%的担保；

四是对股东、实际控制人及其关联方提供的担保；

五是连续12个月内担保金额超过公司最近一期经审计总资产的30%；

六是连续12个月内担保金额超过公司最近一期经审计净资产的50%且绝对金额超过5 000万元（创业板为3 000万元）。

股东大会在审议为股东、实际控制人及其关联方提供的担保议案时，该股东或受该实际控制人支配的股东，不得参与该项表决，该项表决由出席股东大会的其他股东所持表决权的半数以上通过。

股东大会审议前款第五项担保事项时，应经出席会议的股东所持表决权的2/3以上通过。

④应由董事会审批的对外担保，必须经出席董事会的2/3以上董事审议同意并做出决议。

⑤上市公司董事会或股东大会审议批准的对外担保，必须在中国证监会指定信息披露报刊上及时披露，披露的内容包括

董事会或股东大会决议、截止信息披露日上市公司及其控股子公司对外担保总额、上市公司对控股子公司提供担保的总额。

⑥上市公司在办理贷款担保业务时,应向银行业金融机构提交《公司章程》、有关该担保事项董事会决议或股东大会决议原件、刊登该担保事项信息的指定报刊等材料。

⑦上市公司控股子公司的对外担保,比照上述规定执行。上市公司控股子公司应在其董事会或股东大会做出决议后及时通知上市公司履行有关信息披露义务。

如欲申请发行的拟上市公司的对外担保,在实际操作中应较上市公司的上述规定更加严格。

351. 上市公司与关联方资金往来应该遵循哪些规定?

2003年8月28日,中国证监会、国务院国资委联合发布了《关于规范上市公司与关联方资金往来及上市公司对外担保若干问题的通知》(证监发〔2003〕56号),此外,证券交易所在《股票上市规则》等业务规则中做了进一步的规定。

根据上述规定,上市公司与关联方资金往来时应该注意以下事项:

①控股股东及其他关联方与上市公司发生的经营性资金往来中,禁止占用上市公司资金。

控股股东及其他关联方不得要求上市公司为其垫支工资、福利、保险、广告等期间费用,也不得互相代为承担成本和其他支出。

②上市公司不得以下列方式将资金直接或间接地提供给控股股东及其他关联方使用:

第一,有偿或无偿地拆借公司的资金给控股股东及关联方使用;

第二,通过银行或非银行金融机构向关联方提供委托贷款;

第三，委托控股股东及其他关联方进行投资活动；

第四，为控股股东及其他关联方开具没有真实交易背景的商业承兑汇票；

第五，代控股股东及其他关联方偿还债务；

第六，中国证监会认定的其他方式。

由此可见，上市公司与关联方非经营性资金往来必须坚持"自上而下"单向流动的原则，即允许上市公司实际控制人及其关联方低息或者无偿向上市公司提供资金，但绝对不允许上市公司以任何形式将资金直接或间接地提供给实际控制人及其关联方。

③上市公司为其控股子公司提供资金等财务资助时应该遵循以下规则。

第一，上市公司为其控股子公司提供资金等财务资助时，控股子公司的其他股东原则上应按出资比例提供同等条件的财务资助。

其他股东为上市公司的控股股东、实际控制人及其关联方的，其他股东必须按出资比例提供财务资助，且条件同等。

第二，上市公司不得为控股股东、实际控制人或者其关联方的控股子公司提供资金等财务资助。

公司在与上述关联方发生经营性资金往来时，应当严格履行相关审批程序和信息披露义务，明确经营性资金往来的结算期限，不得以经营性资金往来的形式变相为其提供资金等财务资助。

④上市公司不得购买控股股东、实际控制人对其存在资金占用的项目或者资产。

第五章

募集资金使用

352. 募投项目的核准、备案有什么规定？

根据《国务院关于投资体制改革的决定》，政府仅对重大项目和限制类项目从维护社会公共利益的角度进行核准。其他项目无论规模大小均改为备案制。

投资项目的核准制，是企业不使用政府性资金投资建设的重大和限制类固定资产投资项目所需经过的程序，其主要法律依据是《政府核准的投资项目目录》《企业投资项目核准暂行办法》。

投资项目的备案制，是指企业不使用政府性资金投资《政府核准的投资项目目录》以外的项目，除国家法律法规和国务院专门规定禁止投资的项目以外，实行备案管理的程序。

发行人根据募投项目金额的大小可到不同层级的发改委备案（各个地方都有权限划分的文件），不一定非要到省发改委备案。有些地方企业的技术改造项目是经济委员会或经济贸易委员会审批或备案的。但如果涉及固定资产投资，则需到发改委备案。IPO 募投项目如何立项，或者如何备案，要视具体情况而定，因为这涉及拟上市公司募投项目的性质以及各地方政府对投资项目备案的不同规定。

353. 中小企业板对 IPO 募集资金使用有哪些规定？

中国证监会《公开发行证券的公司信息披露内容与格式准则第 1 号——招股说明书（2015 年修订）》规定，关于募集资金使用，应披露如下内容：

①募集资金原则上应当用于主营业务；

②董事会对募集资金投资项目可行性的分析意见，并说明募集资金数额和投资项目与企业现有生产经营规模、财务状况、技术水平和管理能力等相适应的依据；

③保荐人及发行人律师对募集资金投资项目是否符合国家产业政策、环境保护、土地管理以及其他法律、法规和规章规定出具的结论性意见；

④募集资金投资项目实施后，不产生同业竞争或者对发行人的独立性不产生不利影响；

⑤募集资金专项存储制度的建立及执行情况。

354. 创业板对 IPO 募集资金使用有哪些规定？

中国证监会《公开发行证券的公司信息披露内容与格式准则第 28 号——创业板公司招股说明书（2015 年修订）》规定，关于募集资金使用，应披露如下内容：

①募集资金应当围绕主营业务进行投资安排；

②董事会对募集资金投资项目可行性的分析意见，并说明募集资金数额和投资项目与企业现有生产经营规模、财务状况、技术水平和管理能力等相适应的依据。

355. 现阶段监管部门对首次公开发行股票超募现象有何规定？

根据中国证监会《中国证监会关于进一步推进新股发行体制改革的意见》《首次公开发行股票时公司股东公开发售

股份暂行规定》等有关规定，首次公开发行股票包括公司公开发行新股和股东公开发售股票两部分。其中，公司新股发行数量应当根据募投项目资金需求合理确定。根据询价结果，若预计新股发行募集资金额超过募投项目所需资金总额的，发行人应当减少新股发行数量。因此，根据2014年中国证监会新一轮新股发行体制改革的指导精神，新股发行过程中原则上不得超募。

356. IPO发行审核过程中发行人能否对募集资金运用进行调整？

初审过程中，发行人需调整募集资金用途的，应履行相应的法律程序；已通过发审会的，发行人原则上不得调整募集资金项目，但可根据募投项目实际投资情况、成本变化等因素，合理调整募集资金的需求量，并可以将部分募集资金用于公司一般用途，但需在招股说明书中说明调整的原因。

357. 如何理解募集资金使用在IPO审核中的重要性？

招股说明书是企业申请IPO的必备法律文件，其主要内容包括：发行人基本情况、业务与技术、财务会计信息、募集资金使用。募集资金使用不仅在招股说明书中有着举足轻重的位置，也是证监会IPO审核的重点之一。在近年IPO审核实务中，募集资金使用规划不当或者不合理已成为"IPO申请被否"的重要原因之一。因此，如何合理确定募集资金投资项目及使用以便顺利通过发审委的审核，是拟上市企业在IPO申报前必须充分论证的一项重要工作。

358. 募集资金能否持有金融资产和财务性投资？

除金融类企业外，募集资金使用项目不得为持有交易性金融资产和可供出售的金融资产、借予他人、委托理财等财务性投资,不得直接或者间接投资于以买卖有价证券为主要业务的公司,否则公司 IPO 申请难以通过发审委的审核。

359. 什么是募集资金与发行人现有生产经营规模、财务状况、技术水平和管理能力等不相适应?

由于首发募集资金量较大,在实务中企业会投其他相关行业,但企业并没有从事此行业的人才与管理能力。

企业规划新项目时,为了使募集资金数额能配套发行的规模,会被迫扩大再生产项目,容易产生以下质疑:一是原有生产能力如没有 100% 的利用率,如扩大规模容易形成市场空间的质疑,市场开拓压力之疑点;二是原生产能力及其固定资产原值之间的比例,与新生产能力与庞大的投资项目之间的不匹配,引发相应折旧压力。

360. 为什么募集资金使用要符合国家产业政策?

募集资金投资项目应当符合国家产业政策、投资管理、环境保护、土地管理以及其他法律、法规和规章的规定。招股说明书信息披露准则要求发行人披露行业主要法律法规及政策、发行人主要产品生产技术所处的阶段等,并要求披露发行人产品或技术面临被淘汰的风险。中介机构执业规则要求中介机构核查发行人的生产经营合法性以及持续经营是否存在法律障碍,并详细说明发行人存在的主要风险。

除严格执行上述规定外,中国证监会在首次公开发行审核中,密切关注产业政策发展动向,配合国家有关部门落实宏观调控政策,要求发行人真实、准确、完整、及时披露相关信息。针对传统产业集中的主板企业审核过程中,证监会一直就发行人产业政策的合法性、技改项目的可行性及募投项目批文的合规性征求发改委意见,对于募集资金投向不符合国家产业政策的,不予核准其发行申请。

361. 募集资金项目与发行人是否需要环保核查？

IPO 募投项目不符合国家环保法律法规将造成募投项目的市场前景和盈利能力面临不确定性，进而影响公司 IPO 申请通过证监会发审委的审核。2014 年 10 月 19 日，环境保护部发布《关于改革调整上市环保核查工作制度的通知》（环发 [2014] 149 号），取消了运行十余年的上市公司环保核查工作。通知要求今后各级环保部门不应再对各类企业开展任何形式的环保核查，不得再为各类企业出具环保守法证明等任何形式的类似文件。保荐机构和投资人可以依据政府、企业公开的环境信息以及第三方评估等信息，对上市公司环境表现进行评估。上市公司应按照有关法律要求及时、完整、真实、准确地公开环境信息，并按《企业环境报告书编制导则》（HJ617 – 2011）定期发布企业环境报告书。

362. 募集资金使用土地应关注什么样的合规风险？

募投项目不符合国家土地管理规定会使公司的重大资产存在瑕疵，面临重大法律风险，进而影响公司 IPO 申请通过中国证监会发审委的审核。

在实务中，如大量租用集体土地或无证土地，因为出租方的土地使用不符合国家土地管理规定，所以面临重大项目实施风险。

363. 募集资金项目为什么要关注项目实施后产生的同业竞争或者影响独立性的因素？

独立性是对上市公司的重要要求，因此，发审委特别关注募投项目实施后，应当有利于避免同业竞争，增强发行人的独立性，如还会产生关联交易、同业竞争等其他有违独立性的因素，影响公司 IPO 申请通过中国证监会发审委的审核。

第六章
信 息 披 露

364. 什么是申请文件预先披露制度？如何操作？

《证券法》第二十一条规定："发行人申请首次公开发行股票的，在提交申请文件后，应当按照国务院证券监督管理机构的规定预先披露有关申请文件。"预披露制度由此而来。预披露制度是检测证券发行文件是否真实、准确、完整的制度安排，是公开原则的内在要求。

根据《中国证监会关于进一步推进新股发行体制改革的意见》（证监会公告〔2013〕42号，以下简称《意见》）和发行监管函〔2013〕328号，保荐机构应当按照下列时点要求提交用于预先披露的材料，包括招股说明书（申报稿）和承诺函等。中国证监会审核部门收到上述材料后，即按程序安排预先披露。

①保荐机构应在向中国证监会提交首发申请文件的同时一并提交预先披露材料。

②发行人及其中介机构按要求回复反馈意见后，审核部门将通知保荐机构提交用于更新的预先披露材料，保荐机构应在收到通知后5个工作日内将更新后的预先披露材料提交至审核部门。

③遇其他需更新预先披露材料情形的，审核部门可通知保荐机构提交用于更新的预先披露材料，保荐机构应在收到通知

后 5 个工作日内将更新后的预先披露材料提交至审核部门。

已提交首发申请但尚未通过发审会的企业（以下简称"在审企业"），应向审核部门提交财务资料、在有效期内的预先披露材料，并相应更新申请文件，其后方可履行后续审核程序。新申请首发企业财务资料的审计基准日参照上述要求执行。

发行人及其控股股东等责任主体应当按照《中国证监会关于进一步推进新股发行体制改革的意见》及相关配套文件要求切实落实其诚信义务等事项，并在相关文件中披露。发行人及保荐机构向中国证监会提交的首发申请文件应符合该意见及相关配套文件要求。在审企业及通知发布之日前已通过发审会但尚未获核准的企业，应在报送预先披露或会后事项材料时，一并补充提交相关文件。

预先披露的招股说明书（申报稿）不是发行人发行股票的正式文件，不能含有价格信息，发行人不得据此发行股票。发行人应当在预先披露的招股说明书（申报稿）的显要位置声明："本公司的发行申请尚未得到中国证监会核准。本招股说明书（申报稿）不具有据以发行股票的法律效力。仅供预先披露之用。投资者应当以正式公告的招股说明书全文作为做出投资决定的依据。"

365. 招股说明书的披露需达到什么要求？《中国证监会关于进一步推进新股发行体制改革的意见》提出，"审核过程中，发现发行人申请材料中记载的信息自相矛盾或就同一事实前后存在不同表述且有实质性差异的，中国证监会将中止审核"，请问审核过程中具体是如何把握的？

（1）招股说明书的披露要求

发行人在招股说明书及其摘要中披露的所有信息应做到真实、准确、完整、公平、及时。

招股说明书中所用的描述性语句要做到通俗易懂、简明扼要，避免使用夸大性用语、广告性语言，所引用的各种数据都需要有客观依据，所引用的财务报告、盈利预测报告（如有）应由具有证券期货相关业务资格的会计师事务所审计或审核，并由两名以上具有证券期货相关业务资格的注册会计师签署。

招股说明书预先披露后，发行人相关信息及财务数据不得随意更改。审核过程中，发现发行人申请材料中记载的信息自相矛盾，或就同一事实前后存在不同表述且有实质性差异的，中国证监会将中止审核，并在12个月内不再受理相关保荐代表人推荐的发行申请。

（2）发行人申请材料中记载的信息自相矛盾或就同一事实前后存在不同表述且有实质性差异的，中国证监会将中止审核

①判断发行人申请文件中记载的信息是否自相矛盾或就同一事实前后是否存在不同表述且有实质性差异，主要从以下两方面进行考量：一是信息披露存在的问题及其性质；二是该问题对审核工作、对判断发行人是否符合发行条件构成重大影响，或者是否构成影响投资者判断其投资价值的重要因素。在审核过程中，中国证监会关注的情况主要包括：发行申请文件不符合申报文件的有关规定，申请文件制作粗糙，申请文件前后文相互矛盾，申请文件之间相互矛盾，申请文件披露的信息与事实存在差异，发行人财务资料涉嫌虚假或会计处理不符合会计准则的规定等。

②在判断申请文件披露的信息是否与事实存在差异时，中国证监会重点关注以下信息：发行人的实际控制人；发行人关联方与发行人经营相同或相似业务；发行人的技术水平、市场占有率、研发费用、研发能力等信息；发行人环保设施运行、污染排放及治理污染投入等情况；发行人的诉讼、仲裁等信息；公司经营模式、产品或服务品种结构、公司行业地位或所

处行业的经营环境及其变化情况等信息；对公司生产经营有较大影响的商标、专利、专有技术以及特许经营权等重要资产或技术的权属状况等信息；公司关联方和关联交易等信息；公司主要客户、供应商。

③发行人财务资料涉嫌虚假或会计处理不符合会计准则的规定主要存在两种情形：一是公司营业收入、利润总额、总资产、净资产等涉嫌虚假，即通过虚构交易、虚假凭证、隐瞒应在公司账上反映的成本及费用等弄虚作假的行为和手段，或明显违背其既有的会计政策和估计等，以达到虚增或虚减资产、利润的目的。二是公司采用的会计政策与会计准则的规定不符，会计估计与同行业上市公司存在明显差异且无合理解释，影响到对公司财务状况、经营成果及现金流量的公允反映。

366. 关联交易的披露应达到什么要求？

根据《公开发行证券的公司信息披露内容与格式准则第1号——招股说明书（2015年修订）》第七节"同业竞争及关联交易"，发行人应从以下几个方面详细披露关联交易的情形：

①发行人应根据《公司法》和《企业会计准则》的相关规定披露关联方、关联关系和关联交易。

②发行人应根据交易的性质和频率，按照经常性和偶发性分类披露关联交易及关联交易对其财务状况和经营成果的影响。

③购销商品、提供劳务等经常性的关联交易、应分别披露最近3年及一期关联交易方名称、交易内容、交易金额、交易价格的确定方法、占当期营业收入或营业成本的比重、占当期同类型交易的比重以及关联交易增减变化的趋势、与交易相关应收应付款项的余额及增减变化的原因，以及上述关联交易是否仍将持续进行。

④偶发性的关联交易，应披露关联交易方名称、交易时

间、交易内容、交易金额、交易价格的确定方法、资金的结算情况、交易产生利润、对发行人当期经营成果的影响以及交易对公司主营业务的影响。

⑤发行人应披露是否在章程中对关联交易决策权力与程序作出规定。公司章程是否规定关联股东或利益冲突的董事在关联交易表决中的回避制度或做必要的公允声明。

⑥发行人应披露最近3年及一期发生的关联交易是否履行了公司章程规定的程序,以及独立董事对关联交易履行的审议程序是否合法及交易价格是否公允的意见。

⑦发行人应披露拟采取的减少关联交易的措施。

《公开发行证券的公司信息披露内容与格式准则第28号——创业板公司招股说明书》对关联交易披露的要求与《公开发行证券的公司信息披露内容与格式准则第1号——招股说明书(2015年修订)》基本相同,区别在于增加了"发行人应披露报告期内所发生的全部关联交易的简要汇总表",减少了"发行人应披露拟采取减少关联交易的措施"。

关联交易的披露应遵循实质重于形式的原则,发行人应高度重视关联方披露的充分性,确保不存在不实、遗漏等情况,并重点关注报告期内是否存在关联方非关联化及注销的情况。

如果存在非关联化或注销的关联企业,应注意披露该类企业的业务经营及基本财务状况、与发行人在报告期内的业务和资金往来情况及持续性、非关联化后实际从事的业务情况、注销公司的资产和人员等的处置情况。

367. 同业竞争的披露应达到什么要求?

根据《公开发行证券的公司信息披露内容与格式准则第1号——招股说明书(2015年修订)》第七节"同业竞争与关联交易",发行人应从以下几个方面详细披露同业竞争的情形:

①发行人应披露是否存在与控股股东、实际控制人及其控制的其他企业从事相同、相似业务的情况。对存在相同、相似业务的，发行人应对是否存在同业竞争做出合理解释。

②发行人应披露控股股东、实际控制人做出的避免同业竞争的承诺。

《公开发行证券的公司信息披露内容与格式准则第 28 号——创业板公司招股说明书》的披露要求同上。

368. 或有事项的披露应达到什么要求？

或有事项是指某种具有较大不确定性的经济事项，比如某种类型的未决诉讼、企业间债务担保、产品质量保证、票据贴现和背书转让等。发行人存在重大或有事项的，发行人独立董事及主承销商（保荐机构参照执行）应分别对其是否影响发行上市条件和持续经营能力发表意见；申报会计师应重点关注重大或有事项对发行人财务状况及经营业绩的影响；发行人应在招股说明书"其他重要事项"一节中充分披露上述独立董事及相关中介机构的意见。

根据《公开发行证券的公司信息披露内容与格式准则第 1 号——招股说明书（2015 年修订）》的要求，发行人应主动将或有事项（包括但不限于或有损失、重大或有负债）作为重大不确定因素进行风险披露。有关风险因素可能对发行人生产经营情况、财务状况和持续盈利能力有严重不利影响的，应作"重大事项提示"。

《公开发行证券的公司信息披露内容与格式准则第 28 号——创业板公司招股说明书》的披露要求同上。

369. 公司治理的披露应达到什么要求？

根据《公开发行证券的公司信息披露内容与格式准则第 1 号——招股说明书（2015 年修订）》第九节"公司治理"规

定，发行人应从以下几个方面详细披露公司治理的情形：

①发行人应披露股东大会、董事会、监事会、独立董事、董事会秘书制度的建立健全及运行情况，说明上述机构和人员履行职责的情况。发行人应披露战略、审计、提名、薪酬与考核等各专门委员会的设置情况。

②发行人应披露近3年内是否存在违法违规行为，若存在违法违规行为，应披露违规事实和受到处罚的情况，并说明对发行人的影响；若不存在违法违规行为，应明确声明。

③发行人应披露近3年内是否存在资金被控股股东、实际控制人及其控制的其他企业占用的情况，或者为控股股东、实际控制人及其控制的其他企业担保的情况；若不存在资金占用和对外担保，应明确声明。

④发行人应披露公司管理层对内部控制完整性、合理性及有效性的自我评估意见以及注册会计师对公司内部控制的鉴证意见。注册会计师指出公司内部控制存在缺陷的，应予披露并说明改进措施。

《公开发行证券的公司信息披露内容与格式准则第28号——创业板公司招股说明书》对关联交易披露的要求与《公开发行证券的公司信息披露内容与格式准则第1号——招股说明书（2015年修订）》基本相同，但增加了以下两条规定：

①发行人应披露资金管理、对外投资、担保事项的政策及制度安排，说明决策权限及程序等规定，并说明最近3年的执行情况。

②发行人应披露投资者权益保护的情况，说明在保障投资者尤其是中小投资者依法享有获取公司信息、享有资产收益、参与重大决策和选择管理者等权利方面采取的措施。

目前，中国证监会已经加强了对发行人公司治理有效性的披露要求和审核关注度，发行人应对公司治理各项制度的实际运行情况与效果以及股东大会、董事会、监事会及董事会各专业委员会的实际运行情况进行披露与说明。

370. 重大事项提示的披露应达到什么要求？

根据《公开发行证券的公司信息披露内容与格式准则第1号——招股说明书（2015年修订）》，发行人应针对实际情况在招股说明书首页作"重大事项提示"，提醒投资者给予特别关注。

重大事项提示的主要内容包括可能对发行人生产经营情况、财务状况和持续盈利能力有严重不利影响的有关风险因素。若发行前的滚存利润归发行前的股东享有，应披露滚存利润的审计和实际派发情况，同时在招股说明书首页对滚存利润中由发行前股东单独享有的金额以及是否派发完毕作"重大事项提示"。

另外，为了完善投资者回报机制，中国证监会要求所有拟上市公司在IPO的招股说明书中细化股东回报规则、现金分红政策和现金分红计划，并作为重大事项加以提示。

此外，根据《中国证监会关于进一步推进新股发行体制改革的意见》，招股说明书应在重大事项中提示以下承诺事项：

①发行人控股股东、持有发行人股份的董事和高级管理人员应在公开募集及上市文件中公开承诺：所持股票在锁定期满后两年内减持的，其减持价格不低于发行价；公司上市后6个月内如公司股票连续20个交易日的收盘价均低于发行价，或者上市后6个月期末收盘价低于发行价，持有公司股票的锁定期限自动延长至少6个月。

②发行人及其控股股东、公司董事及高级管理人员应在公开募集及上市文件中提出上市后3年内公司股价低于每股净资产时稳定公司股价的预案，预案应包括启动股价稳定措施的具

体条件、可能采取的具体措施等。具体措施可以包括发行人回购公司股票，控股股东、公司董事、高级管理人员增持公司股票等。上述人员在启动股价稳定措施时应提前公告具体实施方案。

③发行人及其控股股东应在公开募集及上市文件中公开承诺，发行人招股说明书有虚假记载、误导性陈述或者重大遗漏，对判断发行人是否符合法律规定的发行条件构成重大、实质影响的，将依法回购首次公开发行的全部新股，且发行人控股股东将购回已转让的原限售股份。发行人及其控股股东、实际控制人、董事、监事、高级管理人员等相关责任主体应在公开募集及上市文件中公开承诺：发行人招股说明书有虚假记载、误导性陈述或者重大遗漏，致使投资者在证券交易中遭受损失的，将依法赔偿投资者损失。

④保荐机构、会计师事务所等证券服务机构应当在公开募集及上市文件中公开承诺：因其为发行人首次公开发行制作、出具的文件有虚假记载、误导性陈述或者重大遗漏，给投资者造成损失的，将依法赔偿投资者损失。

⑤发行人应当在公开募集及上市文件中披露公开发行前持股5%以上股东的持股意向及减持意向。持股5%以上股东减持时，须提前3个交易日予以公告。

《首次公开发行股票并在创业板上市管理办法》在前述规定的基础上，要求发行人应当在招股说明书显要位置作如下声明："本次股票发行后拟在创业板市场上市，该市场具有较高的投资风险。创业板公司具有业绩不稳定、经营风险高、退市风险大等特点，投资者面临较大的市场风险。投资者应充分了解创业板市场的投资风险及本公司所披露的风险因素，审慎做出投资决定。"

371. 涉及商业机密的信息是否可以豁免披露？

招股说明书的制作应按照《公开发行证券的公司信息披露内容与格式准则第1号——招股说明书（2015年修订）》或《公开发行证券的公司信息披露内容与格式准则第28号——创业板公司招股说明书》编制。如发行人有充分依据证明上述准则要求披露的某些信息涉及国家机密、商业秘密及其他因披露可能导致其违反国家有关保密法律法规规定或严重损害公司利益的，发行人可向中国证监会申请豁免按上述准则披露。

372. 收入方面应如何披露？

发行人应在招股说明书中披露下列对其收入有重大影响的信息，包括但不限于：

①发行人应列表披露最近3年及最近一期营业收入的构成及比例，并按产品（或服务）类别及业务、地区分部列示，分析营业收入增减变化的情况及原因；披露主要产品或服务的销售价格、销售量的变化情况及原因；营业收入存在季节性波动的，应分析季节性因素对各季度经营成果的影响。

②发行人采用的销售模式及销售政策。按业务类别披露发行人所采用的收入确认的具体标准、收入确认时点。发行人应根据会计准则的要求，结合自身业务特点、操作流程等因素详细说明其收入确认标准的合理性。

③报告期各期发行人对主要客户的销售金额、占比及变化情况，主要客户中新增客户的销售金额及占比情况。报告期各期末发行人应收账款中主要客户的应收账款金额、占比及变化情况，新增主要客户的应收账款金额及占比情况。

保荐机构和会计师事务所应核查发行人收入的真实性和准确性，包括但不限于：

①发行人收入构成及变化情况是否符合行业和市场同期的

变化情况。发行人产品或服务价格、销量及变动趋势与市场上相同或相近产品或服务的信息及其走势相比是否存在显著异常。

②发行人属于强周期性行业的,发行人收入变化情况与该行业是否保持一致。发行人营业收入季节性波动显著的,季节性因素对发行人各季度收入的影响是否合理。

③不同销售模式对发行人收入核算的影响。经销商或加盟商销售占比较高的,经销或加盟商最终销售的大致去向。发行人收入确认标准是否符合《企业会计准则》的规定,是否与行业惯例存在显著差异及原因。发行人合同收入确认时点的恰当性,是否存在提前或延迟确认收入的情况。

④发行人主要客户及变化情况,与新增和异常客户交易的合理性及持续性,会计期末是否存在突击确认销售以及期后是否存在大量销售退回的情况。发行人主要合同的签订及履行情况,发行人各期主要客户的销售金额与销售合同金额之间是否匹配。报告期发行人应收账款主要客户与发行人主要客户是否匹配,新增客户的应收账款金额与其营业收入是否匹配。大额应收款项是否能够按期收回以及期末收到的销售款项是否存在期后不正常流出的情况。

⑤发行人是否利用与关联方或其他利益相关方的交易实现报告期收入的增长。报告期关联销售金额及占比大幅下降的原因及合理性,是否存在隐匿关联交易或关联交易非关联化的情形。

373. 成本方面应如何披露?

发行人应在招股说明书中披露下列对其成本有重大影响的信息,包括但不限于:

①结合报告期各期营业成本的主要构成情况,主要原材料和能源的采购数量及采购价格等,披露报告期各期发行人营业

成本增减变化情况及原因。

②报告期各期发行人对主要供应商的采购金额、占比及变化情况，对主要供应商中新增供应商的采购金额及占比情况。

③报告期各期发行人存货的主要构成及变化情况。如发行人期末存货余额较大，周转率较低，应结合其业务模式、市场竞争情况和行业发展趋势等因素披露原因，同时分析并披露发行人的存货减值风险。

保荐机构和会计师事务所应核查发行人成本的准确性和完整性，包括但不限于：

①发行人主要原材料和能源的价格及其变动趋势与市场上相同或相近原材料和能源的价格及其走势相比是否存在显著异常；报告期各期发行人主要原材料及单位能源耗用与产能、产量、销量之间是否匹配；报告期发行人料、工、费的波动情况及其合理性。

②发行人成本核算方法是否符合实际经营情况和《企业会计准则》的要求，报告期成本核算的方法是否保持一贯性。

③发行人主要供应商变动的原因及合理性，是否存在与原有主要供应商交易额大幅减少或合作关系取消的情况。发行人主要采购合同的签订及实际履行情况。是否存在主要供应商中的外协或外包方占比较高的情况，外协或外包生产方式对发行人营业成本的影响。

④发行人存货的真实性，是否存在将本应计入当期成本费用的支出混入存货项目以达到少计当期成本费用的情况。发行人存货盘点制度的建立和报告期内实际执行情况，异地存放、盘点过程存在特殊困难或由第三方保管或控制的存货的盘存方法以及履行的替代盘点程序。

374. 期间费用方面应如何披露？

发行人应在招股说明书中披露下列对期间费用有重大影响

的信息,包括但不限于:

①报告期各期发行人销售费用、管理费用和财务费用的构成及变化情况。

②报告期各期发行人的销售费用率,如果与同行业上市公司的销售费用率存在显著差异,应披露差异情况,并结合发行人的销售模式和业务特点,披露存在差异的原因。

③报告期各期发行人管理费用、财务费用占销售收入的比重,如报告期内存在异常波动,应披露原因。

保荐机构和会计师事务所应核查发行人期间费用的准确性和完整性,包括但不限于:

①发行人销售费用、管理费用和财务费用构成项目是否存在异常或变动幅度较大的情况及其合理性。

②发行人销售费用率与同行业上市公司销售费用率相比是否合理。发行人销售费用的变动趋势与营业收入的变动趋势的一致性,销售费用的项目和金额与当期发行人与销售相关的行为是否匹配,是否存在相关支出由其他利益相关方支付的情况。

③发行人报告期内管理人员薪酬是否合理,研发费用的规模与列支与发行人当期的研发行为及工艺进展是否匹配。

④发行人报告期内是否足额计提各项贷款利息支出,是否根据贷款实际使用情况恰当进行利息资本化。发行人占用相关方资金或资金被相关方占用的,是否支付或收取资金占用费,费用是否合理。

⑤报告期各期发行人员工工资总额、平均工资及变动趋势与发行人所在地区平均水平或同行业上市公司平均水平之间是否存在显著差异及差异的合理性。

 375. 净利润方面应如何披露?

发行人应在招股说明书中披露下列对其净利润有重大影响

的信息,包括但不限于:

①报告期各期发行人的营业利润、利润总额和净利润金额,分析发行人净利润的主要来源以及净利润增减变化情况及原因。

②报告期各期发行人的综合毛利率、分产品或服务的毛利率,同行业上市公司中与发行人相同或相近产品或服务的毛利率对比情况。如存在显著差异,应结合发行人经营模式、产品销售价格和产品成本等,披露原因及对发行人净利润的影响。

③报告期内发行人的各项会计估计,如坏账准备计提比例、固定资产折旧年限等与同行业上市公司同类资产相比存在显著差异的,应披露原因及对发行人净利润的累计影响。

④根据《公开发行证券的公司信息披露解释性公告第2号——财务报表附注中政府补助相关信息的披露》的相关规定,应在报表附注中作完整披露;政府补助金额较大的项目,应在招股说明书中披露主要信息。

⑤报告期内税收政策的变化及对发行人的影响,是否面临即将实施的重大税收政策调整及对发行人可能存在的影响。

保荐机构和会计师事务所应核查影响发行人净利润的项目,包括但不限于:

①发行人政府补助项目会计处理的合规性。其中,按应收金额确认的政府补助是否满足确认标准,以及确认标准的一致性;与资产相关和与收益相关政府补助的划分标准是否恰当,政府补助相关递延收益分配期限确定方式是否合理等。

②发行人是否符合所享受的税收优惠的条件,相关会计处理的合规性,如果存在补缴或退回的可能是否已充分提示相关风险。

376. 发行人、中介机构报送的发行申请文件及相关法律文书涉嫌虚假记载、误导性陈述或重大遗漏的，如何处理？

根据《中国证监会关于进一步推进新股发行体制改革的意见》，发行人、中介机构报送的发行申请文件及相关法律文书涉嫌虚假记载、误导性陈述或重大遗漏的，移交稽查部门查处，被稽查立案的，暂停受理相关中介机构推荐的发行申请，对相关中介机构的在审项目中止审核；查证属实的，自确认之日起36个月内不再受理该发行人的股票发行申请，并依法追究中介机构及相关当事人责任。

发行人及其控股股东应在公开募集及上市文件中公开承诺，发行人招股说明书有虚假记载、误导性陈述或者重大遗漏，对判断发行人是否符合法律规定的发行条件构成重大、实质影响的，将依法回购首次公开发行的全部新股，且发行人控股股东将购回已转让的原限售股份。

发行人及其控股股东、实际控制人、董事、监事、高级管理人员等相关责任主体应在公开募集及上市文件中公开承诺：发行人招股说明书有虚假记载、误导性陈述或者重大遗漏，致使投资者在证券交易中遭受损失的，将依法赔偿投资者损失。

保荐机构、会计师事务所等证券服务机构应当在公开募集及上市文件中公开承诺：因其为发行人首次公开发行制作、出具的文件有虚假记载、误导性陈述或者重大遗漏，给投资者造成损失的，将依法赔偿投资者损失。

377. 发行过程中信息披露各方责任如何划分？

发行人作为信息披露第一责任人，应当及时向中介机构提供真实、完整、准确的财务会计资料和其他资料，全面配合中介机构开展尽职调查。

保荐机构应当严格履行法定职责，遵守业务规则和行业规范，对发行人的申请文件和信息披露资料进行审慎核查，督导发行人规范运行，对其他中介机构出具的专业意见进行核查，对发行人是否具备持续盈利能力、是否符合法定发行条件做出专业判断，并确保发行人的申请文件和招股说明书等信息披露资料真实、准确、完整、及时。

会计师事务所、律师事务所、资产评估机构等证券服务机构及人员，必须严格履行法定职责，遵照本行业的业务标准和执业规范，对发行人的相关业务资料进行核查验证，确保所出具的相关专业文件真实、准确、完整、及时。

中国证监会发行监管部门和股票发行审核委员会依法对发行申请文件和信息披露内容的合法合规性进行审核，不对发行人的盈利能力和投资价值做出判断。发现申请文件和信息披露内容存在违法违规情形的，严格追究相关当事人的责任。

投资者应当认真阅读发行人公开披露的信息，自主判断企业的投资价值，自主做出投资决策，自行承担股票依法发行后因发行人经营与收益变化导致的风险。

378. 核准发行到发行期间信息披露有何要求？

发行人通过发审会并履行会后事项程序后，中国证监会即核准发行，新股发行时点由发行人自主选择。首次公开发行股票核准文件的有效期为 12 个月。发行人自取得核准文件之日起至公开发行前，应参照上市公司定期报告的信息披露要求，及时修改信息披露文件内容，补充财务会计报告相关数据，更新预先披露的招股说明书；期间发生重大会后事项的，发行人应及时向中国证监会报告并提供说明；保荐机构及相关中介机构应持续履行尽职调查义务。发行人发生重大会后事项的，由中国证监会按审核程序决定是否需要重新提交发审会审议。当前，已过会但尚未发行的企业如存在业绩大幅下滑的情况，一般要求重新上发审会。

379. 定价过程的信息披露有何规定？

发行人和主承销商应制作定价过程及结果的信息披露文件并公开披露。在网上申购前，发行人和主承销商应当披露每位网下投资者的详细报价情况，包括投资者名称、申购价格及对应的申购数量，所有网下投资者报价的中位数、加权平均数，以公开募集方式设立的证券投资基金报价的中位数和加权平均数，确定的发行价及对应的市盈率等。

中国证监会将对发行人的询价、路演过程进行抽查，发现发行人和主承销商在路演推介过程中使用除招股意向书等公开信息以外的发行人其他信息的，中止其发行，并依据相关规定对发行人、主承销商采取监管措施。涉嫌违法违规的，依法处理。

如拟定的发行价格（或发行价格区间上限）对应的市盈率高于同行业上市公司二级市场平均市盈率，发行人和主承销商应在网上申购前3周内连续发布投资风险特别公告（以下简称风险公告），每周至少发布一次。风险公告内容至少包括：

①比较分析发行人与同行业上市公司的差异及该差异对估值的影响；提请投资者关注发行价格与网下投资者报价之间存在的差异。

②提请投资者关注投资风险，审慎研判发行定价的合理性，理性做出投资决策。

发行人应依据《上市公司行业分类指引》确定所属行业，并选取中证指数有限公司发布的最近一个月静态平均市盈率为参考依据。

第四部分
发行上市相关专题

第一章
优　先　股

380. 什么是优先股？

优先股是指依照《公司法》，在一般规定的普通种类股份之外，另行规定的其他种类股份，其股份持有人优先于普通股股东分配公司利润和剩余财产，但参与公司决策管理等权利受到限制。

优先股既像债券又像股票，其"优先"主要体现在：一是通常具有固定的股息（类似债券），并须在派发普通股股息之前派发；二是在破产清算时，优先股股东对公司剩余资产的权利先于普通股股东，但在债权人之后。

当然，优先股股东在享受上述两方面"优先"权利时，其他一些股东权利是受限的。一般来讲，优先股股东对公司日常经营管理事务没有表决权，仅在与之利益密切相关的特定事项上享有表决权，优先股股东对公司经营的影响力要小于普通股股东。

381. 优先股有哪些特点？

优先股通常具有以下四个特征：固定收益、先派息、先清偿、权利范围小。

（1）优先股收益相对固定

由于优先股股息率事先规定,优先股的股息一般不会根据公司经营情况而增减,而且一般也不再参与公司普通股的分红。当然,公司经营情况复杂多变,如果公司当年没有足够利润可以向优先股股东支付股息,优先股股东当年的固定收益也就落空了。

(2) 优先股可以先于普通股获得股息

也就是说,公司可分配的利润先分给优先股股东,剩余部分再分给普通股东。

(3) 优先股的清偿顺序先于普通股,而次于债权人

一旦公司破产清算,剩余财产先分给债权人,再分给优先股股东,最后分给普通股股东。但与公司债权人不同,优先股股东不可以要求无法支付股息的公司进入破产程序,不能向人民法院提出企业重整、和解或者破产清算申请。

(4) 优先股的权利范围小

优先股股东对公司日常经营管理的一般事项没有表决权,仅在股东大会表决与优先股股东自身利益直接相关的特定事项时,例如,修改公司章程中与优先股相关的条款,优先股股东才有投票权。同时,为了保护优先股股东利益,如果公司在约定时间内未按规定支付股息,优先股股东按约定恢复表决权;如果公司支付了所欠股息,已恢复的优先股表决权终止。

382. 优先股与普通股有哪些区别?

①普通股股东可以全面参与公司的经营管理,享有资产收益、参与重大决策和选择管理者等权利;而优先股股东一般不参与公司的日常经营管理,一般情况下不参与股东大会投票,但在某些特殊情况下,例如,公司决定发行新的优先股时优先股股东才有投票权。同时,为了保护优先股股东利益,如果公司在约定的时间内未按规定支付股息,优先股股东按约定恢复表决权;如果公司支付了所欠股息,已恢复的优先股表决权

终止。

②相对于普通股股东，优先股股东在公司利润和剩余财产的分配上享有优先权。

③普通股股东的股息收益并不固定，既取决于公司当年赢利状况，还要看当年具体的分配政策，很有可能公司决定当年不分配。而优先股的股息收益一般是固定的，尤其对于具有强制分红条款的优先股而言，只要公司有利润可以分配，就应当按照约定的数额向优先股股东支付。

④普通股股东除了获取股息收益外，二级市场价格上涨带来的收益也很重要；而优先股的二级市场股价波动相对较小，依靠买卖价差获利的空间也较小。

⑤普通股股东不能要求退股，只能在二级市场上变现退出；如有约定，优先股股东可依约将股票回售给公司。

383. 优先股和债券存在哪些相似和不同？

（1）优先股和债券的相似之处

首先，从获得收益的角度来看，由于投资者每期收益获得现金流相对固定，优先股与债券同属于固定收益类产品，市场价格会受市场利率波动的影响，属于利率敏感性的产品。一般来说，利率下行，优先股价格上涨；利率上行，优先股价格下跌。

其次，类似于债券，境外市场的优先股也有评级机构进行评级。

（2）优先股与债券的不同之处

第一，两者的根本区别在于其法律属性不同。优先股的法律属性还属于股票。当然，根据我国现行的会计准则和国际做法，发行人优先股作为权益或者负债入账需要由公司和会计师视优先股的不同条款，对是否符合负债或权益的本质进行判断。这种灵活性也为满足不同发行人的需求提供了空间，发行人可以通过不同的条款设计实现公司优先股在权益或负债认定方面的不同需求。

第二，优先股没有到期的概念，发行人没有偿还本金的压力；而除了永续债券这种特殊的混合证券外，绝大多数债券需要到期还本付息。

第三，在公司出现亏损或者利润不足支付优先股股息时，优先股股东相应的保障机制包括：如有约定，可将所欠股息累积到下一年度；恢复表决权直至公司支付所欠股息。对于债券持有人而言，定期还本付息属于公司必须履行的强制义务，如果公司不能按时还本付息会构成违约事件，公司有破产风险。因此从风险角度来说，优先股的股息收益不确定性大于债券。

第四，优先股的股息一般来自于可分配税后利润，而债券的利息来自于税前利润。

 384. 优先股与其他股债混合产品有什么区别？

股债混合型证券（Hybrid Securities）是具有股权和债务不同特点组合的证券形式。市场中的股债混合产品目前主要有可转债、永续债券等产品。

可转换债券（Convertible Bond）是在一定期限内依据一定条件可以转换成公司股票的债券。转股权是可转债投资者享有的、一般债券所没有的选择权。可转换债券在发行时就明确约定，债券持有人可按照发行时约定的价格将债券转换成公司的普通股票。如果债券持有人不想转换，则可以继续持有债券，直到偿还期满时收取本金和利息，或者在流通市场出售变现。如果持有人看好可转债发行人股票增值潜力，则在转换股期内可以行使转换权，按照预定转换价格将债券转换成为股票。正因为具有可转换性，可转换债券利率一般低于普通公司债券利率，企业发行可转换债券可以降低筹资成本。可转换债券投资者还享有在一定条件下将债券回售给发行人的权利，发行人在一定条件下拥有强制赎回债券的权利。

永续债券（Perpetual Bond）是没有到期日的债券，一般由主权国家、大型企业发行，持有人不能要求清偿本金，但可以按期取得利息，是偏好超长期高回报的投资者青睐的投资工具。永续债特点体现在高票息、长久期、附加赎回条款并伴随利率调整条款。

与可转债相比，优先股没有固定期限，且未必含有转股条款。可转债一般期限不超过6年，其投资者转股前作为债券持有人、转股后作为普通股股东在股东表决权、利润分配及剩余财产分配上均不同于优先股投资者。

与永续债相比，优先股投资者具有在一定条件下恢复表决权的权利，而永续债一般不具有这一特点；从破产清算时剩余财产的清偿顺序来看，永续债券的偿还顺序先于优先股；从发行人角度，支付的永续债利息可在税前扣除，而优先股股息不能在税前扣除。

优先股在附有转股条款时，类似于含可预期股息（固定或浮动）的可转债，在没有转股条款并股息可预期时，又类似于永续债。但优先股介于永续债和可转债之间，赋予了发行人根据具体情况设计条款的权利，因此更加灵活。

385. 优先股如何优先分配股息？按股息分配方式不同，优先股有哪些种类？

优先股股东按照约定的票面股息率，优先于普通股股东分配公司利润。公司应当以现金的形式向优先股股东支付股息，在完全支付约定的股息之前，不得向普通股股东分配利润。

根据不同的股息分配方式，优先股可以分为多个种类。

（1）固定股息率优先股和浮动股息率优先股

股息率在优先股存续期内不作调整的，称为固定股息率优先股；而根据约定的计算方法进行调整的，称为浮动股息率优先股。

（2）强制分红优先股和非强制分红优先股

公司可以在章程中规定，在有可分配税后利润时必须向优先股股东分配利润的，是强制分红优先股；否则即为非强制分红优先股。

（3）可累积优先股和非累积优先股

根据公司因当年可分配利润不足而未向优先股股东足额派发股息，差额部分是否累积到下一会计年度，可分为累积优先股和非累积优先股。累积优先股是指公司在某一时期所获盈利不足，导致当年可分配利润不足以支付优先股股息时，则将应付股息累积到次年或以后某一年盈利时，在普通股的股息发放之前，连同本年优先股股息一并发放。非累积优先股则是指公司不足以支付优先股的全部股息时，对所欠股息部分，优先股股东不能要求公司在以后年度补发。

（4）参与优先股和非参与优先股

根据优先股股东按照确定的股息率分配股息后，是否有权同普通股股东一起参加剩余税后利润分配，可分为参与优先股和非参与优先股。持有人只能获取一定股息但不能参加公司额外分红的优先股，称为非参与优先股。持有人除可按规定的股息率优先获得股息外，还可与普通股股东分享公司的剩余收益的优先股，称为参与优先股。

（5）可转换优先股和不可转换优先股

根据优先股是否可以转换成普通股，可分为可转换优先股和不可转换优先股。可转换优先股是指在规定的时间内，优先股股东或发行人可以按照一定的转换比率把优先股换成该公司普通股；否则是不可转换优先股。

（6）可回购优先股和不可回购优先股

根据发行人或优先股股东是否享有要求公司回购优先股的权利，可分为可回购优先股和不可回购优先股。可回购优先股是指允许发行公司按发行价加上一定比例的补偿收益回购优先股。公司通常在认为可以用较低股息率发行新的优先股时，可用此方法回购已发行的优先股股票。而不附有回购条款的优先股则被称为不可回购优先股。

386. 优先股股东有没有表决权？

虽然优先股股东一般不参与公司经营决策，表决权受到限制，但并不代表优先股股东没有表决权。优先股股东在两种情况下具有表决权。

一种情况是公司对与优先股股东利益切身相关的重大事项进行表决时，优先股股东享有表决权，而且与普通股分类表决。这类表决可以称为优先股股东"固有的表决权"。以下五种事项除须经出席会议的普通股股东所持表决权的 2/3 以上通过之外，还须经出席会议的优先股股东所持表决权的 2/3 以上通过：

①修改公司章程中与优先股相关的内容；
②一次或累计减少公司注册资本超过 10%；
③公司合并、分立、解散或变更公司形式；
④发行优先股；
⑤公司章程规定的其他情形。

另一种情况是由于公司长期未按约定分配股息，优先股股东恢复到与普通股股东同样的表决权，可以参与公司经营决策，与普通股一同参加投票，这类表决权可以称为优先股"恢复的表决权"。公司累计 3 个会计年度或连续 2 个会计年度未按约定支付优先股股息的，优先股股东可以享有公司章程规定的表决权。需要注意的是，"恢复的表决权"并不是一直存在的，当公司全额支付所欠优先股股息时，优先股股东将不再享有这类表决权。

387. 涉及公开发行优先股的政策法规和规范性文件有哪些？

目前，涉及公开发行优先股的政策法规和规范性文件有《国务院关于开展优先股试点的指导意见》（国发［2013］46号，2013年11月30日）、《优先股试点管理办法》（证监会令第97号，2014年3月21日）、《公开发行证券的公司信息披露内容与格式准则第34号——发行优先股募集说明书》（证监会公告［2014］14号，2014年4月1日）、《公开发行证券的公司信息披露内容与格式准则第33号——发行优先股预案和发行情况报告书》（证监会公告［2014］13号，2014年4月1日）、《公开发行证券的公司信息披露内容与格式准则第32号——发行优先股申请文件》（证监会公告［2014］12号，2014年4月1日）、《关于商业银行发行优先股补充一级资本的指导意见》（银监发［2014］12号，2014年4月3日）、《关于转让优先股有关证券（股票）交易印花税政策的通知》（财税［2014］46号，2014年5月27日）、《深圳证券交易所优先股试点业务实施细则》（2014年6月12日）等。

388. 哪些公司可以发行优先股？

根据中国证监会《优先股试点管理办法》，公开发行优先股的发行人限于中国证监会规定的上市公司，非公开发行优先股的发行人限于上市公司（含注册地在境内的境外上市公司）和非上市公众公司。上市公司可以公开发行优先股，也可以非公开发行优先股，而非上市公众公司只能非公开发行优先股。

上市公司若公开发行优先股，应当符合以下情形之一：
①其普通股为上证50指数成分股；
②以公开发行优先股作为支付手段收购或吸收合并其他上

市公司；

③以减少注册资本为目的回购普通股的，可以公开发行优先股作为支付手段，或者在回购方案实施完毕后，可公开发行不超过回购减资总额的优先股。

上市公司若非公开发行优先股，需仅向《优先股试点管理办法》规定的合格投资者发行，每次发行对象不得超过200人，且相同条款优先股的发行对象累计不得超过200人。发行对象为境外战略投资者的，还应当符合国务院相关部门的规定，应符合《外国投资者对上市公司战略投资管理办法》规定。

非上市公众公司非公开发行优先股应符合下列条件：
①合法规范经营；
②公司治理机制健全；
③依法履行信息披露义务。

与上市公司非公开发行优先股要求相同，非上市公司若非公开发行优先股，需仅向《优先股试点管理办法》规定的合格投资者发行，每次发行对象不得超过200人，且相同条款优先股的发行对象累计不得超过200人。

389. 申请发行优先股的审核与普通股有区别吗？

《优先股试点管理办法》规定，上市公司发行优先股的，发审委会议按照《中国证券监督管理委员会发行审核委员会办法》规定的特别程序，审核发行申请。该特别程序比公开发行普通股审核的普通程序更为简便。

非上市公众公司发行优先股的，将按照简化程序、提高效率的原则，根据《非上市公众公司监督管理办法》规定的程序审核。

390. 发行优先股的总体流程是什么？

①聘请保荐人、律师等中介机构进行尽职调查，协助公司制订优先股发行预案，召开董事会和股东大会审议相关事项并披露。

②上市公司及各中介机构根据《公开发行证券的公司信息披露内容与格式准则第 32 号——发行优先股申请文件》（证监会公告〔2014〕12 号）的要求制作申请文件，向中国证监会提交申请材料。

③中国证监会受理申请材料后，根据《上市公司证券发行管理办法》《创业板上市公司证券发行管理暂行办法》《优先股试点管理办法》等规则的要求进行审核，历经反馈会、初审会、发审会、封卷、会后事项等环节后，下发核准批文。

④上市公司在核准批文的有效期内发行优先股。

391. 优先股在承销环节有哪些特别要求？

《优先股试点管理办法》规定，优先股的发行程序参照《上市公司证券发行管理办法》和《证券发行与承销管理办法》的规定。

具体操作上，非公开发行优先股的发行程序参照《上市公司非公开发行股票实施细则》的相应规定。公开发行优先股的具体发行程序参照《证券发行与承销管理办法》中关于上市公司公开增发股票的相应规定执行。

主要程序如下：

①上市公司申请发行优先股，董事会应当按照中国证监会有关信息披露规定，公开披露本次优先股发行预案，并依法对相关事项做出决议，提请股东大会批准。

②上市公司独立董事应当就上市公司本次发行对公司各类股东权益的影响发表专项意见，并与董事会决议一同披露。

③上市公司股东大会就发行优先股进行审议。

④上市公司就发行优先股事项召开股东大会,应当提供网络投票,还可以通过中国证监会认可的其他方式为股东参加股东大会提供便利。

⑤上市公司申请发行优先股应当由保荐人保荐并向中国证监会申报,其申请、审核、发行等相关程序参照《上市公司证券发行管理办法》和《证券发行与承销管理办法》的规定。发审委会议按照《中国证券监督管理委员会发行审核委员会办法》规定的特别程序审核发行申请。

392. 公开发行优先股是否可以一次核准分次发行?

《优先股试点管理办法》第四十一条规定,上市公司公开发行优先股,可以申请一次核准,分次发行。自中国证监会核准发行之日起,公司应在6个月内实施首次发行,剩余数量应当在24个月内发行完毕。超过核准文件时限的,须申请中国证监会重新核准。首次发行数量应当不少于总发行数量的50%,剩余各次发行的数量由公司自行确定,每次发行完毕后5个工作日内报中国证监会备案。

393. 公开发行优先股的必备条款是什么?

《国务院关于开展优先股试点的指导意见》规定,只有上市公司才可以公开发行优先股。公司公开发行优先股的,应当在公司章程中规定以下事项:

①采取固定股息率;

②在有可分配税后利润的情况下必须向优先股股东分配股息;

③未向优先股股东足额派发股息的差额部分应当累计到下一会计年度;

④优先股股东按照约定的股息率分配股息后,不再同普通

股股东一起参加剩余利润分配。

这就要求公开发行的优先股必须是固定股息率、强制分红、可累积、非参与优先股。但《国务院关于开展优先股试点的指导意见》还规定，商业银行发行优先股补充资本的，可豁免第②项和第③项事项的要求，即可以发行非强制分红、非累积优先股，但仍需属于固定股息率、非参与优先股。

394. 优先股的发行价怎么确定？

《优先股试点管理办法》规定，公开发行的优先股以市场询价或其他公开方式确定价格或票面股息率，但是发行价格不得低于优先股票面金额，即不可以折价发行。

优先股每股票面金额为100元。优先股发行价格和票面股息率应当公允、合理，不得损害股东或其他利益相关方的合法利益，发行价格不得低于优先股票面金额。

395. 优先股的票面股息率有哪些特殊要求？

票面股息率是股息相对于票面金额的比率，需要在发行时提前约定。票面股息率与实际股息率不同，实际股息率是股息相对于投资金额的比率，两者参照对象不同。《优先股试点管理办法》规定，公开发行优先股的价格或票面股息率以市场询价或证监会认可的其他公开方式确定。非公开发行优先股的票面股息率不得高于最近两个会计年度的加权平均净资产收益率。

396. 计算相关持股数额时是否需要计算优先股？

《国务院关于开展优先股试点的指导意见》对《公司法》和《证券法》中关于持股数额的计算分别做出了规定。其中，涉及《公司法》持股比例计算的条款一共4条，包括请求召开临时股东大会、召集和主持股东大会、提交股东大会临时提案、认定控股股东等事项。这些事项与公司日常经营联系比较密切,相关规定适用于普通股,而优先股一般不参与公司日常经营决策,因此不适用于优先股。

涉及《证券法》关于持股数额计算的一共5条,包括认定前十名股东以及持有公司5%以上股份的股东两大类情形。这些规定的主要目的是规范大股东信息披露义务和防范内幕交易,通常与实际控制人相关而与优先股股东无关;如果一并计算优先股,可能减轻了普通股股东的法律义务,不符合"三公"原则,也有违保护中小股东利益的初衷,因此,应仅计算普通股(含表决权恢复的优先股)。

此外,计算股东人数和持股比例时应分别计算普通股和优先股。

397. 优先股如何交易转让?

公开发行的优先股可以在证券交易所上市交易。上市公司非公开发行的优先股可以在证券交易所转让;非上市公众公司非公开发行的优先股可以在全国中小企业股份转让系统转让,转让范围仅限合格投资者。交易或转让的具体办法由证券交易所或全国中小企业股份转让系统有限责任公司另行制定。

398. 优先股转让的印花税税率是多少?

根据财政部、国家税务总局于2014年5月27日发布的《关于转让优先股有关证券(股票)交易印花税政策的通知》(财税〔2014〕46号),在上海证券交易所、深圳证券交易所、全国中小企业股份转让系统,买卖、继承、赠予优先股所书立的股权转让书据,均依书立时实际成交金额,由出让方按1‰的税率计算缴纳证券(股票)交易印花税。

399. 非公开发行优先股的合格投资者范围有什么特点？

非公开发行的优先股仅向合格投资者发行，其合格投资者范围的特点包括：

（1）范围广

包括经金融监管部门批准设立的金融机构及其发行的理财产品，QFII、RQFII以及企业法人、合伙企业、个人投资者。

（2）设门槛

对企业法人、合伙企业、个人投资者的资产规模有一定要求，但是不要求投资经验年限。

（3）非关联

为防范利益输送，将发行公司的董事、高级管理人员及其配偶排除在非公开发行的合格投资者范围之外。

400. 非公开发行优先股是否需要签订认购合同？

《优先股试点管理办法》规定，非公开发行优先股且发行对象确定的，上市公司与相应发行对象签订附条件生效的优先股认购合同。认购合同应当载明发行对象拟认购优先股的数量、认购价格、票面股息率及其他必要条款，同时约定本次发行一经上市公司董事会、股东大会批准并经中国证监会核准，该合同即应生效。

非公开发行优先股且发行对象尚未确定的，上市公司董事会应依法就发行对象的范围和资格、定价原则、发行数量或数量区间等事项做出决议。上市公司的控股股东、实际控制人或其控制的关联人参与非公开发行优先股的，应当由董事会在做出上市公司非公开发行优先股决议时一并确定。

401. 非公开发行优先股认购邀请书发送范围有无硬性要求？

非公开发行优先股的发行程序参照《上市公司非公开发行股票实施细则》的相应规定，但在认购邀请书发送范围方面与非公开发行普通股有所区别，即对认购邀请书所发送的投资者类别及其数量，非公开发行优先股没有硬性要求，但应涵盖一定的公募基金、社保基金、企业年金和保险资金等公众投资机构及所有已表达认购意向的投资者。

根据《上市公司非公开发行股票实施细则》，董事会决议未确定具体发行对象的，在发行期起始的前一日，保荐人应当向符合条件的特定对象提供认购邀请书。认购邀请书发送对象由上市公司及保荐人共同确定。

402. 优先股制度对保护中小投资者合法权益有哪些安排？

《优先股试点管理办法》从发行规模、发行程序等方面做出了安排，包括：

①对优先股发行规模做出适当限制。即公司已发行的优先股不得超过公司普通股股份总数的50%，且筹资金额不得超过发行前净资产的50%，已回购、转换的优先股不纳入计算。

②建立股东大会分类表决机制。公司股东会对涉及优先股的重大事项进行决议时，除须经出席会议的普通股股东所持表决权的2/3以上通过之外，还须经出席会议的优先股股东所持表决权的2/3以上通过。

③明确公开发行优先股的必备条款，突出其固定收益产品特征。要求公开发行优先股的公司，其公司章程应当规定：采取固定股息率；在有可分配税后利润的情况下必须向优先股股东分配股息；未向优先股股东足额派发股息的差额部分应当累积到下一会计年度；优先股股东按照约定的股息率分配股息

后,不再同普通股股东一起参加剩余利润分配。

④限制公司非公开发行优先股的票面股息率水平,要求其"不得高于最近两个会计年度的加权平均净资产收益率"。

⑤将发行公司的董事、高级管理人员及其配偶排除在非公开发行的合格投资者范围之外,避免利益输送,进一步保护了中小股东利益。

⑥规定上市公司向关联股东发行优先股的,关联股东需回避表决。

⑦要求独立董事对发行优先股发表专项意见。

⑧上市公司公开发行优先股的,可以向原股东优先配售。

403. 商业银行发行优先股用于补充资本金有何特别规定?

2014年4月3日,中国银监会、中国证监会联合发布了《关于商业银行发行优先股补充一级资本的指导意见》(银监发〔2014〕12号),对商业银行发行优先股补充一级资本的准入条件、申请程序、优先股作为其他一级资本工具的合格标准等进行了明确。

(1)准入条件

商业银行应符合国务院、证监会的相关规定及银监会关于募集资本补充工具的条件,且核心一级资本充足率不得低于银监会的审慎监管要求。

(2)申请程序

商业银行应首先向银监会提出发行申请,取得银监会的批复后,向证监会提出申请。

(3)优先股作为其他一级资本工具的合格标准

商业银行发行优先股补充一级资本,应符合《商业银行资本管理办法(试行)》和《中国银监会关于商业银行资本工具创新的指导意见》(银监发〔2012〕56号)规定的其他一级资本工具合格标准。

(4) 股息支付条款

商业银行应在发行合约中明确有权取消优先股的股息支付且不构成违约事件；未向优先股股东足额派发的股息不累计到下一计息年度。

(5) 投资者回售条款

商业银行不得发行附有回售条款的优先股。

(6) 强制转换为普通股条款

商业银行应根据《商业银行资本管理办法（试行）》和《优先股试点管理办法》等规定，设置将优先股强制转换为普通股的条款，即当触发事件发生时，商业银行按合约约定将优先股转换为普通股。商业银行发行包含强制转换为普通股条款的优先股，应采取非公开方式发行。

404. 境外上市公司发行优先股应当遵守哪些规定？

注册在境内的境外上市公司在境内发行优先股，其优先股可以在全国中小企业股份转让系统进行非公开转让。注册在境内的境外上市公司在境外发行优先股，应当符合境外募集股份及上市的有关规定。

第二章
股权激励与员工持股计划

405. 什么是股权激励?

股权激励是对公司员工进行的一种长期激励机制,通过有条件的授予公司董事、高级管理人员、核心技术(业务)人员以及公司认为应当激励的其他员工一部分公司股权/股份,使得上述人员能够以股东的身份参与公司经营、分享利润、承担风险,保持上述人员与公司利益的一致性,从而激励上述人员勤勉尽责地为公司的长期发展服务。

406. 企业实施股权激励计划的好处有哪些?

(1) 吸引、留住并激励人才

股权激励使被激励者拥有公司的股权/股份,将激励对象的利益与公司的利益紧密联系在一起,从而使激励对象能够积极、自觉地完成相关的经营目标,并为实现企业利益和股东利益的最大化而努力工作。

(2) 约束董事、高级管理人员、核心技术(业务)人员以及公司认为应当激励的其他人员

约束作用主要表现在三个方面:

①激励对象在获得公司股权/股份后,将与公司股东共同承担企业的经营风险,分担企业的损失;

②通过一些制度安排和设计，使激励对象在获得股权/股份后，在规定时间内完成业绩指标，同时不得从事损害公司利益行为，不得离职，否则将由股东或公司回购该部分股权/股份，或者由激励对象承担其他约定的责任，从而增加对激励对象的约束力；

③通过与激励对象签订保密协议、竞业限制协议等文件使激励对象的行为受到约束。

（3）改善公司治理结构

股权激励使激励对象拥有公司股权/股份，成为公司股东，从而改善公司股权结构，改变公司单一家族控制或者夫妻经营模式。

（4）吸引私募股权融资

私募股权投资基金在对拟投资公司进行评估时，会重点考虑管理层以及核心技术（业务）人员的情况，实施了股权激励计划有助于保证管理层以及核心技术（业务）人员的稳定，从而有利于公司引入私募投资机构。

407．拟上市公司股权激励有哪些特点？

拟上市公司股权激励与上市公司相比，两者适用的法律法规规定不同。对上市公司的股权激励，中国证券监督管理委员会颁布了《上市公司股权激励管理办法》《股权激励有关事项备忘录1号》《股权激励有关事项备忘录2号》《股权激励有关事项备忘录3号》《关于上市公司实施员工持股计划试点的指导意见》等多项规定；而对于拟上市公司的股权激励问题，我国目前并无专门法律规定，适用《公司法》等一般规定。

拟上市公司股权激励具有如下特点：

①激励模式：因对拟上市公司股权激励的明确约束性规定少，拟上市公司激励模式也相对更多样灵活。

②股权/股份来源：拟上市公司股权激励的股权/股份来源

多为大股东转让或公司增资/股份增发。

③行权价格：拟上市公司股权激励的行权价格缺乏市场股价参考，价格多以原始出资额、净资产或利润等财务指标决定。

④业绩考核：拟上市公司可以以营业收入、利润率、现金流等财务指标为重要的业绩考核指标，也可以结合具体行业、部门情况，设置其他业绩考核指标。例如，网络游戏企业针对其某款游戏的项目组成员，可以该游戏的日均活跃玩家数作为考核指标；而上市公司则还可以参考账面/股价增加值、净资产收益率、每股收益等其他指标。

拟上市企业在准备上市期，含有期权、期股的股权激励计划都会中止或提前实施完毕。因此，此时的股权激励表现为不同形式的直接持股，包括直接持股、有限公司持股、合伙企业持股。

408. 拟上市公司实施股权激励计划有哪些相关规定和要求？

拟上市公司实施股权激励计划有以下相关规定和要求：

（1）法律的规定

关于拟上市公司股权激励问题，我国目前并无专门法律规定，仅在《公司法》第一百四十二条规定，"公司收购本公司股份奖励给本公司职工，应当经股东大会决议，数量不得超过本公司已发行股份总额的百分之五；用于收购的资金应当从公司的税后利润中支出；所收购的股份应当在一年内转让给职工。"在拟上市公司实务中，较少采用收购股份用于激励，市场上常见的拟上市公司股权激励计划中，用于激励的股权通常由公司原股东转让给激励对象（或激励对象共同设立的持股平台），或者由激励对象（或激励对象共同设立的持股平台）向公司增加注册资本。这两种情况，适用《公司法》关于公司增加注册资本及股权转让的相关条款，无须适用《公司法》

第一百四十二条。

（2）法规的规定

《首次公开发行股票并上市管理办法（2015年修订）》第十三条规定："发行人的股权清晰，控股股东和受控股股东、实际控制人支配的股东持有的发行人股份不存在重大权属纠纷。"《首次公开发行股票并在创业板上市管理办法》第十五条规定："发行人的股权清晰，控股股东和受控股股东、实际控制人支配的股东所持发行人的股份不存在重大权属纠纷。"据此，为了审核的便利以及要求股权的确定性，在上报材料前，不能有任何期权、期股的存在，如存在上述情况的股权激励计划，都必须提前执行完毕或终止计划。

409. 拟上市公司在制定股权激励方案时应注意哪些问题？

①股权激励方案相关决议、文件等资料是否符合《公司法》及相关法律法规以及公司章程的规定，确保企业股权激励方案决策程序的合法性。

②是否存在代持股问题。

③是否存在不具有主体资格的被激励者参与股权激励的情形。

④管理层或员工用于购买企业激励股权的资金来源是否合法，是否由企业垫付资金或者提供其他财务资助购买激励股权。

⑤股权是否清晰，股权结构是否稳定。

⑥对管理层进行股权激励时要求激励对象签订的相关承诺书是否合法合规。

⑦如何约束激励对象，如服务期限、股份锁定期限。

⑧不同持股方式的税收问题及退出的便利性问题。

⑨股份支付成本对当期净利润的影响。

410. 拟上市公司在实施股权激励方案时应考虑哪些问题？

（1）激励对象范围的确定

激励对象一般为公司员工，包括公司董事、高级管理人员、核心技术人员、营销骨干或者其他企业认为应当被激励的人员。如果激励对象为外部人员，则公司申请 IPO 时需要充分披露分析该外部人员与公司业务/业绩的关联程度，说明其作为激励对象的合理性。

（2）激励股权规模的控制

需要设定用于激励的股权/股份的比例，设定用于激励的利润/奖励基金规模，以及预留的用于未来授予的股权/股份比例。如果股份公司采用回购的方式施行股权激励，则还应符合《公司法》第一百四十二条规定，即公司回购用于激励的股份不超过总股本的5%，且需要在一年内转让给激励对象。

（3）关键时间点的设置

需要考虑以下时间点的设置：

①授予日，即计划起始日；

②行权日，即可以行使权力认购的日期；

③有效期，即自行权日至股权激励计划终止日的这段时间；

④等待期，即自授予日至可行权日的这段时间；

⑤禁售期，一般为《公司法》第一百四十一条规定的发起人以及公司董事、监事、高级管理人员的股份锁定期限，即"发起人持有的本公司股份，自公司成立之日起一年内不得转让。公司公开发行股份前已发行的股份，自公司股票在证券交易所上市交易之日起一年内不得转让。公司董事、监事、高级管理人员应当向公司申报所持有的本公司的股份及其变动情况，在任职期间每年转让的股份不得超过其所持有本公司股份总数的百分之二十五；所持本公司股份自公司股票上市交易之

日起一年内不得转让。上述人员离职后半年内,不得转让其所持有的本公司股份。公司章程可以对公司董事、监事、高级管理人员转让其所持有的本公司股份做出其他限制性规定。"公司可以根据实际情况,对激励对象持有的激励股权设置更长的禁售期,一般与其服务期限相匹配。另外,股权激励计划多在申报 IPO 前一定期间内实施完毕,以免被监管层认定为"突击入股"行为。

(4) 申报时股权激励计划的实施情况

对于可能涉及公司股权变动的股权激励计划(例如,业绩股票、股票期权等),可能会使公司股权结构发生变化,影响公司股权的稳定性。因此,公司在申请 IPO 时,对于前述可能涉及公司股权变动的股权激励计划,应当执行完毕后再申报,或者终止该计划后再申报。

(5) 激励股权/股份价格

需要确定激励股权/股份的授予、行权及退出价格或定价方式,其中授予价格通常基于公司账面净资产确定,比市场价格(如外部 PE 入股价格)低。如果是公司股改后通过定向增发方式进行的股权激励,则股份价格需要遵守《公司法》第一百二十六条关于同股同权的规定,即同一轮增资入股股东的增资价格应一致。而激励对象退出时,激励股权/股份的转让或回售价格,常根据激励对象离开公司的原因为主动辞职、合同期限届满离职或被解雇等不同情况而设定不同的转让或回售价格。

(6) 激励股权/股份来源

激励股权/股份来源通常有如下几种方式:

①控股股东、实际控制人转让,需要注意的是,公司股改后 1 年内,仅能通过增发方式实施股权激励,如果采取转让的方式,则需签订附条件生效的股份转让合同;

②公司增资或定向增发股份;

③公司回购股份,需要注意的是,公司回购的总股本不得超过公司股本总数的5%,且需要在一年内转让予激励对象。

(7) 资金来源

激励对象获得激励的股权的资金来源通常有以下几种方式:

①无偿授予;

②激励对象自有资金、质押贷款;

③企业从税后利润提取奖励基金;

④大股东提供融资支持;

⑤以奖金、分红等抵扣折股;

⑥公司回购股份的回购资金应是公司的税后利润。

(8) 股东人数限制

根据《公司法》的规定,有限责任公司由50个以下股东出资设立,股份公司由2人以上200人以下为发起人设立。受此限制,如果实行较广泛的股权激励计划,一般采用间接持股方式,即员工不以股东身份直接持股,而是通过有限责任公司、合伙企业等持股平台来持股。但公司在申请IPO时,监管部门还是会采用穿透原则,将持股公司的持有人合并计算。如超过200人,则要根据《非上市公众公司监管指引第4号——股东人数超过200人的未上市股份有限公司申请行政许可有关问题的审核指引》的规定,"股份公司股权结构中存在工会代持、职工持股会代持、委托持股或信托持股等股份代持关系,或者存在通过持股平台间接持股的安排以致实际股东超过200人的,在依据本指引申请行政许可时,应当已经将代持股份还原至实际股东,将间接持股转为直接持股,并依法履行了相应的法律程序",因此,员工通过持股平台的应当还原为直接持股。

411. 拟上市公司实施股权激励计划可以授予哪些人员？

由于拟上市公司对此并无明确规定，可比照上市公司的规定执行。根据《上市公司股权激励管理办法》规定，股权激励计划的激励对象包括：上市公司的董事、高级管理人员、核心技术（业务）人员，以及公司认为应当激励的对公司经营业绩和未来发展有直接影响的其他员工，但不应当包括独立董事和监事，并规定下列人员不得成为股权激励计划的激励对象：单独或合计持有上市公司5%以上股份的股东或实际控制人及其配偶、父母、子女；最近12个月内被证券交易所认定为不适当人选；最近12个月内被中国证监会及其派出机构认定为不适当人选；最近12个月内因重大违法违规行为被中国证监会及其派出机构行政处罚或者采取市场禁入措施；具有《公司法》规定的不得担任公司董事、高级管理人员情形的。

同时，《股权激励有关事项备忘录1~3号》补充规定如下：

①董事、高级管理人员、核心技术（业务）人员以外人员成为激励对象的，上市公司应在股权激励计划备案材料中逐一分析其与上市公司业务或业绩的关联程度，说明其作为激励对象的合理性。

②持股5%以上的主要股东或实际控制人原则上不得成为激励对象。除非经股东大会表决通过，且股东大会对该事项进行投票表决时，关联股东须回避表决。

③持股5%以上的主要股东或实际控制人的配偶及直系近亲属若符合成为激励对象的条件，可以成为激励对象，但其所获授权益应关注是否与其所任职务相匹配。同时股东大会对该事项进行投票表决时，关联股东须回避表决。

④上市公司监事会应当对激励对象名单予以核实，并将核

实情况在股东大会上予以说明。为确保上市公司监事独立性，充分发挥其监督作用，上市公司监事不得成为股权激励对象。

⑤激励对象不能同时参加两个或以上上市公司的股权激励计划。

412. 拟上市公司实施股权激励计划，是否可以授予外籍人士？

根据《上市公司股权激励管理办法》规定，在境内工作的外籍员工任职上市公司董事、高级管理人员、核心技术人员或者核心业务人员的，可以成为激励对象。一般实践中，对于拟上市公司的股权激励，也参照适用上述对于激励对象的规定。因此，拟上市公司实施股权激励计划，可以授予符合条件的外籍人士。但是需符合《外商投资产业指导目录》中有关外商投资限制和外商投资禁止的规定。同时在申报材料前，对于外资股还应取得商务部外资司关于外资股权确权的文件。

在企业发行上市前，还要根据IPO的批文，到登记结算机构开设开立专用证券账户。

但是对于实际工作地点在境外的外籍员工不得成为股权激励对象，主要考虑到其实际工作地、居住地、缴税地均在境外，参与股权激励将涉及A股的跨境发行，会存在一定障碍。

参考上市公司的做法，外籍员工若想成为上市公司股权激励对象，需要同时满足以下条件：

①与上市公司或其子公司存在聘用关系；

②工作地点位于境内；

③任职上市公司董事、高级管理人员、核心技术人员或者核心业务人员。

在操作层面，A股上市公司通常采取股票增值权计划对其在境内工作的外籍员工进行激励。例如，某A股上市高新技术企业于2016年实施的《股票增值权激励计划》中将5名外籍员工纳入激励对象范围，其均为外籍管理人员、核心业务（技术）人员，并且在计划的考核期内签署劳动合同或聘用合同。

413. 上市公司激励对象个体股权激励额度的确定需要考虑哪些主要因素？

《上市公司股权激励管理办法》规定，非经股东大会特别决议批准，任何一名激励对象通过全部在有效期内的股权激励计划获授的本公司股票，累计不得超过公司股本总额的1%。

个体股权激励额度的分配机制并未做强制规定，由上市公司自行确定，通常激励额度的分配在考量历史贡献的基础上，强调未来业绩创造的可能性，常见考虑因素包括但不限于：岗位职级、任职年限、年度薪酬水平以及同行业可比公司的个体股权激励额度等。

414. 拟上市公司激励对象通常可以采取哪些持股方式？不同的持股方式有什么主要差异？

拟上市公司激励对象的持股方式主要有员工直接持股，通过合伙企业间接持股、通过有限责任公司间接持股和通过信托/资管计划间接持股四种。不同持股方式在权益分配、人数限制、股权分散性、分配方式上有所差异。

（1）员工直接持股

员工直接持股指的是激励对象以本人的名义直接持有上市公司的股份或股权。

相对于其他间接持股方式，员工直接持股更容易将员工与企业的利益捆绑在一起，但会导致股权过于分散。

（2）通过公司间接持股

通过公司间接持股指的是激励对象通过有限责任公司作为员工持股平台，持有上市公司的股份或股权。

通过公司间接持股,综合税负最高,如果通过持股平台公司转让限售股,所有股东只能同步转让股权。

(3) 通过合伙企业间接持股

通过合伙企业间接持股指的是激励对象通过合伙企业作为员工持股平台,持有上市公司的股份或股权。在中国内地,激励对象通常采用这种方式间接持股。

合伙企业的相关法律法规更健全,政策风险较小,税务筹划空间更灵活,且股权相对集中,方便管理。但是根据《中华人民共和国合伙人企业法》的规定,有限合伙企业存在50个以下合伙人的人数限制。近年来,由于其便于管理,税收优惠,分配灵活,集中控制等特点,有限合伙企业开始成为间接持股平台的新兴趋势。

(4) 通过信托或资管计划间接持股

通过信托或资管计划间接持股指的是激励对象通过信托或者资产管理计划,持有上市公司股权,员工参与收益分享。在香港或海外,激励对象通常采用这种方式间接持股。

设立信托或资管计划的优势在于可以集中股权,方便管理,且保密性较强,但需要支付一定的财务管理费用(一般为管理资产金额的2%),通常不履行税务的代扣代缴义务。

415. 股权激励如何通过权利限制和持股架构的设置,确保公司控制权的集中?

可通过如下几种方式在强化收益分享的同时,确保公司控制权的集中:

(1) 授予股权,但谨慎授予投票权

通常与股权相关的权利包括增值权(获得股票价值增长的权利)、分红权(获得按照真实股东所确定的分红规则获得收益的权利)、投票权(行使公司关键事项与股权相匹配的决策权利)三种。通过仅向激励对象授予增值权和分红权,让核心人才分享企业价值增值、分红收益，从而实现人才留用、利益捆绑的作用，但应通过谨慎授予投票权的方式，确保公司控制权的集中。

（2）构建"同票不同权"的投票机制

可通过双层股权结构（每股所代表的投票权不同，如百度）、合伙人制度（提名简单多数董事，如阿里巴巴），或者投票权委托协议（激励对象或者投资对象自动放弃投票权，并将委托给大股东或者董事会，即"一致行动人"，如腾讯）等模式构建"同票不同权"的机制。

（3）通过持股方式的创新，确保经营控制权

激励对象不直接持有公司的股份，而是通过信托或者有限合伙公司持有，而大股东或者公司主要决策者作为信托或者有限合伙企业的发起人、管理人或者实际控制人。基于这种安排，激励对象在实际公司运营过程中，仅享受收益分享权，而没有实际决策权。

416. 国有控股的拟上市公司如何实施股权激励？

国有控股的拟上市公司，根据公司的类型，分为国有控股的高新技术企业以及国有控股的非高新技术企业，前述两类企业实施股权激励的方式具体如下：

（1）国有控股的高新技术企业

《关于国有高新技术企业开展股权激励试点工作指导意见的通知》（国办发〔2002〕48号）规定，符合条件的国有高新技术企业［根据该等规定，国有高新技术企业，是指按《公司法》设立，并经省级以上科技主管部门认定为高新技术企业的国有独资公司和国有控股的有限责任公司、股份有限公司（上市公司除外）］可以对企业的发展做出突出贡献的科技人员和经营管理人员进行股权激励。试点企业股权激励方式包括奖励股权（份）、股权（份）出售、技术折股，用于奖励股

权（份）和以价格系数体现的奖励总额之和，不得超过试点企业近3年税后利润形成的净资产增值额的35%，其中，奖励股权（份）的数额不得超过奖励总额之和的一半；要根据试点企业的发展统筹安排，留有余量，一般在3~5年内使用；采用技术折股方式时，可以评估作价入股，也可按该技术成果实施转化成功后为企业创造的新增税后利润折价入股，但折股总额应不超过近3年该项技术所创造的税后利润的35%。试点企业有关人员持有的股权（份）在规定的期限内不能转让。经营管理人员所持股权（份）的期限一般应不短于其任职期限；限制期满，可依法转让。试点企业实施股权激励前，必须进行资产评估，股权激励方案须经股东大会或董事会审议通过，再由试点企业提出申请，报主管财政部门、科技部门批准后实施。

（2）国有控股的非高新技术企业

鉴于我国对于拟上市的国有控股非高新技术企业如何进行股权激励暂无明确的法律规定。因此对该类企业进行股权激励须符合《公司法》《企业国有资产法》《关于规范国有企业职工持股、投资的意见》《关于实施〈关于规范国有企业职工持股、投资的意见〉有关问题的通知》《企业国有资产交易监督管理办法》及其他国有产权管理的相关规定，具体情况如下：

①激励对象：国有企业职工（含管理层），企业中层以上管理人员是指国有企业的董事会成员、监事会成员、高级经营管理人员、党委（党组）领导班子成员以及企业职能部门正副职人员等，企业返聘的原中层以上管理人员或退休后返聘担任中层以上管理职务的人员也包括在内。

②激励方式：可依据《公司法》等有关法律法规的规定，通过向特定对象募集资金的方式设立股份公司引入职工持股，也可探索职工持股的其他规范形式。实践中一般通过股权转让或者增资扩股的方式实施股权激励。《企业国有资产交易监督

管理办法》规定，企业国有资产交易应当遵守国家法律法规和政策规定，有利于国有经济布局和结构调整优化，充分发挥市场配置资源作用，遵循等价有偿和公开公平公正的原则，在依法设立的产权交易机构中公开进行，国家法律法规另有规定的从其规定。其中，企业国有资产交易行为包括：履行出资人职责的机构、国有及国有控股企业、国有实际控制企业转让其对企业各种形式出资所形成权益的行为；国有及国有控股企业、国有实际控制企业增加资本的行为，政府以增加资本金方式对国家出资企业的投入除外。因此，通过股权转让或者增资扩股的方式实施股权激励的需要在依法设立的产权交易机构中公开进行。

③持股企业范围：职工入股原则限于持有本企业股权。国有企业集团公司及其各级子企业改制，经国资监管机构或集团公司批准，职工可投资参与本企业改制，确有必要的，也可持有上一级改制企业股权，但不得直接或间接持有本企业所出资各级子企业、参股企业及本集团公司所出资其他企业股权。

④持股比例：职工持股不得处于控股地位。比照上市公司做法，根据《国有控股上市公司（境内）实施股权激励试行办法》，在股权激励计划有效期内授予的股权总量，应结合上市公司股本规模的大小和股权激励对象的范围、股权激励水平等因素，在 0.1%~10% 之间合理确定。但上市公司全部有效的股权激励计划所涉及的标的股票总数累计不得超过公司股本总额的 10%。

上市公司首次实施股权激励计划授予的股权数量原则上应控制在上市公司股本总额的 1% 以内。

⑤资金来源：国有企业不得为职工投资持股提供借款或垫付款项，不得以国有产权或资产作标的物为职工融资提供保证、抵押、质押、贴现等；不得要求与本企业有业务往来的其他企业为职工投资提供借款或帮助融资。

417. 拟上市公司实施股权激励可享受哪些税收优惠政策？

根据财政部、国家税务总局联合发布的《关于完善股权激励和技术入股有关所得税政策的通知》（财税［2016］101号）的规定，对符合条件的非上市公司股票期权、股权期权、限制性股票和股权奖励实行递延纳税政策，即员工在取得股权激励时可暂不纳税，递延至转让该股权时纳税；股权转让时，按照股权转让收入减除股权取得成本以及合理税费后的差额，适用"财产转让所得"项目，按照20%的税率计算缴纳个人所得税。其中股权取得成本的计算方式为：股票（权）期权取得成本按行权价确定，限制性股票取得成本按实际出资额确定，股权奖励取得成本为零。

享受递延纳税政策的非上市公司股权激励须同时满足以下条件：

①属于境内居民企业的股权激励计划。

②股权激励计划经公司董事会、股东（大）会审议通过。未设股东（大）会的国有单位，经上级主管部门审核批准。股权激励计划应列明激励目的、对象、标的、有效期、各类价格的确定方法、激励对象获取权益的条件、程序等。

③激励标的应为境内居民企业的本公司股权。股权奖励的标的可以是技术成果投资入股到其他境内居民企业所取得的股权。激励标的股票（权）包括通过增发、大股东直接让渡以及法律法规允许的其他合理方式授予激励对象的股票（权）。

④激励对象应为公司董事会或股东（大）会决定的技术骨干和高级管理人员，激励对象人数累计不得超过本公司最近6个月在职职工平均人数的30%。

⑤股票（权）期权自授予日起应持有满3年，且自行权日起持有满1年；限制性股票自授予日起应持有满3年，且解

禁后持有满 1 年；股权奖励自获得奖励之日起应持有满 3 年。上述时间条件须在股权激励计划中列明。

⑥股票（权）期权自授予日至行权日的时间不得超过 10 年。

⑦实施股权奖励的公司及其奖励股权标的公司所属行业均不属于《股权奖励税收优惠政策限制性行业目录》范围。公司所属行业按公司上一纳税年度主营业务收入占比最高的行业确定。

股权激励计划所列内容不同时满足上述全部条件，或递延纳税期间公司情况发生变化，不再符合上述第（4）~（6）项条件的，不得享受递延纳税优惠，应按规定计算缴纳个人所得税。

418. 境外红筹公司回归境内上市时，股权激励计划有哪些注意要点（如人员过渡方式、持股方式转变、定价机制），以确保方案的合法合规性？

红筹回归环境下的股权激励，需要综合考虑海外与国内的主要政策差异。例如在激励人群上，国内对股份有限公司股东人数有 200 人的限制；而海外没有限制。在激励工具上，上市时不能有未确权股票，国内多为类似于干股的限制性股票；而海外多为期权。在持股方式上，海外主要为直接持股和信托持股；而国内主要为以公司方式的间接持股。在定价机制上，海外价格波动小而国内波动大；国内股权购买/受让价格要比海外更有吸引力。

境外红筹公司回归境内上市时，在综合考虑人员过渡方式、持股方式转变和定价折现机制等基础上，境外 ESOP 回归典型流程如下：

①确定权益：依据私有化退市/私募退出的价格，明确员工的预期收益。

②分群处理：受限于人数限制，在境内上市前，先实现核心人群的股权激励，上市后再进行推广。

③奖金计划：针对未获得股权增值收益的普通员工，制订针对性的奖金计划。

④方式转变：构建适合与国内上市规定/确保股东控制权的持股方式。

⑤过渡安排：为避免核心人员流失，采取分期支付的方式；同时配套绩效管理机制。

⑥再次捆绑：提前制订国内上市员工持股计划/股权激励计划，上市后尽快实施。

419. 上市公司股权激励计划主要包括哪些内容？

根据《上市公司股权激励管理办法》规定，上市公司的股权激励计划应当载明下列事项：

①股权激励的目的。

②激励对象的确定依据和范围。

③拟授出的权益数量，拟授出权益涉及的标的股票种类、来源、数量及占上市公司股本总额的百分比；分次授出的，每次拟授出的权益数量、涉及的标的股票数量及占股权激励计划涉及的标的股票总额的百分比、占上市公司股本总额的百分比；设置预留权益的，拟预留权益的数量、涉及标的股票数量及占股权激励计划的标的股票总额的百分比。

④激励对象为董事、高级管理人员的，其各自可获授的权益数量、占股权激励计划拟授出权益总量的百分比；其他激励对象（各自或者按适当分类）的姓名、职务、可获授的权益数量及占股权激励计划拟授出权益总量的百分比。

⑤股权激励计划的有效期，限制性股票的授予日、限售期和解除限售安排，股票期权的授权日、可行权日、行权有效期和行权安排。

⑥限制性股票的授予价格或者授予价格的确定方法，股票期权的行权价格或者行权价格的确定方法。

⑦激励对象获授权益、行使权益的条件。

⑧上市公司授出权益、激励对象行使权益的程序。

⑨调整权益数量、标的股票数量、授予价格或者行权价格的方法和程序。

⑩股权激励会计处理方法、限制性股票或股票期权公允价值的确定方法、涉及估值模型重要参数取值合理性、实施股权激励应当计提费用及对上市公司经营业绩的影响。

⑪股权激励计划的变更、终止。

⑫上市公司发生控制权变更、合并、分立以及激励对象发生职务变更、离职、死亡等事项时股权激励计划的执行。

⑬上市公司与激励对象之间相关纠纷或争端解决机制。⑭上市公司与激励对象的其他权利义务。

420．什么是股票期权？股票期权行权价格如何确定？

股票期权是指上市公司授予激励对象在未来一定期限内以预先确定的条件和价格（即行权价格）购买本公司一定数量股份的权利。激励对象获授的股票期权不得转让、用于担保或偿还债务。

《上市公司股权激励管理办法》规定，上市公司在授予激励对象股票期权时，应当确定行权价格或者行权价格的确定方法。行权价格不得低于股票票面金额，且原则上不得低于下列价格较高者：

①股权激励计划草案公布前1个交易日的公司股票交易均价。

②股权激励计划草案公布前20个交易日、前60个交易日或者前120个交易日的公司股票交易均价之一。

上市公司采用其他方法确定行权价格的，应当在股权激励计划中对定价依据及定价方式做出说明。

421. 国有控股上市公司（境内/境外）实施股权激励的业绩考核指标主要包括哪几类？

根据《关于规范国有控股上市公司实施股权激励制度有关问题的通知》，国有控股上市公司应完善股权激励业绩考核体系，科学设置业绩指标和水平。

国有控股上市公司实施股权激励，应建立完善的业绩考核体系和考核办法。业绩考核指标应包含反映股东回报和公司价值创造等综合性指标，如净资产收益率（ROE）、经济增加值（EVA）、每股收益等；反映公司赢利能力及市场价值等成长性指标，如净利润增长率、主营业务收入增长率、公司总市值增长率等；反映企业收益质量的指标，如主营业务利润占利润总额比重、现金营运指数等。上述三类业绩考核指标原则上至少各选一个。相关业绩考核指标的计算应符合现行会计准则等相关要求。

国有控股上市公司实施股权激励，其授予和行使（指股票期权和股票增值权的行权或限制性股票的解锁）环节均应设置应达到的业绩目标，业绩目标的设定应具有前瞻性和挑战性，并切实以业绩考核指标完成情况作为股权激励实施的条件。

①上市公司授予激励对象股权时的业绩目标水平，应不低于公司近3年平均业绩水平及同行业（或选取的同行业境内外对标企业，行业参照证券监管部门的行业分类标准确定，下同）平均业绩（或对标企业50分位值）水平。

②上市公司激励对象行使权利时的业绩目标水平，应结合上市公司所处行业特点和自身战略发展定位，在授予时业绩水平的基础上有所提高，并不得低于公司同行业平均业绩（或对标企业75分位值）水平。凡低于同行业平均业绩（或对标

企业 75 分位值）水平以下的不得行使。

完善上市公司股权激励对象业绩考核体系，切实将股权的授予、行使与激励对象业绩考核结果紧密挂钩，并根据业绩考核结果分档确定不同的股权行使比例。

对科技类上市公司实施股权激励的业绩指标，可以根据企业所处行业的特点及成长规律等实际情况，确定授予和行使的业绩指标及其目标水平。

对国有经济占控制地位的、关系国民经济命脉和国家安全的行业以及依法实行专营专卖的行业，相关企业的业绩指标应通过设定经营难度系数等方式，剔除价格调整、宏观调控等政策因素对业绩的影响。

422. 目前上市公司是否能实施多元化激励工具的组合和创新？

由于市场环境不断变化，单一长效激励工具往往只能体现一个方面的价值和导向（如更关注增量业绩贡献、更关注利益捆绑），或者无法满足不同激励对象的诉求（如股东方、高管方、核心员工方），越来越多的上市公司企业开始探索多元化激励工具，如合伙人机制、跟投机制等，如以"满足差异化人群管理特性"的激励工具组合，以"实现短期、中期、长期及特定业务目标"为基础的激励计划组合；关注"股权+现金"的组合应用，实现"长期激励+短期激励"的相互协同。

例如，某大型房地产上市集团综合使用了股票期权、限制性股票、超额奖励、事业合伙人、跟投机制等不同激励工具。事业合伙人更加关注高管层和核心管理团队的激励，通过设立合伙企业的方式从二级市场上买入公司股票，而其购买股票的资金来源则是高管们通过实现高于目标业绩所获得的超额激励，一定程度上在鼓励超额业绩目标实现的同时，与管理团队之间形成长期利益的捆绑。该房地产集团还推出了以项目为基础的跟投机制，实现了项目相关核心员工层的利益绑定，使员工能够更加积极主动地完成业绩目标。

423. 针对不同激励工具，激励对象纳税义务发生时点有何不同？

根据《财政部、国家税务总局关于个人股票期权所得征收个人所得税问题的通知》（财税［2005］35号），股票增值权个人所得税纳税义务发生时间为员工行权日。

《国家税务总局关于股权激励有关个人所得税问题的通知》（国税函［2009］461号）规定：

股票增值权个人所得税纳税义务发生时间为上市公司向被授权人兑现股票增值权所得的日期；

限制性股票个人所得税纳税义务发生时间为每一批次限制性股票解禁的日期。

根据《关于完善股权激励和技术入股有关所得税政策的通知》（财税［2016］101号），上市公司授予个人的股票期权、限制性股票和股权奖励，经向主管税务机关备案，个人可自股票期权行权、限制性股票解禁或取得股权奖励之日起，在不超过12个月的期限内缴纳个人所得税。

424. 上市公司股权激励所涉及的股份支付一般采用何种方法（模型）来确定其公允价值？

根据《企业会计准则第11号——股份支付》第二条的阐述，股份支付是指企业为获取职工和其他方提供服务而授予权益工具或者承担以权益工具为基础确定的负债的交易。股份支付分为以权益结算的股份支付和以现金结算的股份支付。以权益结算的股份支付，是指企业为获取服务以股份或其他权益工具作为对价进行结算的交易。

第四条规定，以权益结算的股份支付换取职工提供服务的，应当以授予职工权益工具的公允价值计量。

权益工具的公允价值，应当按照《企业会计准则第 22 号——金融工具确认和计量》确定。

《企业会计准则第 22 号——金融工具确认和计量》规定，存在活跃市场的金融资产或金融负债，活跃市场中的报价应当用于确定其公允价值；金融工具不存在活跃市场的，企业应当采用估值技术确定其公允价值。采用估值技术得出的结果，应当反映估值日在公平交易中可能采用的交易价格。估值技术包括参考熟悉情况并自愿交易的各方最近进行的市场交易中使用的价格、参照实质上相同的其他金融工具的当前公允价值、现金流量折现法和期权定价模型等。企业应当选择市场参与者普遍认同，且被以往市场实际交易价格验证具有可靠性的估值技术确定金融工具的公允价值。

采用估值技术确定金融工具的公允价值时，应当尽可能使用市场参与者在金融工具定价时考虑的所有市场参数，包括无风险利率、信用风险、外汇汇率、商品价格、股价或股价指数、金融工具价格未来波动率、提前偿还风险、金融资产或金融负债的服务成本等，尽可能不使用与企业特定相关的参数。

股份支付采用的期权估值常用的模型包括布莱克—斯科尔斯—默顿公式（Black – Scholes – Mertonformula）、二项式模型（Binomial Model，也称为二叉树模型）及蒙特卡罗模拟（Monte – Carlo Simulation）等。从目前的市场实践来看，上市公司均选择 Black – Scholes 模型来计算股权激励涉及的股份支付成本，采用的 B – S 期权定价模型至少会考虑以下因素：

①标的股份的现行价格；

②股价预计波动率；

③期权的有效期；

④期权的行权价格；

⑤期权有效期内的无风险利率。

这里需要注意的是,若采用B-S模型作为计算公允价值的主要工具,需要结合上市公司的自身情况,合理选取参数值,避免因参数选择不当增加公司的股份支付成本,从而降低企业的净利润。

 425. 上市公司股权激励相关股份支付如何进行会计处理?

根据《企业会计准则第11号——股份支付的规定》的相关规定,股权激励相关股份支付会计处理原则如下:

(1) 以权益结算的股份支付换取职工提供服务

以权益结算的股份支付换取职工提供服务的,应当以授予职工权益工具的公允价值计量。

授予后立即可行权的换取职工服务的以权益结算的股份支付,应当在授予日按照权益工具的公允价值计入相关成本或费用,相应增加资本公积。

完成等待期内的服务或达到规定业绩条件才可行权的换取职工服务的以权益结算的股份支付,在等待期内的每个资产负债表日,应当以对可行权权益工具数量的最佳估计为基础,按照权益工具授予日的公允价值,将当期取得的服务计入相关成本或费用和资本公积。

企业在可行权日之后不再对已确认的相关成本或费用和所有者权益总额进行调整。

(2) 以权益结算的股份支付换取其他方服务

其他方服务的公允价值能够可靠计量的,应当按照其他方服务在取得日的公允价值,计入相关成本或费用,相应增加所有者权益。

其他方服务的公允价值不能可靠计量但权益工具公允价值能够可靠计量的,应当按照权益工具在服务取得日的公允价值,计入相关成本或费用,相应增加所有者权益。

另外，根据《上市公司股权激励管理办法》，上市公司向激励对象授出权益时，应当履行信息披露义务，并再次披露股权激励会计处理方法、限制性股票或股票期权公允价值的确定方法、涉及估值模型重要参数取值合理性、实施股权激励应当计提费用及对上市公司经营业绩的影响。

426. 相关法律法规对于高管人员、核心人员持有的激励股权的限售期有何规定？限售期满后如何减持？

根据《公司法》《上市公司董事、监事和高级管理人员所持本公司股份及其变动管理规则》《深圳证券交易所股票上市规则》《深圳证券交易所创业板股票上市规则》的规定，公司董事、监事、高级管理人员应当向公司申报所持有的本公司股份及其变动情况，在任职期间每年转让的股份不得超过其所持有本公司股份总数的25%，因司法强制执行、继承、遗赠、依法分割财产等导致股份变动的除外，如果其所持股份不超过1 000股的，可一次全部转让，不受前款转让比例的限制；自本公司股票上市之日起1年内和离职后半年内，不得转让其所持本公司股份；将其持有的公司股票在买入后6个月内卖出，或者在卖出后6个月内买入，由此所得收益归公司所有，公司董事会应当收回其所得收益，并及时披露相关情况；1年锁定期满后，拟在任职期间买卖本公司股份的，应当按有关规定提前报证券交易所备案。董事、监事和高级管理人员承诺一定期限内不转让的，则在该期限内不得转让其所持本公司股份。公司章程可以对公司董事、监事、高级管理人员转让其所持有的本公司股份做出其他限制性的规定。根据《关于进一步规范创业板上市公司董事、监事和高级管理人员买卖本公司股票行为的通知》的规定，公司董事、监事和高级管理人员在首次公开发行股票上市之日起6个月内申报离职的，自申报离职之日起18个月内不得转让其直接持有的本公司股份；在首次公开发行股票上市之日起第 7 个月至第 12 个月之间申报离职的，自申报离职之日起 12 个月内不得转让其直接持有的本公司股份。

限售期届满后，激励股权的减持应当遵循法律法规规定的下列条件和程序：

（1）需履行的申请程序

根据深圳证券交易所于 2007 年 5 月 8 日颁布的《上市公司董事、监事和高级管理人员所持本公司股份及变动管理业务指引》，上市公司董事、监事和高级管理人员所持股份登记为有限售条件股份的，当解除限售的条件满足后，董事、监事和高级管理人员可委托上市公司向深圳证券交易所和中国结算深圳分公司申请解除限售。解除限售后中国结算深圳分公司自动对董事、监事和高级管理人员名下可转让股份剩余额度内的股份进行解锁，其余股份自动锁定。因此，在董事、监事、高级管理人员限售股解禁前需向交易所提交申请。限售期满后，董事、监事、高级管理人员拟在任职期间买卖本公司股份的，应当按有关规定提前报证券交易所备案。

（2）需履行的信息披露义务

根据《上市公司董事、监事和高级管理人员所持本公司股份及其变动管理规则》的规定，上市公司董事、监事和高级管理人员所持本公司股份发生变动的，应当自该事实发生之日起 2 个交易日内，通过上市公司向证券交易所申报，并在证券交易所指导网站进行公告。公告内容包括：

①上年末所持本公司股份数量；

②上年末至本次变动前每次股份变动的日期、数量、价格；

③本次变动前持股数量；

④本次股份变动的日期、数量、价格；

⑤变动后的持股数量；

⑥证券交易所要求披露的其他事项。

427．什么是股票增值权？如何实施股票增值权？

股票增值权是指上市公司授予激励对象在一定的时期和条件下，获得规定数量的公司股票价格上升所带来的增值收益的权利。股票增值权主要适用于现金流量比较充裕且具有公司价值有较大提升空间的上市公司。虽然股票增值权被广泛采用，但却不是真正意义上的股票，除了增值收益外，股权激励对象不拥有这些股票的所有权，也不拥有股东表决权、配股权等。股票增值权不能转让和用于担保、偿还债务等。

股票增值权的实施，因为不涉及实际股票，而是一种虚拟股票，所以股权增值权计划的审批程序比较简单。一般而言，股票增值权计划提交董事会审议通过，再由股东大会审批通过后方可实施，不需要经过证监会的备案程序。另外，股票增值权方案的设计也比较灵活，股票增值权的授予价、行权期、有效期等的设置，并没有强制性的政策法规的规定，因此可以根据需要灵活设计。

例如，某A股上市高新技术企业于2016年采用股票增值权作为激励工具，该计划不涉及实际股票，以该公司的股票作为虚拟股票标的。在满足业绩考核标准的前提下，公司以现金方式支付行权价格与兑付价格之间的差额，该差额即为激励额度。该激励计划的激励对象共计5人，均为外籍管理人员、核心业务（技术）人员。该激励计划授予的股票增值权自授权日起满24个月后，激励对象应在未来48个月内分四期行权，行权比例为25%、25%、25%、25%。对于股票增值权，由公司直接兑付行权日股份市场价格与授予期规定价格的差额。

428．什么是员工持股计划？如何实施员工持股计划？

员工持股计划是指上市公司根据员工意愿，通过合法方式使员工获得本公司股票并长期持有，股份权益按约定分配给员工的制度安排。员工持股计划的持有人既是设立持股计划的委托人，也是持股计划的受益人。员工持股计划的持有人根据出资额享有标的股票对应的份额权益。员工持股计划持有的股票、资金为委托财产，员工持股计划管理机构不得将委托财产归入其固有财产。

由于拟上市企业无相关员工持股计划的任何规定，参照上市公司的做法。

《关于上市公司实施员工持股计划试点的指导意见》要求员工持股计划符合三条原则：一是依法合规原则；二是自愿参与原则；三是风险自担原则。另外，该指导意见还从员工持股计划的主要内容、资金和股票来源、持股期限和持股规模、员工持股计划的管理等方面对员工持股计划的实施提供了指导。上市公司实施员工持股计划，一般需要履行如下工作流程：

①上市公司实施员工持股计划前，应当通过职工代表大会等组织充分征求员工意见；

②上市公司董事会提出员工持股计划草案并提交股东大会表决；

③独立董事和监事会应当就员工持股计划是否有利于上市公司的持续发展，是否损害上市公司及全体股东利益，公司是否以摊派、强行分配等方式强制员工参加本公司持股计划发表意见；

④上市公司应当在董事会审议通过员工持股计划后的2个交易日内，公告董事会决议、员工持股计划草案、独立董事及监事会意见等相关文件；

⑤上市公司应当聘请律师事务所对员工持股计划出具法律意见书，并在召开关于审议员工持股计划的股东大会前公告法律意见书；

⑥召开股东大会审议员工持股计划，经出席会议的股东所

持表决权的半数以上通过;

⑦员工持股计划经公司股东大会审议通过后方可实施;

⑧股东大会审议通过员工持股计划后2个交易日内,上市公司应当披露员工持股计划的主要条款(《员工持股计划公告》);

⑨采取二级市场购买方式实施员工持股计划的,员工持股计划管理机构应当在股东大会审议通过员工持股计划后6个月内,根据员工持股计划的安排,完成标的股票的购买。

例如,2016年5月,某A股上市的国有控股地产集团推出首期员工持股计划,通过二级市场购买等法律法规许可的方式完成对集团股票的购买,以充分调动员工的积极性和创造性,吸引和保留优秀管理人才和业务骨干,实现公司的持续、健康发展。

429. 上市公司实施员工持股计划的股票来源有哪些?

《关于上市公司实施员工持股计划试点的指导意见》规定,员工持股计划可以通过以下方式解决股票来源(主要有5种),支持企业在法律、行政法规允许的范围内通过不同方式解决资金和股票来源,增强了员工持股计划的可操作性:

①上市公司回购本公司股票;

②二级市场购买;

③认购非公开发行股票;

④股东自愿赠予;

⑤法律、行政法规允许的其他方式。

430. 上市公司实施员工持股计划,员工可以通过哪些方式解决所需资金?

《关于上市公司实施员工持股计划试点的指导意见》规定,员工持股计划可以通过以下方式解决所需资金:

①员工的合法薪酬；
②法律、行政法规允许的其他方式。

431. 上市公司员工持股计划的持股期限和持股规模分别是多少？

根据《关于上市公司实施员工持股计划试点的指导意见》，员工持股计划长期持续有效。每期员工持股计划的持股期限不得低于 12 个月，公司可以自行规定更长的持股期限。以非公开发行方式实施员工持股计划的，根据《上市公司证券发行管理办法》《上市公司非公开发行股票实施细则》的规定，持股期限不得低于 36 个月，自上市公司公告标的股票过户至本期持股计划名下时起算；上市公司应当在员工持股计划届满前 6 个月公告到期计划持有的股票数量。

上市公司全部有效的员工持股计划所持有的股票总数累计不得超过公司股本总额的 10%，单个员工所获股份权益对应的股票总数累计不得超过公司股本总额的 1%。员工持股计划持有的股票总数不包括员工在公司首次公开发行股票上市前获得的股份、通过二级市场自行购买的股份及通过股权激励获得的股份。

432. 员工持股计划中是否可以有结构化安排？

《关于上市公司实施员工持股计划试点的指导意见》规定，参加员工持股计划的员工应当通过员工持股计划持有人会议选出代表或设立相应机构，监督员工持股计划的日常管理，代表员工持股计划持有人行使股东权利或者授权资产管理机构行使股东权利。

上市公司可以自行管理本公司的员工持股计划，也可以将本公司员工持股计划委托给下列具有资产管理资质的机构管理：

①信托公司；

②保险资产管理公司；
③证券公司；
④基金管理公司；
⑤其他符合条件的资产管理机构。

上市公司自行管理本公司员工持股计划的，应当明确持股计划的管理方，制定相应的管理规则，切实维护员工持股计划持有人的合法权益，避免产生上市公司其他股东与员工持股计划持有人之间潜在的利益冲突。

上市公司委托资产管理机构管理本公司员工持股计划的，应当与资产管理机构签订资产管理协议。资产管理协议应当明确当事人的权利义务，切实维护员工持股计划持有人的合法权益，确保员工持股计划的财产安全。资产管理机构应当根据协议约定管理员工持股计划，同时应当遵守资产管理业务相关规则。

第三章
引入创业投资

433. 什么是创业投资?

2016年9月20日,国务院办公厅发布《国务院关于促进创业投资持续健康发展的若干意见》(以下简称《创投国十条》)对"创业投资"的概念进行了界定。根据《创投国十条》,创业投资是指向处于创建或重建过程中的未上市成长性创业企业进行股权投资,以期所投资创业企业发育成熟或相对成熟后,主要通过股权转让获取资本增值收益的投资方式。天使投资是指除被投资企业职员及其家庭成员和直系亲属以外的个人以其自有资金直接开展的创业投资活动。

创业投资基金及天使投资个人均为创业投资活动中重要的投资主体。创业投资的主要特点是"委托他人运作、追求财务回报",而天使投资兼顾商业回报和情怀体验。如果天使投资人通过成立基金的方式进行投资,投资活动的本质将转变为创业投资。

本章所述主要针对以创业投资基金形式进行的创业投资活动,本章所指"创投机构"为创业投资基金的管理人。

434. 创业投资基金一般采用哪些组织形式?

目前,创业投资基金的主流组织形式有三种:公司型基金、合伙型基金及契约型基金。根据适用的法律法规不同,各种类型组织具有不同的特点。

（1）不同组织形式基金具有不同的治理结构

根据现有法律法规，不同组织形式的基金适用不同法律，从而导致其治理结构存在很大差异，进而会对基金的具体运作产生影响。

公司型基金主要依据《公司法》设立，根据《公司法》的规定建立股东会、董事会和监事会等全套治理机制。同时，《公司法》对上述机构的设立、决策权限和决策方式等方面有强制性规定。

合伙型基金主要依据《合伙企业法》设立。相对于《公司法》对公司的强制性规定，《合伙企业法》对合伙企业的治理结构要求宽松很多。相对《公司法》以"资本主导"为主的治理结构，合伙型基金则给"投资人出资+管理人出力"这种以"智力+资本"为典型特征的创业投资基金量身打造适合自身特点的治理结构及激励约束机制留下了很大的意思自治空间。相比合伙型基金来说，契约型基金的强制性要求更少，意思自治的空间更大些。

（2）不同组织形式基金具有不同的税赋成本

根据现有法律法规，不同组织形式的基金税收存在差异，从而直接影响基金投资人的收益。

根据现有法律法规，公司型基金在实现利润时需要先交纳企业所得税，才能分配给其投资人。如果其投资人是自然人的，还需要交纳个人所得税，并由基金代扣代缴。这就是所谓的"双层征税"制度。

根据《合伙企业法》第六条的规定，合伙企业适用"先分后税"的纳税原则，即合伙企业的生产经营所得和其他所得，按照国家有关税收规定，由合伙人分别缴纳所得税。也就是说，合伙型基金本身不作为企业所得税的纳税主体，而由投资人按照其法律属性交纳所得税。如果投资人是自然人的，则需要交纳个人所得税,并由基金代扣代缴。相比公司型基金而言,合伙型基金在基金层面无须交纳企业所得税,税赋较为有优势。

契约型基金的税收政策基本与合伙企业类似,也采"先分后税"纳税原则。但是,由于契约型基金纳税主体资格问题,法律没有明确规定契约型基金对自然人投资人负有个人所得税的代扣代缴义务。在实务中,一般由自然人投资人自行申报个人所得税。

(3)不同组织形式基金具有不同的投资形式

创业投资以未上市公司为投资标的。在实务中,负责未上市公司股权登记的工商行政管理部门认可公司型基金和合伙型基金的主体资格,但不认可契约型基金主体资格。因此,公司型基金和合伙型基金可以直接登记为被投资企业的股东,而契约型基金一般只能以基金管理人的名义登记为被投资企业的股东,即公司型基金和合伙型基金以自己名义对外投资,而契约型基金一般以基金管理人的名义对外投资。

在 IPO 审核实务中,监管部门往往要求在拟上市企业提交申请前将契约型基金以其管理人名义持有的股份还原至契约型基金,但是这一要求由于工商行政管理部门的登记限制等原因难以实现。所以,从 IPO 审核来看,契约型基金所投资企业的 IPO 还存在一定障碍。实务中,拟上市公司存在契约型基金股东的,一般通过在申请 IPO 前予以清理方式处理。

综上所述,在我国现有的法律体系之下,不同组织形式的基金在治理结构、税赋和投资形式等方面存在较大差异,这给基金的投资决策、投资人收益和投资形式等方面带来了很大影响。从实务来看,综合考量基金的治理灵活性、税赋和被投资企业的监管要求,合伙型基金是创业投资运用最多的组织形式。

435. 企业为什么要引进创业投资?

对于中小企业而言,限于自身实力以及不规范的管理,可获得的信贷资源往往较少。此外,为降低风险,银行向中小企业提供的贷款一般为短期贷款,需要企业在极短的时间内偿还。因此,银行间接融资常常难以满足中小企业的发展需求。与银行相比,创业投资基金不需要企业提供资产担保或抵押,资金投入时间长,除了能为企业提供发展所需资金之外,创投机构还会参与企业的重大经营决策,并提供许多增值服务。一般来说,有创业投资基金,特别是品牌创投机构管理的创业投资基金作为股东的企业,治理机构更为规范,更容易获得资本市场的认可。

根据创投机构的背景不同、能力不同,创投机构提供的增值服务的形式和价值也不同。整体而言,创投机构的增值服务主要包括以下几个方面:

(1) 帮助企业规范、发展得更为稳健

企业越规范,发展就越持续。对于高速发展的中小企业来说,业务是核心,完善的治理和管理结构则是适应业务发展的重要保障。引入创投机构,能够促使企业(特别是早期和成长期企业)将公司治理前置,尽早、尽快规范治理结构。对于创投机构而言,因为不参与日常的经营和管理,所以需要从建立董事会、战略委员会、审计委员会开始,帮助企业完善各项治理结构,包括规范关联交易、改善管理层激励制度、建立授权制度和分层级的决策制度等。

(2) 帮助企业加强内控、补齐短板

经营从管理做起,管理从内控做起。内控是管理学中那只著名木桶的底,如果底漏了,所有的管理长板都会变成短板。中小企业如果不重视内控,往往就会遭受损失。在改善企业内控制度方面,业内一些优秀投资团队与专业管理咨询机构合作,利用自身的经验对企业业务流程进行梳理,识别关键风险,建立相应控制机制,进而发现并整改内部管理问题。创业投资团队通过帮助企业规范治理结构、完善内控制度,不仅为公司提供了更广阔的发展空间,也为企业未来走向资本市场提前扫清了障碍。

（3）帮助企业进行后续融资

引入创业投资基金之后，在企业后续融资中，创投机构可以继续参与融资，或者为企业推荐、筛选优秀的投资者，从而为企业的持续发展提供相应的资金支持。部分综合服务能力强的创投机构，还能直接为有需要的企业提供短期资金融通，优化企业的融资结构。在业内，一些知名投资团队与大型商业银行建立了长期合作关系，企业在引入创业投资的同时，往往能够获得银行的信用增级，获得原本难以取得的银行贷款，进而利用财务杠杆优化资本结构，避免单一使用股权融资而造成股权过度稀释。

（4）帮助企业整合行业资源、拓宽视野

创投机构接触的企业多、人多、信息多，可以利用自身积累的资源为企业提供帮助。比如，利用行业资源，投资团队可以帮助企业对接供应商、客户和战略合作伙伴，通过产业链的整合帮助企业拓展业务；通过行业内的人脉，针对企业团队的薄弱面，向企业推荐行业内的优秀人才；基于对行业的理解及行业特点的把握，投资团队可与创业团队探讨企业未来的发展战略，完善企业的业务流程；同时，创投机构的已投企业和有限合伙人群体也是一笔珍贵的资源，将其与企业对接，能为企业创造更多的业务合作机会。此外，对于小型品牌企业而言，引入知名创投机构还能在一定程度上提升企业的品牌价值。

（5）帮助企业利用资本市场，顺利进行IPO

创投机构一般对资本市场理解更深，拥有比较丰富的资本运作经验。根据企业发展的情况以及他们对资本市场的理解，可以适时帮助企业跟资本市场对接，比如指导企业做IPO的方案和规划，帮助企业选择IPO的时点和地点等，帮助企业寻找IPO中介机构。另外，创投机构也可以帮助企业制定并购计划，帮助企业通过并购方式做大做强，更快发展。

企业是否需要引入创业投资和什么阶段引入创业投资应该

根据企业自身发展情况,结合企业所处的行业前景、发展规划、财务状况、规范性以及上市安排等多种因素来综合决定。一般来说,属于新兴产业、具有良好发展前景、对资金有较大需求、有意愿进一步加强企业规范性治理且希望未来登陆资本市场的企业更为适合引入创业投资。

436. 引进创业投资有什么风险?

对于中小企业而言,由于不熟悉资本市场,在引入创业投资上还是存在以下风险:

(1)控制权被稀释的风险

由于企业到资本市场就是一个股权不断被稀释的长期进程,企业早期是股权比较容易稀释的阶段,中小企业往往把股权当成了主要的融资手段。过高的比例用于吸引风险投资,引起企业股权结构上的严重先天不足。主要解决方案是采用多轮、多家的方式吸引风险投资。

(2)价格风险

由于企业家比较接受每股净资产和评估值作为企业的定价依据的传统非市场经济国家的估值方法,在与专业人士的谈判过程中,有知识不对称的风险。主要解决方式是参考同行业、同规模上市公司的市盈率、市销率与市净率的指标。

(3)业绩对赌风险

传统心理学也可以解释此风险,作为企业家更多愿意相信企业的正面因素,往往会夸大企业发展的前景,忽视市场风险。而投资家更希望激励企业家,形成一个双赢方案。

(4)引入时机的风险

一般情况下,消费品、服务业和传统制造业企业在创业早期并不适合引进风险投资,而且往往也不具备吸引风险资本的条件,企业引进风险投资的最佳时机是在顺利度过初创期、进入加速发展阶段的时候,也是企业成长过程中最需要资金的时候，这时候企业前景良好，会获得更高的估值。而高新技术产业的企业，可以在种子期或者起步期引进具有孵化器性质的风投资本，解决企业初期研发和生产所需的资金。

（5）被迫到场外市场挂牌的风险

由于引入的创业投资基金，一般都有退出期限，目前IPO市场的排队期较长，只有到场外市场挂牌会更方便退出。因此，为了满足投资者的需求，可能会被迫先到场外市场挂牌，寻求转让。

437．企业应该如何选择创业投资？

企业在引进创业投资时，不仅要参考企业发展的实际情况，还需要对将要引进的创业投资基金有全面了解——创业投资基金的钱都是一样的，但不同创投机构所能够带来的增值服务是不一样的，选择适合企业自身的创业投资基金会有助于企业的长期发展。

对企业而言，选择创业投资基金的时候并非出钱越多越好、投资估值越高越好，而应更加关注钱背后的因素，关注创投机构的软实力。具体而言，企业在挑选创投机构时应该关注以下几个主要方面：

（1）创投机构自身规范程度

股权合作对企业而言是最为关键和严肃的，一旦合作伙伴选不好，后患很多。对于双方而言，规范是合作的基础，可以避免未来产生矛盾或者纠纷。因此，企业需要对创投机构做一个了解，确信合作对象是正规的、内部运作非常规范的创投机构。《私募投资基金监督管理暂行办法》《关于进一步规范私募基金管理人登记若干事项的公告》《私募投资基金募集行为管理办法》《私募投资基金信息披露管理办法》等法律法规明确规定一个规范的创投机构应当符合完成在基金业协会的管理人登记，具有规范的内控体系，及时按照规定进行信息披露等标准。

（2）创投机构的历史和口碑

对于创投机构而言，历史和口碑往往是自身能力的一个很好的说明。如果创投机构管理的资金规模大、口碑好、业内知名度高，说明其得到投资人信任和行业认可。如果其投资案例多，成功案例多，也能说明其在投资上非常有经验。企业获得品牌创投机构的投资，可以借助创投机构带来的品牌效应，增强对团队人才以及后续创投机构的吸引力，并有助于其在开展业务时获得一定的信用背书。

（3）创投机构的过往业绩

创投机构的最终价值还是体现在业绩上，即能为投资者带来多少回报。良好的业绩需要创投机构和被投资企业共同打造，通过发现价值、增值服务、通力协作，实现投资者、管理人、被投企业各方的共赢。因此，具有良好业绩的机构不仅受到投资者的认可，也往往与被投资企业合作更为融洽；

（4）创投机构在企业所处行业内提供增值服务的能力

创投机构提供的增值服务，包括为企业引进专家、人才和技术团队，提供优质的供应商和客户的资源，提供咨询、会计或者运营等方面的专业服务，帮助企业完善治理结构、建立内控机制等。这些增值服务往往比注入资金更能够解决企业的实际问题并帮助企业更好的发展。

（5）创投机构在资本市场的专业能力

创投机构在资本市场的专业能力决定了其能够帮助企业在资本市场走多远，一个专业的创投机构可以帮助企业顺利IPO，也可以帮助企业进行下一轮融资，或者帮助企业在行业内进行并购整合。

（6）创投机构的投资策略

企业可以根据投资机构的投资策略及投资布局结合自身的发展阶段选择投资机构。目前，国内的创投机构较多，有的创投机构是综合性投资机构，有的创投机构是专业性投资机构。

对于综合性投资机构而言，其业务涵盖不同阶段、不同行业。而专业性的投资机构则重点投资于某特定领域或者特定阶段。此外，有的投资机构是全国性布局，而有的投资机构则重点在某些区域布局。通常而言，企业在选择投资机构时应重点考察创投机构在该企业所处行业上的投资布局。在同一个大行业中布局深厚的投资机构往往对企业的理解更为深刻，同时具有更多的行业资源，这样在未来能够对企业发展有很好的帮助。

438. 创业投资基金的投资决策的主要流程是什么？

一般来说，不同创业投资基金的具体投资流程不一定完全相同，很可能会有一定的差异。但是，创业投资基金的主要投资流程基本大同小异，通常都包括项目立项、尽职调查、投资决策评审会等主要环节（见下图）。

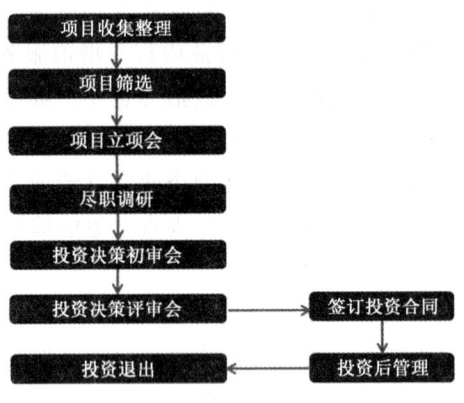

创业投资基金的投资决策

439. 企业引进创业投资时关注哪些核心要点？

（1）准备企业商业计划书

商业计划书是对公司现状和发展战略进行全面描述的书面文件，集中描述公司的基本情况、股权结构、股东背景、历史沿革、管理团队及人力资源、行业与市场、产品与服务、商业模式、财务状况、发展规划、盈利预测,以及融资计划等。

当企业有融资需求时,需要撰写商业计划书提交给潜在的创投机构。对创投机构而言,收到商业计划书,对企业有个初步了解,是进行投资的第一步。商业计划书通常决定投资人对企业的第一印象,非常关键,一定要用自身的商业模式、管理团队和行业前景吸引创投机构的目光。商业计划书不是公司介绍,也不是项目可行性报告。好的商业计划书应当语言简洁清晰,团队介绍全面明了,商业模式清楚易懂,展示出自身的优势和特色;同时,也描绘合理的成长路线图,既要告诉投资人自身的优势,也要坦诚地说明目前的不足和问题。一份好的商业计划书也是一份好的执行计划,企业通过编写商业计划书能更清晰地认识自己,并能更好地指导后面的工作和行动。

(2)配合创业投资基金进行尽职调查

创投机构与企业达成初步的合作意向后,创投机构会对企业进行全面尽职调查。企业在配合创投机构进行尽职调查的同时,应当注意与创投机构签署保密协议。

尽职调查包括业务尽职调查、法律尽职调查、财务尽职调查等。尽职调查的目的包括价值发现和风险发现两个方面,从而判断企业是否值得投资,以及应该用什么样的条款进行投资。

尽职调查的范围包括:公司的股权沿革、管理团队背景、公司治理结构和管理状况、产品和技术、业务流程和业务资源、行业及市场、财务报表的核实、资产负债状况、经营状况及变动、盈利预测的核查、潜在的法律纠纷、发展规划及可行性等内容。通过完整全面的尽职调查,创投机构可以看清楚企业的真实情况,有效的防范和降低风险,也为投资后对企业进行规范管理、提供增值服务打下基础。

(3)投资估值

投资估值就是投多少钱,占多少股份。一般分为投资前估值和投资后估值,投资前估值加上本轮增资的金额就是投资后估值。常用的估值方法有市盈率法、市净率法、市销率法、企业价值倍数法和现金流折现法等。

(4) 核心投资条款

①估值调整条款。估值调整机制,是指在创业投资过程中,为消除创业投资基金和被投资企业之间在估值上的分歧,促成投资事项,事前约定对投资估值按照既定规则进行调整的条款,俗称"对赌条款"。

投资估值无疑是创业投资基金和被投资企业关注焦点之一。能否就估值达成一致意见对投资顺利进行具有非常重要甚至决定性作用。但是在全世界范围内,对未上市企业的估值一直都是一个难题。一般来说,以某些参数为核心而构建的估值模型是国内创业投资常用估值工具之一。而且,这些参数一般是被投资企业未来预期将实现的一些事项,其能否实现及实现程度均具有一定不确定性。例如,以被投资企业扣除非经常性损益之后预期净利润的一定倍数作为企业估值基础。如果被投资企业未能实现预期利润,被投资企业的估值就应当进行相应调整。从这个意义上说,估值调整条款是一种风险分配工具,即由部分交易参与方来承担特定预期事项不能按照约定实现的后果。因为被投资企业一般由创业团队管理被投资企业,且创业机构支付的高溢价中已包括对这些高风险的对价,这些风险一般由被投资企业或者控股股东承担。

需要提醒创业团队的是,在设定参数时需要慎重考虑企业实际能力及长期的可持续发展,切勿脱离实际情况,以免揠苗助长,影响企业的长期健康发展。

②股份回购条款。股份回购条款,是指如果被投资企业在一个约定期限内未达到事先约定的条件,那么创业投资基金有权要求被投资企业控股股东或被投资企业以事先约定的价格买回投资方所持有被投资企业股份的约定。其中,以未能在一定

时间内上市回购为典型。股份回购条款出现的主要原因是创业投资基金一般都有明确的存续期限，需要在期限内完成投资的收回，而未上市企业股权流动性比较差，需要通过股份回购条款保证创业投资基金投资的退出。被投资企业需要在引进创业投资基金时需要根据自身情况，设定合适的股份回购条款的条件。

③反稀释条款。反稀释条款也称反股权摊薄条款，是创业投资基金为了保证其持有股权的价值在被投资企业的后续融资中不被摊薄而在投资协议中约定的条款。该条款的主要表现形式是要求被投资企业后续将以更高估值/价格进行融资。该条款的主要有以下两个作用：

一是防范创业投资基金持有被投企业股权价值被恶意稀释的道德风险。一般来说，创业投资基金的投资多为高溢价投资。如果不对被投资企业的后续融资估值/价格提出基本要求，一旦被投资企业以远低于创业投资基金的投资估值/价格引进后续投资，创业投资基金持有被投企业股权价值/股权比例将被严重稀释，甚至还有诱发道德风险的可能。

二是约束和激励创业团队。一般来说，企业有了更好的发展，后续融资才能获得更高的估值。因此要求被投资企业的后续融资有更高的估值/价格，本质上是对企业发展提出了要求，从而激励创业团队促进企业发展。同时，将更高的估值/价格作为被投资企业的后续融资的前提条件也是对创业团队的一种约束。

④优先清算条款。优先清算条款一般是指创业投资基金在被投资企业清算时优先于其他股东获得清算财产的条款。在美国等发达国家，创业投资基金一般通过优先股进行投资，优先清算权是优先股的题中之意。但是在我国，受限于相关法律法规，创业投资基金通常只能使用普通股进行投资。创业投资基金一般为高溢价投资，即高额投资对应比较低的股权比例。相

对之下,创始股东一般是平价或者以比较低的价格获得的股权,即低投资高股权比例。如果所有股东按照同等股权比例进行分配,将有违公平原则。

(5)员工持股计划和股权激励。一般来说,员工持股计划或股权激励是中小企业增强创业团队凝聚力、吸引优秀人才、刺激企业发展的有效手段及激励约束机制。本质上,员工持股计划或股权激励是一个股东和员工利益共享机制,通过利益共享来实现对员工的激励和约束,也是创投机构所喜闻乐见的。如何制定一个合适的员工持股计划或股权激励方案,通常涉及股权利益的让渡,是创业团队和创投机构的重要关注点。如何均衡股东和员工利益是员工持股计划或股权激励成功实施的关键,核心要点一般包括持股范围、持股成本、股权来源(增资方式还是股权转让方式)和持股进度等方面。同时,员工持股计划或股权激励往往还涉及股份支付确认和个人所得税等会计和税收问题,建议咨询证券公司、会计师、税务师和律师的专业意见,以免产生法律和税务风险。

建议创业团队和创投机构进行商务谈判时,提前沟通员工持股计划或股权激励计划,并将其作为整个投资方案的组成部分在投资协议中明确下来,从而减少后期关于员工持股计划或股权激励的沟通成本。

440. 资本市场对投资特殊条款有哪些限制要求?

创业企业在接受创业投资基金投资时可能会给予创业投资基金特殊权利的投资条款。当创业企业申请IPO或者新三板挂牌时,因为上市公司或者挂牌企业的股东往往包含社会公众股东,为保护该部分社会公众股东的利益,监管部门对部分赋予创业投资基金特殊权利的条款提出了监管要求。

在IPO审核实务中,从维护拟上市公司/挂牌公司的股权稳定性、公司治理等方面考虑出发,监管部门已经基本明确拟上市企业应当在上市前清理特殊条款，尤其是以拟上市公司/挂牌公司为义务承担主体的特殊条款，主要包括上市时间对赌条款、估值调整条款、董事会一票否决权安排、企业清算优先受偿协议等条款。

以"估值调整条款"为例，目前有关上市的法律法规并未对"估值调整条款"做出明确规定。"估值调整条款"可能会导致拟上市企业股权结构发生重大变化，甚至导致公司实际控制人或管理层变化，不符合"拟上市企业的股权应该是清晰、稳定的"监管要求。

因此在实务中，存在上述特殊条款的拟上市企业一般会在正式递交上市材料前对上述条款予以清理，以符合监管部门的要求。

2016年8月8日，全国中小企业股份转让系统发布《挂牌公司股票发行常见问题解答（三）——募集资金管理、认购协议中特殊条款、特殊类型挂牌公司融资》（股转系统公告〔2016〕63号），明确提出了"挂牌公司不得作为特殊条款的义务承担主体"的监管要求。该规定要求挂牌公司股票发行认购协议中存在业绩承诺及补偿、股份回购、反稀释等特殊条款的，认购协议应当经过挂牌公司董事会与股东大会审议通过，且不存在以下七类情形：

①挂牌公司作为特殊条款的义务承担主体。
②限制挂牌公司未来股票发行融资的价格。
③强制要求挂牌公司进行权益分派，或不能进行权益分派。
④挂牌公司未来再融资时，如果新投资方与挂牌公司约定了优于本次发行的条款，则相关条款自动适用于本次发行认购方。
⑤发行认购方有权不经挂牌公司内部决策程序直接向挂牌公司派驻董事或者派驻的董事对挂牌公司经营决策享有一票否

决权。

⑥不符合相关法律法规规定的优先清算权条款。

⑦其他损害挂牌公司或者挂牌公司股东合法权益的特殊条款。

441. 创投机构评判企业的主要标准是什么？

投资就是投成长，原则上，企业的成长性是创投机构评判和挑选企业的核心标准。投资后，只有企业实现了成长，投资最终才能获得收益。拥有优秀的管理团队、光明的行业前景，以及良好的商业模式的企业，更能获得创投机构的青睐。

（1）好的团队

在任何时候，好团队都是创投机构评判企业的第一标准。良好的创业团队符合几个特点：创业团队稳定，实际控制人具有远大的理想和强大的凝聚力；团队成员之间理念高度一致，利益目标一致，激励机制到位；团队成员能力互补，在管理、技术、营销等关键领域都有经验丰富、业务能力强的人才；个别关键人士离职对企业的影响有限。同时，团队在行业内拥有丰富资源，并具有对行业发展趋势的高度敏感及持续感知能力也是为企业加分的重要因素。

（2）好的行业

好行业一般具有这些特征：持续双位数增长；市场前景广阔，没有天花板；符合国家产业政策扶持方向。进行行业判断时，需要判断行业增长是否真实，属于持续增长行业还是周期性行业，增长的动力来自市场的驱动还是政策的扶持等。选择行业，除发展空间之外，投资的时间点也非常重要。即使行业具有良好前景，过早或过晚进入也可能导致投资失败。

（3）好的商业模式

商业模式的核心是企业如何创造价值，如何把价值传递给客户，如何从用户获得价值。进行商业模式判断时，需要判断商业模式是否稳定,是否拥有定价权,是否依靠行业政策,以及商业模式成功的关键节点和资源是否容易达到等。一般意义上,能满足客户真实需求的商业模式是具有价值的商业模式,而能创造出新需求的商业模式则是更具有发展空间的商业模式。

完美的企业并不存在,关注企业的持续盈利能力,把握核心风险点,是创业投资的关键。未来创业投资能否赢利很大程度上将取决于所投资企业的业绩情况。创业投资也将日益回归基本面,投资真正有成长价值的企业。

(4)核心竞争力

一个企业要在激烈的市场竞争中取得一席之地并持续发展,就必须在某些方面具有独到的、难以被竞争对手取代的优势。创投机构在对拟投资企业进行考察时,通常会把企业是否具备核心竞争力作为重点考察因素。

企业的核心竞争力包含多个方面,比如产品创新能力、品牌竞争力、商业模式竞争力、产业链资源整合能力、组织管理能力等。核心竞争力可以是多方面的体现,也可以是某一个方面的体现。对于企业来说,不同发展阶段的核心竞争力可能会发生变化。比如有的企业在发展初期,核心竞争力主要体现在商业模式或者技术优势;到了成熟阶段,会转化为规模优势、品牌优势或者产业链优势等。

442. 引入创业投资有哪些常用的估值方法?

目前市场上有很多种企业估值方法,比如市盈率法、市净率法、市销率法、企业价值倍数法和现金流折现法等。这五种方法多用于成长期以及成熟期企业的估值。下面对四种方法进行简要说明。

(1)市盈率法

①市盈率(Price Earnings Ratio,P/E)多用于对评估股价

水平，是很有价值的股市指针，市盈率顾名思义是用每股市价除以每股盈利。市盈率（P/E）的计算公式：

  静态 P/E ＝股价／上一年度的每股收益（EPS）（年）或
     动态 P/E
    ＝股价×总股本／今年或下一年度的净利润（需要做预测）

但对于一个没有上市的企业 A，没有市价如何计算市盈率呢？当然，对于未上市企业的估值并不是单纯的计算市盈率，而是通过找到与该企业经营业务同类型的或可比较的几家上市公司，计算出平均市盈率，再用该平均市盈率乘以企业 A 的净利润，倒推出该企业的"市值"。

  A 企业市值 ＝可比上市公司平均市盈率（P/E）×A 企业净利润

当然这里的"市值"是一个相对市值概念，并不能代表企业真实价值。计算到这里并没有结束，还需要根据 A 企业的发展程度以及距离上市的进度，在相对市值上打个折扣。一般情况下，若对已经申报上市材料的企业估值，基金公司会在计算出的相对市价上"打六或七折"；若该企业距离上市还比较远，则该折扣会相应降低。

②市盈率法的优缺点。使用市盈率法可以相对容易地获得所需数据，简单易行，并在市场上具有广泛的参照，可将企业的收益水平和价值有机地结合起来。但是用市盈率法估值过多的依赖于企业的利润而忽视了企业其他方面的价值，且使用的范围有限，对未实现利润但极具有发展前景的互联网企业就无法使用。因此在利用市盈率法的同时也要注意它的适用性。

③市盈率法的适用性。市盈率法适用于企业有盈利，且经营状况比较稳定的企业。周期性较弱企业，如公共服务业，因其盈利相对稳定，选择市盈率法比较适宜。但该方法不适用于周期性较强企业和正处于发展初期的企业，如一般制造业、服

务业、房地产、银行、保险、互联网企业等。

(2) 市净率法

①市净率 (Price Book - value Ratio, P/B) 指的是每股股价与每股净资产的比率。在上市公司中，一般来说市净率较低的投资价值较高。市净率 (P/B) 的计算公式：

市净率 = 每股市价 Price/每股净资产 Book Value

在这里，我们要对一家未上市的企业 E 进行估值，也需要找到与该企业经营业务同类型的或可比较的几家上市公司，计算出平均市净率，再用该平均市净率乘以企业 E 的净资产，倒推出该企业的相对价值。

企业 A 相对价值 = 可比上市公司平均市净率 (P/B) × A 企业净资产

当然，根据企业 A 发展的阶段，要对计算出的价值打个折扣，即将上市的企业一般会打六折或七折，对于正在准备材料的公司或者还没有上市计划的公司，打的折扣会随之降低。

②市净率法的优缺点。市净率比市盈率运用得更加广泛，因为市净率很少是负值。在一家企业的净利润是亏损的状态下，市盈率法的估值失去了意义，而市净率就发挥了作用。但是在运用过程中，市净率更注重投入和产出的关系。若企业投入较少或固定资产较少的情况下，市净率并不派上用场。

③市净率法的适用性。市净率法主要适用于需要拥有大量资产、净资产为正值的企业。若企业为固定资产极少的服务类行业和高科技企业，净资产与企业价值的关系不大，运用市净率法来计算企业价值的意义不大。对于轻资产的高科技企业，以及研发为主的团队，实际估值并不倾向于选择市净率法。

(3) 市销率法

①市销率 (Price - to - sales, PS) 是用市值除以主营业务收入算出的比率。市销率越低，说明该公司股票目前的投资价值越大。在上市公司中，市销率较低的投资价值较高。市销率

（PS）的计算公式：

市销率＝每股市价/每股销售额

对未上市的企业A估值，找出与该企业经营业务同类型的或可比较的几家上市公司，计算出平均市销率，再用该平均市销率乘以企业A的主营业务收入，倒推出该企业的相对价值。

企业A相对价值＝可比上市公司平均市销率（PS）×A企业主营业务收入

当然，也要像市盈率和市净率计算出的相对价值一样打个折扣，折扣方式同上两种方法。

②市销率法的优缺点。市销率不会出现负值，对于亏损企业和资不抵债的企业，也可以计算出一个有意义的价值乘数。它和企业的销售业绩挂钩，对于困境反转的企业也能适用。但市销率单纯与销售收入挂钩并不能反映成本的高低，只能适合于同行业的对比。

③市销率法的适用性。市销率主要适用于成本率较低的服务类企业或者销售成本率相差不大的传统行业。在实际运用过程中，公用事业和商品零售业适用的情况较多，因此京东在净利润依旧亏损的时候选用了该方法作为衡量企业价值的指标。对于利润为负值但已实现收入并不断增长的企业适用性较大。

（4）企业价值倍数法

①企业价值倍数（EV/EBITDA[①]），也是一种被广泛使用的公司估值指标。EBITDA乘数法和市盈率等相对估值法指标的用法一样，其倍数相对于行业平均水平或历史水平较高通常说明高估，较低说明低估，不同行业或板块有不同的估值（倍数）水平。其公式为：

EBITDA乘数＝公司价值EV÷EBITDA

---

① EBITDA（Earnings before interest, tax, depreciation and amortization）：利息、所得税、折旧、摊销前盈余。

公司价值 EV ＝公司市值＋总负债－总现金
　　　　　 ＝市值＋净负债
EBITDA ＝ EBIT ＋折旧费用＋摊销费用
EBIT ＝经营利润＋投资收益＋营业外收入－营业外支出
　　　＋以前年度损益调整（或 ＝净利润＋所得税＋利息）

对未上市的企业 E 估值，找出与该企业经营业务同类型的或可比较的几家上市公司，并查出 EV/EBITDA 值计算平均数，再用该平均数乘以企业 A 的 EBITDA，倒推出该企业的相对价值

企业 A 相对价值 ＝可比上市公司平均 EV/EBITDA × 企业 A 的 EBITDA

这里企业 A 的 EBITDA 需要自己计算。计算过程较复杂，大致为企业的税前利润减去当年借款利息再加上当年折旧和摊销。

②EV/EBITDA 企业价值倍数法的优缺点。EV/EBITDA 企业价值倍数法不受各国税率不一致的影响，对不同国家企业的估值更有可比性。此外，该方法剔除了资本结构以及折旧、摊销等非现金因素对企业价值评估的影响，相对于以上三种方法来说，准确性较高。但其计算过程较复杂，EV/EBITDA 值需要在上市公司的指标中查找，并不是所有数据统计软件都会给出该指标参考。其次，运用 EV/EBITDA 企业价值倍数法的前提必须是收益为正，否则也失去了意义。

③EV/EBITDA 企业价值倍数法的适用性。EV/EBITDA 企业价值倍数法适用于规模较大的企业，中小创业类公司并不适用。另外，该指标还是以盈利能力作为估值的最重要因素，科技服务业公司的业绩更多体现在用户数量上。对这些公司来说，用户数量更吸引投资者，即使他们没有很好的 EBITDA，也并未缺乏投资的价值。

(5) 现金流量折现法

现金流量折现法（Discounted Cash Flow Method，DCF）是对企业未来的现金流量及其风险进行预期，然后选择合理的折现率，将未来的现金流量折合成现值。使用此法的关键确定：第一，预期企业未来存续期各年度的现金流量。第二，要找到一个合理的公允的折现率，折现率的大小取决于取得的未来现金流量的风险。风险越大，要求的折现率就越高。对于未来收入、现金流比较确定的企业，可以用 DCF 方法进行估值，比如很多上市公司就用 DCF 来做参考估值。但在 VC 领域，用 DCF 的很少，因为几乎无法确定未来的财务状况。

对于发展初期的企业则并不适用于以上任何一种方法，对一个企业的评估要参考众多因素，虽然有很多种估值方法，投资估值更多取决于投资双方的谈判，具有很大的弹性空间。

在投资估值谈判的时候，投资双方在投资估值上往往会存在差异。解决这些差异，一是需要投资双方改变博弈的心态，从投资后企业未来发展的角度来看待估值。二是也可以适当引入估值调整机制，增加估值的灵活性。

第四章 借壳上市

第一节 借壳上市的认定

443. 借壳上市的实质是什么?

借壳上市的实质是利用公司现有的现金和资产,直接或间接收购上市公司的控股权,以控制该公司的董事会、股东大会,进而控制该公司的经营管理及决策。

借壳上市实际是收购的连续运用,第一步通过股权收购等方式取得上市公司控制权只是一个序曲;第二步通过资产出售、资产置换等方式将非上市公司的资产注入上市公司,才是借壳上市的本质。

444. 监管机构如何判定借壳上市?

借壳上市,是中国资本市场上沿用多年的一种习惯叫法,在中国证监会公布的官方文件中也称为"重组上市"。但是在正式的法律法规及部门规章中,通常不使用"借壳上市"或者"重组上市"这样的概念,一般称《上市公司重大资产重组管理办法》第十三条第一款规定的交易"。

根据中国证监会《上市公司重大资产重组管理办法》（2016年修订）（以下简称《重组办法》）第十三条第一款，上市公司自控制权发生变更之日起60个月内，向收购人及其关联人购买资产，导致上市公司发生根本变化，构成重大资产重组，认定为借壳上市。

从上述定义可知，借壳上市包含两个构成要件：第一是"控制权变更"；第二是"上市公司发生根本变化"。

445. 借壳上市的认定标准中，控制权变更是如何界定的？

判断是否存在控制权变更时，控制权按照《上市公司收购管理办法》第八十四条的规定进行认定，即有下列情形之一的，为拥有上市公司控制权：

①投资者为上市公司持股50%以上的控股股东；

②投资者可以实际支配上市公司股份表决权超过30%；

③投资者通过实际支配上市公司股份表决权能够决定公司董事会半数以上成员选任；

④投资者依其可实际支配的上市公司股份表决权足以对公司股东大会的决议产生重大影响；

⑤中国证监会认定的其他情形。

上市公司股权分散，董事、高级管理人员可以支配公司重大的财务和经营决策的，视为具有上市公司控制权。

446. 借壳上市的认定标准中，上市公司根本变化是如何界定的？

判断是否存在根本变化时，上市公司发生以下任何一种情形，均构成借壳上市定义中的"上市公司发生根本变化"：

①购买的资产总额占上市公司控制权发生变更的前一个会计年度经审计的合并财务会计报告期末资产总额的比例达到100%以上；

②购买的资产在最近一个会计年度所产生的营业收入占上市公司控制权发生变更的前一个会计年度经审计的合并财务会计报告营业收入的比例达到100%以上;

③购买的资产在最近一个会计年度所产生的净利润占上市公司控制权发生变更的前一个会计年度经审计的合并财务会计报告净利润的比例达到100%以上;

④购买的资产净额占上市公司控制权发生变更的前一个会计年度经审计的合并财务会计报告期末净资产额的比例达到100%以上;

⑤为购买资产发行的股份占上市公司首次向收购人及其关联人购买资产的董事会决议前一个交易日的股份的比例达到100%以上;

⑥上市公司向收购人及其关联人购买资产虽未达到前款第①至第⑤项标准,但可能导致上市公司主营业务发生根本变化;

⑦中国证监会认定的可能导致上市公司发生根本变化的其他情形。

447. 借壳上市的认定中,累积首次原则和预期合并原则如何理解?

根据《〈上市公司重大资产重组管理办法〉第十三条、第四十三条的适用意见——证券期货法律适用意见第12号》,为防止化整为零规避监管,严格执行拟注入资产须符合完整性、合规性和独立性要求,在认定借壳上市时,需要执行累计首次原则和预期合并原则。

(1) 累计首次原则

累计首次原则,是指上市公司控制权发生变更之日起60个月内(含上市公司控制权发生变更的同时),向收购人及其关联人购买的资产所对应的资产总额、资产净额、营业收入或净利润,占上市公司控制权发生变更的前一个会计年度经审计的合并财务会计报告的相应指标的比例累计首次达到100%以上的,或者所对应的发行股份的数量,占上市公司首次向收购人及其关联人购买资产的董事会决议前一个交易日的股份比例累计首次达到100%以上的,合并视为一次重大资产重组,应当按规定申报核准;前述60个月内分次购买资产的,每次所购买资产对应的资产总额、资产净额、营业收入、净利润,以该购买事项首次公告日的前一个会计年度经审计的相应指标为准。

另外,根据中国证监会的相关规定,执行累计首次原则中有关"控制权发生变更"的规定,是指上市公司自首次公开发行之日起发生的控制权变更。

根据《上市公司重大资产重组信息披露工作备忘录第七号——借壳上市的标准和条件》,所谓收购人,包括两种情况,一是本次重组后将成为上市公司新的实际控制人的收购人,二是上市公司首次上市至本次重组前,已通过收购、无偿划拨等方式成为上市公司实际控制人的收购人。

累计首次原则意味着,上市公司在控制权发生变更后进行借壳上市,经中国证监会核准并已实施后,再次向收购人购买资产,无须按借壳上市处理。

(2) 预期合并原则

预期合并原则是指上市公司按累计首次原则申报重大资产重组方案时,如存在同业竞争或非正常关联交易等问题,则对于收购人及其关联人为解决该等问题所制定的承诺方案,涉及未来向上市公司注入资产的,也将合并计算。

448. 中国证监会对借壳上市的监管理念和监管趋势是怎样的?

借壳上市的监管目的体现为:有利于遏制市场绩差股投机炒作和内幕交易等问题,有利于统筹平衡借壳上市和IPO的监管效率，有利于市场化退市机制改革的推出和出台。

中国证监会对借壳上市整体的监管趋势是从严监管。从相关法律的变化来看，主要包括两个阶段：

第一个阶段，逐步等同 IPO 阶段，主要在借壳标准上从严监管。这个阶段的成果主要体现在 2014 年《重组办法》的修订。

2011 年 8 月，中国证监会在修订《重组办法》（证监会令第 73 号）时，提出执行与首次公开发行股票上市标准"趋同"的要求，并明确了借壳上市资产比照 IPO 的要求。

2013 年 11 月，中国证监会发布《关于在借壳上市审核中严格执行首次公开发行股票上市标准的通知》（证监发〔2013〕61 号），决定在上市公司借壳上市审核中严格执行首次公开发行股票上市标准，明确借壳上市应符合《首次公开发行股票并上市管理办法》规定的发行条件，即借壳等同 IPO。此后，审核标准由"趋同"变"等同"。

2014 年 10 月，中国证监会再次修改《重组办法》，明确对借壳上市执行与 IPO 审核等同的要求，并明确创业板上市公司不允许借壳上市。

中国证监会规定借壳上市条件与 IPO 标准等同的考虑有：

一是提高借壳上市门槛，抑制市场炒作。借壳上市条件低于 IPO 标准，投资者对绩差公司被借壳预期强烈，市场对绩差公司的炒作成风，内幕交易时有发生，绩差公司通过卖壳成为股市"不死鸟"，难以形成有效的退市制度。借壳上市条件与 IPO 标准等同，有利于遏制市场对绩差股的投机炒作，从根本上减少内幕交易的动机，形成有效的退市制度。

二是借壳上市条件与 IPO 标准等同，防止市场监管套利。部分 IPO 终止审查或不予核准企业转道借壳上市，通过借壳上市规避 IPO 审查，引发了市场质疑。统一借壳上市与 IPO 的审核标准，可以防止审核标准不一致带来的监管套利。

同时，借壳上市条件与 IPO 标准等同，引导资本等市场资源和监管资源向规范运作程度高的绩优公司集中，有利于优化资本市场资源配置功能，促进产业结构优化升级，服务于国民经济调结构、转方式的总体大局。

第二个阶段，扎紧"篱笆"阶段，主要在借壳认定上从严监管。这个阶段的成果主要体现在 2016 年《重组办法》的修订及其一系列的配套文件的出台。

2014 年以来了，随着并购市场的发展，新的交易模式不断出现，刻意规避借壳上市的监管套利的现象也有所增加，需要进一步完善上市公司并购重组监管政策，优化对重组上市的监管，维护市场正常秩序。因此，2016 年证监会再次启动对《重组办法》的修改工作。

一是完善了交易规模的判断指标。对于所购买资产的规模，从原有的资产总额单项指标调整为资产总额、资产净额、营业收入、净利润、股份等五个指标，只要其中任一达到100%，就认定符合交易规模要件；除量化指标外，还增设了主营业务根本变化的特殊指标。

二是为了进一步明确"控制权变更"的判断标准，遏制规避套利，修改后的《重组办法》参照成熟市场经验，主要从"股本比例"、"董事会构成"、"管理层控制"三个维度完善控制权变更的认定标准。

三是将首次累计原则的累计期限定为 60 个月，以明确市场预期、增强可操作性。

449. 明显规避重组上市的规定可能承担的责任有哪些？

根据 2016 年修订的《重组办法》，未经中国证监会核准擅自实施借壳上市，交易尚未完成的，中国证监会责令上市公司补充披露相关信息、暂停交易并按照本办法第十三条的规定报送申请文件；交易已经完成的，可以处以警告、罚款，并对有关责任人员采取市场禁入的措施；涉嫌犯罪的，依法移送司法机关追究刑事责任。

450. 借壳上市相对于 IPO 有什么优劣，为什么中国资本市场热衷于借壳上市？

相对于 IPO 而言，借壳上市最大的劣势体现在借壳成本上，也就是资本市场上俗称的"壳费"。"壳费"这个概念没有公认的定义，按照通常理解，主要包括以下几个部分：

①借壳经营主体原来股东（交易中称为"重组方"）实际享有该经营主体的权益比率，在借壳交易的过程中被稀释了，即借壳交易之前，该经营主体的收益由重组方独享；而借壳交易之后，该经营主体的收益需由该经营主体的原股东和上市公司的原股东共享。这是壳费最主要的部分，是体现在上市公司账内壳费，相对于反向收购会计准则中所称的"合并成本"；在金额上，这部分壳费基本体现为壳公司在重组前的市值，这部分壳费实际是全体重组方让渡给壳公司全部股东的经济利益。由于市场上炒壳的风气盛行，壳公司股价走高，借壳的这部分成本是高昂的。

②重组方为了取得壳公司实际控制人的让渡控制权的同意，给予壳公司实际控制人的经济利益。这部分经济利益，通常体现为以较高的溢价收购控股股东持有的壳公司存量股份，或以较低的价格将壳公司置出的资产转让给壳公司实际控制人，或以其他的灵活的方式向壳公司实际控制人让渡利益。

除了上述所说的壳费之外，借壳上市的另一个不利之处是不能在上市的同时进行配套融资，上市本身只能带来存量股份的证券化，无法给企业带来增量的发展资金。但是这个弊端，可以通过借壳完成之后立即进行非公开增发融资，或一年之后进行公开发行股票或债券融资得以弥补。

虽然存在着高额的壳费及其他弊端，但是中国资本市场依然热衷于借壳上市。相对于 IPO，借壳上市也有很多突出的优点：

①不需要 IPO 排队，审核速度远远快于 IPO。目前 A 股市场上向证监会提交了 IPO 申请材料，正在等待审核的排队企业数量众多，形成了市场上所谓的 IPO "堰塞湖"；新企业如果以 IPO 的形式上市，需要经过漫长的排队等待期，往往错失企业上市发展的良机。

②IPO 审核进程不确定性大。中国证监会对 IPO 项目的审核经常会出于政策性的考虑和二级市场的行情而中止，一旦 IPO 审核的闸门关闭，借壳上市就成了新企业上市的唯一选择。

③借壳上市审核事实上比 IPO 的审核标准宽松一些。虽然原则上借壳等同 IPO，但是在一些可以灵活把握、存在自由裁量的问题上，借壳的审核仍然比 IPO 的审核要宽松。

④IPO 的发行价格或发行市盈率，往往受到监管机构行政手段的指导，发行价格偏低，一般不高于 23 倍市盈率，对上市前入股的老股东并不公平。而借壳上市中，借壳资产的作价通常参考评估或估值机构的结论，相对更具弹性一些。

第二节 壳公司的要求

451. 什么是壳公司？壳公司有哪些特点？

在中国，借壳上市的"壳"指的是上市壳公司。上市壳公司也被称为上市壳资源，是指那种具备上市资格，但一般经营状况很差，从而导致公司整体市值不高、容易成为其他收购方收购对象的上市公司。因为种种原因，上市壳公司已经没有业务的存在或者业务经营状况不理想，但仍保持着上市公司的身份及资格。有的壳公司股票仍在市场上交易,有的已经没有交易了,但均为壳公司的一种。

壳公司一般有以下突出特点:

①所处行业大多为夕阳行业,其主营行业增长缓慢,盈利水平微薄甚至亏损;

②壳公司的业务规模及整体市值一般较小;

③股权结构有利于对其进行收购控股。

452. 壳公司的价值有哪些?

壳公司作为一种资源,其价值有以下几点:

(1)"壳"所代表的资产价值

这是由壳公司的净资产价值决定,它主要是指其清算价值,这部分价值可以通过资产评估来确定。

(2)壳公司的无形资产价值

这主要是指在不同并购目标下的相关收益,比如壳公司已有的市场份额、壳公司的广告效应、税收优惠、壳公司产品的商标价值等。这部分价值通常也可以通过资产评估确定。

(3)壳公司的上市地位所体现的虚拟价值

这是由于壳资源稀缺而产生的、超越净资产价值的虚拟价值。它代表着上市流通的权利,其价值由壳资源的市场供求关系决定。

事实上,近年来,借壳上市案例绝大部分都存在壳公司全部资产负债的评估值与上市公司市值存在差异较大的问题,例如,*ST黑化置出资产的评估值为2 738.54万元,而在评估基准日,上市公司的市值为382 980.00万元,相差接近140倍。这个差异体现的就是上述第三项壳公司的上市地位所体现的虚拟价值。

453. 选择壳资源需要考虑的因素有哪些？

选择壳资源需要考虑的因素可以分成两类：第一类是满足基本监管要求的硬性条件；第二类是有利于交易顺利完成的软性条件。

（1）《重组办法》规定的壳资源的硬性要求

①上市公司并非在创业板上市。

②上市公司及其最近3年内的控股股东、实际控制人不存在因涉嫌犯罪正被司法机关立案侦查或涉嫌违法违规正被中国证监会立案调查的情形，但是涉嫌犯罪或违法违规的行为已经终止满3年，交易方案能够消除该行为可能造成的不良后果，且不影响对相关行为人追究责任的除外。

③上市公司及其控股股东、实际控制人最近12个月内未受到证券交易所公开谴责，不存在其他重大失信行为。

（2）选择壳资源通常考虑的软性条件

①股本结构与股本规模。股本结构是影响买壳交易的重要因素。一般来说，在无法与控股股东达成一致的条件下，分散的股权结构更有利于要约收购或从多个非控股的重要股东手里分别协议收购股份，从而最终实现"敌意收购"；而在与控股股东达成一致的条件下，集中的股权结构，即大股东持股相对集中且持股比例较高的股权结构，股权的大宗转让较容易实现。实践中，在政府行为下的实际操作中，股权协议转让已成为买壳交易的主要方式。

股本规模的大小一定程度反映了买壳成本的大小，过大的股本规模有可能使收购公司因收购成本过大而难以完成最终收购目标。因此，股本规模越小的上市公司越易成为壳公司。

②股票市场价格。股票市场价格的高低，直接关系到买壳方收购成本大小。

对于通过二级市场买入壳公司一定比例流通股，从而达到对壳公司收购的操作，股票价格越低其收购成本就越小；对于通过对壳公司的国家股或法人股股权协议转让方式进行收购的，协议转让价格确定的主要参考依据之一也是上市公司股票目前的市场价格，股票市场价格越低，通常协议转让价格也越低。

因此，股票市场价格越低的上市公司越易成为买壳的对象，即成为壳公司目标。

③经营业务。一般来说，以下上市公司较易成为壳公司目标：经营业务比较单一、产品重复、缺乏规模经济效益和新的利润增长点的上市公司；夕阳产业和被列入淘汰压缩行业的上市公司。通过壳的转让，壳公司可以实现产业和产品结构的调整和优化。

一些作为地方经济融资窗口的缺乏鲜明主营业务的综合类企业，在区域经济渐处劣势，产业结构调整使行政权对企业盈利能力的保障减弱时，即形成对能持续成长的利润点的需求。这些企业一般净资产收益率都保持在10%以上，属于优质壳资源，又由于其综合性概念，易于同其他产业结合，也应作为选择的重要依据。

④经营业绩。经营业绩比较差、在同行业中缺乏竞争能力、位于中下游水平的上市公司，往往成为上市公司买壳的目标。

如果用上市公司近两年每股收益大小来衡量上市公司业绩好坏，每股收益低的上市公司易成为壳公司目标，但经营业绩差（如亏损严重）的上市公司，由于买壳后，买方可能要承担过重的债务负担，而使买方对其收购热情降低。但是，若该公司属于政府重点保护扶持对象，在收购中可能享受税收、融资及债务处理的优惠，则应另当别论。

⑤财务状况。通常，财务状况好的上市公司，不易成为买壳的对象。而财务状况太差的上市公司，对于买壳公司来说，

可能因在买壳后的资产重组环节所需付出的代价太大而失去收购意义。因此，财务状况一般的上市公司成为壳公司目标的可能性最大。

财务状况好坏，通常可用负债比率、负债总额、每股净资产，以及净资产收益率大小来衡量，负债比率、负债总额、每股净资产以及净资产收益率适中的上市公司，易成为壳公司目标。

⑥资产质量。企业资产质量包括企业知名度、人力资源、技术含量以及主营业务利润比重。

由于借壳上市更看重的是壳公司的上市公司资格，而非壳公司有形资产，收购方在对收购目标公司收购后，一般会出售变现原有公司资产。因此，资产质量一般、专化业程度不高的公司，其资产变现相对方便，易成为壳公司目标。

⑦公司成长性。成长性好的上市公司，一般不会轻易成为购买对象，只有那些增长率长期徘徊不前（主营业务利润增长率或利润总额增长幅度在±5%左右）的上市公司，易成为壳公司目标。

此外，子公司和母公司分别上市的企业，由于同证监会1998年8月出台的禁止新上市公司分拆上市的意见相左，财务上的规范难以实现，又是中小盘次新股，也具壳公司特性。

454. 借壳方为何要求原上市公司"清壳"？

在借壳上市过程中，借壳方一般会要求上市公司置出原经营性资产、业务及人员（俗称"清壳"），以便注入借壳方资产质量优良的资产，这主要出于以下几个方面的考虑：

①被借壳的上市公司一般原资产质量较差，盈利状况堪忧甚至亏损，将这部分资产质量较差、盈利状况欠佳的资产、业务和人员置出原上市公司，可以更大程度地提高借壳

成功后上市公司的经营业绩,增强上市公司的持续盈利能力。

②上市公司原有的资产、业务和人员与借壳资产一般分属于不同的行业,借壳成功后,上市公司的实际控制人发生变更,变更后的实际控制人一般不具备管理上市公司原有资产、业务和人员的能力,继而要求上市公司置出原全部资产、业务及人员。

③将原有的资产、业务及人员置出上市公司,使之不构成业务,可以避免对重组后上市公司的利润冲击。根据财政部《关于非上市公司购买上市公司股权实现间接上市会计处理的复函》《财政部关于做好执行会计准则企业 2008 年年报工作的通知》等规定,非上市公司以所持有的对子公司投资等资产为对价取得上市公司的控制权,构成反向购买的,上市公司编制合并财务报表时应当区别以下情况处理:交易发生时,上市公司未持有任何资产负债或仅持有现金、交易性金融资产等不构成业务的资产或负债的,上市公司在编制合并财务报表时,应按照权益性交易的原则进行处理,不得确认商誉或确认计入当期损益;上市公司保留的资产、负债构成业务的,企业合并成本与取得的上市公司可辨认净资产公允价值份额的差额应当确认为商誉或计入当期损益。如果保留的资产负债构成业务,那么可能涉及可辨认净资产按公允价值重新计量及商誉的确认,随后的折旧摊销及可能发生的商誉减值会降低重组后上市公司的会计利润。

455. 如何判断壳公司是否容易清壳?

(1) 第一看负债

一般来说,监管机构为了防止上市公司通过重组逃废金融债务,对金融债务转移的关注程度远高于对一般债务转移的关注程度。另外,债务转移需要取得债权人的同意。通常金融机构对于债务转移的顾虑更多,决策谨慎,且需要的内部审批层级多,流程长,所以取得金融机构债务转移同意函的难度更大。因此,金融负债多的壳公司,清壳难度大。

(2)第二看员工

对于民营企业来说,与员工协商解除劳动合同往往比较容易,即使无法协商解除,也可以按照《劳动合同法》以转产为理由进行经济性裁员,按照法律规定支付经济补偿金。但是,现阶段国有公司对员工存在超出法律规定的、隐形的就业保证和"身份保证",且冗员较多,员工在就业市场上竞争力差,所以解除与员工劳动合同的成本高,难度大。

(3)第三看资产

对于母公司本身是控股权企业,主要业务通过子公司开展的壳公司来说,资产置出意味着转让持有的子公司的股权,而只要股权转让完成了,子公司的资产、负债、人员一并随之置出;而对于大量业务在母公司名下开展,母公司直接持有土地、房屋、知识产权等各项资产并直接承担债务的壳公司来说,资产置出意味着逐项转移资产负债并解除与职工的劳动合同,涉及的物权及知识产权变更登记手续复杂,并可能涉及土地增值税等税费,清壳难度增加。

(4)第四看股东

上市公司"清壳"工作,通常有原有控股股东或实际控制人负责并承担兜底责任;原有控股股东或实际控制人实力雄厚,资金充裕,往往能够切实履行清壳义务。原有控股股东或实际控制人资金匮乏,很多问题无力解决,清壳的难度将大大增加。

456. 创业板的上市公司可以被借壳上市吗?

根据《重组办法》的规定,创业板上市公司自控制权发生变更之日起,向收购人及其关联人购买资产,不得导致重组办法第十三条第一款规定的任一种借壳上市的情形,即不允许在创业板借壳上市。

第三节 借壳主体

457. 借壳上市的借壳主体必须是股份有限公司吗?改制为股份有限公司有什么利弊?

根据中国证监会《关于在借壳上市审核中严格执行首次公开发行股票上市标准的通知》,借壳上市过程中,上市公司购买的资产对应的经营实体应当是股份有限公司或者有限责任公司,且符合《首次公开发行股票并上市管理办法》(证监会令第 32 号)规定的发行条件。2014 年修改的《上市公司重大资产重组管理办法》(证监会令第 109 号)第 13 条进一步明确了借壳主体可以是可以是股份有限公司,也可以是有限责任公司。

借壳上市的借壳主体可以是股份有限公司,也可以是有限责任公司,无须像 IPO 一样,将有限责任公司改制为股份有限公司。

《公司法》规定,有限责任公司的股东向非股东转让股权,需要征得其他股东的半数以上同意且放弃优先购买权,而股份有限公司的股权转让则没有这些限制,所以改制可以避免借壳上市受到个别股东的阻挠;但是公司法也规定,股份有限公司发起人持有的股份,自公司成立之日起一年内不得转让,改制为股份有限公司会在时间上延长借壳上市的进程。

458. 如何理解借壳上市相关规定中借壳条件对"经营实体"的要求？

经营实体是指上市公司购买的资产。经营实体应当是依法设立合法存续的有限责任公司或股份有限公司，持续经营时间应当在3年以上，但经国务院批准的除外。如涉及多个经营实体，则须在同一控制下持续经营3年以上。

重组方案中应重点披露拟进入上市公司的董事、监事、高管等人选是否具备上述经营实体所必需的知识、经验，以及接受财务顾问关于证券市场化运作知识辅导、培训的情况。

证监会在审核借壳上市方案中，将参照《首次公开发行股票并上市管理办法》，重点关注本次重组完成后上市公司是否具有持续经营能力，是否符合证监会有关智力与规范运作的相关规定等。

459. 借壳上市的借壳主体需满足哪些财务指标？

根据中国证监会《关于在借壳上市审核中严格执行首次公开发行股票上市标准的通知》及《重组办法》，借壳上市过程中，上市公司购买的资产对应的经营实体应当符合《首次公开发行股票并上市管理办法》（证监会令第32号）规定的发行条件。因此，借壳主体需满足如下条件：

①最近3个会计年度净利润均为正数且累计超过人民币3 000万元，净利润以扣除非经常性损益前后较低者为计算依据；

②最近3个会计年度经营活动产生的现金流量净额累计超过人民币5 000万元；或者最近3个会计年度营业收入累计超过人民币3亿元；

③发行前股本总额不少于人民币3 000万元；

④最近一期末无形资产（扣除土地使用权、水面养殖权

和采矿权等后）占净资产的比例不高于20%；

⑤最近一期末不存在未弥补亏损。

460. 金融、创业投资等特定行业的企业可以借壳上市吗？

根据《重组办法》的规定，上市公司自控制权发生变更之日起，向收购人及其关联人购买的资产属于金融、创业投资等特定行业的，由中国证监会另行规定。

但事实上，中国证监会尚未对金融、创业投资等特定行业的企业的借壳上市做出规定，所以上述行业的企业暂时无法借壳上市。

461. 涉军企事业单位可以借壳上市吗？

根据国家国防科技工业局《涉军企事业单位重组上市军工事项审查暂行办法》，涉军企事业单位可以重组上市，但是应保证军工能力结构布局和生产纲领不受影响，确保军工关键设备设施安全、完整和有效使用，严格遵守国家有关武器装备科研生产许可和保密的法律法规，保护国防知识产权不受损失，保证完成军品科研生产任务。

国家有关部门就涉军企事业单位重组上市军工事项征求意见时，国防科工局开展相关审查工作。涉军企事业单位重组上市涉及军工能力结构布局、生产纲领变化的，应征求军队有关主管部门的意见。

采用首次公开发行股票以外方式上市的，应在上市公司停牌后向国防科工局申报，并提供上市公司相关停牌公告。

第四节 交易及审批进程

462. 借壳上市的主要程序是什么?

(1) 确定收购计划

首先要根据企业的发展情况,制定切实可行的收购计划。计划一定要做到谨慎、周密。另外,由于收购过程中可能会调动很多现金,因此还要筹集好收购所需要的资金,以免因为资金的不到位影响到收购计划的实施。

(2) 选择目标公司

买壳者需选择一个"好壳",要摸清壳公司的底细,紧跟政策面的变化。在选择目标公司时要注意以下几点:

①壳公司最好不要有太多的债务压力与法律诉讼纠纷,最好不要有违法违规记录,不需要安置太多的下岗职工等,并且有把握保住上市资格;

②量力而行,不能为了买壳把自身实力耗尽;

③认真评估消化上市公司原有不良资产的难度与代价;

④既然花钱买了壳,就得实际控制上市公司,不能大权旁落;

⑤在资产重组过程中注意法律问题;

⑥注意协调与地方政府、其他大中小股东的关系;

⑦对上市公司国有股份转让审批的困难有充分准备。

(3) 谈判签约

谈判签约对于买方是很关键的环节。在不违背国家监管政策的前提下,作为买方,一定要尽量把收购成本控制在最低的水平。同时要对收购后的董事会、管理层、经营层的改选以及今后发展规划等一系列问题进行缜密的磋商,要把每个问题落实到具体,这样能为下一步的工作打下良好的基础。

(4) 取得目标公司实际控制权

对于国有股权股份,一定要通过正常的法律程序进行申报,得到国有资产监管部门的批准,而法人股,则一定要得到持股单位主管部门的批准。通过交易所的过户程序后,如果需要,还要在工商局变更注册手续。这样才能合法得到目标公司的实际控制权。

(5) 企业整合

企业整合即资产置换,也就是换壳。将壳公司原有的不良资产剥离出来,卖给关联公司,再将优质资产注入壳公司,提高壳公司的业绩,实现上市公司的脱胎换骨,真正实现非上市资产的借壳上市。

(6) 发行股份

借壳上市往往通过资产置换,拟置入资产超过资产置换已经置入的部分则通过上市公司发行股份购买资产的形式置入。借壳方通过资产换股成为壳公司重组完成后的控股股东。

463. 借壳上市有哪些基本模式?价款支付有哪几种方式?

借壳上市的基本模式包括买壳和换壳两种。

(1) 买壳,即收购或受让股权

买壳的主要方式有以下几种:

①直接收购原上市公司控股股东的股权。这种方式需要取得原上市公司控股股东或实际控制人的同意,实际操作方法简单,但是难度较大。由于借壳上市成功后上市公司将产生质的变化,二级市场涨幅一般较大且难以准确预计,涉及较大利益和不确定性,原上市公司控股股东或实际控制人一般不同意直接转让上市公司的股份。

②在二级市场上直接购买上市公司的股票。这种方法成本较高、变数较大,有时不好控制后果。因为在二级市场上收购

上市公司的流通股，需要遵守法律上有关股东持股信息披露甚至强制性全面或部分要约收购等具体规定；还可能引起上市公司股票价格的大幅波动或上涨，造成收购成本的上涨，有时会触发原控股股东的"反收购"行动。

③通过以资产或现金认购上市公司新增的股份实现收购的目的。

目前，这种方式是现行 A 股市场上比较普遍的收购方式。收购人以现金或资产直接认购上市公司新增的股份，直至取得上市公司的控制权。此种方式下，收购人一般均以较为优质的资产认购上市公司新增的股份，预期能给上市公司带来质的变化，上市公司的资产质量及盈利能力均能得到显著提高，无论是上市公司、上市公司原控股股东还是中小股东，均能较容易地认可这种方式；即使收购人以现金认购上市公司新增的股份，由于上市公司的控股股东会发生变化，投资者亦会预期收购人未来将对上市公司进行重大资产重组，上市公司及其他各方均能实现共赢，有利于交易的达成。

（2）换壳，即资产置换

将壳公司原有的不良资产剥离出来，卖给关联公司，再将优质资产注入壳公司，提高壳公司的业绩。

借壳上市的价款支付方式目前主要有六种，包括现金支付、资产置换支付、股权（股份）支付方式、混合支付方式、债权支付方式、零成本收购。前三种是主要支付方式。由于现金支付对于买壳公司来说负担较大，目前普遍倾向于采用资产置换支付和股份支付方式或者加上少量现金的混合支付方式。

464. 借壳上市对申报材料有哪些要求？

重组报告书的编制。借壳上市时，上市公司除应按《公开发行证券的公司信息披露内容与格式准则第 26 号——上市公司重大资产重组申请文件》（以下简称《26 号准则》）第十条、第十一条规定编制重组报告书外，还应当按照《公开发行证券的公司信息披露内容与格式准则第1号——招股说明书》（以下简称《1号准则》）相关章节的要求，对重组报告书的相关内容加以补充。包括但不限于以下内容：

①在《26号准则》（下略）第十条第（二）项的"重大事项提示"部分，补充《1号准则》第四节"风险因素"相关内容。

②在第十条第（六）项的"交易标的"部分，补充《1号准则》第五节"发行人基本情况"、第六节"业务与技术"第四十一条及第四十四条至第五十条、第八节"董事、监事、高级管理人员与核心技术人员"相关内容。

③在第十条第（八）项的"交易的合规性分析"部分，逐项说明是否符合《首次公开发行股票并上市管理办法》规定的发行条件。

④在第十条第（十）项的"上市公司董事会就本次交易对上市公司的影响进行的讨论与分析"部分，补充《1号准则》第六节"业务与技术"第四十二条及第四十三条、第十一节"管理层讨论与分析"、第十二节"业务发展目标"相关内容。

⑤在第十条第（十一）项的"财务会计信息"部分，补充《1号准则》第十节"财务会计信息"相关内容。

⑥在第十条第（十二）项的"本次交易完成后，上市公司与实际控制人及其关联企业之间是否存在同业竞争或关联交易、同业竞争或关联交易的具体内容和拟采取的具体解决或规范措施"部分，补充《1号准则》第七节"同业竞争与关联交易"相关内容。

⑦在第十条第（十六）项的"本次交易对上市公司治理机制的影响"部分，补充《1号准则》第九节"公司治理"相关内容。

⑧在第十条第（十七）项的"其他能够影响股东及其他投资者做出合理判断的、有关本次交易的所有信息"部分，补充《1号准则》第十四节"股利分配政策"、第十五节"其他重要事项"相关内容。

需要提交内部控制鉴证报告、最近3年及一期的财务报告和审计报告、最近3年原始报表及其与申报财务报表的差异比较表、最近3年及一期的纳税证明文件。

465. 借壳上市能享受豁免/快速审核通道吗？未来能够取消审核吗？

上市公司重大资产重组主要包括产业并购、借壳上市、整体上市三种类型。监管层对产业并购持鼓励和放宽的态度，而对借壳上市持严格审慎监管的态度。具体体现为：

（1）借壳上市不能享受豁免/快速审核通道

并购重组审核分道制是指中国证监会对上市公司重大资产重组（含发行股份购买资产、重大资产购买或出售、合并分立等）行政许可申请进行审核时，根据上市公司信息披露和规范运作状况、财务顾问执业能力以及中介机构及经办人员的诚信记录，结合国家产业政策和交易类型，对符合标准的并购重组申请，有条件地淡化行政审核和减少审核环节，实行差异化的审核制度安排。

并购重组审核分道制具体分为豁免/快速审核、正常审核和审慎审核三类。进入豁免/快速通道的重组项目，不涉及发行股份的，实行豁免审核，由中国证监会直接核准；涉及发行股份的，实行快速审核，取消预审环节，直接提请并购重组委审议。

根据深沪证券交易所发布的《关于配合做好并购重组审核分道制相关工作的通知》等文件，重组构成借壳上市的，不能享受豁免/快速审核通道。

(2) 借壳上市的审批不会取消

《国务院关于进一步优化企业兼并重组市场环境的意见》(国发〔2014〕14号)指出,将系统梳理企业兼并重组涉及的审批事项,缩小审批范围,对市场机制能有效调节的事项,取消相关审批。取消上市公司收购报告书事前审核,强化事后问责。取消上市公司重大资产购买、出售、置换行为审批(但构成借壳上市的除外)。

2014年10月,中国证监会修改《上市公司重大资产重组管理办法》,根据上述14号文的要求,对不构成借壳上市的上市公司重大资产购买、出售、置换行为,全部取消审批。其原因是:

①不构成借壳上市的上市公司重大资产购买、出售、置换行为,交易形式相对简单,通过强化信息披露和中介机构核查把关,能够充分揭示交易影响和风险,取消审批有助于进一步提高交易效率;

②如购买资产达到一定数额构成借壳上市,基于从严监管借壳上市的理念,仍保留审批,除此之外的购买、出售、置换资产均不再审批。

2016年9月,中国证监会再次修改《上市公司重大资产重组管理办法》,仍然保留了对借壳上市的审批。

466. 借壳上市的持续督导有何要求?

相比较IPO是主体自身的规范上市而言,借壳上市主要关注上市公司与标的资产之间的整合效果、产权完善以及控制权变更后公司治理的规范,因此监管重点更加突出在持续督导的效果。

监管机构要求独立财务顾问对借壳上市完成后的上市公司的持续督导期限自中国证监会核准之日起不少于3个会计年度,并在各年年报披露之日起15日内出具持续督导意见,向派出机构报告并公告。

467. 借壳上市的同时是否可以募集配套资金？

根据《上市公司重大资产重组管理办法》（证监会令第109号），上市公司发行股份购买资产的，除属于重组办法第十三条第一款规定的交易情形外，可以同时募集部分配套资金，其定价方式按照现行相关规定办理。这就意味着，借壳上市的同时不能募集配套资金。上市公司发行股份购买资产的，可以同时募集部分配套资金。因此，如果借壳上市过程中，上市公司涉及发行股份购买资产的，可以同时募集部分配套资金。

468. 借壳上市后何时能再融资？

借壳上市后，可以非公开发行股份募集资金，上市公司只要符合非公开发行股份的条件，即可以在借壳上市成功后立即实施，没有时间限制。例如，恒逸石化从重组完成到公布再融资方案仅相隔19天。

对于借壳上市后通过公开发行新股或公司债券的再融资行为，需要满足特定条件。根据《重组办法》，经并购重组委审核后获得核准的重大资产重组实施完毕后，上市公司申请公开发行新股或者公司债券，同时符合下列条件的，本次重大资产重组前的业绩在审核时可以模拟计算：

①进入上市公司的资产是完整经营实体；

②本次重大资产重组实施完毕后，重组方的承诺事项已经如期履行，上市公司经营稳定、运行良好；

③本次重大资产重组实施完毕后，上市公司和相关资产实现的利润达到盈利预测水平。

上市公司在本次重大资产重组前不符合中国证监会规定的公开发行证券条件，或者本次重组导致上市公司实际控制人发生变化的,上市公司申请公开发行新股或者公司债券,距本次重组交易完成的时间应当不少于一个完整会计年度。

由于借壳上市的条件之一是上市公司的实际控制人发生变化,故借壳上市成功后的上市公司申请公开发行新股或者公司债券的,距借壳上市交易完成的时间应当不少于一个完整会计年度。

469. 借壳上市对于壳公司原控股股东锁定期有何要求?

根据《重组办法》,属于借壳上市的交易情形的,上市公司原控股股东、原实际控制人及其控制的关联人,以及在交易过程中从该等主体直接或间接受让该上市公司股份的特定对象应当公开承诺,在本次交易完成后36个月内不转让其在该上市公司中拥有权益的股份。

470. 借壳上市对于重组方拟借壳资产的股东换股后的锁定期有何要求?

根据《重组办法》第四十六条第一款,特定对象通过认购本次发行的股份取得上市公司的实际控制权,其以资产认购而取得的上市公司股份,自股份发行结束之日起36个月内不得转让。

根据《重组办法》第四十六条第二款,在借壳上市交易中,除收购人及其关联人以外的特定对象应当公开承诺,其以资产认购而取得的上市公司股份自股份发行结束之日起24个月内不得转让。

471. 对于上市不满3年即进行重大资产重组(构成借壳)的上市公司,有哪些信息披露要求?

上市公司进行重大资产重组(构成借壳),截至预案公告时,如上市时间不满3年,应当在重组报告书中对以下事项做出专项说明：

①历次募集资金使用情况，是否按照披露的投向使用，使用进度、效果与披露情况是否一致；

②上市后的承诺履行情况，是否存在不规范承诺及未履行承诺等情形；

③上市后的规范运作情况，是否存在违规资金占用、违规对外担保等情形，上市公司及其控股股东、实际控制人、现任董事、监事、高级管理人员是否曾受到行政处罚、刑事处罚，是否曾被交易所采取自律监管措施、纪律处分或者被中国证监会派出机构采取行政监管措施，是否正被司法机关立案侦查、被中国证监会立案调查或者被其他有权部门调查等情形；

④上市后的持续经营及公司治理情况，发行上市时的信息披露（特别是预测性信息披露）与上市后的实际经营情况是否相符。如不符，应当详细披露原因，以及董事、高级管理人员是否已履行相应义务并勤勉尽责。

独立财务顾问应当对以上情况进行核查并发表明确意见。

上市公司所在辖区派出机构应当进行专项核查，证监会将在审核中重点关注。

第五节 其 他

472. 非上市公众公司适用借壳上市的特殊规定吗？

《非上市公众公司重大资产重组管理办法》（证监会令第103号）没有对借壳上市做出专门界定，也没有对借壳上市做出特殊的要求。原因是，考虑到申请成为公众公司时并无实质性标准，故在公众公司重大资产重组中，对于借壳行为不做特殊规定。

473. 退市公司重新上市适用借壳上市的特殊规定吗？

根据深圳证券交易所《关于改进和完善深圳证券交易所主板、中小企业板上市公司退市制度的方案》，上市公司股票终止上市后，达到交易所规定的重新上市条件的，可以申请重新上市。公司在申请重新上市前进行重大资产重组且实际控制人发生变更的，须符合中国证监会规定的借壳上市条件。

因此，对退市公司借壳上市实现重新上市的操作，也要符合借壳上市的条件。

第五章
外商投资与红筹回归

第一节 外商投资企业改制上市

**474. 外商投资企业能否在内地上市?**

《公司法》《证券法》等有关法律的规定,外商投资企业可以依法改制为外商投资股份有限公司在国内公开发行股票并上市。中小企业板设立后,台商控股的成霖股份(002047)首先登陆中小企业板,伟星股份(002003)、永新股份(002014)、中捷股份(002021)等中小企业板上市公司也都含有外资股份。2006年5月IPO重启之后,外商投资企业海鸥卫浴(002084)、信隆实业(002105)、新嘉联(002188)、奥特迅(002227)、威创股份(002308)、凯撒股份(002425)、尤夫股份(002427)、金利科技(002464)、艾迪西(002468)、英飞拓(002528)、卫星石化(002648)、华声股份(002670)、双城药业(002693)等也相继成功上市。

根据2014年5月14日实施的《首次公开发行股票并在创业板上市管理办法》(此前适用2009年5月1日颁布的《首次公开发行股票并在创业板上市管理暂行办法》)第二章第十

条的规定,外商投资企业只要符合相关规定,也可以在中国内地创业板上市。截至2014年6月底,创业板上市公司中的新宁物流(300013)、中能电气(300062)、劲胜精密(300083)、长信科技(300088)、乾照光电(300102)、美亚柏科(300188)、吉艾科技(300309)、宜安科技(300328)、津膜科技(300334)、鼎捷软件(300378)等均为外商投资企业。

475. 外商投资企业发行上市需要什么条件?

根据《关于上市公司涉及外商投资有关问题的若干意见》(外经贸资发〔2001〕538号),外商投资股份有限公司公开发行上市,除需符合《公司法》《证券法》的要求外,还需满足如下要求:

①应符合外商投资产业政策,公司经营范围符合《指导外商投资方向规定》《外商投资产业指导目录》和《中西部地区外商投资优势产业目录》等的要求;

②申请上市前3年均已通过外商投资企业年度经营状况联合申报(全国外商投资企业联合年检已于2014年取消,改为实行全国外商投资企业年度经营状况联合申报,简称"联合年报");

③上市发行股票后,外资股占总股本的比例不低于10%(目前实际执行过程中已开始有所突破);

④按规定需由中方控股(包括相对控股)或对中方持股比例有特殊规定的外商投资股份有限公司,上市后应按有关规定的要求继续保持中方控股地位或持股比例;

⑤符合股票发行上市有关法规要求的其他条件。

476. 外商投资企业改制要符合什么特殊条件?

根据《关于设立外商投资股份有限公司若干问题的暂行

规定》(外经贸部令〔1995〕第1号)、《关于加强外商投资企业审批、登记、外汇及税收管理有关问题的通知》(外经贸法发〔2002〕575号)、《外商投资公司审批登记管理法律适用若干问题的执行意见》(工商外企字〔2006〕81号)、《商务部关于下放外商投资股份有限公司、企业变更、审批事项的通知》(商资函〔2008〕50号)、《商务部关于下放外商投资审批权限有关问题的通知》(商资发〔2010〕209号)、《商务部关于改进外资审核管理工作的通知》(商资函〔2014〕314号)、《商务部办公厅关于中外合资经营等类型企业转变为外商投资股份有限公司有关问题的函》(商办资函〔2014〕516号)等,外商投资企业改制为股份有限公司应特别注意以下事项:

①以发起方式设立外商投资股份有限公司,除法律、行政法规以及国务院决定对特定行业注册资本最低限额另有规定外,取消外商投资的公司最低注册资本的限制;外商投资(含台、港、澳投资)的公司的认缴出资额、出资方式、出资期限由公司投资者(股东、发起人)自主约定,并在合营(合作)合同、公司章程中载明,首次出资比例、货币出资比例和出资期限不再受限制。

②中外合资经营企业、中外合作经营企业、外资企业等外商投资企业申请变更为外商投资股份有限公司的,不再要求"应有最近连续3年的盈利记录"。

③国有企业、集体所有制企业申请转变为外商投资股份有限公司的,不再要求"应有最近连续3年的盈利记录"。

④股份有限公司,可通过增资扩股、转股、发行境内上市外资股或境外上市外资股等方式,变更为外商投资股份有限公司。

⑤原境内公司中国自然人在原公司作为股东一年以上的,经批准,可继续作为变更后所设立外商投资企业的中方投资

者。暂不允许境内中国自然人以新设或被外资并购等方式成为外商投资企业的股东（除上述情况之外）。

⑥报商务部门审批。限额（《外商投资产业指导目录》鼓励类、允许类3亿美元，限制类5 000万美元）以下外商投资股份有限公司的设立及其变更，由省级商务主管部门负责审批；限额以上以及对外商投资有专项规定的行业、特定产业政策、宏观调控行业仍由国家商务部审批。

⑦应符合国家有关外商投资企业产业政策的规定。

⑧境外投资者的出资比例低于25%的，除法律、行政法规另有规定外，均应按照同样的审批登记程序进行审批和登记。通过审批的，颁发加注"外资比例低于25%"字样的外商投资企业批准证书；取得登记的，颁发在"企业类型"后加注"外资比例低于25%"字样的外商投资企业营业执照。除法律、行政法规另有规定外，其投资总额项下进口自用设备、物品不享受税收减免待遇，其他税收不享受外商投资企业待遇。

477. 外商投资企业改制上市需要经过什么特殊程序？

外商投资股份有限公司首次公开发行股票并上市，除向中国证监会提交规定的材料外，还应提供通过联合年报的外商投资股份有限公司的批准证书和营业执照；发行完成后，应到省级商务部门（限额以下）或国家商务部（限额以上）办理法律文件变更手续。

前述有关外商投资股份有限公司设立的规定发布时间跨度大，且存在与《公司法》不一致的地方，具体适用标准以有关部门实际执行为准。

478. 外商投资股份有限公司的设立应经哪些部门审批？

外商投资企业改制为外商投资股份有限公司，无论外资比例多少,其改制均需取得商务部门的批准。根据《商务部关于下放外商投资审批权限有关问题的通知》(商资发〔2010〕209号),审批权限如下:

(1)地方审批机关

①《外商投资产业指导目录》鼓励类、允许类总投资3亿美元和限制类总投资5 000万美元(以下简称"限额")以下的外商投资企业的设立及其变更事项由省、自治区、直辖市、计划单列市、新疆生产建设兵团、副省级城市(包括哈尔滨、长春、沈阳、济南、南京、杭州、广州、武汉、成都、西安)商务主管部门及国家级经济技术开发区(以下简称"地方审批机关")负责审批和管理。其中,外商投资股份有限公司的限额按注册资本计,改制为外商投资股份有限公司的限额按评估后的净资产值计。

②单次增资额在限额以下的增资事项由地方审批机关负责审批和管理。

③限额以上鼓励类且不需要国家综合平衡的外商投资企业的设立及其变更事项,由地方审批机关负责审批和管理。

④注册资本3亿美元以下外商投资性公司和资本总额3亿美元以下外商投资创业投资企业、外商投资创业投资管理企业的设立及其变更事项,由地方审批机关负责审批和管理。

⑤除法律法规明确规定由商务部审批外,服务业领域外商投资企业的设立及其变更事项(包括限额以上及增资)由地方审批机关按照国家有关规定进行审批和管理。根据相关规定需取得国家行业主管部门前置许可或向其征求意见的,应取得书面文件或同意见。金融、电信领域外商投资企业的设立和变更事项仍按现行法律法规办理。

⑥由商务部、原外经贸部以及国务院有关部门批准设立的外商投资企业的变更事项(除单次增资达到或超过限额以及涉及商资发〔2010〕209号文第五条规定的情况外)由地方审

批机关负责审批和管理。

（2）商务部

除上述地方审批机关审批的项目外，投资额在限额以上的、有专项规定的行业、特定产业政策、宏观调控行业及有关法律明确规定的，仍由商务部审批。

479. 外商投资股份有限公司的发起人和股东有什么限制？外商投资股份有限公司发起人的股份转让有何限制？

①以发起方式设立外商投资股份有限公司，除应符合《公司法》规定的发起人的条件外，其中至少有一个发起人应当为境外股东，一个发起人为境内股东。

另外，一般情况下，外商投资股份有限公司的中方发起人不得为自然人，但如中方自然人原属于境内内资公司的股东，因境外投资者并购境内公司的原因导致中方自然人成为中外合资企业的中方投资者的，该中方自然人的股东身份可以保留。需要注意的是，部分地区已经取消或放宽发起人为自然人的限制，如浙江省、重庆市、北京市、天津市、河南省、福建省、贵州省、湖北省、湖南省、山东省、四川省等。但至今仍有部分省市未出台取消限制的规定。

②外商投资股份有限公司中的境外股东可以是"外国的公司、企业和其他经济组织或个人"，包括境外有限合伙制企业以及其他非公司性质的组织。

③外商投资股份有限公司发起人的股份转让，须在外商投资股份有限公司设立登记1年后进行，并经原审批机关批准。

480. 外商投资企业整体变更时净资产折股应如何纳税？

外商投资企业整体变更时，除注册资本外的资本公积、盈余公积及未分配利润转增股本，分以下几种情况进行纳税处理：

(1) 资本公积、盈余公积及未分配利润中属于个人股东的部分

根据《国家税务总局关于股份制企业转增股本和派发红股征免个人所得税的通知》（国税发［1997］198 号），股份制企业用资本公积金转增股本不属于股息、红利性质的分配，对个人取得的转增股本数额，不作为个人所得，不征收个人所得税。但根据《国家税务总局关于原城市信用社在转制为城市合作银行过程中个人股增值所得应纳个人所得税的批复》（国税函发［1998］289 号），国税发［1997］198 号文中所表述的"资本公积金"是指股份制企业股票溢价发行收入所形成的资本公积金，将此转增股本由个人取得的数额，不作为应税所得征收个人所得税，而与此不相符合的其他资本公积金分配个人所得部分，应当以"利息、股息、红利所得"项目征收个人所得税。2010 年 5 月 31 日，《国家税务总局关于进一步加强高收入者个人所得税征收管理的通知》（国税发［2010］54 号）进一步规定："加强企业转增注册资本和股本管理，对以未分配利润、盈余公积和除股票溢价发行外的其他资本公积转增注册资本和股本的，要按照'利息、股息、红利所得'项目，依据现行政策规定计征个人所得税"。

根据上述分析，以未分配利润、盈余公积和除股票溢价发行外的其他资本公积转增注册资本和股本的，要按照"利息、股息、红利所得"项目，依据现行政策规定计征个人所得税。

(2) 资本公积、盈余公积及未分配利润中属于居民企业股东的部分

①根据《关于贯彻落实企业所得税法若干税收问题的通知》（国税函［2010］79 号），被投资企业将股权（票）溢价所形成的资本公积转为股本的，不作为投资方企业的股息、红利收入，投资方企业也不得增加该项长期投资的计税基础。因此，居民企业股东以股票（权）溢价发行形成的资本公积金

转增股本，不属于利润分配，居民企业股东不缴纳企业所得税。

②留存收益（含盈余公积和未分配利润）进行转增时，视同利润分配。根据国税发［1997］198号文精神，对不属于股票溢价发行所形成的资本公积转增，比照留存收益转增办理。

根据《企业所得税法》，"符合条件的居民企业之间的股息、红利等权益性投资收益"为免税收入。《财政部、国家税务总局关于执行企业所得税优惠政策若干问题的通知》（财税［2009］69号）规定，"2008年1月1日以后，居民企业之间分配属于2007年度及以前年度的累积未分配利润而形成的股息、红利等权益性投资收益"也属于免税收入。因此，居民企业之间利润分配时，不管是否存在税率差，居民企业股东均不需要补缴所得税差额部分。

（3）资本公积、盈余公积及未分配利润中属于非居民企业股东的部分

根据上述分析，股票（权）溢价发行形成的资本公积金转增股本，不属于利润分配，非居民企业股东也不缴纳企业所得税。

留存收益（含盈余公积和未分配利润）以及不属于股票溢价发行所形成的资本公积转增股本，视同利润分配。这种情况下，非居民企业是否纳税分两种情况。

第一，在中国境内设立机构、场所的非居民企业从居民企业取得的与"该机构、场所有实际联系的股息、红利等权益性投资收益"为免税收入。因此，这类非居民企业股东在上述条件下不缴纳企业所得税。但须注意对"在境内设立机构和场所"、"取得的股息、红利与该机构场所有实际联系"适用条件必须符合《企业所得税法》及其实施条例的规定。

第二，"非居民企业在中国境内未设立机构、场所的，或

者虽设立机构、场所但取得的所得与其所设机构、场所没有实际联系的，应当就其来源于中国境内的所得缴纳企业所得税。"这类非居民企业从居民企业取得利润分配额，属于从中国境内取得的"股息、红利等权益性投资所得"，按照"应纳税所得额×实际征收率"缴纳企业所得税，由利润分配企业代扣代缴。实际征收率是指《企业所得税法》及其实施条例等相关法律法规规定的税率（即10%），或者税收协定规定的更低的税率。同时，《财政部、国家税务总局关于企业所得税若干优惠政策的通知》（财税〔2008〕1号）规定："2008年1月1日之前外商投资企业形成的累积未分配利润，在2008年以后分配给外国投资者的，免征企业所得税；2008年及以后年度外商投资企业新增利润分配给外国投资者的，依法缴纳企业所得税。"因此，针对上述外商投资企业的外国投资者股东，公司整体变更时留存收益以及应纳税的其他资本公积总额，可扣除2008年1月1日之前形成的累计未分配利润后计算应纳税所得额。

有限公司以净资产折股整体变更为股份公司，类似于将有限公司的盈余公积、未分配利润等转增股本，实质上是对股东的分红。对于企业法人，有关法规规定国内企业之间直接股权投资取得的收益免税；对于自然人投资者，《关于进一步加强高收入者个人所得税征收管理的通知》（国税发〔2010〕54号）规定："加强企业转增注册资本和股本管理，对以未分配利润、盈余公积和除股票溢价发行外的其他资本公积转增注册资本和股本的，要按照'利息、股息、红利所得'项目，依据现行政策规定计征个人所得税。"

实务中，主要有以下几种情况：

①直接缴纳。在有限公司整体变更为股份公司时，由公司代扣代缴个人所得税。

②缓缴。办理备案手续，经税务主管机关同意并出具备案

表，暂缓缴纳个人所得税，待取得股利分红或股权转让时再征收。

③符合一定条件后免缴。对符合一定标准（如高新技术企业）的公司分配给个人的股利，并直接投入再生产的情况予以免缴。

481. 外商投资企业如何缴纳股权转让所得税？

外方股东向中国境内机构或个人转让股权所需缴纳的企业所得税分为一般性税务处理以及特殊性税务处理两种情形。一般性税务处理通常情况下适用于以现金或其他非货币性资产（除股权外）作为股权转让对价的股权转让行为。如果股权受让方企业以本企业或其控股企业的股权作为对价支付股权转让价款，则该股权转让将可能适用特殊性的税务处理。

（1）一般性税务处理

外方机构股东向境内企业或个人转让股权而取得的股权转让所得，通常需要按照《企业所得税法》及其实施条例的规定，缴纳10%的企业所得税。而外方自然人股东股权转让所得，依据《个人所得税法》的规定，应缴纳20%的个人所得税。当《税收协定》中规定的税务处理条件比《企业所得税法》更加优惠时，可优先适用《税收协定》的规定。例如，中国内地与香港特别行政区之间签署的《关于对所得避免双重征税和防止偷漏税的安排》规定，如果香港投资者在转让行为发生前12个月均未直接或间接持有内地被转让企业25%或以上股权，则香港投资者转让内地被投资企业股权的所得不应在中国内地征税。外方股东需向中国主管税务机关提出申请，经审核批准后，才能享受《税收协定》的优惠税务处理。

（2）特殊性税务处理

特殊性税务处理实质上是准许交易方延迟纳税，而非免税。如果股权受让方企业以本企业或其控股企业的股权作为对价支付股权转让价款,则该股权转让将可能适用特殊性的税务处理,即在股权转让交易发生时暂不确认收入(或损失)、股权转让方不产生纳税义务。纳税义务通常将延迟到相关重组资产再次处置时再予确认。另外,特殊性的税务处理目前只适用于企业,而不适用于自然人股东的股权转让。

根据《财政部、国家税务总局关于企业重组业务企业所得税处理若干问题的通知》(财税〔2009〕59号),外国投资者转让外商投资企业股权给境内企业,需要同时满足下述条件,方可适用特殊性税务处理。第一,需要具有合理的商业目的,且不以减少、免除或者推迟缴纳税款为主要目的;第二,被收购股权不低于被收购企业原股权的75%;第三,企业重组后连续12个月内不改变重组资产原来的实质性经营活动;第四,股权转让对价中的股权支付金额不低于交易支付总额的85%;第五,企业重组中取得股权支付的原主要股东,在重组后连续12个月内,不得转让所取得的股权。因企业发生涉及中国境内与境外之间的股权和资产收购交易,除应符合上述规定的条件外,还应同时符合下列条件,才可选择适用特殊性税务处理规定:

①非居民企业向其100%直接控股的另一非居民企业转让其拥有的居民企业股权,没有因此造成以后该项股权转让所得预提税负担变化,且转让方非居民企业向主管税务机关书面承诺在3年(含3年)内不转让其拥有受让方非居民企业的股权。

②非居民企业向与其具有100%直接控股关系的居民企业转让其拥有的另一居民企业股权。

③居民企业以其拥有的资产或股权向其100%直接控股的非居民企业进行投资。

依据《商务部关于涉及外商投资企业股权出资的暂行规定》和《股权出资登记管理办法》,外国投资者可以用其在中国境内企业的股权作为出资（包括新设或增资），设立外商投资企业或认缴外商投资企业的增资。从交易的审批和登记层面讲，上述模式下的跨境换股亦有据可循。

482. 外商投资企业发行上市招股说明书的编制有何特别规定？

外商投资股份有限公司为公开发行股票而编制招股说明书时，除应遵循中国证监会有关招股说明书内容与格式准则的一般规定外，还应遵循《公开发行证券的公司信息披露编报规则第17号——外商投资股份有限公司招股说明书内容与格式特别规定》的要求。

第二节 红筹回归

483. 什么是红筹模式上市？红筹模式包括几种类型？

红筹上市是指境内居民（境内自然人或境内公司）设立离岸公司，然后通过外资并购将境内公司的资产、股权或其他权益转移到离岸公司名下，境内公司变更为外商独资企业、中外合资企业或者受离岸公司间接全面控股，然后以离岸公司的名义在境外公开发行股票并上市的方式。在我国，所谓的"红筹模式"一般包括"大红筹"和"小红筹"两种模式。

"大红筹模式"，即当事人按照1997年6月20日发布实施的《关于进一步加强在境外发行股票和上市管理的通知》（国发〔1997〕21号）履行行政审批或备案程序，采取收购、换股或行政划拨等方式，将境内企业权益注入境外资本运作实体，以实现境外资本运作实体在境外进行私募股权融资或公开发行上市的目的。此种模式中的主体一般是我国内地大型国有企业，或是具有国务院各部委或地方政府背景的企业，如中国移动、中海油、北京控股、深圳控股、上海实业控股等。

"小红筹模式"，即拟在境外上市的公司设计各种模式规避或绕开《关于外国投资者并购境内企业的规定》等法律法规履行由中国证监会进行行政审批的程序，采取股权并购或资产并购等方式，将境内企业权益注入境外资本运作实体，以实现境外资本运作实体在境外进行私募股权融资并公开发行上市的目的。此种模式中的主体一般是民营企业，如腾讯、如家、百度、蒙牛、分众传媒等。

目前，一般所指的"红筹模式"均指"小红筹模式"，或称为"返程投资"、"境外注资"、"反向收购"等。这些定义均不是精确的法律概念，而只是对这一类境内权益境外融资操作模式的概括性称谓。

随着我国各种法律法规和规范性文件对"红筹模式"控制和监管的日益加深，"红筹模式"也不断变换着具体的操作形态。但是，整体而言，绝大部分"红筹模式"都采取了在境外设立特殊目的公司（Special Purpose Vehicle，SPV），然后采取返程投资方式与境内企业权益建立控制关系，最终实现境外主体私募或公募融资的目的。

484. 什么是 VIE 架构？为何中国企业以 VIE 架构在境外上市？

在红筹架构下，根据控制境内权益的方式不同，演绎出多种不同的模式，其中"协议控制"模式最知名。"协议控制"又称"VIE 架构"（Variable Interest Entities，可变利益实体）。

VIE 架构，在 2006 年以前主要应用于境内互联网公司的境外私募与境外发行上市。在我国，外商直接投资增值电信企业受到严格限制（法律要求投资的外商必须是产业投资者，基金这种财务投资者不属于合格投资人），而互联网业务在我国法律上归属于"增值电信业务",因而在引入外商直接投资方面受到限制。为了绕开这些限制,境内互联网公司联合境外PE/VC基金公司,研究发明了协议控制这种交易架构。该架构后来得到美国通用会计准则(GAPP)的认可,专门为此创设了"VIE会计准则",即可变利益实体准则,允许该架构下将中国境内被控制的企业报表与境外上市公司的报表进行合并,从而解决了境外上市的报表问题,故该架构又称"VIE架构"。

简而言之,VIE架构是通过把企业分拆为两个实体,以避开中国对外国人投资限制性产业的限制。其中一个实体位于中国,掌控着在中国开展业务所需的牌照和其他资产。外国投资人则能够购买第二个实体(为离岸公司)在境外上市的母公司股票。即VIE通常基于如开曼群岛这样的避税天堂,通过一套复杂的法律合同将外国投资者与中国公司联系在一起。VIE架构保证了中国公司的经济利益流向外国投资者,与此同时,公司的控制权和运营仍然由位于中国国内的实体公司掌握。

几乎所有在美国上市的中国互联网公司,包括阿里巴巴、百度、京东、奇虎、网易、携程、微博、优酷、搜狐、畅游、人人等,都利用VIE架构作为绕过中国限制以获得外国资本的方法。据不完全统计数据,目前已有近300家中国企业利用VIE架构在境外上市(包括已经退市的),数千家企业以VIE架构接受PE/VC投资。

值得注意的是,根据最高人民法院对中国香港华懋金融服务公司与中国中小企业投资有限公司之间的民生银行股权纠纷案的判决,"VIE架构"避开了国内针对特定行业的外商投资限制政策,不能排除被法院认定为规避了特定行业准入的强制性规定而构成"以合法形式掩盖非法目的"的法律风险。

485. 什么是红筹回归？红筹回归的核心问题是什么？

红筹回归是指原先以境外上市为目的的红筹结构调整为以境内上市为目的的上市主体及控制架构，并最终以该主体通过 IPO 或并购重组等方式实现在境内上市。

红筹回归的核心问题是拆除红筹架构，将发行人的实际控制权由境外转回境内，即实际控制人由原通过境外公司控制发行人，调整为直接持有发行人股权或通过境内持股主体控制发行人。从企业类型上看，发行人由外商独资企业变更为内资企业或中外合资企业，为后续整体变更为股份公司提供了条件。

486. 以红筹模式在境外上市的中国企业如何进行私有化退市？

私有化退市指通过收购公众持有的流通股份，从而将上市公司由公众公司变为私人公司，并最终实现退市的行为。

以红筹模式在境外上市的中国企业私有化退市的过程大致如下：

①收购方提出要约。收购方（也称要约方）寻找投资人，搭建买方团队（根据进展设立并购公司），向目标公司董事会提交私有化提议，公开宣布私有化要约。

②境外上市公司内部决策及达成协议。境外上市公司董事会成立特别委员会，特别委员会委任财务顾问、法律顾问进行公平性、合规性考察，出具专业意见；特别委员会及主要股东就并购价格、具体条款等与收购方进行谈判，达成协议。

③履行交易流程。公告披露及提交有关私有化交易的各种重要信息，同时向股东发放收购文件，召开临时股东大会，审议要约收购议案。

④完成私有化。私有化完成，股票停止交易及退市。

487. 拆除红筹架构的重组方式有哪些？红筹架构拆除过程中通常会涉及什么问题？

（1）拆除红筹架构的重组方式主要有股权转让方式和增资方式

①股权转让方式。采用股权转让方式拆除红筹架构，是指实际控制人控制的外资股东，参照境外 SPV（Special Purpose Vehicle，特殊目的公司）的股权架构及各股东通过境外 SPV 间接持有发行人的股权比例，将所持发行人股权分别转让给实际控制人或其设立的境内持股主体、境外投资者或其设立的境外持股主体。

以股权转让方式拆除红筹架构，优点在于：第一，能够清晰地看到及对比重组前后各股东的持股情况，易于解释股权演变，论证实际控制人是否发生变化。第二，股权转让款支付至境外，有利于解决境外股权回购、境外投资者退出等资金需求。

缺点在于：第一，股权转让涉及非居民企业所得税，如税务机关以较高的公允值调整征税，将加重税收负担。第二，为支付股权转让款，境内购股方需筹集一定资金。

以股权转让方式拆除红筹架构的案例可参考 A 股上市公司九安医疗（002432）、得利斯（002330）、博彦科技（002649）、天顺风能（002531）等。

②增资方式。采用增资方式拆除红筹架构，是指原通过境外 SPV 间接持有发行人股权的实际控制人，在境内设立境内持股公司，该境内持股公司对发行人增资取得股权，并摊薄境外 SPV 持有的发行人的外资股权。同时，实际控制人通过股权回购、转让等方式相应放弃通过境外 SPV 持有的发行人部分股权，实现控制权转回境内。

以增资方式拆除红筹架构，优点在于：第一，避免发行人层面发生股权转让,以现金增资,不会产生所得税。第二,不涉及向境外付款,节省资金流动成本及税负。

缺点在于:第一,需筹集一笔增资款,虽然中方增资可全部计入发行人注册资本,但如发行人原注册资本过高的话,增资款金额会相应增高。第二,境外 SPV 可能需回购实际控制人部分或全部股权(或实际控制人转让所持 SPV 股权),增加重组步骤。

以增资方式拆除红筹架构的案例可参考 A 股上市公司希努尔(002485)、双成药业(002693)、圣莱达(002473)、中京电子(002579)等。

(2)红筹架构拆除过程中通常会涉及的问题

①外商投资企业性质发生变更可能涉及的税收优惠问题。根据《外商投资企业和外国企业所得税法》第八条规定,生产性外商投资企业,经营期在 10 年以上的,从开始获利的年度起,实行"两免三减半"的税收优惠政策,即第一年和第二年免征企业所得税,第三年至第五年减半征收企业所得税。外商投资企业实际经营期不满 10 年的,应当补缴已免征、减征的企业所得税税款。虽然《外商投资企业和外国企业所得税法》已经失效,但是根据《关于外商投资企业和外国企业原有若干税收优惠政策取消后有关事项处理的通知》第三条的规定,外商投资企业按照《外商投资企业和外国企业所得税法》规定享受定期减免税优惠,2008 年后,企业生产经营业务性质或经营期发生变化,导致其不符合《外商投资企业和外国企业所得税法》规定条件的,仍应补缴其此前(包括在优惠过渡期内)已经享受的定期减免税税款。拆除红筹架构可能导致境内拟上市主体的外商投资企业性质发生变更,实际经营期不满 10 年,需补缴原享受的税收优惠。

②拆除红筹架构时,原境外主体通常采用股权转让的方式将所持有的境内拟上市主体的股权转让给受让方,股权转让涉

及企业所得税问题。根据《企业所得税法》及其实施条例，以及《国家税务总局关于加强非居民企业股权转让所得企业所得税管理的通知》（国税函［2009］698号），境外主体作为非居民企业，取得源自中国境内的股权转让所得，应当就其股权转让所得缴纳企业所得税。同时，境内受让方作为股权转让款的支付人，应当作为扣缴义务人，实行源泉扣缴，税率为10%。

③拆除红筹架构时，股权转让定价存在是否公允的问题。《国家税务总局关于加强非居民企业股权转让所得企业所得税管理的通知》（国税函［2009］698号）第七条规定，非居民企业向其关联方转让中国居民企业股权，其转让价格不符合独立交易原则而减少应纳税所得额的，税务机关有权按照合理方法进行调整。

④境外主体清算可能涉及个人所得税问题。在拆除红筹架构后，为增强公司股东的监管透明度，通常会对原红筹架构中的境外主体进行清算。境内自然人所持股的境外主体在清算注销时，若发生股权溢价回购或清算后存在剩余财产并分配至境内自然人，则境内自然人还可能产生个人所得税的纳税义务。

⑤拆除红筹架构时，涉及外汇登记及注销问题。2014年7月14日，国家外汇管理局发布《关于境内居民通过特殊目的公司境外投融资及返程投资外汇管理有关问题的通知》（汇发［2014］37号），对境外特殊目的公司的设立、变更及注销等进行了规定。红筹架构在拆除过程中涉及股权转让及境外主体清算等事宜，需要按规定办理外汇登记、变更及注销等手续。此外，若原来搭建红筹架构时存在未办理外汇登记或虚假承诺等情形，将面临补登记及行政处罚的问题。

 **488. 历史上曾拆除 VIE 协议控制架构的拟上市公司，在尽职调查和信息披露方面有哪些特别注意事项？**

历史上曾拆除 VIE 协议控制架构公司申请 IPO 时，需要对股权是否清晰、实际控制人是否发生变更、外汇和税务是否合规等方面进行充分的尽职调查。

①股权是否清晰。尽职调查时应关注原境外上市主体、WFOE（Wholly Foreign Owned Enterpris，外商独资企业）及境内拟上市主体历次股权的变化、变化原因、定价依据、股权转让价格是否存在较大差异，海外投资者情况及其入股、股权转让及股权回购过程，是否存在股份代持或其他利益安排等。

②实际控制人是否发生变更。尽职调查时应关注控制协议的履行情况，VIE 协议控制架构拆除是否导致境内拟上市主体近 3 年或近 2 年主营业务和董事、高级管理人员发生重大变化、实际控制人发生变更。

③外汇管理是否合规。尽职调查时应关注原境外上市主体历次融资是否办理外汇登记，原境外上市主体在控制协议框架下对 WFOE 或境内运营实体提供资金支持的形式和途径，是否经过外汇审批。

④税务是否合规。尽职调查时应关注 VIE 协议控制架构拆除阶段，股权转让方是否按规定纳税，涉及外商投资企业税收优惠的，是否需补缴历史上已享受的税收优惠。

拟上市公司曾拆除 VIE 协议控制架构的，应披露以下信息（包括不限于）：

①VIE 协议控制架构搭建和拆除过程、VIE 协议执行情况以及拆除前后的控制关系结构图。

②是否曾筹划境外资本市场上市。如是，应当披露筹划上市进展、未上市原因等情况。

③VIE 协议控制架构的搭建和拆除过程是否符合外资、外

汇、税收等有关规定,是否存在行政处罚风险。

④VIE协议控制架构是否彻底拆除,拆除后股权权属是否清晰,是否存在诉讼等法律风险。

⑤VIE协议控制架构拆除后,生产经营是否符合国家产业政策相关法律法规等规定。

⑥VIE协议控制架构拆除是否导致近3年(主板、中小板)或近2年(创业板)主营业务和董事、高级管理人员发生重大变化、实际控制人发生变更。

489. 红筹回归后的主体发行上市应满足的主要要求有哪些?

①主体资格:发行人应当是在中国境内依法设立且有效存续的股份有限公司。

②股权结构:发行人应当股权清晰,控股股东和受控股股东、实际控制人支配的股东所持发行人的股份不存在重大权属纠纷。

③持续经营:红筹回归后的发行上市主体需持续经营满3年,法律规定的特别情形除外。

④业绩规定:拟在主板和中小企业板上市的主体需最近3个会计年度持续盈利;拟在创业板上市的主体需最近2年连续盈利,最近两年净利润累计不少于1 000万元;或者最近一年盈利,最近一年营业收入不少于5 000万元。

⑤控制结构:拟在主板和中小企业板上市的主体最近3年内实际控制人没有发生变更;拟在创业板上市的主体最近2年内实际控制人没有发生变更。

⑥主营业务:拟在主板和中小企业板上市的主体最近3年内主营业务没有发生重大变化;拟在创业板上市的主体最近2年内主营业务没有发生重大变化。

⑦产业政策:发行人的生产经营符合法律、行政法规和公

司章程的规定,符合国家的产业政策。

⑧合规性:发行人最近36个月内不得有违反工商、税收、土地、环保、海关以及其他法律、行政法规,受到行政处罚,且情节严重的情形。

490. 红筹回归后对企业业绩连续计算有影响吗?

境内上市主体对业绩有连续盈利的要求,确定上市主体时需将此要求考虑在内。

对于 VIE 类红筹架构,生产经营实际上放在境内运营公司,其营业利润已通过 VIE 协议项下的付费安排实际输送至 WOFE(Wholly Owned Foreign Enterprise,外商独资企业)。若将境内运营公司视为上市主体,则将面对其在红筹架构持续期间利润和业绩不具备参考性的问题。如没有上述付费安排或者上述付费安排尚未实施,则境内运营公司的业绩有可能连续计算。

491. 红筹回归涉及股权回购时如何定价?

在实务中红筹回归涉及股权回购时如何定价主要有如下方式:以评估的净资产为依据协商定价、账面值或经审计的净资产值、以注册资本为依据定价、零对价或特别低的象征性价格。

一般而言,如果红筹回归过程中不涉及国有资产及第三方权益,股东最终权益未发生变更,其股权转让以注册资本为依据定价、零对价或特别低的象征性价格不会成为上市的障碍。但是根据《关于加强非居民企业股权转让所得企业所得税管理的通知》(国税函〔2009〕698号),非居民企业向其关联方转让中国居民企业股权,其转让价格不符合独立交易原则而减少应纳税所得额的,税务机关有权按照合理方法进行调整。为避免不必要的税务风险,企业以何种方式定价仍需与当地税务机关沟通。

可借鉴的案例有：以净资产评估值为定价依据的日海通讯；以账面值或经审计的净资产值为定价依据的银禧科技、得利斯；以注册资本为依据定价的希努尔、誉衡药业；零价转让或象征性价格转让的向日葵、金力泰、长荣股份；尽管约定了价格，但最终免除价款支付义务的华平股份。

492. 红筹回归会给企业增加哪些税务负担？

（1）补缴以往年度税收优惠款

一般情况下，红筹结构下的境内企业都会根据外商投资者企业享受"两免三减半"的税收优惠政策，但对于外资企业实际经营期未满10年、因重组等导致外资比例低于25%的情形将会被要求补缴已减免的所得税款，但在实际操作中企业是否补缴税款取决于税务部门的处理。为保持税收优惠待遇，也有企业做出保留部分境外股权的安排，如九安医疗上市前外资比例30.89%，誉衡药业上市前外资比例40%，中南重工上市前外资比例25%，希努尔上市前外资比例33.72%。

（2）重组所涉所得税

去红筹架构涉及股权重组，最主要的形式是外资企业股权的转让，一般情况按照公允价值交易都会涉及所得税问题，这就涉及外资企业作为非居民企业的纳税义务。根据《企业所得税法》，对于非居民企业转让居民企业股权所得，可按10%的减半所得税税率缴纳。

根据《关于加强非居民企业股权转让所得企业所得税管理的通知》（国税函[2009]698号），非居民企业向其关联方转让中国居民企业股权，其转让价格不符合独立交易原则而减少应纳税所得额的，税务机关有权按照合理方法进行调整。为避免不必要的税务风险，建议企业在拆除红筹架构过程中与当地税务主管部门沟通，对股权转让价的确定予以解释和说明,以免出现后续被税务部门按照独立交易原则调整计税基础,被要求补税,进而影响上市。

股权转让若符合《财政部、国家税务总局关于企业重组业务企业所得税处理若干问题的通知》(财税[2009]59号)规定的特殊税务处理条件的,可申请特殊税务处理。

由于去红筹架构可能需要动用大笔的资金在境内外流转,缺乏资金的企业可能需要短期的大额融资,还要考虑资金如何从境外转回,这将增加重组的财务成本。

493. 境外投融资及返程投资外汇管理有何新规定?

2014年7月14日,国家外汇管理局发布《关于境内居民通过特殊目的公司境外投融资及返程投资外汇管理有关问题的通知》(汇发[2014]37号)(以下简称"37号文")。37号文取代了国家外汇管理局于2005年10月发布的《关于境内居民通过境外特殊目的公司融资及返程投资外汇管理有关问题的通知》(以下简称"75号文"),相关规定如下:

①37号文规定,对于"境内居民(含境内机构和境内居民个人)以投融资为目的,以其合法持有的境内企业资产或权益,或者以其合法持有的境外资产或权益,在境外直接设立或间接控制的境外企业"必须进行外汇管理登记。同时,37号文明确规定了对于"通过新设、并购等方式在境内设立外商投资企业或项目,并取得所有权、控制权、经营管理权等权益的行为"等需要办理特殊目的公司外汇登记事项。37号文亦明确境外投资外汇登记手续的时间由"设立或控制境外特殊目的公司之前"改为"向特殊目的公司出资前"。

②37号文第一次明确非上市特殊目的公司实施的针对境内企业董监高与员工的股权激励计划(以下简称"ESOP")可以办理外汇登记,并出台了细则,体现了监管机构对于境外融资及境外资本市场发展的密切关注。此项规定将可能有效解

决非上市 VIE 架构公司的 ESOP 的登记与行权困惑，使得这些公司在上市之前，其推行的 ESOP 对于大多数员工而言不再是不确定状态。

③境内居民以境内外合法资产或权益已向特殊目的公司出资但未按规定办理境外投资外汇登记的，境内居民应向外汇管理局出具说明函说明理由，外汇管理局根据合法性、合理性等原则办理补登记。此项规定有助于解决之前已经设立特殊目的公司但不能在 75 号文下补登记的问题。

④37 号文允许境内居民个人向特殊目的公司提供资金支持，取消境内企业对特殊目的公司境外放款的限制，有效简化了境内居民个人进行境外投资的程序。

494. 红筹架构与假外资的主要区别有哪些？

红筹架构与假外资的结构基本相同，均是境内主体设立境外主体，再通过境外主体对境内企业进行投资与控制，其主要区别有：

（1）设立境外主体目的不同

红筹架构设立境外主体的目的为以其持有的境内企业资产或权益在境外进行股权融资（包括可转换债融资）；而假外资设立境外主体的主要目的为政策寻租（我国外商投资企业在诸多方面享有超国民待遇）、财产保护与非法转移（获得国外更好的财产保护或进行跨境洗钱）和金融投机（利用境外更多的投资避险工具）等。

（2）返程投资资金来源不同

红筹架构以境外融资为目的，融资完成后存在增量资本入境；而假外资一般不涉及增量资本入境，只是纯粹的境内资金存量的往复运动。

495. 对红筹回归上市的路径选择如何设计？自身 IPO 与借壳上市的优劣主要体现在哪里？

红筹企业完成私有化退市及拆除红筹架构后，在满足境内上市条件的情况下，可以选择自身 IPO 或借壳的方式上市。自身 IPO 与借壳两种方式在操作难度、所需时间、募集资金、发行估值水平、业绩承诺等方面各有优劣势。

（1）操作难度

根据《关于修改〈上市公司重大资产重组管理办法〉的决定》（证监会令第 127 号），借壳上市亦需满足《首次公开发行股票并上市管理办法》规定的发行条件，创业板上市公司不能借壳。IPO 方式涉及的审批工作较为复杂，相比借壳需要增加上市辅导环节。

（2）所需时间

IPO 方式在目前中国证监会的审核进度下所需的时间较长；而借壳上市所需的审批时间相对较短，但寻找合适的壳资源的时间不可控，购买壳公司的成本较高。

（3）募集资金

IPO 时直接发行新股融资，可以直接将大量新募集现金投入新项目。根据《关于修改〈上市公司重大资产重组管理办法〉的决定》（证监会令第 127 号），借壳不能同时募集配套资金。

（4）发行估值水平

IPO 时发行市盈率一般不高于 23 倍，借壳时市盈率一般不高于 15 倍。

（5）业绩承诺

IPO 时控股股东及实际控制人无须进行业绩承诺。借壳上市时控股股东及实际控制人需承诺未来 3 年业绩。

第四部分　发行上市相关专题

第六章
投资者关系管理、媒体关系及路演

496. 什么是投资者关系管理？

投资者关系管理（Investor Relations Management，IRM），也简称为投资者关系（Investor Relations，IR），诞生于美国20世纪50年代后期，近年来在中国也颇受关注。

在投资者关系管理几十年的发展过程中，各国基于自身市场环境形成了对投资者关系管理的不同表述。

①全美投资者关系协会（National Investor Relations Institute，NIRI，成立于1969年，目前已有5 000多名会员）对投资者关系的定义是：投资者关系是公司的战略管理职责，它运用金融、沟通和市场营销学的方法来管理公司与金融机构及其他投资者之间的信息交流，实现企业价值最大化。

②加拿大投资者关系管理协会（Canadian Investor Relations Institute，CIRI，成立于1990年，前身是全美投资者关系协会的加拿大分会，1992年成为独立的投资者关系协会）认为，投资者关系是指公司综合运用金融、市场营销和沟通的方法，向已有的投资者和潜在的投资者介绍公司的经营和发展前景，以便其在获得充分信息的情况下做出投资决策。有效的投资者关系有利于提高市场对公司的相对估价水平，从而降低资本成本，并且成为公司管理层听取投资者建议的渠道。

③根据 2005 年 7 月 11 日中国证监会发布的《上市公司与投资者关系工作指引》(证监公司字〔2005〕52 号),投资者关系工作是指公司通过信息披露与交流,加强与投资者及潜在投资者之间的沟通,增进投资者对公司的了解和认同,提升公司治理水平,以实现公司整体利益最大化和保护投资者合法权益的重要工作。

 497. 企业应如何设置投资者关系管理岗位?

2003 年,中国证监会采取的推进上市公司治理改革七大措施之一就是"推动投资者关系管理,把投资者关系管理作为公司治理的一项重要制度,在上市公司中加以全面推进和建立"。企业有效的投资者关系管理组织体系是持续、及时、准确地向资本市场传递公司信息的重要基础。要做好投资者关系管理工作,公司必须在组织建设上确保投资者关系管理部门有足够的职权和能力,并通过具体的部门设置形式来充分体现对投资者关系管理的重视。

从支持、强化、优化投资者关系管理工作的角度出发,公司投资者关系管理的组织建设需要考量以下四大因素:

①高级管理人员和决策层的支持与配合;

②投资者关系管理部门和决策层的顺畅沟通;

③全公司的支持与配合;

④专门的投资者关系部门和人员设置。

关于专门的人员设置,企业可以根据阶段性需求进行安排。

(1) 董事会秘书

根据《公司法》的规定,上市公司设董事会秘书,负责公司股东大会和董事会会议的筹备、文件保管、公司投资者关系管理和公司股东资料的管理,办理信息披露事务等事宜。根据《深圳证券交易所股票上市规则(2014 年修订)》和《深圳证券交易所创业板股票上市规则（2014年修订）》，董事会秘书应当具备履行职责所必需的财务、管理、法律专业知识，具有良好的职业道德和个人品德，具备履行职责所必需的工作经验，并取得交易所颁发的董事会秘书资格证书。

董事会秘书是投资者关系工作的负责人，是上市公司的高级管理人员，承担法律法规以及公司章程对公司高级管理人员所要求的义务，享有相应的工作职权，并获取相应的报酬。董事会秘书应该具备相关的专业知识，不仅要掌握公司法、证券法、上市规则等有关法律法规，还要熟悉公司章程、信息披露规则，掌握财务及管理方面的有关知识。

（2）证券事务代表

根据《深圳证券交易所股票上市规则（2014年修订）》和《深圳证券交易所创业板股票上市规则（2014年修订）》，上市公司在聘任董事会秘书的同时，还应当聘任证券事务代表，协助董事会秘书履行职责。在董事会秘书不能履行职责时，由证券事务代表行使其权利并履行其职责，在此期间，不能免除董事会秘书对公司信息披露事务所负有的责任。证券事务代表应当参加交易所组织的董事会秘书资格培训并取得董事会秘书资格证书。

证券事务代表在董事会秘书的直接领导下负责部门整体工作的开展，包括对外与交易所、投资者、证券中介机构和各类财经媒体等的沟通；对内与公司各部门及控股、参股公司的信息沟通，组织筹备董事会和股东大会并负责会议记录；同时，协助董事会秘书筹备投资者关系管理活动，指导证券事务专管员和协管员开展工作，加强对外交流和组织相关人员的学习、培训等。

（3）证券事务专管员

证券事务专管员协助证券事务代表开展具体工作。主要包括收集、整理与投资者关系管理相关的信息，更新、完善公司网站投资者关系专栏内容,协助完成股东、潜在投资者、其他机构等来访、来电、来信的接待、接听、回复工作,以及协调协管员开展工作等。

(4)证券事务协管员

证券事务协管员属于公司内部信息的提供者,由所在部门或分子公司的负责人指定专人为证券事务协管员,负责收集所在部门或分子公司的投资者关系有关信息和资料,并及时通报给公司证券部。协管员按照所在公司有关规定,可列席所在公司重要会议和参加重大活动。

498. 企业应如何接待机构投资者和中小投资者?

公司及相关信息披露义务人接待中小投资者及机构投资者的调研、沟通、采访等活动是公司投资者关系管理的关键环节,能够帮助投资者深入、全面地了解上市公司,正确认识公司发展战略及投资价值。重视并做好中小投资者和机构投资者的接待工作,对于增进企业和中小投资者的互动、规范公司投资者关系管理工作十分必要。

无论是接待机构投资者还是中小投资者,上市公司都应秉承不偏不倚、真诚公正的原则,杜绝差别对待,在解答投资者的疑惑时坚持客观、真实和准确的态度,不发表虚假性或误导性的陈述,也不进行夸大或贬低的行为,同时公司应主动听取来访者的意见、建议,实现双向沟通,以期形成良性互动。由于机构投资者与中小投资者的特征、关注重点不同,在接待不同的投资者时企业也应就其特征有针对性地准备接待活动。

中小投资者是A股市场重要参与主体之一,贡献了约八成的股票市场交易金额,但是中小投资者普遍缺乏证券投资的专业知识,更多将关注点放在企业短期股票价格的波动和走势上,提问也会更多围绕在股票价格上或是一些未关注的但是已经在公司年报中披露的内容上。相关的企业接待人应秉持耐心、真诚的态度，详细解答中小投资者的相关疑问，引导中小投资者正确看待股票价格波动，进行理性投资、价值投资。

与中小投资者相比，机构投资者往往从事的是证券分析、咨询、投资或其他证券服务业，与信息披露主体打交道的频率和次数都更高，也更具备信息优势，并且往往具有扎实的财务、证券、企业经营管理方面的专业知识，沟通的内容也更深入、专业。此时相关企业接待人应更为谨慎，最好在接待机构投资者之前确定回答其问题的原则和界限，同时对会谈的具体内容进行记录，确保杜绝任何向其泄露未公开重大信息的可能。

499. 什么是媒体？什么是媒体关系？企业如何对媒体关系进行维护？

媒体是生产资讯内容的机构，是信息发布的平台。企业日常接触较多的媒体有报社、杂志社等。

媒体关系（Media Relations）是指社会组织或个人为营造和维护良好的社会形象，尊重新闻媒体的运营规律，主动与新闻媒体开展交流互动，以期获得有利于自己的报道的行为。企业进行媒体关系管理的目的是为了营造和维护良好的社会形象。尽管媒体关系主要研究与媒体的关系处理问题，但并不局限于媒体，而是通过媒体去进行公共关系处理。可以说，维护媒体关系最终指向的是维护公共关系。

对媒体关系进行有效维护，应做到以下几个方面：

①对媒体关系树立正确态度，正面主动进行沟通，将媒体视为企业合作伙伴而非利用工具。

②对企业所有可以利用的媒体资源进行分类管理。这一方面可以保证媒体发布的计划性与层次性，另一方面可以针对不同媒体的定位和受众来选择性发布不同类别的新闻。

③形成日常的沟通机制。要使媒体对公司进行全面且公允

的报道，加强与媒体的日常沟通十分有必要。这需要公司做到统一媒体传递口径，结合媒体需要提供相关稿件，及时反馈记者的采访要求等工作。

500. 什么是法定信息披露媒体？企业如何选择法定信息披露媒体？

根据中国证监会的规定，上市公司信息披露应当刊登在中国证监会指定的报刊和网站上，投资者可以通过中国证监会指定报刊和网站获取上市公司的有关信息。

法定信息披露媒体指的是中国证监会指定的，具有上市公司法定信息披露权限的媒体。上市公司法定信息披露媒体由报刊和网站组成：

①报纸类，包括《中国证券报》《证券时报》《上海证券报》《证券日报》《金融时报》《中国改革报》《中国日报》。

②期刊类，包括《证券市场周刊》。

③网站类，包括"巨潮资讯网" www.cninfo.com.cn、"上海证券交易所网站" www.sse.com.cn。创业板信息披露指定网站为5家：（a）深圳证券交易所下属"巨潮资讯网" www.cninfo.com.cn；（b）《中国证券报》下属"中证网" www.cs.com.cn；（c）《上海证券报》下属"中国证券网" www.cnstock.com；（d）《证券时报》下属"证券时报网" www.stcn.com；（e）《证券日报》下属"中国资本证券网" www.ccstock.cn。

根据中国证监会信息披露制度规定，上市公司必须指定一家报纸（期刊）、一家网站作为法定信息披露媒体。上市公司在严格执行以上规定时，可根据实际情况，灵活选择是否增加法定信息披露媒体的数量。

501. 什么是公司新闻发言人？其工作内容主要有哪些？

新闻发言人是代表公司向媒体发布有关新闻或阐述本公司的观点立场，并代表公司回答记者和有关各方提问的公共关系人员。

公司应当指定特定、唯一的个人（例如董事会秘书、财务总监、总经理等）作为其新闻发言人，并建立相应的"新闻发言人制度"，以满足监管机构对信息披露规范的要求，并实现对外宣传和信息披露的归口。除非得到明确授权，公司高级管理人员和其他员工不得代表公司发言。

新闻发言人也是公司危机公关的关键人物。当公司发生重大事件或由此导致舆情危机时，新闻发言人还会在公司组织的新闻发布会或者记者见面会上，代表公司发布有关信息或阐述本公司的观点立场，并代表公司回答记者和有关各方的提问。

股票发行上市期间，新闻发言人主要工作内容：①代表公司与法定信息披露媒体沟通，落实相关公告发布；②代表公司对外发布新闻、声明和监管部门要求公司披露的信息及其他应以新闻发布的事项；③代表公司接受媒体采访，以及针对媒体报道的有关质疑，进行回应和事实说明；④代表公司反馈投资者咨询以及其他事项。

502. 什么是财经公关公司？在企业 IPO 过程中财经公关公司扮演着什么角色？

财经公关是一种以投资者关系管理为核心的财经整合营销传播手段，以实现资本市场价值最大化为目的。财经公关公司就是提供财经公关服务的一类公司。由于券商不愿负责财经公关工作，企业自身又无能力开展相关工作，企业在 IPO 过程中以及常年投资者关系维护中往往会聘请财经公关公司进行设计、展示、推介、解释和沟通等公关推广活动，负责媒体关系的维稳及危机公关，协助公司引荐适合公司的卖方买方机构，负责路演活动的协调和安排。

企业聘请财经公关公司的目的在于促进公司与投资者之间的良性沟通，保证信息交流的充分性和有效性，寻求和维护企业在资本市场中的特定形象和价值定位，建立和维护良好的投资者关系，从而增强投资者的持股信心，使其股票价格和上市公司真实价值相匹配。企业在选择财经公关公司时，应充分了解其过往业务和成功案例，选择最合适的合作者；在达成合作关系后，秉持积极、配合、信任的态度，帮助财经公关公司深入了解企业文化，充分挖掘企业价值，也利于财经公关公司在企业发生舆情危机时能进行及时、有效、可信的公关沟通，并协助公司进行系统性资本市场推介活动。

503. 股票发行上市期间企业投资者关系管理工作主要对象及内容有哪些？

股票发行上市期间企业投资者关系管理工作主要对象为公司的现有投资者和潜在投资者，也包括影响投资者投资决策的政府、监管部门以及资本市场各类中介机构、分析师和财经媒体等。在这一时期，针对不同对象有不同的工作内容。

（1）公司

在公司内部，应规范公司内部信息流程，建立适当的制度规范，定期梳理公司的发展规划、经营方针、行业动态等与公司发展战略相关的信息，并及时、准确、完整、合规地向各个报告主体披露，同时积极开展其他有利于企业股票发行上市和能取得企业合理估值的工作。

（2）投资者

投资者可大致分为机构投资者和个人投资者，这两类投资者的投资风格和风险偏好不同，因此要根据他们偏重的需求，采用有针对性的方式就其关注的信息与他们进行有效沟通。可以基于公司网站设立投资者关系专栏,方便投资者查询和咨询。

(3) 中介机构

配合保荐机构,组织网下路演、网上路演等活动,与投资者进行沟通交流。

(4) 分析师

分析师主要是研究、跟踪行业及上市公司,并出具研究报告供投资者参考,对投资者有一定的教育和引导作用。加强与分析师的沟通和交流,不仅能够树立企业在资本市场中的良好形象,还能够通过分析师的研究报告合理引导投资者的预期,减少公司上市后股价的不合理波动。

(5) 财经媒体

媒体是公认的监督者之一,媒体记者会从各个渠道搜集信息,并可发表及时、广泛、深入的报道。应与财经媒体保持适度的接触,了解媒体关心的问题。同时,由于有个别媒体存在有违职业道德,进行有偿报道的情况,企业应区分不同情形,正确应对。

504. 股票发行上市期间企业投资者关系管理工作主要形式有哪些?

(1) 网络平台互动

股票发行上市期间,企业往往采用招股说明书、推介报告、宣传材料等工具开展投资者关系管理工作,不仅符合法律法规的强制性要求,而且能全面进行信息披露,传播公司信息。同时,利用投资者关系网站、投资者互动平台等网络平台与投资者互动,既解除了时间和地点限制,而且能促使投资者广泛参与,是法定信息披露的重要补充。

(2) 网下发行路演

股票核准发行后,网下发行路演是股票发行上市期间针对网下投资者(以机构投资者为主)的询价活动,是企业投资者关系活动的重要形式之一。基于发行团队与机构投资者充分交流,能够最大限度地实现信息的相互传递,促使股票成功发行。

(3)网上发行路演

股票核准发行后,网上发行路演是企业与投资者通过互联网进行互动交流的重要投资者关系管理活动。通过实时、开放、交互的网上交流,一方面进一步展示上市公司的投资价值,对投资者进行答疑解惑,加深投资者对公司的认知;另一方面可以使各类投资者了解企业的内在价值和发展战略,了解企业高级管理人员的素质,从而更加准确地判断公司的投资价值。网上路演是实现上市公司和中小投资者沟通的有效途径,并将起到舆论监督、强化信息披露、增强新股发行透明度的作用。

505. 股票发行上市期间企业公开信息应注意哪些事项?

①在公开信息的渠道或形式上,企业应选择权威平台发布信息。比如法定信息披露媒体、企业官方网站、官方微博、官方微信、官方博客等,不建议企业以召开新闻发布会的形式公开发布信息。对于《证券法》等法律法规规定的必须披露的信息,上市公司应在指定法定信息披露媒体披露,也可在其他媒体披露,但披露时间不得早于指定媒体,披露内容不得多于指定媒体。

②在公开信息的管理上,企业应统一信息出口和对外口径。企业在上市前,必须设立新闻发言人。新闻发言人作为企业对外信息的统一出口,负责对外信息的发布。其他高级管理人员、企业工作人员,未经许可不得私自传播和发布企业信息。同时,新闻发言人传递的信息需与官方平台发布的信息一致。

③企业必须遵循公开信息一致性原则,即公开的信息必须

与招股书等已公开披露材料保持内容一致。

506. 股票发行上市期间企业可能发生哪些危机事件？企业应如何应对危机事件？

股票发行上市期间，企业可能发生的危机事件主要包括：舆情危机，举报和行政调查危机等，主要涉及财务造假、股权纠纷、历史沿革、安全生产事故、产品质量问题、重大劳资纠纷、竞争对手攻击等方面。

企业应系统地、有节奏地应对危机。同时，完整的危机处理可分以下几个阶段：

①在危机预警阶段，公司应适时开展潜在危机点排查工作，预判可能遇到的各种危机，制订危机应对预案。

②在危机确认阶段，公司应追溯危机源头，分析、评估其不良影响，并尽快与危机源头取得直接联系，争取解决或达成谅解。

③在危机控制阶段，公司新闻发言人应向公众表明公司处理危机的诚恳态度，公布公司采取的积极措施，并向监管部门或者相关权威机构通报情况。

④在危机解决阶段，公司应按照方案进行危机处理，及时评估和总结危机处理结果。同时，应深入分析危机事件发生的原因，收集公众对公司的看法和意见，总结经验教训，并撰写事件报告，为以后处理类似事件提供借鉴。

此外，企业在面对危机事件时，还应遵从几项基本原则：预防第一原则，主动面对、真诚沟通原则，快速反应原则。

507. 股票发行上市期间如遇媒体恶意报道或要挟应如何应对？

股票发行上市期间如遇媒体连续报道，企业首先需对报道进行评估，进而做出有针对性的回应：

①如媒体报道属于非实质性范畴，企业冷静对待即可；

②如媒体报道属于实质性范畴，不建议企业立即做直接回应，但应第一时间向监管部门汇报说明情况，并提供有说服力的反馈材料，争取监管层的理解和支持。

股票发行上市期间如遇虚假或恶意报道，企业可以采取以下方式应对：

①及时向媒体主管单位通报有关情况，并将实际情况如实向监管部门反馈；

②对违反法律规定的媒体及记者追究法律责任，维护企业形象。

如出现媒体用负面稿件进行要挟的情况，企业可以采取以下方式应对：

①了解对方真实身份，包括工作单位、记者证号，身份证号等；

②搜集、整理与媒体沟通的文字痕迹和通话记录等；

③向媒体主管单位举报和投诉，情形严重的可直接向公安机关报案。

508. 股票核准发行后企业与投资者沟通的主要途径有哪些？

股票核准发行后，企业应构建多层次沟通渠道保持与投资者顺畅沟通，使投资者对公司投资价值及未来发展前景有充分的理解和认知，进而为公司的股票顺利发行提供支持。同时，股票核准发行后，企业要做到公平对待所有投资者，及时、有效地披露上市相关材料，引导理性投资，为上市后与投资者保持顺畅沟通建立桥梁。

企业要与投资者，尤其是中小投资者建立互动沟通机制，积极主动利用网下发行路演、网上发行路演、一对一路演、反向路演、电话热线、企业网站投资者关系专栏等多种渠道，主动进行企业推介。同时，对投资者的诉求、咨询等应进行及时、负责任地沟通反馈。

509. 股票核准发行后企业路演推介应注意哪些问题？

股票核准发行后，企业推介团队将通过路演直接与众多投资者，尤其是机构投资者进行交流，以确定股票发行价格。企业路演推介的效果将会影响股票发行价格。因此，企业须重视路演推介活动，并在路演推介时注意以下几个方面：

①推介团队要熟悉推介材料的关键内容和重要数据，充分掌握公司的投资亮点和投资者关注的主要问题，对公司优势和亮点的推介充满自信。

②熟悉招股书的内容，对超出招股书范围的问题及敏感问题要有充分准备。

③路演沟通中需注意倾听投资者提问并适当记录，明确投资者问题后进行回答，并注重沟通上的技巧。

④充分了解不同路演方式的特点及期望达成的目标，掌握不同路演推介对象的投资偏好及特点。

⑤路演推介时，不得披露企业未公开披露的任何信息，切忌披露与招股书有不符的内容。

⑥体现团队精神，展现出企业良好精神面貌与优秀企业文化。

第五部分
特殊行业改制上市

第一章

互 联 网

510. 中国境内互联网企业境内外上市基本情况如何?

受互联网企业所具有的高风险、高投入等行业特征以及由此导致的投资结构的影响,中国大陆互联网企业早期更多选择在境外上市。

中国互联网企业赴美国及海外上市已经历五波热潮。第一波上市潮是在1999年至2000年,以新浪、搜狐等为代表。第二波上市潮是在2003年至2004年,以盛大、前程无忧等为代表。第三波上市潮是2007年,以完美时空、巨人网络登陆纳斯达克,及金山软件、网龙和阿里巴巴(后已退市)在香港联交所挂牌为代表。第四波上市潮是2010年,是互联网海外上市的高峰期。2010年8月17日,酷六传媒借壳华友世纪在纳斯达克上市;2010年12月和2011年8月,久负盛名的优酷、土豆分别登陆纽交所和纳斯达克(现土豆网已被优酷收购),网络视频股方兴未艾。2010年9月17日,搜房网在纽约证券交易所上市,成为全球排名第一的房地产家居网络平台,搜房网上市时的市值达到13.92亿美元。2014年至今,中国正经历互联网企业海外上市的第五波热潮。2014年更是互联网行业境外上市堪称热火朝天的一年,除了阿里巴巴赴美刷新美股IPO之外,还包括了猎豹移动、途牛旅游网、聚美优品、京东商城4家国内互联网企业。

中国互联网企业在美国上市名单见下表:

中国互联网企业在美国上市名单

证券代码	证券简称	细分行业	上市地点	上市日期
GSUM.O	国双	互联网软件与服务	纳斯达克	2016年9月23日
YRD.N	宜人贷	互联网软件与服务	纽约证券交易所	2015年12月18日
BZUN.O	宝尊电商	互联网软件与服务	纳斯达克	2015年5月21日
JMU.O	窝窝团	互联网软件与服务	纳斯达克	2015年4月8日
MOMO.O	陌陌	互联网软件与服务	纳斯达克	2014年12月11日
XNET.O	迅雷	互联网软件与服务	纳斯达克	2014年6月24日
WB.O	微博	互联网软件与服务	纳斯达克	2014年4月17日
LEJU.N	乐居	互联网软件与服务	纽约证券交易所	2014年4月17日
ATHM.N	汽车之家	互联网软件与服务	纽约证券交易所	2013年12月11日
WUBA.N	58同城	互联网软件与服务	纽约证券交易所	2013年10月31日
YY.O	欢聚时代	互联网软件与服务	纳斯达克	2012年11月21日
FENG.N	凤凰新媒体	互联网软件与服务	纽约证券交易所	2011年5月12日
RENN.N	人人网	互联网软件与服务	纽约证券交易所	2011年5月4日
VNET.O	世纪互联	互联网软件与服务	纳斯达克	2011年4月21日
BITA.N	易车	互联网软件与服务	纽约证券交易所	2010年11月17日
CCIH.O	蓝汛	互联网软件与服务	纳斯达克	2010年10月1日
SFUN.N	搜房网	互联网软件与服务	纽约证券交易所	2010年9月17日
MARK.O	REMARK MEDIA	互联网软件与服务	纳斯达克	2007年10月3日
BIDU.O	百度	互联网软件与服务	纳斯达克	2005年8月5日

第五部分　特殊行业改制上市

续表

证券代码	证券简称	细分行业	上市地点	上市日期
JRJC.O	金融界	互联网软件与服务	纳斯达克	2004年10月15日
SOHU.O	搜狐	互联网软件与服务	纳斯达克	2000年7月12日
NTES.O	网易	互联网软件与服务	纳斯达克	2000年6月30日
SINA.O	新浪	互联网软件与服务	纳斯达克	2000年4月13日

资料来源：Wind资讯。

中国内地互联网企业在中国香港上市名单见下表：

中国内地互联网企业在中国香港上市名单

证券代码	证券简称	细分行业	上市地点	上市日期
8229.HK	FUTURE DATA	互联网软件与服务	香港联交所	2016年7月8日
8359.HK	HYPEBEAST	互联网软件与服务	香港联交所	2016年4月11日
8361.HK	中国育儿网络	互联网软件与服务	香港联交所	2015年7月8日
1980.HK	天鸽互动	互联网软件与服务	香港联交所	2014年7月9日
8255.HK	神州数字	互联网软件与服务	香港联交所	2013年12月4日
0543.HK	太平洋网络	互联网软件与服务	香港联交所	2007年12月18日
8317.HK	财华社集团	互联网软件与服务	香港联交所	2005年1月7日
0700.HK	腾讯控股	互联网软件与服务	香港联交所	2004年6月16日
2280.HK	慧聪网	互联网软件与服务	香港联交所	2003年12月17日
8175.HK	中国数码文化	互联网软件与服务	香港联交所	2003年2月25日
1075.HK	首都信息	互联网软件与服务	香港联交所	2001年12月21日
1026.HK	环球实业科技	互联网软件与服务	香港联交所	2001年10月26日
8029.HK	太阳国际	互联网软件与服务	香港联交所	2000年12月14日

续表

证券代码	证券简称	细分行业	上市地点	上市日期
8086.HK	DX.COM控股	互联网软件与服务	香港联交所	2000年8月2日
8026.HK	长达健康	互联网软件与服务	香港联交所	2000年3月28日
8008.HK	新意网集团	互联网软件与服务	香港联交所	2000年3月17日
8028.HK	天时软件	互联网软件与服务	香港联交所	1999年11月25日
0030.HK	万隆控股集团	互联网软件与服务	香港联交所	1991年10月9日
0500.HK	先丰服务集团	互联网软件与服务	香港联交所	1988年7月29日
0250.HK	中国数码信息	互联网软件与服务	香港联交所	

资料来源：Wind 资讯。

2014年以来，境内资本市场的逐步完善以及可以享受到更高的估值，中概股回归A股成为趋势和潮流。目前在美国上市的中概股，既有体量庞大的个股，也有市值非常小的个股。据粗略统计，截至2016年10月，中概股总市值超过两万亿元人民币（剔除发行存托凭证的股票）。

中概股正在加快回归A股的步伐。目前已经有超过20只中概股完成或正在进行私有化。2014年，中国安防（现A股名为中安消）借壳飞乐股份回归A股；2015年，已经有学大教育、巨人网络、分众传媒3只中概股借壳回归A股。

中国互联网企业在中国境内上市名单见下表：

中国互联网企业在中国境内上市名单

证券代码	证券简称	细分行业	上市地点	上市日期
603888.SH	新华网	互联网软件与服务	上海	2016年10月28日
300494.SZ	盛天网络	互联网软件与服务	深圳	2015年12月31日

续表 1

证券代码	证券简称	细分行业	上市地点	上市日期
300467.SZ	迅游科技	互联网软件与服务	深圳	2015 年 5 月 27 日
300431.SZ	暴风集团	互联网软件与服务	深圳	2015 年 3 月 24 日
300418.SZ	昆仑万维	电影与娱乐	深圳	2015 年 1 月 21 日
300392.SZ	腾信股份	广告	深圳	2014 年 9 月 10 日
300343.SZ	联创互联	广告	深圳	2012 年 8 月 1 日
300315.SZ	掌趣科技	家庭娱乐软件	深圳	2012 年 5 月 11 日
603000.SH	人民网	互联网软件与服务	上海	2012 年 4 月 27 日
300295.SZ	三六五网	互联网软件与服务	深圳	2012 年 3 月 15 日
002624.SZ	完美世界	电影与娱乐	深圳	2011 年 10 月 28 日
300242.SZ	明家联合	广告	深圳	2011 年 7 月 12 日
300226.SZ	上海钢联	互联网软件与服务	深圳	2011 年 6 月 8 日
002555.SZ	三七互娱	电影与娱乐	深圳	2011 年 3 月 2 日
002558.SZ	世纪游轮	家庭娱乐软件	深圳	2011 年 3 月 2 日
002517.SZ	恺英网络	互联网软件与服务	深圳	2010 年 12 月 7 日
002467.SZ	二六三	非传统电信运营商	深圳	2010 年 9 月 8 日
002464.SZ	金利科技	互联网软件与服务	深圳	2010 年 8 月 31 日
300113.SZ	顺网科技	互联网软件与服务	深圳	2010 年 8 月 27 日
300104.SZ	乐视网	互联网软件与服务	深圳	2010 年 8 月 12 日
002439.SZ	启明星辰	信息科技咨询与其他服务	深圳	2010 年 6 月 23 日
300059.SZ	东方财富	互联网软件与服务	深圳	2010 年 3 月 19 日
300052.SZ	中青宝	互联网软件与服务	深圳	2010 年 2 月 11 日

续表2

证券代码	证券简称	细分行业	上市地点	上市日期
002354.SZ	天神娱乐	电影与娱乐	深圳	2010年2月9日
300031.SZ	宝通科技	工业机械	深圳	2009年12月25日
002315.SZ	焦点科技	互联网软件与服务	深圳	2009年12月9日
002175.SZ	东方网络	电影与娱乐	深圳	2007年10月12
002174.SZ	游族网络	电影与娱乐	深圳	2007年9月25日
002131.SZ	利欧股份	广告	深圳	2007年4月27日
002095.SZ	生意宝	互联网软件与服务	深圳	2006年12月15日
600986.SH	科达股份	建筑与工程	上海	2004年4月26日
600804.SH	鹏博士	非传统电信运营商	上海	1994年1月3日
000503.SZ	海虹控股	互联网软件与服务	深圳	1992年11月30日
600652.SH	游久游戏	电影与娱乐	上海	1990年12月19日

资料来源：Wind资讯。

511. 为何互联网企业热衷海外上市？

①早期中国的互联网公司都是由美元风投基金支持的。这是最主要的原因，境外资本在互联网企业发展早期起到了关键作用。这些境外风投资本要从互联网企业退出，在国外退出更加方便，所以，其大多要求互联网企业选择在境外上市。

②境外资本市场有很多同类的互联网公司。如在纳斯达克上市，与其他许多科技型的好公司在一起，不仅可以提升自身形象，而且方便投资者比价，以形成更为合适的价格。

③国内A股上市的门槛比较高，并且要求互联网企业是境内注册企业，要求有盈利。很多互联网公司上市的时候不盈利或者盈利的水平达不到境内上市要求，或者公司注册地或历

史沿革不符合国内的上市要求,或不能按国内的要求有巨额的募集资金投向,或首发市盈率受限。虽然海外上市的总体费用不菲,但国内上市的盈利门槛更高,而且受审核理念和政策的影响较大,很多互联网创业公司更愿意选择上市确定性较高的境外市场。

④互联网公司都要有一个好的资本故事(盈利前景),而"讲故事"在内地市场不如国际市场好讲,影响融资效果和效率。

512. 影响我国互联网行业境内外上市的产业政策主要有哪些?

我国政府已经把互联网作为今后重点发展的战略产业之一,以信息化带动工业化。建设创新型国家,实现跨越式发展已经成为我国的基本战略。根据不完全统计,截至目前,我国相继颁布与互联网相关的法律法规和政策文件达100多部,初步形成了系统的互联网服务监管和法规体系。近年来,国家制定了大量的法律法规和政策文件,鼓励、规范、引导互联网企业的发展,使互联网企业能够规范运作,相互借力,竞争力得以提升,从而使越来越多的互联网企业在境内外上市。

国家发改委于2013年2月16日发布的《产业结构调整指导目录(2013修正)》中,互联网相关的"信息产业""科技服务业""教育、文化、卫生、体育服务业"等行业大类均属国家鼓励类。国家发改委、商务部于2015年3月10日发布的《外商投资产业指导目录(2015年修订)》中,"新闻网站、网络视听节目服务、互联网上网服务营业场所、互联网文化经营"仍为外商投资禁止类,但注明"(音乐除外)",这对音乐企业是一个利好。2015年6月19日,工业和信息化部发布《关于放开在线数据处理与交易处理业务(经营类电子商务)外资股比限制的通知》,文中明确规定经营类电子商务业务的

"外资持股比例可至100%",进一步鼓励了电子商务企业的发展。

工业和信息化部于2012年5月1日发布的《互联网行业"十二五"发展规划》中,以全面提升我国互联网的创新和科学发展能力,加快应用深化和普及,推进信息化和工业化深度融合为目的,完善保障互联网健康发展的行业管理法律制度,培育和扶持互联网中小企业成长,加强对中小企业特别是创新型企业的知识产权保护和服务。除法规及政策层面完善外,各地方也纷纷通过建立"互联网产业园""高新技术园"及制定配套优惠政策等措施,孵化、扶持优质互联网企业,为互联网企业提供良好的发展环境。

为加快推动互联网与各领域深入融合和创新发展,形成更广泛的以互联网为基础设施和创新要素的经济社会发展新形态,2015年6月24日,国务院发布《关于积极推进"互联网+"行动的指导意见》(以下简称《指导意见》),提出促进创业创新、协同制造、现代农业、智慧能源、普惠金融、公共服务、高效物流、电子商务、便捷交通、绿色生态、人工智能等若干能形成新产业模式的重点领域的发展目标,并确定了相关支持措施。《指导意见》明确指出:"降低创新型、成长型互联网企业的上市准入门槛,结合证券法修订和股票发行注册制改革,支持处于特定成长阶段、发展前景好但尚未盈利的互联网企业在创业板上市。"

513. 互联网企业境内上市发行审核的重点和难点是什么?

互联网企业具有四大特征:企业利润非线性增长;核心资产无形化、资产结构轻型化;巨大的沉没成本、流动资产现金化;股权结构多元化、分散化、社会化。

对互联网公司上市发行审核的重点和一般制造型企业有所不同,主要应集中下面几个方面:对商业模式的沟通与理解;

收入确认存在困难;采用多种估值方法,更多考虑公司的成长性将定价权部分交给市场;特殊的资产结构;募集资金投向;渠道及品牌建设,战略合作及整合资源。

(1)对商业模式的理解和对发展前景的判断

互联网具有"体验经济"的特点,市场占有率对用户体验高度依赖,判断互联网公司是否有价值最重要的标准是商业模式是否有发展前景。互联网的商业模式与传统商业模式有所区别,其与科学技术的日新月异有着紧密联系,这样的盈利模式对于企业个体甚至对于整个细分行业都会是新的,往往未经过时间和市场的充分检验,对互联网企业的评判需要突破固有的"以历史评判未来""稳健经营、谨慎创新"的审核思路。对商业模式的理解略有偏差将导致对上市公司的价值判断出现很大的误差,这便需要互联网行业专家的深度参与和对互联网企业价值的大量培训。

另外,传统的IPO审核思路是"以历史推断未来",审核时严格判断拟上市公司过去三年的资产规模、营业收入、盈利水平、经营业绩等指标,用历史的盈利水平来判断未来的盈利能力,而对于互联网企业来说,历史恰恰是其"短板"。

在审核中企业盈利模式的改变或创新是作为风险点被高度关注的,而互联网企业如果不能保持盈利模式的不断创新,无疑是致命的。互联网商业模式的创新驱动明显,通过挖掘新的收入来源并创新技术应用,塑造独特的商业模式,企业更易更快地获得市场认同;相反,如果缺乏服务内容和商业模式的创新,新进入者将难以与具有先发优势并占得相当市场份额的业内主要竞争者展开竞争。互联网企业需及时把握行业发展态势、市场前景和投资机会,适时创新盈利模式,抢占市场先机。此外,网络企业具有新型而独特的商业模式,或许行之有"利",从"烧钱"到"赚钱"的拐点可能随时出现。

(2) 收入确认问题

互联网企业的收入确认问题体现在以下几个方面：一是企业的商业模式是否简单、易懂，从而判断收入确认的风险是否可控；二是互联网企业的收费往往是小而散，每笔业务合同是否保存完整，是否能提供收入真实性的形式证据是难点；三是现金流量是否正常是收入真实性的实质证据；四是收入确认方法是否科学合理涉及收入确认金额的准确性。比如互联网基础服务一般是完成时一次性确认收入，互联网信息推广服务则是根据合同规定的服务期限分期确认，而广告发布服务又是根据广告发布期限分期确认收入等，要考察收入确认是否与业务模式匹配。

(3) 企业价值的评估

互联网企业的资产包括有形资产和无形资产两部分，其中企业价值更多体现在无形资产中，因此对企业价值的评估主要集中在无形资产评估。针对互联网的估值不宜单纯使用市盈率（PE）的方法，应使用 PE/AEG/PEG 等多种估值方法相结合，更多考虑公司的成长性，将定价权部分交给市场。所有的网络硬件设施，如服务器、电脑，以及软件系统，都应当归类为有形资产部分，可以按照传统资产评估体系的原则进行评估，并不存在任何障碍。难点在于如何评估其无形资产的部分，除了商标、软件著作权等通常的无形资产外，"虚拟资产"和"E-Branding"（电子品牌）是互联网企业独特的价值。虚拟资产指的是网站内容、网站域名、网站用户、用户排名、访问量、搜索引擎收录等部分。E-Branding 包括网络品牌形象、网络客户价值、网站行业地位、网络潜在价值等部分。

(4) 特殊的财务结构

互联网企业财务结构呈现如下特点：提供的产品是服务，并且是根据客户的需要提供，不存在存货问题；无传统意义上的"生产线"，固定资产以电脑设备和房产为主，占比较小；

收费模式有别于传统行业，绝大多数业务收入都以现金的形式及时或提前收进，应收账款少，经营活动现金流充沛；主营业务成本较低，支出主要是期间费用，毛利率较高；迫于生存的压力和快速发展的需要，有强烈的高现金储备要求等。

互联网企业特殊的财务结构带来了一系列的审核问题，比如流动资产比重较大、固定资产比重较小，企业如何提供持续发展的保证？资产负债率过低，货币资金的比重较大，是否有融资的必要？毛利率指标"失真"增加了对企业盈利能力判断的难度等。

（5）募集资金投向

第一，国内股票发行审核理念强调募集资金投资项目的确定性，并且主要针对资本性项目，投资主要用于固定资产投资，要求拟发行企业要提出非常明确的投资项目和效益预测，通俗地说要投到"看得见摸得着"的"硬"项目上。然而互联网企业募投项目在微观层面较难获得确定性。互联网企业一般为轻资产运营，主要成本为人力资源成本或运营成本，其募集资金用途无法像传统经济企业那样用于购置有形的固定资产，而是用于无形的东西，如网络的建设、服务平台的建设和升级、内部管理系统的完善、人力资源的投入、流动资金的补充等。属于"看得见摸不着"的，募集资金投向的预期效益一般较难预测。

第二，互联网行业发展瞬息万变，新的盈利机会不断涌现，投资项目具有较大的不确定性。

第三，互联网企业做大的主要途径是并购，而并购竞争对手目前来说还很难成为国内发行审核中募集资金项目的主要使用途径。

（6）渠道及品牌建设，战略合作及整合资源

互联网公司的轻资产特性造成公司价值分布在渠道、品牌等方面，对上市公司未来战略合作和上市阶段对资源整合的判

断将有助于对公司整体业务有所把握。

514. 网络视频企业在境内上市需要关注的问题和审核重点有哪些?

(1) 网络视频企业上市现状

目前,中国的网络视频网站主要有在美国上市的优酷土豆、酷六、迅雷以及在深圳证券交易所创业板上市的乐视网、暴风科技。乐视网于2010年8月12日在深圳证券交易所创业板挂牌交易,成为唯一一家在中国境内上市的视频网站,也是全球第一家IPO上市的视频网站;同年8月17日,酷六传媒借壳华友世纪在纳斯达克上市;2010年12月和2011年8月,久负盛名的优酷、土豆分别登陆纽交所和纳斯达克(现土豆网已被优酷网所收购);2014年6月,迅雷在纳斯达克上市;2014年7月9日,天鸽互动在中国香港主板上市;2015年3月24日,暴风科技在深圳证券交易所创业板上市,网络视频股方兴未艾。

(2) 网络视频企业上市通常会被关注的问题

①经营资质的稳定性及持续性。从事网络视频经营需要取得电信与信息服务业务经营许可证、增值电信业务经营许可证、信息网络传播视听节目许可证、广播电视节目制作经营许可证、网络文化经营许可证、互联网出版许可证等一系列资质证照,上述资质证照均需要满足法律法规规定的一系列条件且经相应主管部门审核后方能取得,相关经营资质的取得及年度检查对网络视频企业至关重要。

②视频内容竞争激烈,版权采购成本高。新媒体时代"内容为王",各大视频网站主要阵营已经形成,并进入了从同质化走向差异化的竞争。为吸引用户,需要更优质以及覆盖面更广的内容资源,内容资源的价值将会不断提升。长视频内容由于其有助于保持网站用户黏性及提高用户平均浏览时长,

已经成为视频网站争夺用户的核心因素,各家视频网站均相应加大独播剧力度,以求网站用户的增量并增强已有用户的黏性及活跃度。热映的优质影视剧成为各家视频网站争夺的热门资源,并且需求将持续扩大;投资拍摄原创视频节目也成为当下各大视频网站实现其差异化竞争战略的新趋势。主流视频服务商均已逐步形成自身的影视剧版权库,以保证为用户提供全面的视频产品,对优质影视剧版权竞争日趋激烈。

因此,版权内容的储备成为视频网站竞争的焦点,版权价格持续保持在较高水平,给视频网站的资金运营管理带来较大压力。

(3) 网络视频企业面临的风险

①版权诉讼风险。随着网络视频行业的不断规范发展以及网络版权方对网络版权保护意识的日益加强,网络视频服务商和视频版权方开始较多采取法律手段对自身的合法版权进行保护,使版权方和视频服务商之间、视频服务商相互间发生大量的诉讼和纠纷,版权诉讼和维权行为已成为网络视频行业的一种常态。

网络视频企业为其注册用户提供网络存储空间,允许该等用户上传各种类型视频(包括但不限于影视剧、原创 MV、搞笑短片、影视片花等)至其网站。网络视频企业通常宣称其不对用户上传的视频进行任何非技术性的编辑或篡改,但在实践中较多情况下无法适用避风港条款,因此若用户上传的视频涉嫌侵权的,则存在潜在的版权诉讼风险。

版权市场分散,权利人众多且分销机制复杂,网络视频企业多数从版权方以及版权代理机构等权利人处采购版权,如果许可方不具有相应权利,网络视频企业使用其从不具有合法权利的许可方采购的影视剧则存在侵害他人合法版权的风险从而引发版权诉讼风险。

解决方案:建立版权审查制度,删除用户上传的不具有合

法版权的视频;建立严格的版权采购制度,以保证所采购版权具有合法权利来源。

②境外影视剧互联网传播风险。2004年颁布的《互联网等信息网络传播视听节目管理办法》第17条规定,用于通过信息网络向公众传播的影视剧类视听节目,必须取得电视剧发行许可证、电影公映许可证。上述要求在2009年3月30日国家广电总局发布的《关于加强互联网视听节目内容管理的通知》得到重申。

近年来,网络视频企业为了增加其所提供视频内容的丰富性及多样性,向境外影视作品版权人采购了大量的境外影视剧作品,网络视频企业在其网站发布或用户在互联网上分享的多数境外影视剧未取得我国广播电影电视主管部门颁发的电影公映许可证、电视剧发行许可证或电视动画片发行许可证(以下统称"许可证")。我国广播电影电视主管部门可以采取措施整顿规范上述未取得许可证的境外影视剧在互联网传播的行为,从而影响网络视频企业的经营。

③我国网络视频行业商业模式成熟度风险。我国网络视频行业具有发展速度快、模式创新及融合频繁、用户需求多样化的特点,2008年以来该行业处于从发展期向成熟期的过渡阶段。在这个过渡阶段,我国网络视频行业呈现出如下发展特征和趋势:一是大型媒体单位纷纷推出视频门户,行业吸引力和服务水平得到提升;二是大型网络视频服务商整合进程加速,资本力量助推行业洗牌;三是视频服务商版权意识提升,有利于行业规范健康发展;四是传统免费服务商纷纷推出付费服务,付费点播模式获得广泛认可。

在网络视频行业从发展期向成熟期过渡阶段,各服务商都形成了相对成熟和稳定的商业模式及盈利模式,但是网络视频行业具有模式不断创新及相互融合频繁的特征。因此,随着产业政策、行业技术、网络环境和用户需求的不断变化,商业模式及盈利模式的成熟度和稳定性会呈现出波动特征。

④盈利模式的稳定性和持续性风险。我国网络视频企业主要形成了付费和免费两类服务模式，而互联网行业发展迅速，用户需求可能不断发生变化，一旦网络视频企业建立的业务模式和盈利模式所依赖的客观条件发生不利变化或者不能继续通过业务及模式创新持续开发出符合用户需求的服务，网络视频企业的盈利将出现波动，影响其经营的稳定性和持续性。

⑤用户资源争夺尤为激烈。针对用户的竞争主要体现在注册用户量和付费用户量的争夺。一方面，通过为用户提供免费观看、上传和下载服务吸引用户；另一方面，通过版权购买增强内容丰富性、新颖性以吸引用户。同时，竞相通过提升清晰度、流畅度等用户体验效果来争夺用户资源。

⑥用户黏性。中国独特的影视剧生产播出方式给视频网站保障用户黏性带来考验。中国的电视剧基本是以项目制作方式，针对某个故事剧本集中拍摄一段时间后，卖给电视台或其他播出渠道进行每天两集不等的放送，这种生产和播出方式使得单个热播剧内容无法成为保障用户长期停留在视频网站的粘性工具，需要视频网站不断投入内容购买。

重复的模式、重复的用户群体、重复的内容资源是视频网站的一个发展瓶颈。视频网站一路走下去，已经不能仅仅停留在视频的上传浏览上，而应该体现在用户和用户的交互上。用户对网站的忠诚度和黏着力将是未来视频网站竞争的关键。

因此，如何增加视频网站对用户的黏性，成为各网络视频企业竞争的重点。

具体可以采取以下措施：

A. 鼓励原创，制造视频网站间的差异性，让用户养成像写博客一样的习惯，将大批的浏览者转换成参与者，这还需要网站长期的引导，是一个长期积累的过程。

B. 增加视频网站的社区性，加强互动与沟通。

C. 增加视频网站内的全网搜索功能。

D. 视频网站深入内容制作端，为用户提供系列的节目和影视剧，通过内容本身的连续性构筑视频网站的差异化和对用户的黏性。

515. 网络游戏企业上市现状如何？在国内上市需要关注的问题和审核重点有哪些？

（1）网络游戏企业上市现状

目前，中国网络游戏公司主要在美国和香港上市，规模较大的有腾讯、网易、盛大、搜狐、畅游、完美世界、巨人网络、金山等。这些网游公司主要以客户端游戏为主。而在国内A股上市且与网络游戏相关的企业中，有掌趣科技（专注于移动终端游戏、页面游戏及其周边产品开发、发行推广和运营维护）、中青宝（红色网游）、顺网科技（云游戏）、北纬通信（手机游戏）、冰川网络（网络游戏）、盛讯达（手机游戏和网页游戏）、昆仑万维（网络游戏）、迅游科技（手机游戏和网页游戏）以及通过并购进入网游市场的博瑞传播、浙报传媒和光线传媒等传媒集团，以及通过借壳上市进入资本市场的游族网络、天神娱乐等。

（2）网络游戏企业上市通常会被关注的问题

①经营资质相关问题。网络游戏行业属于互联网信息服务业的子行业之一，其行业行政主管单位包括工业和信息化部、国家新闻出版广电总局、文化部、国家版权局等部门，以上相关部门在各自职责范围内依法对涉及特定领域或内容的互联网信息服务实施监督管理。网游企业业务合法经营须取得相关的批准、许可及相关备案登记手续，包括：电信与信息服务业务经营许可、增值电信业务经营许可、网络文化经营许可、电子出版物制作业务备案、互联网出版许可证、互联网电子公告服务（BBS）备案以及游戏产品内容备案。若网游企业未能维持

目前已取得的相关批准和许可，或者未能取得相关主管部门未来要求的新的经营资质，则可能面临罚款甚至限制或终止运营的处罚，对企业的业务产生不利影响。

②青少年沉迷导致的严格监管。网络游戏行业在快速发展的同时也带来了一定的社会问题，部分学生沉迷网络而影响学习成绩的报道也见诸报端。网络游戏被质疑影响缺乏自制能力的未成年人的身心健康，因此，政府不断加强对网络游戏行业的监管和立法，对网络游戏运营的资质、游戏内容、游戏时间和游戏经营场所等诸多方面进行了更严格的限制，从而给网络游戏行业的外部经营环境带来一定的不确定性。由新闻出版总署、中央文明办、教育部、公安部等八部委联合发布并于2007年7月16日开始实施的《关于保护未成年人身心健康实施网络游戏防沉迷系统的通知》对未成年人游戏在线时间、实名认证等做出了一系列的规定。随着国家对网游企业监管的不断加强，该等企业的运营成本还有继续攀升的趋势。

③人才流失风险。目前，中国网络游戏产业的人才储备呈金字塔形趋势：底层是运营、支持、服务等人才；中段是游戏设计与开发人才；塔尖是主程序员、美术总监、策划总监等。随着网络游戏市场的增长和行业竞争的加剧，对游戏开发及运营人员管理的问题也渐渐浮出水面。行业迅速发展下膨胀的游戏人才需求，以及行业本身的多变性所造成的人才流动过快，某种程度上又加剧了业内的人才缺乏。游戏开发人才的培养是中国网络游戏持续发展必须解决的问题，而目前网络游戏的培训和教育市场仍不成熟，虽然社会上也有一些培训机构，但教育内容的不统一、师资的不专业、设施的不规范，还有学员原有基础的差异等各方面问题，都使得培养出的人员很难在一开始就在开发、运营中承担重任。游戏人才依然短缺，游戏厂商之间的人才争夺激烈，核心团队的动荡会导致游戏竞争对手间此消彼长。

④成功经验难以复制。单款成功游戏的可复制性不强,使游戏厂商不具备收益长期稳定性的保障。目前市场上排名靠前的网游厂商主要收入来源都是依靠1~2款成功的游戏,企业经营者对后续推出的游戏能否成功都没有十足的把握,而大型网络游戏无论是自主研发还是授权运营成本都很高,"试验"的代价很大。

⑤行业内存在不正当竞争、游戏同质化比较严重。基于网络游戏行业是一个智力密集型行业,游戏专才对企业的发展起决定性作用。而我国目前网络游戏行业中存在的恶意"人才挖角"现象,不仅损害了原创企业的利益,也影响了部分研发中的游戏的质量和进度,最终损害的是整个行业的发展。在激烈的行业竞争中,部分网游企业在内容上有急功近利的倾向,部分网络游戏显现出明显的同质化趋势,即使是新出现的游戏模式也会在不久以后被各方厂商以各种形式变相模仿。网络游戏的这种低水平竞争将直接导致玩家的游戏兴趣缩减,在一定程度上阻碍游戏市场的发展。

⑥产业瓶颈及知识产权纠纷风险。对于中国网络游戏厂商来说,延长游戏生命周期仍然是一个需要深入探索的课题。一些原本表现出色的优秀网络游戏,已经渐渐地进入了生命周期衰退期。在一些老牌游戏中,除了少数游戏依然保持增长之外,其他游戏增长均不同程度地出现停滞或衰退,部分网游企业的发展出现了瓶颈。其次,虽然行业中的国产原创产品已经初具规模,但是部分市场核心产品仍然受制于海外,游戏收入中的大部分都支付给拥有版权的国外游戏厂商。在一段时间内,这一问题也是中国部分网络游戏代理厂商面临的主要瓶颈。另外,引进海外授权游戏容易产生知识产权纠纷、后续技术支持不能及时到位等问题。

第五部分 特殊行业改制上市

516. 跨境电子商务企业在国内上市现状如何？在国内上市需要关注的问题及审核重点有哪些？

（1）跨境电子商务企业在国内上市的现状

2015年5月4日，国务院印发《关于大力发展电子商务加快培育经济新动力的意见》；2015年6月19日，工业和信息化部发布《工业和信息化部关于放开在线数据处理与交易处理业务（经营类电子商务）外资股比限制的通知》，对于促进经营类电商企业发展并加速与资本市场接轨有积极作用。

目前，中国的跨境电子商务公司兰亭集势在美国上市，DX.COM控股在中国香港上市，跨境电子商务企业A股上市公司为跨境通，A股上市公司苏宁云商、小商品城、快乐购等也在积极打造跨境电子商务平台。

（2）在国内上市需要关注的问题及审核重点

①经营资质相关问题。电子商务企业在实践中一般分为平台类电子商务（为第三方交易提供撮合服务，买卖双方均为第三方）和自营类电子商务（平台为卖方）两类。平台类电子商务属于《电信业务分类目录（2015版）》中的B21项，即第二类增值电信业务——在线数据处理与交易处理业务，需要办理增值电信业务经营许可证，实践中通常将该类增值电信业务许可证简称为"EDI（Electronic Data Interchange）"许可证。自营类电子商务（平台为卖方）或者传统企业通过互联网平台销售产品的，则无须办理增值电信业务经营许可，而是按照各地通信管理局的规定办理备案。

作为跨境电子商务企业还需要取得与经营相关的对外贸易经营者备案登记表、中国海关进出口货物收发货人报关注册登记证书等资质证书。

上述资质证照均需要满足法律法规规定的一系列条件且经相应主管部门审核后方能取得，相关经营资质的取得及年度检查对电子商务企业至关重要。

②汇率波动对盈利企业的影响。跨境电子商务企业包括跨境进口电子商务企业及跨境出口电子商务企业。跨境电子商务主要从事的是货物进出口业务，深受汇率的影响。审核中对此也予以重点关注。若人民币贬值，则有利于跨境出口电子商务企业的发展；反之，人民币升值，则有利于跨境进口电子商务的发展。

③企业价值的评估。跨境电子商务企业作为互联网企业，其资产包括有形资产和无形资产两部分，其中企业价值更多体现在无形资产中，因此对企业价值的评估主要集中在无形资产评估。针对互联网的估值不宜单纯使用市盈率（PE）的方法，应使用 PE/AEG/PEG 等多种估值方法相结合，更多地考虑企业的成长性，将定价权部分交给市场。

就跨境电子商务企业的价值评估而言，上市审核中更多关注行业政策对企业估值的影响、公司商誉对企业估值的影响等问题。

④企业销售的相关情况。跨境电子商务就其本质来说是一种进出口贸易，对跨境电子商务企业海外销售情况通常关注行业政策、海外政策等对销售可能产生的影响，销售结算时点、结算方式及其回款情况等问题。

517. 移动互联网企业境内上市存在哪些特殊问题？

移动互联网是一种通过智能移动终端（如手机、笔记本电脑），采用移动无线通信方式获取业务和服务的新型业态。移动互联网产业链包含终端、软件和应用三个层面。

移动互联网代表了"新经济"的发展方向，它不但能构建全新的商业模式，同时升级改造传统商业模式。移动互联网领域涌现出越来越多的上市公司，截止到 2016 年 9 月，中国内地有 14 家，深圳证券交易所有 13 家，上海证券交易所有 1

家,中国香港有5家,纳斯达克8家,纽交所1家,澳交所2家,新交所1家。移动互联网企业更多选择境外上市的原因有很多,它们境内上市方面存在特殊问题主要有如下几个方面:

(1) 多样化类型服务影响企业经营独立性

移动互联网企业基于其自身的移动平台系统,根据用户需要提供多样化服务,这些服务可能与关联方部分传统业务产生潜在的同业竞争。例如,企业主要依靠信息平台提供新闻资讯、视频等服务,同时也提供一些个性化的旅游信息服务,其实际控制人另外控股某旅游公司,做部分线下的旅游服务,可能被认为同业竞争。有的移动互联网公司的实际控制人也是风险投资家,在移动互联网行业控股或参股多家不同服务领域的公司,由于用户具有交叉性,也可能被认为存在同业竞争。部分移动互联网企业对电信及移动运营商有较大的依赖性,业务发展主要依靠一家大型的电信运营商,其业绩与该电信运营商的投资计划息息相关,电信运营商的投资计划或合作模式的调整可能导致该类企业的业绩较大波动。

(2) 短周期产品服务减缓主营业务持久性

移动互联网企业的核心资源是用户,基于同一用户群开发出来的产品或服务可能差别很大,其产品或服务的生产周期非常短,业务模式调整速度快,从而导致业务内容不够稳定。移动互联网企业产品和服务的变化都是基于其庞大用户群的流量变现能力,是有较强竞争力和市场应变能力的表现。但是,境内上市规则要求报告期内发行人主营业务突出,不能发生重大变化,创业板同时要求发行人主要经营一种业务。移动互联网企业的这些产品和服务的变化可能会被认为不符合要求。

(3) 实名制注册要求增加了移动互联网企业的合规性难度

2016年6月28日,国信办发布《移动互联网应用程序信息服务管理规定》(2016年8月1日起实施),对通过移动智能终端提供应用程序的相关主体及行为进行规范。根据前述规定,互联网应用程序提供者除应依法取得相关业务资质、履行业务上线互联网信息备案手续及规范发布、传播信息内容外,尚需依照规定条款规范应用程序的经营、管理,其中对移动互联网企业影响较大的规定是,APP 用户注册的实名认证应"按照'后台实名、前台自愿'的原则,对注册用户进行基于移动电话号码等真实身份信息认证"。

鉴于用户的使用习惯,移动互联网企业需要采取各种措施以促使用户完成实名认证,以满足监管的要求。在此基础上,进一步对移动互联网企业建立健全用户信息安全保护机制提出更高的要求,以防泄露或买卖用户信息而引发的纠纷和信任危机。移动互联网企业在收集、使用用户个人信息应当遵循合法、正当、必要的原则,明示收集使用信息的目的、方式和范围,并经用户同意。

518. 互联网企业上市是否需要取得行业主管部门的事前审批?

《互联网信息服务管理办法》(2000 年 9 月 25 日中华人民共和国国务院令第 292 号公布,根据 2011 年 1 月 8 日国务院令第 588 号《国务院关于废止和修改部分行政法规的决定》修订)第十七条规定:"经营性互联网信息服务提供者申请在境内境外上市或者同外商合资、合作,应当事先经国务院信息产业主管部门审查同意。其中,外商投资的比例应当符合有关法律、行政法规的规定。"上述条款规定了经营性互联网信息服务提供者申请在境内境外上市,应当事先经国务院信息产业主管部门审查同意。鉴于经营性互联网信息服务提供者的范围较广,大部分互联网企业可能均为经营性互联网信息服务提供者。

此外,根据《互联网视听节目服务管理规定》(2007 年

12月20日广电总局、信息产业部令第56号公布,根据2015年8月28日国家新闻出版广电总局令第3号公布的《关于修订部分规章和规范性文件的决定》修订)第十二条"互联网视听节目服务单位变更股东、股权结构,有重大资产变动或有上市等重大融资行为的,以及业务项目超出许可证载明范围的,应按本规定办理审批手续"的规定,网络视频企业上市应当按规定办理审批手续。2016年5月11日,国家新闻出版广电总局下发《国家新闻出版广电总局办公厅关于加强网络视听节目持证机构参与"全国中小企业股份转让系统"管理有关问题的通知》(新广电办发〔2016〕46号),要求:"信息网络传播视听节目许可证持证机构参与全国股份转让系统应向所在地省新闻出版广电管理部门提出申请,经省级新闻出版广电管理部门审核报国家新闻出版广电总局审批后,方可在全国股份转让系统挂牌。已经在全国中小企业股份转让系统挂牌的,应按本通知要求重新履行申报审批手续,在获得国家新闻出版广电总局批准之前,不得在全国股份转让系统进行股份交易。"上述规定将网络视频企业的事前审批扩展到新三板挂牌。

除了上述规定外,网络出版等规定也要求资本结构变更需要按照规定办理审批手续。

519. 互联网企业拆除红筹结构在境内上市需要关注哪些问题?对其审核有什么特别要求?

(1)互联网企业在拆除红筹结构在境内上市时关注的主要问题

①红筹结构搭建和拆除过程,包括红筹结构搭建过程是否合法合规,是否存在未履行的审批、备案或登记手续,回归过程需遵守外商/境外投资审批、外汇管理、税务、产业政策、反垄断等方面的规定及多次股权结构变化过程中有无违反外

汇、海外投资监管的相关法律、法规的情形,是否存在行政处罚风险;

②VIE 协议执行情况,以及拆除前后的控制关系结构图;

③VIE 协议控制架构是否彻底拆除,拆除后标的资产股权权属是否清晰,是否存在诉讼等法律风险;

④VIE 协议控制架构拆除后,标的资产的生产经营是否符合国家产业政策相关法律法规等规定。

(2) 互联网企业在拆除红筹结构在境内上市在审核中一般会被要求披露的事项

①海外红筹架构搭建及拆除的具体过程;

②协议控制具体安排以及涉及的相关利益主体,协议约定内容执行情况;

③境外主体是否仍拥有与发行人业务相关的资产,相关资产是否已完整转回到发行人;

④VIE 协议控制架构拆除后,拟上市主体的生产经营是否符合国家产业政策相关法律法规等规定;

⑤VIE 协议控制架构拆除是否导致上市主体报告期内主营业务和董事、高级管理人员发生重大变化、实际控制人发生变更。

520. 互联网企业私有化后在国内再上市需要关注哪些特殊性问题?

近几年,很多境外上市互联网企业选择私有化退市,尤其是自 2011 年中国概念股在美国所遭遇的信任危机以来,很多中概股也先后通过私有化退出美股市场。如今,私有化又有了新发展,即上市—私有化—再上市(Public – Private – Public,PPP)模式。采用 PPP 策略的公司必须要进行的三个步骤,包括完成私有化、拆除 VIE 结构及重启上市。

互联网企业私有化后在国内再上市的案例包括暴风科技 A

股 IPO、巨人网络借壳世纪游轮、分众传媒借壳七喜控股等。互联网企业私有化后回归国内资本市场需要关注的特殊问题包括：

（1）私有化时间考量

私有化及境内外重组均需要一定时间，所涉的法律与财务等问题纷繁复杂，该等时间因素对互联网企业未来回归国内资本市场时估值可能产生的影响。

（2）私有化成本考量

私有化的收购方必须向拟私有化公司的中小股东提供基于一段时间内股价的溢价，才可能达到回购股权的目的，这意味着收购方的财务压力将倍增。

（3）境内上市审核关注重点

互联网企业私有化后在国内再上市通常需要拆除红筹结构，对境内外股权进行调整，因此，在审核中会被重点关注下列问题：

①VIE协议控制架构搭建和拆除过程，VIE协议执行情况，以及拆除前后的控制关系结构图。

②标的资产是否曾筹划境外资本市场上市。如是，应当披露筹划上市进展、未上市原因等情况。

③VIE协议控制架构的搭建和拆除过程是否符合外资、外汇、税收等有关规定，是否存在行政处罚风险。

④VIE协议控制架构是否彻底拆除，拆除后相关主体股权权属是否清晰，是否存在诉讼等法律风险。

⑤VIE协议控制架构拆除后，相关主体的生产经营是否符合国家产业政策相关法律法规等规定。

第二章
农 林 牧 渔

521. 涉农企业发行审核要关注的重点是什么？

（1）经营发展方面

①盈利的稳定性问题。第一，农业产业化、市场化落后于经济整体发展水平，农产品价格受到较为严格的政策管制甚至面临地方保护的壁垒。这些非市场化因素使得农业企业发展空间受到限制。第二，气候、自然灾害、环境污染、病虫害、疫病等对农产品产量的影响也很大，农业生产经营波动较大，盈利稳定性差。

②经营模式引发的问题。当前农业企业普遍采用"公司＋农户"的经营模式，这种模式容易在公司对农户的合同控制、农产品的品质、公司与农户之间的应收及预付结算等方面出现问题。

③销售模式问题。农产品需要销售到千家万户，其销售渠道直接影响公司的经营业绩。农业企业一般采用批发商、经销商、大型商超直供、专卖店、加盟商等方式销售产品，其中，相当一部分渠道商为个体户或商贸公司。从企业销售出去的农产品大部分未直接到达终端消费者，而中间渠道商与发行人是否存在关联关系、是否存在关联交易的非关联化、渠道商是否存在积压商品、终端市场对产品需求是否发生变化、是否存在

会计期末突击销售都是审核关注的重点问题。

④食品安全问题。食品安全是农业生产企业面临最大的风险之一。由于农业企业多采取"公司+农户"的模式，或者由于生产周期长、地域分散等原因，导致经营管理制度不健全，对生产过程未能有效控制，使得农产品在生产、收集、加工、运输等过程均可能出现污染，甚至出现恶意掺杂掺假事件。

⑤募集资金投向问题。农业是一个资金投入量大、回收期长的行业，很难确定短期的募集资金投向。

（2）财务规范方面

①财务报表所反映资产及业务的真实性问题。农业行业有其特殊性，主要表现在以下五点：第一，农业企业存货主要是大量的农产品（如种植业和养殖业），其生产能力不像一般的制造型企业那么容易测算，农产品数量也不容易盘点（尤其是水产养殖业），导致农产品资产的真实性难以确定。第二，由于农产品的特殊性，部分农业企业采购和销售不需要出具正式发票，且大部分为现金交易，农业经营活动轨迹的记录缺乏有力的证据，导致农业业务活动的真实性难以确定。第三，农产品生产具有较强的季节性，会计年度与生产周期未必相吻合，年底报表常常出现大额应收、应付或存货，使得财务报表未能全面反应生产情况。第四，国家大力扶持农业发展，给予较大的税收优惠，从而使财务造假成本低廉。第五，生物资产计价的难题。与工业企业的固定资产不同，生物资产计价有两方面的问题：一是计量的准确性问题；二是计价的公允性问题。

②内部控制较为薄弱的问题。第一，制造型企业一般具有严格的作业规范和管理制度，而农业企业往往在内部控制建设方面较为薄弱。尤其是采用"公司+农户"形式经营的，公司和农户之间的竞争地位在丰年、歉年之间转换，同时也容易

受其他竞争者的影响，使得合作关系难以长期稳定。第二，农业经营活动受气候、自然灾害、农户合作不确定性等因素的影响更大，更需要强有力的内部控制来保证财务报告真实可靠。

③存货的计量问题。农产品一般具有季节性，且保质期较短，如何有效盘点、确认存货的价值，以及是否需要计提减值准备，都是农业企业面临的特殊性问题。

④农业企业特殊会计处理问题主要包括生物资产的公允价值计量、种植业（养殖业）的成本核算及收入确认问题等。

（3）法律方面

①社保问题。农村乡镇的社保制度还没有完全建立，构成农业企业上市的一个障碍或成本难题。农业企业普遍是农民工、季节工，流动性较大，社保缴纳比例较低，难以符合中国证监会关于员工社保必须规范缴纳的发行审核要求（商业保险并不能取代社保）。

②产权问题。拟上市农业企业的前身为集体企业的情形较普遍，集体资产到个人资产的转让以及资产变化后对实际控制人的界定、控制权等问题受到监管层的高度关注。

③高新技术企业问题。一些农业企业取得高新技术企业认证的，需要中介机构进一步核查。但由于农业企业一般为劳动密集型产业，高学历人才占比相对较低，且缺乏针对性的研发支出，这两项指标难以符合《高新技术企业认定管理办法》的要求，企业存在失去高新技术企业资质的风险。

此外，税收优惠政策、国税、地税缴纳情况、土地问题、地理标志认证等也是发审部门关注的焦点问题。

522. "公司＋农户"模式在企业上市过程中需要重点关注哪些问题？

农业企业采用"公司＋农户"经营模式的情况较为普遍。"公司＋农户"模式的基本含义是指从事农副产品加工和流通的企业（公司）与农户之间建立一定的经济契约关系，开展一体化经营。其核心是通过契约建立企业与农户之间的利益分配机制来规范公司与农户的交易关系。该种经营模式在上市过程中应重点关注以下问题：

（1）农户管理

"公司+农户"经营模式需要企业对农户生产（种植或养殖）全过程的管理和服务。比如养殖，一般模式是公司集中加工，农户分散养殖，公司对农户有几个统一：统一提供种苗，统一采购饲料，统一防疫等等。由于饲养者是千家万户，素质参差不齐，加之饲养地非常分散，管理难度大，控制成本高，公司对农户控制力的强弱是关注的重点。

（2）农产品质量

"三鹿奶粉事件"使人们更加关注"公司+农户"经营模式可能产生的食品安全问题和经营风险。相对于农产品由农户自产自销，"公司+农户"模式也许对提高食品和农产品安全起到了积极作用，但对农业企业而言，如何进一步控制"公司+农户"模式可能引起的农产品安全风险，是上市过程中关注的重点问题之一。

523. 农业企业上市涉及使用农村集体土地应注意哪些问题？应如何规范？

在使用农村集体土地方面，中国证监会主要关注以下三种违规行为：一是基本农田被用作其他耕地用途；二是耕地被用作建设用地用途；三是农业建设用地被用作工业用地用途。

针对上述情况，农业上市企业应从如下方面规范使用农村集体土地：

（1）农村集体土地使用权的合法取得

《农村土地承包法》第32条规定："通过家庭承包取得的土地承包经营权可以依法采取转包、出租、互换、转让或者其他方式流转。"《农村土地承包经营权流转管理办法》第21条规定:"承包方流转农村土地承包经营权,应当与受让方在协商一致的基础上签订书面流转合同。农村土地承包经营权流转合同一式四份,流转双方各执一份,发包方和乡(镇)人民政府农村土地承包管理部门各备案一份。"因此,发行人就其使用的农村集体土地,应与权利人签署书面土地承包经营权流转合同,并履行相关备案手续。

另外,实践中还存在着发行人租赁由农村集体经济组织所有但尚未发包给个人的土地的情形。根据《村民委员会组织法》第19条规定,发行人租赁未发包土地的,应由相关村民会议讨论通过,再由发行人作为承租方与村民委员会签署土地租赁协议,并根据《农村土地承包经营权流转管理办法》的要求履行备案手续。

(2) 农村集体土地使用权的依法使用

《农村土地承包经营权流转管理办法》第3条规定:"农村土地承包经营权流转不得改变承包土地的农业用途,流转期限不得超过承包期的剩余期限。"《国土资源部关于印发试行〈土地分类〉的通知》(国土资发〔2001〕255号)规定,农用地分为耕地、园地、林地、牧草地和其他农用地共五类。因此,发行人在使用农村集体土地时,应确保其使用未改变土地的农业用途,并确保其使用在土地承包期限内。

实践中存在发行人将农用地转为建设用地的情形,对此应当依法办理农用地转用审批手续。根据《土地管理法》及相关法规,农用地转用的必须符合土地利用总体规划、城市建设总体规划和土地利用年度计划,并依法报经国务院、省级人民政府或市、县人民政府审批,否则将面临"由县级以上人民政府土地行政主管部门责令限期改正,没收违法所得,并处罚款"行政处罚的风险。

524. 农业企业上市涉及劳动用工应注意的法律问题有哪些？应如何规范？

农业企业往往属于劳动密集型企业，用工量大。一方面，不少农业企业随着农产品种植和收获的时令变化，具有季节性用工的特点；另一方面，由于我国农村乡镇的社保制度还没有完全建立，农业企业劳动用工及社保缴纳存在不规范的情形。

针对以上情况，农业上市企业应从如下方面规范劳动用工相关的法律问题：

（1）劳动合同问题

根据《劳动合同法》相关规定，用人单位自用工之日起即与劳动者建立劳动关系，并应当订立书面劳动合同。已建立劳动关系，未同时订立书面劳动合同的，应当自用工之日起一个月内订立书面劳动合同。但实践中，农业企业在聘用员工尤其是聘用农民工时，存在未与其签订劳动合同的情况，对此应予规范。

（2）社保问题

根据《社会保险法》相关规定，用人单位应当自用工之日起30日内，为其职工向社会保险经办机构申请办理社会保险登记；用人单位应当自行申报、按时足额缴纳社会保险费，非因不可抗力等法定事由不得缓缴、减免。但现实中，企业往往未及时、足额地为其职工缴纳社会保险费。对此，证监会在审核过程中通常会要求发行人披露需补缴金额及补救措施，并要求中介机构就发行人社保制度执行情况对发行上市的影响发表意见。一般而言，实际控制人或主要股东需要出具兜底承诺，承担公司由于未完全履行社保缴纳义务风险。

（3）劳务派遣问题

农业企业为解决用工不足或季节性用工需求，通常与劳务派遣公司签订劳务派遣协议，在临时性、辅助性或替代性工种上使用劳务派遣员工。农业企业在与劳务派遣公司签署劳务派遣协议时，应注意如下问题：

①应确保其具有完备的劳务派遣资质并且独立于发行人及关联方，并明确劳务派遣公司与派遣员工之间已依法签订劳动合同。

②应确保劳务派遣不会因为用工短缺而影响公司正常的生产经营，并保证劳务派遣员工从事的是非核心岗位工作，保证公司生产经营稳定性。

③应明确劳务派遣员工的社保缴纳情况，明确劳务派遣公司为派遣员工依法缴纳社保的责任。

525. 农业企业上市涉及的银行账户如何规范管理？

农业企业的原材料采购非常分散，涉及大量小规模经营的农户。而现阶段我国农村缺乏有效的金融电子支付手段，采购过程一般采用委托承包模式，即：公司委托当地承包大户进行原材料采购，公司再向承包商采购收缴。为提高经营的便利性，便于广大农户结算支取，在款项支付过程中，可能存在利用公司员工个人账户进行过渡转账或直接以员工个人账户进行公款结算的情形。此外，在异地销售过程中，为提高资金回笼效率，也可能存在公款私存现象。

该等行为违反《人民币银行结算账户管理办法》关于存款人不得出租、出借结算账户的相关规定，也违反《公司法》关于公司资产不得以任何个人名义开立账户存储的相关规定。如果涉及金额过大，说明公司财务会计制度不健全，甚至影响公司盈利的真实性。

实务中，公司应当在收购环节做好台账明细，注明收购种类、数量、时间、金额、款项以及支付对方的姓名、住址、身份证号码等信息，银行资金的缴存和支付做到日清日结。

第五部分　特殊行业改制上市　515

526. 农业企业上市涉及的专利技术问题有哪些？

一些农业企业经营过程中需要用到专利技术，甚至在公司设立时就用专利技术出资，而农业生产相关的核心技术试错成本高、研发周期长，个人及中小规模公司难以承担研发风险。实务中，农业企业的专利技术多为公司创始人在原科研院所的职务发明，通过专利技术转让或缴纳专利使用许可费的方式获得。

应当注意的是，专利技术的权属必须清晰，不存在纠纷。

①若涉及职务发明，应当与原单位协商，做好专利技术的转让、登记工作，或允许其折价入股。

②若以专利技术出资，应当根据专利技术在生产过程中的作用，适当评估其价值，并在会计年度末核实是否存在减值情形。

③若通过许可方式取得专利技术使用权的，应当核实公司是否取得专利技术的独占许可权，公司对该专利技术的依赖是否对持续经营构成较大的经营风险。

527. 涉农企业上市有哪些经典案例？

（1）雪榕生物

雪榕生物发行上市上海雪榕生物科技股份有限公司（雪榕生物）前身为上海高榕食品有限公司，成立于1997年12月8日，2011年9月9日整体变更为股份有限公司，发行前股本11 250万元。雪榕生物主营鲜品食用菌的研发、工厂化种植与销售，主要产品包括金针菇、真姬菇、香菇等鲜品食用菌。其招股说明书披露，公司已在上海、四川都江堰、吉林长春、山东德州、广东惠州和贵州毕节六个城市建立了食用菌生产基地，在900公里的运输半径内覆盖了我国近90%的人口。2002年起至今，公司连续被农业部、发改委、中国证监会等八部委联合审定为"农业产业化国家重点龙头企业"。

2016年3月16日,经中国证券监督管理委员会《关于核准上海雪榕生物科技股份有限公司首次公开发行股票的批复》(证监许可〔2016〕539号)核准,公司公开发行3 750万股。2016年5月4日,雪榕生物在深圳证券交易所创业板上市,股票代码:300511。

发行审核关注要点。监管机构在对雪榕生物的IPO审核过程中主要关注了以下几个方面:

①经销商客户问题。雪榕生物的主要客户大部分是个体经销商,发行审核中关注了销售客户的区域分布、自然人客户的相关情况、与经销商销售的交易周期和交易流程、经销商销售是否最终实现等。

②自然人供应商问题。雪榕生物供应商中存在自然人供应商的情况,主要是采购玉米芯等,报告期占采购总额的比例不超过10%。发行审核中关注了主要自然人供应商是否与发行人及其董事、监事、高管以及持股5%以上股东等存在关联关系。

③农用地问题。雪榕生物子公司在毕节市租赁农用地从事食用菌栽培等生产经营活动。发行审核中关注了:雪榕生物是否依据相关规定签署设施农用地有关的协议并办理备案手续,是否存在占用基本农田的情况,是否符合保护基本农田的相关规定。

④自产农产品和非自产农产品所得税申报问题。发行人子公司主要从事食用菌的种植,并将全部产品先销售给母公司后再由母公司对第三方销售。因此,各子公司在进行所得税申报时,其所有利润均为自产农产品形成的利润。发行审核中关注了母公司在进行企业所得税申报时如何区分自产和非自产的农产品形成的利润。

总结与启示:由于行业特点,农业企业的销售客户及供应商为个体经销商或自然人的情况较多，交易的真实性是审核关注的重点，因此发行人应更加注重建立健全销售及采购环节的内部控制、规范交易结算方式（尽量减少现金结算）；农用地政策性强，发行人在租赁农用地时应注意法律手续的完备性，关注是否符合国土资发〔2014〕127号文件关于禁用基本农田的相关规定。

（2）振隆特产

振隆特产改制上市辽宁振隆特产股份有限公司（振隆特产）其前身为辽宁阜新振隆土特产有限公司，成立于2000年10月17日，2011年9月13日整体变更为股份有限公司，股本为8 000万元。

振隆特产主营业务为籽仁系列产品及其他干果、坚果类产品的加工与销售，公司产品包括南瓜子仁、松子仁、葵花子仁等子仁类产品以及开心果等坚果类产品。其招股说明书申报稿称，振隆特产是中国籽仁加工行业中的领军企业，是"农业产业化国家重点龙头企业""全国经济林产业化龙头企业""国家扶贫龙头企业""全国农产品加工业出口示范企业""全国粮食加工产业化龙头企业"。产品以出口为主，是中国大型南瓜子仁加工出口企业，松子仁产品的加工出口量也保持在行业前列。

据《关于组织对首发企业信息披露质量进行抽查的通知》（发行监管函〔2014〕147号）要求，中国证券业协会在2015年3月13日组织对40家首发企业的抽签工作中，抽中振隆特产，中国证监会由此对振隆特产信披质量及中介机构执业质量进行检查。2016年初中国证监会振隆特产及相关机构被立案调查，振隆特产撤回首次公开发行股票并上市（IPO）申请，2016年9月，中国证监会对振隆特产、董监高及相关中介机构下达了行政处罚决定书。

主要问题：2013～2015年振隆特产向证监会报送过4次

招股说明书，2014年4月23日将招股说明书申报稿在证监会网站预先披露。该4份招股说明书均存在虚假记载。

①2012～2014年虚增销售收入和利润。2012～2014年，振隆特产以虚增合同销售单价的方式累计虚增出口销售收入8 268.51万元。振隆特产在虚增收入的同时虚增应收账款，并通过第三方公司回款或用其他外销客户回款进行冲抵的方式调节应收账款的账龄。

②2012～2014年虚增存货少结转销售成本，虚增利润。2012～2014年，振隆特产分别通过调节出成率、调低原材料采购单价方式少结转销售成本，以及未在账面确认已处理霉变存货损失的方式虚增利润，累计虚增利润7 616.18万元，虚增存货数量3 254.13吨，金额7 631.24万元。

综上，振隆特产通过虚增合同销售单价、调节出成率、调低原材料采购单价、未在账面确认已处理霉变存货损失的方式虚增利润，虚增利润金额分别占2012年、2013年、2014年利润总额的34.13%、53.66%、99.76%。

③虚假披露主营业务情况。振隆特产绝大部分成品松子仁、南瓜子仁是通过直接采购"仁"加工出来的，而在账面上却虚构了由采购的"子"加工为"仁"的整个过程；大部分开心果未经加工直接销售，而在账面上却虚构了由原料开心果加工为成品开心果的整个过程，故招股说明书披露的与主营业务相关的工艺流程、采购原材料种类、生产模式和产品产量以及与产量相关的产能利用率等各项重要内容均存在虚假。

总结与启示：一般认为，农业是财务造假的高发行业，其财务数据真实性的审核是农业企业IPO审核的重点。各中介机构在为农业企业提供IPO服务时应持有更加谨慎的职业态度，而在本例中，函证程序、存货盘点程序执行不到位；境外客户走访不充分；执行生产情况尽职调查程序时，对产能利用率超过100％、出仁率逐年上升、副料异常减少、用电量异常等情况未能保持足够关注；未对销售合同前后格式变化、单据不一致等异常情况履行足够注意义务以致未能发现伪造的虚假合同。

第三章
医 疗 健 康

528. 药品生产企业和药品经营企业发行审核需关注哪些问题?

(1) 药品生产经营许可取得问题

《药品管理法》《药品管理法实施条例》《药品生产质量管理规范》《药品经营质量管理规范》《药品流通监督管理办法》等法律法规对药品生产经营企业许可管理做出了规定。从这些规定来看,现行的药品生产经营制度只是对于药品生产经营许可证的核发与换发、许可证内容的变更以及许可证的注销做了相应规定。

在药品监管实践中,对于诸如企业改制中的企业变更和通常的企业变更、企业改制中的企业出售、企业的兼并与合并、企业的承包与租赁、企业的脱钩改制、企业资产的出资入股、企业的股份制改制、企业资产的转让、企业的分立经营、公司企业的股权转让、企业的借壳或买壳上市、企业的分立与再投资等问题都需要在行政许可上做出应有的处理,但在现行的药品生产经营许可法律中,却没有相关规定。因此,医药企业改制中的药品生产经营许可问题要具体问题具体分析,通常情况下,改制后的企业从事药品生产经营并具备法定的药品生产经营条件,可延续原先的药品生产经营许可。

公司面临相关许可证书到期问题的，需要关注到期后的相关安排以及就公司是否能够持续取得相关许可进行分析论证。

(2) 药品技术及注册批准取得问题

存在药品技术转让、出资的企业，需解释取得药品技术及药品注册批准文号的过程及方式是否符合国家药品监督管理部门的相关规定。

(3) 产品进入医保目录问题

国家实行基本药物制度，列入国家基本医疗保险药品目录的药品实行政府定价或者政府指导价，因此企业的产品是否进入医保目录对其持续经营能力具有重要影响。一般需要关注企业历史上主要产品进入医保目录的情况，并需结合企业报告期内主要产品价格变化详细分析国家医保目录调价及不能进入医保目录的风险。

(4) 原材料价格波动与保障问题

例如中成医药类企业原材料价格在不断上涨，企业能否应对原材料价格波动风险。另外，企业如何管理原材料采购，原材料来源是否安全、环保等问题都需要关注。

(5) 产品较为集中的问题

一般来讲，医药企业的主导产品占主营业务收入和毛利比重较大，存在主导产品较为集中的风险，企业需解释主导产品发展空间和毛利率波动问题。同时需要关注核心产品在市场的竞争优势、同行业的类似产品的竞争情况以及国内外相关联的产品、技术研发情况对公司产品未来销售的影响。

(6) 应收账款高企问题

随着销售业务规模的不断扩大，医药企业应收账款将保持在较高水平，特别是医药销售企业由于销售客户特点普遍面临应收账款规模较大的问题。若应收账款不能如期收回，将对公司的正常生产经营造成不利影响，存在应收账款发生坏账的风险。企业需解释应收账款合理性及如何降低应收账款不断扩大的风险。

(7) 收入确认问题

该问题与销售模式相匹配,企业需解释收入确认的具体原则是否合理,并特别关注药品销售过程中退换货对收入确认的影响。特别是要关注同时作为企业的销售客户和采购供应商的情况,核实其销售收入和采购成本的真实性。

(8) 反商业贿赂问题

医药行业销售模式主要包括代理模式和临床学术推广模式。当前很多医药企业存在代金销售问题,这种商业贿赂问题备受监管层关注,企业应结合销售政策,解释销售费用的真实性和合理性,关注企业及相关人员的行政处罚及刑事犯罪事项,并解释不存在商业贿赂问题。

(9) 药品价格下降的影响

我国药品价格受到国家有关部门的管制,随着国家药品价格下调措施的力度不断加大,企业需解释药品降价给企业生产经营带来的风险及应对措施。

(10) 知识产权问题

审核中关注主要产品相关技术、专利的取得来源,若专利保护期或中药品种保护期过期,需解释由此带来的风险及应对措施。同时,针对外部合作取得相关知识产权的,需要关注知识产权的形成过程是否规范,是否存在权属纠纷问题。

(11) 经销商及加盟药店问题

对于采取经销商销售的医药企业,需关注经销商的管理模式、考核政策、药品配送方式,确保能够通过内部管理体系说明其最终销售的可靠性;同时,关注经销商销售的占比情况,经销商销售定价、折扣、退货政策对于拟上市医药企业经营的影响。

针对医药连锁销售企业,存在加盟药店模式的,需要关注加盟药店的实际销售情况、企业规范运作情况以及加盟药店生产经营活动对企业的潜在风险是否可以得到有效管控。

（12）研发费用资本化问题

企业研究开发支出主要为在研产品开发阶段的支出。企业一般将药品研发在取得国家药监局临床试验批件或生物等效性实验批件之前确定为研究阶段，所发生的支出全部计入当期损益；在取得国家药监局临床试验批件或生物等效性实验批件之后至获得新药证书或生产批件之前为开发阶段，所发生的支出在符合资本化条件时予以资本化。审核过程中会关注企业研究阶段和开发阶段划分的合理性以及会计处理的合理性，与同行业公司的对比情况。

（13）募集资金投资项目

针对募集资金投资项目，需要结合公司目前的产能利用率情况，关注新增投资建设的必要性和合理性问题。

（14）竞争优势表述问题

医药企业在募集说明书中存在通过"独家产品""首个"等表述方式介绍企业和产品的竞争优势的情况，审核过程中会关注相关表述的依据是否充分，公司采取的行业数据的来源是否具备独立性等问题。

529. 医疗器械企业发行审核需关注哪些问题？

（1）产品注册问题

医疗器械在境内销售需分类注册，进入国际市场时，要取得进口国医疗器械注册、认证。企业需说明医疗器械在境内外注册、认证情况。

（2）产品较为集中的问题

一般来讲，医疗器械企业的主导产品占主营业务收入和毛利比重较大，使得公司的经营业绩过度依赖主导产品，存在主导产品较为集中的风险，企业需解释主导产品发展空间，分析公司产品综合毛利率、主导产品毛利率。

(3) 代理经销商管理问题

医疗器械企业通常采用经销商的销售模式。若经销商出现合作关系终止、违法违规等情形,将影响公司产品销售和经营业绩。企业需解释对代理经销商的培训管理、组织管理以及风险管理。

同时,还需重点关注企业与经销商是否存在关联关系或其他紧密的联系,如企业前员工为经销商的情况,因此,需要企业加强对经销商体系的管理,对于医疗器械要能够透过经销商了解到最终销售情况,对于试剂等耗材要能够建立良好的内控体系说明其销售真实性。

(4) 海外销售问题

医疗器械企业海外销售比重较大的,需解释海外销售的真实性,分析汇率变动对公司业绩影响,说明海外应收账款回收的措施。出口销售模式有 ODM 模式的,需解释 ODM 模式可能存在的商标侵权风险及其应对措施。海外市场存在反倾销情形的,需解释对公司海外销售的影响。关注发行人与境内外经销商的合作模式、收入确认方法是否存在差异。

(5) 收入确认问题

医疗器械企业采用经销商销售、直销、海外销售等销售模式的,应分别说明各模式的销售收入,确认是否符合会计准则。需要关注不同销售模式和销售区域的产品的销售单价、销售数量、定价政策存在差异的原因。此外,由于部分医疗器械可能存在单体价值量较大的情况,应特别关注退换货的情况以及对收入确认谨慎性的影响。

(6) 融资租赁销售问题

医疗器械企业存在融资租赁销售的,需解释该销售模式的合法性,收入确认是否符合会计准则。

(7) 应收账款较高问题

因货款结算周期长、销售业务规模扩大等原因,医疗器械企业应收账款余额较大，需解释应收账款周转能力、应收账款坏账准备是否合理。

（8）外协加工问题

医疗器械企业存在外协加工的，需解释价格是否公允，需说明如何保证产品质量。

（9）产品质量问题

用于治疗疾病的医疗器械如果发生质量事故，将对企业信誉造成严重损害，进而影响公司的生存与发展。企业需说明是否存在质量事故、质量纠纷。

（10）知识产权问题

审核中关注主要产品相关技术、专利的取得来源、技术合作是否存在纠纷。

（11）技术储备问题

需要关注企业是否存在后续技术储备、公司在研产品的进度，关注后续技术储备所对应的研发、量产、市场推广的风险，相关产品储备实现业务收入的具体时间。

530. 医疗服务企业发行审核需关注哪些问题？

（1）投资营利性医疗机构及形成连锁经营的业务模式是否存在限制的问题

若符合营利性医疗机构管理要求，如领取医疗机构执业许可证、办理工商登记等，企业投资营利性医疗机构及形成连锁经营的业务模式不存在法律和政策上的限制。

（2）执业许可问题

企业需说明设立营利性医疗机构是否经过了审批，是否取得政府相关主管部门颁布的医疗机构执业许可证。

（3）医师注册问题

企业需说明医师是否与公司签订了劳动合同，是否在本医疗机构注册。

（4）医疗事故和医疗纠纷问题

企业需说明是否存在医疗事故和医疗纠纷，并解释其对企业的影响，说明医疗事故、医疗纠纷的防范处理体系。

（5）结算问题

结算是否存在未开具发票的情形（医院所采用的结算方式主要分为现金结算、银行结算和医保结算三种）。

（6）收入确认问题

各项业务收入是否符合医疗服务行业特点及会计准则要求（医院业务收入主要包括医疗服务收入、药品销售收入）。

（7）科室核算问题

医院存在科室核算的，需说明科室收入、成本核算方法是否符合会计准则。

（8）医疗设备问题

医疗设备使用是否符合相关规定，折旧计提是否符合会计准则。融资租赁设备的会计处理是否符合规定。

（9）募集资金投资项目及审批备案问题

募集资金投资项目是否经过了有关主管部门审批备案。

（10）医疗废物处理问题

医院是否按照《医疗废物管理条例》等法律法规的要求对医疗废物进行收集、运送、储存、处置，以防止医疗废物流失、泄漏、扩散。

（11）存货管理问题

医院关于药品等存货的管理情况。确保过期药品的妥善处理，并进行相应的会计处理。

531. 近期比较经典的案例有哪些？

（1）新光药业改制上市案例

浙江新光药业股份有限公司（以下简称"新光药业"）前身为成立于 1998 年 11 月 18 日的浙江新光药业有限公司。

2012年7月28日，以经审计的截至2012年5月31日的净资产109 979 348.69元为基础折为6 000万股，整体变更为股份有限公司。

新光药业首次向社会公开发行人民币普通股2 000万股（A股），发行价格12.20元/股，发行市盈率8.26倍，募集资金共计24 400万元，于2016年6月24日在深圳证券交易所创业板上市交易。

发行审核关注要点：公司主要从事中成药的研发、生产和销售，是一家集研究、生产和经营于一体的现代化制药企业。公司所生产药品治疗范围以心脑血管疾病、外伤科疾病为主，涵盖呼吸系统、消化系统、泌尿系统、儿科疾病以及提高免疫能力等方面。

在该项目审核过程中，监管部门主要关注的问题包括：

①公司历史上股份合作制改造及职工股发行过程中的发行程序是否依法合规，是否取得相应批准，是否需要有关主管部门的确认；

②国企改制过程中的产权确认问题以及是否存在国有资产流失问题；

③职工持股会的依法合规性问题以及是否存在变相公开发行问题，是否存在股权纠纷相关问题；

④关于公司历史上出资不到位或出资不规范情况的解决落实问题；

⑤公司历史上部分税收优惠未取得有权部门批准以及历史上税收处罚对本次上市的影响问题；

⑥公司发明、技术专利形成过程的依法合规性问题，与大学、科研机构合作过程中的知识产权界定和保护问题；

⑦公司核心产品的市场竞争优势以及被替代的风险；

⑧公司药品注册程序的依法合规性问题以及药品进入医保目录的情况；

⑨公司向前十大客户销售情况及不同销售模式的销售结构情况，客户的稳定性及变化趋势；

⑩公司向前十大供应商采购情况，是否存在重大依赖，是否存在既是供应商又是客户的情况；

⑪销售区域集中在浙江市场的风险因素；

⑫关注药品生产经营许可证等证照到期后的安排，是否存在不能延期的风险；

⑬关联方资金往来的合理性问题；

⑭劳务派遣用工的依法合规性问题；

⑮关注政府补助、税收优惠的确认依据及会计处理的合规性问题，政府补助和税收优惠的可持续性问题；

⑯公司环保的依法合规性问题及是否收到监管处罚的情况。

总结与启示：监管机构的审核聚焦在法律和财务两个方面。法律审核方面，重点关注相关资质证照的续期安排以及药品注册的合规性问题，公司的知识产权取得的依法合规性以及对外合作开展研发的相关知识产权确认问题，还有公司历史上国有资产确权和职工持股的清理问题等。财务审核方面，重点关注经营业绩的真实性以及具体会计处理方式的合理性，特别是同时对公司销售客户和供应商的情况进行了重点关注，以及公司政府补助、税收优惠的确认合理性问题和可持续性问题。

由于医药生产经营模式的特殊性，医药生产企业存在向医药经销企业采购部分原材料，后续完成生产加工之后又将产成品向医药经销企业销售的情况，属于正常生产经营情况，但需要高度关注相关交易往来过程中定价的公允性问题、交易的真实性问题。

（2）华通医药改制上市案例

浙江华通医药股份有限公司（以下简称"华通医药"）的前身是在承继原绍兴县供销社钱清医药经营部整体资产和业务

的基础上发展起来的绍兴县华通医药有限公司,成立于1999年8月16日。2010年9月8日,经绍兴县供销合作社联合社[2010]25号《关于同意绍兴县华通医药有限公司整体变更设立为浙江华通医药股份有限公司的批复》的批准,以公司截止到2010年7月3日经审计的账面净资产32 132 789.01元折合股本3 000万股整体变更设立为股份有限公司。

华通医药首次向社会公开发行人民币普通股1 400万股(A股),发行价格18.04元/股,发行市盈率22.98倍,募集资金共计25 256万元,于2015年5月27日在深圳证券交易所中小板上市交易。

发行审核关注要点:华通医药所处的行业为药品流通行业,公司自设立以来一直以药品批发、连锁零售为主营业务,公司拥有自己的医药物流基地,主要为自身的批发、零售提供配套物流服务,同时子公司取得了第三方药品物流业务资格,对外部客户提供第三方药品物流业务。

在该项目审核过程中,监管部门主要关注的问题包括:

①公司历史上集体股权变更的依法合规性问题;

②公司自有房产未办理产权登记的瑕疵问题以及租赁未办理产权登记的房产对公司生产经营的影响;

③公司受到行业主管部门行政处罚对上市的影响;

④关注发行人财务制度是否健全以及是否存在商业贿赂情形;

⑤募集资金投向仓储物流的合理性问题;

⑥收入构成及变化情况是否符合行业和市场同期的变化情况;

⑦公司下属零售门店能否满足新版GSP认证的问题;

⑧公司批发及零售业务均较为集中的问题;

⑨应收账款占比较高及销售回款情况;

⑩加盟连锁店的经营风险问题;

⑪境外销售的渠道依赖及境外经营风险问题;

⑫互联网药品销售模式对传统业务的影响问题。

总结与启示:医药商业流通企业普遍面临的问题包括企业是否满足新版 GSP 认证要求的经营资质,以及零售门店的自有房产和租赁房产的产权瑕疵等问题,同时也需要关注企业销售收入真实性以及销售返利的会计税务处理的合规性等。此外,还需要高度关注医药商业领域的商业贿赂及行政处罚事项等。这些都是监管部门在审核医药商业流通企业时会重点关注到的问题。

第四章
文 化 传 媒

532. 文化创意产业有哪些盈利模式？

文化创意产业的盈利模式可以主要归纳为以下七类：

（1）通过"免费"来盈利

一些企业通过提供免费使用的策略，吸引大量用户，再通过广告或提供收费项目，以及免费用户转收费用户等方式来收费。例如腾讯QQ、新闻网站、网络游戏、杀毒软件等通过免费服务，吸引庞大用户群体，建立互联网"风口"，再通过广告、收费项目等盈利。

（2）著作权许可费收入

一些文化创意企业将产品著作权中的财产权利通过许可第三方使用的方式取得许可费收入。如华谊兄弟、华策影视、华录百纳等影视公司通过许可影院、电视台、视频网站播放其作品取得盈利。

（3）按服务收费

有些创意企业根据提供服务的时间、人数、频率收费，或根据提供服务、设计方案、完成项目的次数收费。比如，演艺公司按演出场次收费、咨询公司按提供服务的时间收费、设计公司按项目分次收费。如宋城演艺提供的演出、主题公园游览等服务。

(4) 直接出售创意产品

有些创意企业直接将有形产品或受法律保护的无形产品（如版权）卖出获利。比如，生产艺术品的企业将艺术品卖给经销商或消费者，建筑设计企业将设计方案卖给房地产商。如捷成股份的音频、视频整体解决方案、硬件集成销售、音频视频工程等业务。

(5) 开发创意衍生产品

有些创意企业还善于开发创意产品的衍生产品来获利。比如，动漫制作企业除了销售动漫片的版权之外，还开发与动漫角色相关的玩具、图书、主题公园，从中获利。如《古墓丽影》《生化危机》《极品飞车》原为一款游戏，后在此基础上开发出同主题的系列电影。

(6) 模仿或复制创意产品

有些创意企业在开发出新的创意产品之后，大量地仿造、复制该产品并销售获利。比如，音乐创作企业在制作出原创的音乐唱片之后，大量复制并销售产品获利，由于部分创意产品具有边际效益递增的特点，企业有可能获得很高的利润。如有线电视台、杂志出版社、图书出版商通过发展大量终端用户、提高发行量等方式实现盈利。

(7) 与传统产业合作，实现利润分成

比如，音乐制作企业将版权的使用权授予出版企业，并协议按照音像产品的销售量取得提成；研发设计企业将科研成果作为无形资产入股生产企业，获得该产品销售收入或利润的分成。在艺术创作方面，如"印象"系列提高了西湖、丽江、阳朔等地方旅游资源的内涵，北京的798艺术区、上海的苏州河创意产业园区，都充分利用了传统资源再现良好的艺术商业生态。

533. 文化创意产业有哪些风险点？

创意产业主要风险包括：知识产权受侵害和侵害他人知识产权的风险、人力资本风险、商业模式被复制的风险、政策风险。

（1）知识产权受侵害的风险

创意产业最主要的产品是智力劳动的成果，体现为知识产权。创意产品具有初始成本投入高，而复制、模仿成本低的特点。倘若知识产权保障不足，大量仿制品充斥市场，使得原创产品销售难度大幅增加，原创人员在创作过程中所做的大量投资便难以收回甚至"为她人做嫁衣"。在目前我国知识产权保护体系还不尽完善的情况下，创意企业面临着知识产权被侵害而带来的较大风险。

（2）商业模式被复制的风险

创意产业一般企业规模不大、固定资产投入少、生产经营不需要专门的设备或复杂的工艺技术，进入行业的资金门槛较低。有些创意企业的产品依赖特有的经营模式盈利，而商业模式一旦被竞争对手或潜在的有实力的竞争者了解，就有可能被它们模仿和替代。竞争者一旦投入重金进行批量化生产，就会给原创企业带来巨大的竞争压力，甚至导致原创企业破产。

（3）人力资本风险

人才是创意的来源，人力资本是创意企业核心竞争力的来源。但是，人力资本的所有权属于劳动者个人，企业只能拥有人力资本在合同期内的使用权，而且人力资本的使用效益还在很大程度上受个人主观能动性的影响。如果创意企业不能做好利益激励，创造良好的企业文化，组建高效率的团队，那么个人的积极性和创造性就会受影响，甚至出现消极怠工或人才流失的现象，大幅削弱创意企业的竞争力。

(4) 政策风险

创意产业属于新兴产业，面临着较多政策不确定性，有些创意产业（如影视传媒产业）还面临着较严格的行政管制，政策的变动会给企业带来较大风险。

534. 创意产业发行审核要关注的难点和重点是什么？

创意企业发行审核主要面临以下五个难点：

（1）企业未来持续盈利能力具有较大不确定性，评估困难

一方面，创意企业面临的知识产权受侵害的风险、商业模式被复制的风险、人力资本风险、政策风险要比传统产业高得多，其产品也面临较大的风险，价格具有较高的波动性，因而企业的盈利能力具有一定的不确定性；另一方面，创意企业的生产具有不连续性，企业创意能力的可持续性和稳定性存在不确定性，其不同产品的市场接受程度也存在差异，这都可能对企业的业绩产生重大影响，使得对未来持续盈利能力的评估存在较大困难。

（2）判断文化创意企业的会计处理是否准确反映其经济实质难度较大

主要体现在：

①文化创意产业以文化为基础，以创意为核心要素，财务会计信息难以反映企业的核心资源和价值创造的驱动因素；生产成本不能概括为人员薪酬的简单累加；文化创意产品通常具有非标准化的特性，因此文化创意产品的价格、销售收入、产品公允价值的评估也相对困难。例如，公共关系管理企业，其业务开展主要依赖项目经验丰富的人员和公司积累的案例资源，但财务报表上体现的主要资产是货币资金、应收票据、应收账款等流动性资产，无法反映企业生产经营的核心资源。

②文化创意产业的商业模式处于持续的变化和创新之中，

因此，会计准则需要根据现实情况进行"再解释"以反映商业模式的变化。我国文化创意产业发展时间较短，创意企业规模较小，缺乏足够的数据支持，因此对会计准则的适用缺乏实务经验，难免存在较大的主观调节空间。

③考虑到文化创意产业在国外相对成熟，因此通常会借鉴境外资本市场的会计处理方法。但由于文化创意产业与文化背景、消费习惯等因素具有较大关联，不加判断地将境外上市公司的会计处理方法套用于我国文化创意企业，也很可能会出现偏差。例如，影视类公司对于电视剧的成本确认通常采用"计划收入比例法"，在美国摊销期一般为5~10年。而在我国，由于影视剧播映权形成的收入在2年内基本全部实现，后续衍生收益很少，从此经济实质出发，摊销期一般不超过2年。如果简单套用外国的会计处理方法，将无法准确反映经济实质。

（3）文化创意产业异质性较强，不同业务领域中企业具有显著差异

即使是经营类似文化产品的企业，也会因商业模式、技术手段等不同而存在较大差异。这就要求在对文化创意企业的审核中，应建立在对其业务模式、技术手段、行业背景充分了解的基础上，才能做出准确判断。以广告业为例，媒体代理为主的广告企业，业务模式主要是代理媒体资源并销售给4A广告公司。该模式与最终客户的合作关系较弱，对媒体资源的依赖性较强，因此业务独立性和持续盈利能力都存在不确定性；以全案服务、整合营销服务为业务模式的广告公司，以策划创意为核心竞争力，拥有丰富的最终客户资源，该业务模式具有较强的稳定性。

（4）创意产品的个性化特征带来产品价格、收入、成本、盈利的评估困难，同时较低的边际成本也导致企业可能存在操纵业绩的冲动

创意产品具有非标准化、无形化、智能化特征,对于产品价格、销售收入的确认缺乏参照物。由于创意产品具有初始成本很高、复制和模仿成本很低的特点,企业比较容易通过虚增销售或关联交易操纵收入和利润。此外,由于创意企业生产不具有连续性,企业对于未来收入、成本支出和盈利预测存在较大的随意性。

(5)公开信息披露的要求与保护商业机密之间的矛盾较突出

为保护投资者权益,监管机构要求上市公司公开披露信息,但是创意企业的一些核心竞争要素(如创意设计、产品样式、盈利模式)一旦披露之后,又容易被竞争对手模仿,会削弱企业的长期盈利能力,反而对投资者权益造成不利影响。因此,公开披露信息的要求和保护企业商业机密之间存在矛盾。

根据创意企业的特征,对于创意企业的审核应重点关注:产品价格、销售收入、成本的合理性;未来业务发展的稳定性和可持续性;是否采取了完善的知识产权保护措施;能否确保核心人力资源团队的稳定;能否有效限制竞争者进入细分行业或模仿商业模式;募集资金用途的合理性;主要资产、业务、资质、权利的来源、承继、演变或存续情况;证照的取得情况及其合法性;现金结算方式收入业务的内部控制;主营业务的承载主体与获取渠道;税收优惠及财政补贴等。

535. 传媒产业有哪些盈利模式和风险点?

(1)传媒公司的盈利模式

①内容收费。通过生产内容,直接由消费者买单而获得收入,这类产品主要包括图书、电影和音像出版等。

②广告收费。通过生产内容获得用户注意力,从而获得广告投放而实现广告收入。电视、报纸业务属于广告收入为主的

行业。广告也是内容实现其价值的一种方式。在我国,由于用户付费购买内容的消费习惯尚不成熟,因此,广告收入是文化创意内容实现其价值的主要方式。随着内容影响力的提升,广告的边际效益快速提升,广告收入的盈利模式也体现出了明显的媒体特质。

③渠道收费。通过渠道建设,获得渠道专属权,从而获得收入。有线网络运营商铺设有线网络,从而收取有线电视月租费,并通过增值服务提供第三方内容而获得收入分成;出版发行公司依靠发行权获取发行收入。

(2)传媒产业的风险点

①政策风险。传媒产业兼具政治属性和商业属性,传媒的行业管制、区域性和行业性分割较为严重。虽然过去几年不断有新政策出台,鼓励放松管制、促进企业跨区域、跨领域发展,但是从政策出台到最终落地实施,一般需要较长的时间。而且,传媒行业一直处于政府的严格监管之下,政策的稳定性和持续性也存在一定的变数,致使传媒企业未来业务具有一定风险。

②新媒体的竞争风险。社交网站、微博、微信等自媒体、网络新闻、移动互联网的出现,不仅对传统媒体构成巨大的竞争压力,也促使新媒体之间相互竞争,通过新技术、新模式抢夺用户。

536. 传媒产业发行审核要关注的重点和难点是什么?

传媒行业有若干子行业,每个子行业都有各自的特点。一般而言,传媒产业发行审核的重点和难点有以下七点:

(1)明确适合上市的业务和资产的范围

传媒企业上市的业务和资产,不仅需要满足证监会整体上市的要求,还要满足行业监管部门的要求,上市业务和资产范围的确定也是审核重点关注的问题。

文化既是一种事业，又是一种产业，包含公益性文化事业和经营性文化产业。公益性文化事业是指为社会提供精神文化服务，满足人民对文化生活的需求的基本文化产品，例如图书馆、电视台的时政新闻节目、时政类报社的采编等服务，这些服务不适合上市。经营性文化产业就是指按照工业标准，生产、再生产、储存以及分配文化产品和服务的一系列活动，例如电影公司、电视台的非时政节目、非时政类的报刊社、印刷、广告等。

把经营性文化资产与公益性文化事业资产剥离，并将经营性文化资产单独上市并不违背整体上市的理念。例如：电视台可以将非时政、非新闻类节目的频道打包成立专门的运营公司作为上市主体；时政类的党报党刊不适合上市，但非时政类资产例如印刷、广告发行等经营业务也可以剥离到专门的运营公司，如粤传媒（002181）。

当然，经营性文化资产与公益性文化事业资产剥离是否彻底，是否能避免同业竞争和减少关联交易将成为审核和监管的重点。

（2）独特的经营模式

传媒行业有其独特的经营方式，这为评估企业的经营情况以及监督企业的资金使用带来了困难。传媒行业的经营收入来源多样，不仅有销售商品、提供劳务的收入，还会包含物物交换、长期劳务合同等较为复杂的业务。此外，在税收方面，某些复杂业务中营业税与增值税的划分也是需要重点关注的领域。

（3）核算困难

传媒行业所特有的出版权、发行权带来的价值计量、收入核算上的困难。作品的出版、发行对于传媒行业而言十分关键，它往往是一家传媒企业核心价值的重要组成部分。由于我国的会计准则尚未对出版权、发行权的核算做出明确的规定，所以一般沿用国际上的处理惯例进行会计核算。但由于核算上往往以成本为计量基础，这对企业的价值评估也会带来困难。

（4）难以准确进行价值评估和资产计量

对传媒行业特有的资产的计量和价值评估。传媒行业所特有的资产包括专享渠道（如卫星通信频道、网络专享带宽、电视网络）、客户资源（如客户数量、客户的订阅合同、客户信息清单）等。这些资产虽然在企业的账面上金额较小，甚至可能完全不体现在报表中，但却是企业的核心资源，在企业的运营中发挥巨大作用，直接影响企业的经营业绩。

（5）资产规模较小

传媒企业较小的资产规模，也为审核和日后监督带来困难。和创意产业相似，传媒企业也具有"轻资产"的特点，生产经营主要依赖具有专业知识的人员。企业日常经营活动一般仅需办公场所，电脑、媒体、办公设备及交通工具等等，不需要大量的固定资产投入，这给 IPO 审核以及上市后募集资金使用监管带来了困难。

（6）我国传媒行业有其额外需要考虑的经营风险

传媒是重要的新闻传播和思想文化宣传阵地，国家对其管理和控制依然较为严格，所以在经营中必须考虑到行业管制对上市的影响。首先，是否能允许整个媒体产业链完整上市；其次，上市以后是否存在外资控股（如通过 QFII 或私募基金等）的可能性；最后，行业管制与上市公司信息披露要求之间如何权衡。

（7）我国传媒企业受政策影响较大

其一，传媒企业通常享有较多的财政补贴及税收优惠，政策红利占比大；其二，传统传媒企业（特别是出版行业）多为国有或国有控股企业，政府背景对公司客户的来源、市场等存在较大影响。

537. 文化创意公司的公司治理有何特点？

文化创意企业的核心资源是人，因此必须将优秀人才留住，同时吸引更多优秀人才加盟公司，才能实现企业的可持续发展。通过员工持股和股权激励计划，可以有效实现员工利益和公司利益的统一。实施员工持股计划时应当关注以下五点：

①根据员工的绩效、资历、职位、能力等因素，确定进行员工持股的范围和数量。一方面，不必进行大范围的员工持股。大范围的员工持股，会致使持股计划失去"奖优罚劣"的作用，某些基层员工还有可能因为上市后的财富效益失去工作热情，甚至离职；另一方面，对员工持股数量应当有公开的评定标准，以免因为持股不均产生人事矛盾，对公司经营造成负面影响。

②员工持股可以采取直接持股和间接持股相结合的方式。直接持股的部分，员工可以自由变现，有利于激励；间接持股的部分，可以将员工和公司的长期利益绑定，有利于约束。间接持股的部分可以采用公司制，也可以采用合伙制。

③大股东可以通过"预留股份"的方式吸引后备人才。通过设立持股公司或有限合伙企业持有拟上市公司股份的，拟上市公司的大股东可以作为持股公司的大股东或有限合伙企业的普通合伙人。如果需要引进新员工，即可通过转让持股公司股权或有限合伙企业份额的方式让新进员工间接持有上市公司股份。

④上市后，公司可以推行股权激励计划，采用限制性股票或股票期权的方式进行。采用限制性股票的，需要激励对象预缴资金，股票的授予价格最低可以为市价的50%；采用股票期权的，激励对象的收益取决于授予期权之后股价走势。

⑤上市前的员工持股计划，为统一员工和公司的利益，可以约定员工在公司服务年限等要求，如果员工未能遵循约定，

可以通过公司回购股份注销、转让给大股东等方式收回其持有的股份。

538. 如何看待文化创意公司的 IPO 和并购？

文化创意企业的规模一般较小，而且经营业绩可能存在较大的波动，若选择 IPO 方式上市，需要保证较好的业绩记录，对经营层压力较大。同时，IPO 过程时间较长，工作内容庞杂，需要协调的关系也多，一些企业难免有畏难情绪。

但是，目前文化创意行业还是蓝海市场，创业企业层出不穷。在制造业产能过剩的大背景之下，文化创意产业却蓬勃发展，市场规模不断扩大，新技术的应用和新模式的推广，使得市场热点层出不穷，大大提高了行业的活力和发展前景。如果企业能够把握先机，通过上市前的私募解决资金瓶颈，再借助上市后的资金实力和品牌效应，可以吸引优秀人才，实施产业并购，有望成为行业内的领先企业。例如：蓝色光标通过上市及上市后的收购活动，从一家普通的内资企业成长为集品牌管理、关系维护、广告等业务为一体的具有国际视野的行业标杆企业；乐视网通过上市实现跨越式发展，从一家视频网站迅速成长为集"平台＋内容＋终端＋应用"为一体的领先型 TMT 企业，业务涵盖互联网视频、影视制作与发行、智能终端、大屏应用市场、电子商务、生态农业等领域。

有一些文化企业的主要创始人和主要管理人员为文化相关行业出身，依赖产品特性取得阶段性成功，在企业发展到一定规模之后，面临管理瓶颈或市场瓶颈，或者产品需要借助更大的平台推广。在这种情况下，企业可以考虑并购。并购可以快速实现资产证券化，但是会丧失一定的独立性，甚至失去企业发展的主导权。

539. 文化创意公司申报材料前的收购是否影响 IPO？

文化创意企业发展过程中，可能需要通过收购获取业务资质、营销渠道或实现市场资源共享。但是，如果收购标的资产过于庞大，可能导致公司主营业务的变化，或者导致公司业务模式发生较大变化。可以通过以下三种方式减少收购对 IPO 的影响：

①对于规模较大的收购标的而言，可以通过共同投资设立子公司、发行人取得控股地位的方式，进行业务合作。但是，需要关注：一是合作方与发行人不至于产生同业竞争；二是控制与合作方关联交易的规模，并确保关联交易的公允性。

②对于规模较小的公司，建议被收购标的通过分红、业务分拆等方式减少规模，降低收购对发行人业务结构的影响。

③发行人还可以通过允许标的团队入股的方式，直接收购被收购标的的创业团队和业务骨干。

540. 文化创意公司应如何充分披露信息？

现行的会计准则主要是在传统工业企业的基础上归纳、建立、发展和完善的。对大部分文化创意企业而言，财务报表无法确切反映其拥有的核心资产和价值创造驱动因素。此外，文化创意企业资产规模较小，非流动资产占比较低，使得财务报表呈现明显的"轻资产"特点。对此，我们认为除披露财务会计信息之外，还应当重点披露以下信息：

①充分披露行业基本情况和商业模式。发行人应当介绍行业的起源，发展历程，行业内主要公司名称，行业在社会价值链中的分工、地位和发展前景；介绍企业的商业模式，企业所提供的服务，收入的最终来源和成本明细，企业的优势、劣势和发展规划。

②充分披露企业发展历程的相关信息。介绍企业创立以来

的业务发展历程，分阶段介绍企业的业务特点、技术突破、市场开拓、主要项目和业绩等情况，使得投资者对企业有动态的理解。

③充分披露企业的关键人员及其从业经历，公司核心团队及其能力、业绩和项目经验，公司稳定骨干员工团队的政策、措施和效果，公司人力资源政策及队伍建设规划。

④充分披露企业收入、成本等关键科目的会计政策，必要时以特定项目为例子，充分说明会计政策适用情况。

此外，轻资产公司在编制募集资金投资项目时，需要综合考虑项目规模和非流动资产投资规模。项目规模应当与公司现有的经营规模、管理能力等相适应，同时也必须控制非流动资产投资规模，关注新增非流动资产的折旧、摊销对公司业绩的影响。

541. 对于客户众多且分散的文化企业应如何核查其业务的真实性？

一些文化企业直接面向终端消费者，拥有庞大的客户群体，由于收入来源广泛，如何核查业绩的真实性成为审核关注的重点问题。如果主要收入方式为现金收款，且收入来源庞杂、难以核查其真实性，在发行上市审核过程中，需要充分解释，确认收入的真实性。企业可以通过以下三个方面说明：

①结合行业特点，提供行业相关的业务数据，如游戏公司提供充值的 IP 地址、MAC 码、充值消费比、在线时长等信息。

②通过产品的分销商、运营商等第三方机构提供收入证明文件，确认收入的真实性。

③提高终端消费者刷卡消费或第三方支付消费的比例，实现收入留痕。

542. 如何做到既充分披露信息，又不泄露商业机密？

文化企业的规模较小，而潜在市场规模大，若充分披露其业务模式、客户、供应商的信息，有可能导致商业秘密泄露，甚至为竞争对手所获取，导致在业务经营中处于被动乃至劣势的地位。

为此，企业可以申请以代称的方式披露客户、供应商等业务关系密切的商业信息，或申请豁免按照招股书相关的内容与格式准则要求披露信息。在回复监管部门的反馈意见时，可以申请反馈意见回复的内容不在招股说明书等公开的文件里披露，例如华谊兄弟、捷成股份。

但是，信息披露豁免要求需要把握好度，如果需要豁免披露的信息过多，导致监管机构、投资者无法判断，或者严重影响上市后公司信息披露的，公司可能会被界定为不适宜发行上市。

543. 文化传媒改制上市的经典案例有哪些？

（1）华谊兄弟

华谊兄弟的前身浙江华谊兄弟影视文化有限公司成立于2004年11月，并于2008年1月改制为股份公司，2009年10月30日在创业板挂牌上市，是我国资本市场"电影第一股"。公司的主营业务为：电影的制作、发行及衍生业务；电视剧的制作、发行及衍生业务；艺人经纪及相关服务业务。上市前，公司作为执行制片方，出品了《非诚勿扰》《李米的猜想》《集结号》和《我的团长我的团》等一系列优秀作品。

① "轻资产"公司的"重人力资源"运营。上市前一年度（2008年）末，华谊兄弟总资产为5.55亿元，其中流动资产5.26亿元，占比95%；公司员工总数223人，其中大部分为营销、行政、财务等非核心人员。作为文化创意企业，公司

的财务资产并非价值创造的核心因素,为此公司精心设置股权结构,将人力资源经营作为发展的核心资源。

一方面,公司积极引进有影响力的知名人士作为股东,极大提高了公司的知名度和市场影响力。上市前,马云持有其10.97%的股份,江南春持有其4.67%的股份;另一方面,公司吸收优秀的制片人、演员入股,冯小刚、张纪中、黄晓明、李冰冰、张涵予都持有发行人股份,实现个人利益与公司利益的统一。

华谊兄弟设立时,王氏两兄弟共控制了公司90%的股份,在上市前两者股份稀释到45.88%。公司创始人以"财散人聚"的大格局经营人才,推动公司发展,实现"上下同欲者胜"。

②上市前溢价收购的合理解释。北京视觉无限广告有限公司(简称"视觉无限")的主营业务为影院LED广告发布,核心资产为LED屏以及与各大影院签订的"独家设置影院LED显示屏协议书"。

在国内知识产权保护不尽如人意的大背景下,为进一步拓宽公司影视衍生业务的发展空间,华谊兄弟拟开展以影院LED屏为播放媒介的多元化营销模式,增加主营业务的盈利水平。因此虽然视觉无限的盈利能力不佳,但基于影院LED屏铺设初始成本高,边际成本递减,在盈亏平衡点后盈利会有爆发式增长的考虑,华谊兄弟决定收购其业务。

在具体操作过程中,考虑到直接收购一家公司将一并承担其历史上的各项责任义务,而采用成立一家新公司的方式,不仅干净、清晰,华谊兄弟也能够在新公司经营模式、发展战略等方面拥有更强的话语权。因此,视觉无限新设北京华谊视觉传媒广告有限公司(简称"华谊视觉")并将其渠道资源转移到华谊视觉,华谊兄弟通过股权转让及增资的方式实现控股华谊视觉。

2008年底,视觉无限的资产总额为1 154.10万元,营业收入为61.1万元,当年净利润为-211.50万元,而收购《框架协议》中对其估值7 500万元,发行人对溢价收购华谊视觉的解释:

• 当时已签署《独家设置影院LED显示屏协议书》的99家影院,累计的票房收入已占全国票房收入的30%,相应的观影人次也占相近的份额。

• 收购完成后,华谊视觉可以在2008年底前全部落实铺设LED显示屏的工作,为下一步的市场开发和培育提供条件。

• 从2009年起,十年内华谊视觉的年均税后利润可达1 200万元左右。

• 根据同行业的可比发行人央视三维的情况来看,前述利润目标可以实现。

• 电影广告业务历来也是华谊的强项之一,具有明显的协同效应。

• 按照国内私募融资的惯例,6~8倍的市盈率可以接受。

这些解释充分、合理,符合商业实质并履行了信息披露义务,获得证监会的认可。

③成本的合理确认和计量。影视行业的收入有其特殊性:第一,电影票房的主要档期通常仅为3~5周,在此期间基本可以实现90%以上甚至100%的票房收入。第二,电视播映权包括首轮播映权转让和二轮播映权转让。首轮播映权是收入的主要来源,二轮播映权单集价格仅为首轮播放的10%甚至更低。

发行人充分兼顾谨慎性和配比性两方面考虑,选用"计划收入比例法"作为销售成本的结转方法。该方法是指企业从首次确认销售收入之日起,在成本配比期内,以当期已实现的销售收入占计划收入的比例为权数,计算确定本期应结转的相应销售成本。

计划销售成本率＝影视剧入库的实际总成本/预计影视剧成本配比期内的销售收入总额×100%

本期（月）应结转销售成本额＝本期（月）影视剧销售收入额×计划销售成本率

经过分析、比较，发行人不采用《电影企业会计核算办法》规定的"零毛利率法""固定比例法"等方法结转成本，而选用其规定的"计划收入比例法"，更适合我国影视行业现状，获得证监会的认可。

（2）山鼎设计的改制上市

四川山鼎建筑工程设计股份有限公司（以下简称"山鼎设计"）前身山鼎有限成立于2003年2月13日，2011年6月28日，山鼎有限整体变更为股份公司。2015年12月23日，山鼎设计在深圳证券交易所创业板正式挂牌上市。

山鼎设计是国内民营建筑设计第一股，拥有建筑行业（建筑工程）甲级设计资质，主营业务是提供建筑工程设计及相关咨询服务，提供包括项目前期咨询、概念设计、方案设计、初步设计、施工图设计及施工配合等服务，涵盖各类住宅、城市综合体、公共建筑、规划、景观、室内设计等业务设计类别。

会计核算要求严格，工时管理系统应用至关重要。

建筑设计公司是人才和创意高度密集的公司，一般建筑设计公司采用收付实现制核算，基本上无法按照会计准则规定的完工百分比方法核算成本，多家建筑设计企业就是因为收入确认、成本核算等原因在IPO过程中折戟沉沙，2010~2012年，山鼎设计在辅导改制前后，重点工作就是在券商、会计师要求下严格执行完工百分比会计核算方法。

针对设计项目周期长，设计人员之间项目分工不清晰导致项目设计成本无法归集的特点，山鼎设计为满足完工百分比核算需要，借鉴国外设计公司的先进管理理念，结合完工百分比核算方法的具体要求,在公司内部大力推进工时管理系统,完善薪酬机制,改进组织架构和优化业务流程,克服管理上的诸多困难,实现项目成本精准核算,层层分解从而实现"分到项目分到人"的目的,成功通过 2013 年财务大核查,为最终成功 IPO 奠定坚实的会计核算基础。

提供全维度、多行业的收入成本配比数据。

通过工时管理系统和年薪制的具体实施,山鼎设计可以精确核算项目设计成本,准确提供分行业、分阶段的项目收入成本配比数据,并据此确定公司的未来发展战略,对高毛利率、抗周期的产品加大投入,强化高端人才的引进与全员绩效考核,不断提高项目管理的水平和应收账款的催收力度,有效降低了房地产行业周期性波动对公司造成的不利影响。

招股说明书中,山鼎设计提供了分产品线、分行业、分阶段等不同维度的收入成本结构,有利于投资者清晰了解公司的核心竞争力,比其他建筑设计类企业提供了更为相关、更为精准的财务和业务信息,数据的透明度和可预测程度大大提高,这也是山鼎设计成功 IPO 的关键。

山鼎设计成功上市的案例表明:即使是人力或智力资源密集的文化创意类企业,只要在专业机构的辅导下,根据具体行业特点选择正确的核算方法并严格执行,也能通过 IPO 严格的财务审核,并助力其经营管理水平迈上一个新台阶。

第五章

军　工

544. 军工企业股份制改造有何意义？

近年来，在国家政策支持和引导下，军工企业改革不断深化，取得了一定成效。但由于多种原因，军工行业整体改革步伐缓慢，多数企业产权结构单一、机制不活、效益不高等长期存在的问题没有根本解决，不仅严重制约了国防科技工业的持续、健康发展，而且难以适应中国特色军事变革的需要。随着企业改革的深化，军工行业壁垒逐渐被打破，许多具有技术和经济实力的非军工企业，包括民营企业、外资企业以及混合所有制企业积极参与武器装备的科研生产活动，军工企业面临越来越激烈的市场竞争。因此，必须通过体制机制创新，增强企业自主发展能力和市场竞争能力。加快推进军工企业股份制改造，既是适应社会主义市场经济发展的客观需要，也是解决影响军工企业改革发展深层次矛盾和问题的有效措施。

军工企业股份制改造已具备了相应的条件。社会主义市场经济体制的不断完善，国有企业改革进一步深化，都为军工企业股份制改造创造了良好的外部环境。与此同时，按照建立"小核心、大协作、寓军于民"新体系的要求，国防科技工业调整改革不断深化，也为推进军工企业股份制改造创造了条件。目前除少数关系国家战略安全和涉及国家核心机密的重点军工企业外,多数军工企业承担的是军民两用产品或一般军用配套产品生产任务,改变了单一生产军品的状况。军工企业既是武器装备科研生产的骨干力量,又是国民经济建设的生力军,具有公益性和经营性双重属性,也应适应市场经济的发展要求。按照党的十六届三中全会关于使股份制成为公有制主要实现形式的要求,在保证国有经济控制力的前提下,符合条件的军工企业完全可以实行规范的股份制改造,为国防科技工业发展提供新动力。

推进军工企业股份制改造是国防科技工业领域的一场深刻变革,意义重大。一是有利于打破行业、军民及所有制界限,拓宽融资渠道,充分利用社会各方面科技和经济力量进行国防建设,提升国防科技工业的整体能力和水平,促进国防科技工业寓军于民新体制和竞争、评价、监督、激励机制的建立。二是有利于军工企业建立规范的法人治理结构,转换经营机制,增强军工企业内在活力和自主发展能力,成为真正的市场主体。三是有利于军工企业国有资本合理流动和重组,实现资源优化配置和军工国有资产保值增值。要进一步解放思想,转变观念,与时俱进,充分认识军工企业深化改革的重要性和紧迫性,积极创造条件推进军工企业实施股份制改造。四是实施军民融合发展工程,增强民用技术对国防建设的支持,增强先进技术、产业产品、基础设施等军民共用的协调性。

 545. 军工企业改制的类型有哪些?

军工企业可按照国有独资、国有绝对控股、国有相对控股、国有参股、民营企业五种类型实施改制。

①国有独资的军工企业,应改制为一家或一家以上国有企业出资的有限责任公司。鼓励两个及两个以上军工集团公司(或其他国有企业)对其共同持股。

②国有绝对控股的军工企业，鼓励境内资本参与其改制，可以在境内资本市场融资。

③国有相对控股的军工企业，鼓励境内资本以及有条件的允许外资参与其改制，可以在境内资本市场融资，经批准可以到境外资本市场融资。

④国有参股的军工企业，鼓励采取多种形式、引入境内外资本参与其改制。

⑤民营军工。近年逐渐出现的民营占主体，取得军工资质的企业。

此外，军工企业中的通用设备设施、非主业资产等，剥离出来后允许进行多种形式的改制。同时，鼓励军工企业之间或与其他企事业单位结合专业化重组进行改制，有利于提高自主创新能力，有利于促进军民结合、寓军于民，有利于小核心大协作、减少重复建设，有利于加快军民两用产业协调发展的重组改制，可以放宽改制类型的限制。

546. 军工企业上市应注意哪些问题？

①工业和信息化部国防科工局（原国防科工委）负责指导、协调、监督军工企业改制工作。地方国防科技工业管理机构负责组织地方管理的军工企业改制工作。各军工集团公司（或其他国有及国有控股企业）负责组织所属军工企业改制工作。

②军工企业改制实施目录管理。国防科工局负责组织制定、发布军工企业股份制改造分类指导目录。军工企业应按目录规定的四种类型（国有独资、国有绝对控股、国有相对控股、国有参股）进行改制。

③按照股份制改造分类指导目录，鼓励境内资本（指内资资本）以及有条件地允许外资参与军工企业改制。

④军工事项审查，根据《涉军企事业单位改制重组上市

及上市后资本运作军工事项审查工作管理暂行办法》（国家国防科技工业局科工计〔2016〕209号，2016年3月2日），涉军企事业单位在履行改制、重组、上市及上市后资本运作法定程序之前，须通过国防科工局军工事项审查，并接受相关指导、管理、核查。根据该规定，军工事项，是指涉军企事业单位改制、重组、上市及上市后资本运作过程中涉及军品科研生产能力结构布局、军品科研生产任务和能力建设项目、军工关键设备设施管理、武器装备科研生产许可条件、国防知识产权、安全保密等事项。审查内容包括改制、重组、上市等对相关军工事项的影响，资质、资格审查，是否符合相关管理规定、发展规划要求以及其他合法合规情况审查。

⑤根据《中介机构参与军工企事业单位改制上市管理暂行规定》，国防科工局对涉及军品业务的中介机构将实施资格审查，不允许有外资参股或外资背景。

⑥根据《国防科工局关于军工项目审计全覆盖的实施意见》（科工财审〔2016〕349号），对国防科工局投资的所有项目进行审计监督，覆盖军工固定资产投资项目、军工科研项目、核退役治理专项和国家科技重大专项等所有投资类型，覆盖到核、航天、航空、船舶、兵器、电子和民口配套等所有接受国防科工局投资的行业和单位；实现审计内容全覆盖，要按照"应审尽审、凡审必严、严肃问责"的要求，对军工项目建设（研制）全过程情况进行审计。

⑦信息披露。上市军工企业既要履行有关法律法规和中国证监会要求的信息披露义务的最低标准，也要符合国防科工局要求的军品信息披露审查制度。确属涉及国家机密的事项，可持国防科工局安全保密部门出具的证明，向中国证监会和证券交易所提出信息披露豁免申请。如果要求豁免披露的信息内容过多，或者重要信息不能披露，可能会对投资者的投资决策有重大影响的，中国证监会可能认定其不适宜成为上市公司。

⑧重组整合是上市的重要途径之一。目前十大军工集团共有数十家 A 股军工上市公司。总体上看,这些上市公司行业分布广且大多数规模比较小,难以承担其集团公司利用资本市场做大做强的目标。从单个军工企业集团看,大部分军工企业集团控股多个上市公司,有的甚至达到 20 多家,与目前正在大力推进央企整体上市的目标方向不太一致,需要进一步重组整合,如沪东重机(中国船舶)、中兵光电向大股东发行股份购买资产等。甚至军工集团之间也在进行重组,如 2008 年 11 月中国航空工业第一集团公司和中国航空工业第二集团公司重组成立了新的"中国航空工业集团公司"。至此,十一大军工集团整合成为十大军工集团。

547. 军工企业股份制改造需注意哪些问题?

根据国防科工委、发展改革委、国资委《关于推进军工企业股份制改造的指导意见》要求,军工企业关系国家安全,必须严格界定股份制改造的范围和程度,科学区分企业类型,统筹规划,选择试点,精心组织,分步实施。

①对从事战略武器装备生产、关系国家战略安全和涉及国家核心机密的少数核心重点保军企业,应继续保持国有独资,在禁止其核心保军资产和技术进入股份制企业的前提下,允许对其通用设备设施和辅业资产进行重组改制。

②对从事关键武器装备总体设计、总装集成以及关键分系统、特殊配套件生产的重点保军企业在保持国家绝对控股的前提下可以实施股份制改造。鼓励境内资本(指内资资本)参与企业股份制改造,允许企业在行业内部或跨行业实施以市场为主导的重组、联合或者兼并,允许企业非核心资产在改制过程中租赁、转让或拍卖。

③除上述两类企业外,对从事重要武器装备生产的其他重点保军企业,根据承制武器装备的重要程度,可实行国有绝对

控股、相对控股、参股等多种形式的股份制改造,鼓励引入境内资本和有条件地允许外资参与企业股份制改造,鼓励符合条件的企业通过资本市场进行融资。

④鼓励和支持以民为主,从事军民两用产品、一般武器装备及配套产品生产的军工企业引入各类社会资本实施股份制改造,具备条件的军工企业可以在国内外资本市场上融资。

⑤国有独资的军工企业要按照《公司法》的要求,逐步建立董事会制度,规范公司的组织和行为。鼓励军工集团公司之间交叉持股,经批准允许其主营业务资产整体重组改制。

2016年,国务院办公厅下发《关于推动中央企业结构调整与重组的指导意见》(国办发[2016]56号),对主业处于关系国家安全、国民经济命脉的重要行业和关键领域、主要承担国家重大专项任务的中央企业,要保证国有资本投入,增强保障国家安全和国民经济运行能力,保持国有资本控股地位,支持非国有资本参股。对重要通信基础设施、重要江河流域控制性水利水电航电枢纽等领域,粮食、棉花、石油、天然气等国家战略物资储备领域,实行国有独资或控股。对战略性矿产资源开发利用,石油天然气主干管网、电网等自然垄断环节的管网、核电、重要公共技术平台、地质等基础数据采集利用领域,国防军工等特殊产业中从事战略武器装备科研生产、关系国家战略安全和涉及国家核心机密的核心军工能力领域,实行国有独资或绝对控股。对其他服务国家战略目标、重要前瞻性战略性产业、生态环境保护、共用技术平台等重要行业和关键领域,加大国有资本投资力度,发挥国有资本引导和带动作用。

548. 军工企业股份制改造有哪些监管要求?

根据国防科工委、发展改革委、国资委《关于推进军工企业股份制改造的指导意见》,军工企业实施股份制改造,需

第五部分　特殊行业改制上市

报国资委、国防科工委批准后，依照《企业国有资产监督管理暂行条例》等规定的法定程序实施。国防科工委会同总装备部和国家有关部门综合考虑武器装备战略影响大小、系统集成强弱和国防专用程度高低等因素，制定军工企业核心保军资产和技术指导目录，实施目录管理，并根据发展需要进行动态调整。

军工企业实施股份制改造，一是要严格遵守国务院办公厅转发国务院国有资产监督管理委员会《关于规范国有企业改制工作意见的通知》（国办发〔2003〕96号）等国家有关规范国有企业改制工作的规定。二是要严格执行国家保密法律法规。企业要建立严格的保密议事规则，涉密董事、监事、股东在保密期限内必须承担保密义务，签订保密协议；要强化保密意识，落实保密责任，加强对涉密事项和涉密人员管理，严禁发生泄密事件。规范军工企业的信息披露，境内上市公司披露信息中涉及军品秘密的，可持国防科工委保密部门出具的证明，向证券交易所提出信息披露豁免申请。为军工企业股份制改造或上市提供服务的中介机构，必须符合国家有关保密要求的规定。

在非常情况下，国家可依据《宪法》《国防法》和国家有关法律法规，对武器装备科研生产、装备采购、战时动员以及承担武器装备科研生产改制企业等实行特别管制，确保武器装备科研生产任务的完成和国家安全。

549. 军品业务上市公司在信息披露方面有什么特殊要求？

中国证监会 2007 年发布的《上市公司信息披露管理办法》（以下简称《管理办法》）规定："上市公司要切实履行作为公众公司的信息披露义务，严格遵守信息披露规则，保证信息披露内容的真实性、准确性、完整性和及时性，增强信息披露的有效性。"同时，《管理办法》还对上市招股说明书、募集说明书、上市公告书、定期报告、临时报告的内容格式与信息披露要求进行了详细规定。《公开发行证券的公司信息披露内容与格式准则第1号——招股说明书》第五条规定:"若发行人有充分依据证明本准则要求披露的某些信息涉及国家机密、商业秘密及其他因披露可能导致其违反国家有关保密法律法规规定或严重损害公司利益的,发行人可向中国证监会申请豁免按本准则披露。"

原国防科工委发布的《军工企业股份制改造实施暂行办法》第二十九条规定:"承制军品的境内上市公司,应建立军品信息披露审查制度。披露信息中涉及军品秘密的,可持国防科工委安全保密部门出具的证明,向证券监督管理部门和证券交易所提出信息披露豁免申请。上市公司不得滥用信息披露豁免"。根据该办法及相关法律法规的规定,为规范军工企业涉密军品信息豁免披露行为,证监会具体要求如下:

①上市公司拟收购、重组军工企业、军品业务及相关资产的,交易方案应当经国防科工局批准;

②上市公司资产重组和股份权益变动等事项,信息披露义务人认为信息披露涉及军品秘密需要豁免披露的,应当经国防科工局批准。

在实际操作过程中,军工企业信息披露豁免涉及的内容包括募集资金投资军品业务的产品技术指标、军品生产规模、主要客户及订单需求数量、军品业务关联交易方信息等。其他行业企业在申请上市和日常信息披露实践中,则不存在上述豁免事项。

**550. 改制后军工企业的章程有何特殊要求?**

(1)改制后承制军品的企业应在公司章程中设定的特别条款

①接受国家军品订货,并保证国家军品科研生产任务按规

定的进度、质量和数量等要求顺利完成。

②决定涉及军品科研生产能力的关键军工设备设施权属变更或用途改变的事项,应经国防科工委批准后再履行相关法定程序。

③严格执行国家安全保密法律法规,建立保密工作制度、保密责任制度和军品信息披露审查制度,落实涉密股东、董事、监事、高级管理人员及中介机构的保密责任,接受有关安全保密部门的监督检查,确保国家秘密安全。

④修改或批准新的公司章程涉及有关特别条款时,应经审批机关同意后再履行相关法定程序。

(2)承制军品的境内上市公司应在公司章程中设定的特别条款

①控股股东发生变化前,应向国防科工委履行审批程序。

②董事长、总经理发生变动及选聘境外独立董事,应向国防科工委备案。

③如发生重大收购行为,收购方独立或与其他一致行动人合并持有上市公司5%(含)以上股份时,收购方应向国防科工委申报。未予申报的,其超出5%以上的股份,在军品合同执行期内没有表决权。

551. 上市公司对军工企业进行重组有何规定?

经国防科工委批准,国有控股的境内上市公司可以对国有控股的军工企业实施整体或部分收购、重组。相关规定如下:

①上市公司收购重组军工企业、军品业务及相关资产等事项,在召开董事会研究相关议题前,应获得国防科工委同意;在召开股东大会表决前,正式方案应获得国防科工委批准。

②禁止外资并购国有独资、国有绝对控股的军工企业;限制外资并购国有相对控股的军工企业;允许外资并购改制为国有参股的企业。

③外资并购中央管理的军工企业前,被并购方应向国防科工委申报;外资并购地方军工企业前,被并购方应向地方国防科技工业管理机构申报,由其提出意见后报国防科工委审查。

552. 当前军工企业利用资本市场融资面临哪些挑战?

军工企业如何利用资本市场进行融资,社会资本如何利用资本市场进行有效投资实现资金的优化配置,军工先进的科学技术与充裕的资本如何结合才能使技术研发得以持续、高效与良性循环以保障国防建设和经济建设的协调发展?这些课题一直是军工企业改制上市面临的难题。军工信息的保密性与上市公司信息的透明化要求、军工企业的国资属性与上市公司治理结构的规范化要求、军工企业客户的单一性与上市公司的独立性要求等一系列矛盾,也让军工企业在进入资本市场的过程中遭遇不少挑战。

近年来中国资本市场的创新发展与国家推进市场化改革和放宽军工企业上市限制的政策,使军工企业改制上市迎来了良好的契机。2007年,国防科工委制定出台了《军工企业股份制改造实施暂行办法》和《中介机构参与军工企事业单位改制上市管理暂行规定》,为军工企业整体上市扫清了障碍。

在实践中,军工企业妥善处理信息披露、股权结构设置以及大客户依赖问题,将有效提高改制上市的效率。

553. 近期军工企业成功上市的主要案例有哪些?

(1) 旋极信息改制上市案例

北京旋极信息技术股份有限公司前身为北京旋极信息技术有限公司,成立于1997年11月。截至2008年6月30日,北京旋极信息技术有限公司净资产为3 900.4万元,整体折为3 888万股。2012年6月8日,公司股票在深圳证券交易所创业板上市交易。

发行审核重点关注问题

①涉密信息披露问题。公司招股说明书披露税控盘产品由中国人民解放军总参谋部统一灌制,因此,证监会要求公司说明:一是税控盘产品由总参统一灌制下的生产、销售模式和定价、结算过程;二是上述信息是否为涉密信息,是否需要申请信息披露豁免。

②涉密信息豁免披露问题。公司向主管部门申请豁免信息披露事项:一是公司与中国人民解放军某部签订的 2 份军品研制合同,涉及金额共 1 093 万元。二是该公司取得的武器装备科研生产许可证载明的相关内容。因此,证监会要求中介机构对信息豁免披露是否符合相关规定、是否不影响投资者决策判断,出具意见明确、依据充分的专项核查报告。

总结与启示:对于涉密信息是否披露,申请豁免披露的信息首先要于法有据,并严格遵守国家法律、法规的相关规定,取得主管部门的批复性意见。同时,相关机构应就豁免披露的信息是否对投资者决策判断存在影响进行充分的论证并发表明确的意见。

(2)景嘉微改制上市案例

长沙景嘉微电子股份有限公司成立于 2006 年 4 月注册资本 8 000 万元。主营业务为高可靠军用电子产品的研发、生产和销售,主要产品为图形显控、小型专用化雷达领域的核心模块及系统级产品。公司产品中,图形显控模块、图形处理芯片、加固显示器、加固电子盘和加固计算机等应用于军事装备的显控系统;空中防撞雷达核心组件、主动防护雷达系统及弹载雷达微波射频前端核心组件等主要应用于军事装备的雷达系统。2016 年 3 月 22 日,公司股票在深圳证券交易所创业板上市交易。

发行审核重点关注问题:涉密信息披露问题。根据披露,发行人已取得武器装备制造许可证。报告期内,发行人产品主要销售给军工集团下属单位，最终用户为军方。招股说明书对相关客户及供应商采取脱密处理。请发行人董事、监事、高管根据《军工企业对外融资特殊财务信息披露管理暂行办法》（科工财审〔2008〕702号）等相关法律法规的规定说明并确认招股说明书有关披露内容是否存在泄露国家秘密的风险，是否须取得国防科工相关部门的确认，招股说明书脱密处理内容是否对投资者的投资决策产生重大不利影响。请保荐机构、律师发表核查意见。请为本次发行上市提供中介服务的有关机构说明并确认是否按照《军工涉密业务咨询服务安全保密监督管理办法（试行）》相关规定向国防科工管理部门申请备案审查，是否存在违反上述规定的有关情形。

总结与启示：对于涉密信息的披露要采取脱密处理，同时对于提供服务中介机构亦须取得相应资格。

第六章
教 育 培 训

554. 教育培训行业改制上市有哪些难点？

教育培训行业资产通过改制、上市进入资本市场的法律障碍主要包括以下几方面：

①《中华人民共和国教育法》第 26 条规定："以财政性经费、捐赠资产举办或者参与举办的学校及其他教育机构不得设立为营利性组织。"目前，大部分民办学校和培训机构均是以非营利性组织登记的，非营利性组织与发行上市的目标不一致。

②民办教育促进法实施条例明确规定民办学校不得向社会公开募集资金，这样一来，民办学校进行 IPO 就存在障碍，导致无法进入资本市场。

③众多民办学校和培训机构以非公司制形式存在。而在国内上市，需按公司法进行公司改制，设立股份公司后方可申请股票发行上市。

④民办学校和培训机构存在资产权属不清的问题。《首次公开发行股票并上市管理办法》规定，发行人的主要资产不存在重大权属纠纷。民办学校的资产是长期以来与政策性免税和土地优惠有关的，如果改成营利性组织，这部分资产存在较大争议，权属不清晰。

555. 教育培训行业资本运作发展趋势如何?

巨大的市场空间,加上政策的利好,使得教育培训行业成为资本市场一个新的热点,在美国上市企业回归A股、A股上市、新三板挂牌、并购重组呈现如火如荼的态势。

在美国上市的学大教育2015年4月宣布私有化计划,同月,学大教育宣布收到深圳证券交易所上市公司银润投资私有化收购要约;2015年7月,学大教育宣布私有化方案,与紫光银润投资达成约3.5亿美元交易协议;2015年8月,银润投资宣布55亿元人民币再融资方案,拟以23亿元人民币收购学大教育,剩余32亿元人民币投向国际教育及在线教育领域,转型为教育概念股;2016年1月,通过股份转让,银润投资控股股东变更为紫光卓远,公司实际控制人变更为清华控股有限公司;2016年6月,学大教育宣布完成私有化。历时14个月,学大教育正式更名为"紫光学大",并以全新的名称成功落户A股。

全通教育自2014年1月上市以来,从发行价30.31元/股一路上涨。2014年下半年全通教育停牌筹划重大事项,2015年1月复牌前宣布以11.3亿元收购继教网和西安习悦,从此股价一飞冲天,到5月曾涨至467.57元/股(除权前),成为A股有史以来的第一高价股,彼时市盈率超千倍。

新三板以其准入门槛低、便于做市融资的特点,也吸引了众多知名教育培训企业挂牌。已经登陆新三板的教育机构有华图教育、分豆教育、亿童文教、跨学网、华博教育、北教传媒、朗顿教育、嘉达早教、建策科技、龙门教育等。2016年,早已在美上市的新东方也决定分拆自己的在线业务,登录新三板。

国际出版教育集团英国培生集团近两年陆续收购了华尔街英语(中国)和上海乐宁英语,并持股北京戴尔英语,进一步加快了布局中国英语培训市场的步伐。新东方并购了铭师堂等高考复读教育机构,安博教育在全国并购了一些课外辅导培训和职业化教育机构,巨人教育集团在武汉、南昌、西安等城市已经成功并购了当地有影响的教育培训机构。

鉴于教育培训类资产直接上市的法律障碍和难度,教育培训类机构一般采取海外上市、境内新三板挂牌和境内类似于借壳上市等资本运作模式进行运作。

556. 教育培训行业改制上市能为企业发展带来哪些有益的帮助?

从事教育培训类的公司实现上市后,除了为企业建立直接融资的平台、有利于建立现代企业制度,建立权属清晰的现代产权制度外,还能为企业带来以下有益的帮助:

①有利于树立和加强品牌宣传,提高企业知名度,扩大销售渠道和网络,提高产品和服务的竞争力。

②有利于建立和完善股权激励制度。教育培训行业的核心竞争力在于人才,通过上市公司实施股权激励等制度,可以有效地吸引和留住核心骨干。

③有利于企业进行收购兼并等资本运作,实现产业整合,迅速做大做强企业规模,实现快速发展。

557. 教育培训行业在资本市场有哪些成功案例?

(1) 通过资产重组方式进入国内 A 股上市公司

新南洋收购交大昂立。2013 年 3 月,上市公司启动发行股份购买资产及重大资产重组工作;2013 年 10 月,没有通过发审委审核,原因是存在大量非营利性资产和消防不合格,非营利性资产权属不清,存在争议。之后,公司充分利用上海市的试点政策,设立新公司,以公司制形式运营,并获得了"教育培训"的经营范围,同时,公司剥离了外地幼儿园等业务。2014年6月，再次上会，获得全票通过，成为教育培训企业第一个成功登陆A股市场的案例。

（2）在全国中小企业股份转让系统挂牌

朗顿教育，股票代码：831505。公司经营范围：教育文化研究、开发、交流及推广；教育信息咨询；职业技能培训，教育投资咨询；教育活动策划等。该公司2014年11月28日向股转系统提出申请，2014年12月8日获批，12月9日开始在全国股转系统进行挂牌转让。

（3）海外上市

通过VIE模式，到海外上市。典型案例包括：新东方、好未来（学而思）、环球雅思、达内教育、枫叶教育、宇华教育集团等。

附录一 2016年IPO主要数据

（截至2016年9月30日）

代码	名称	招股日期	上市板	发行价格	发行市盈率	市盈率 行业PE（披露值）	市盈率 行业PE（近1月，静态）	市盈率 行业PE（近1月，TTM）	发行数量（万股）总计	发行数量（万股）新股发行数量	发行数量（万股）老股转让数量
300550.SZ	和仁科技	2016年9月28日	创业板	12.53	22.99	84.66	84.45	78.35	2 000.00	2 000.00	0.00
300555.SZ	路通视信	2016年9月27日	创业板	15.40	22.99	57.20	57.06	48.88	2 000.00	2 000.00	0.00
300551.SZ	古鳌科技	2016年9月26日	创业板	12.48	22.88	77.19	77.11	69.94	1 836.00	1 836.00	0.00
603160.SH	汇顶科技	2016年9月20日	主板	19.42	22.99	57.20	57.13	49.61	4 500.00	4 500.00	0.00
300547.SZ	川环科技	2016年9月19日	创业板	22.07	22.99	50.56	52.26	47.23	1 495.00	1 495.00	0.00
603816.SH	顾家家居	2016年9月19日	主板	24.66	22.99	48.36	48.35	49.46	8 250.00	8 250.00	0.00

续表 1

代码	名称	招股日期	上市板	发行价格	发行市盈率	市盈率 行业PE（披露值）	市盈率 行业PE（近1月，静态）	市盈率 行业PE（近1月，TTM）	发行数量（万股）总计	发行数量（万股）新股发行数量	发行数量（万股）老股转让数量
603313.SH	恒康家居	2016年9月14日	主板	15.41	22.66	48.35	48.35	49.45	6 000.00	6 000.00	0.00
300548.SZ	博创科技	2016年9月14日	创业板	11.75	22.97	57.11	57.11	49.71	2 067.00	2 067.00	0.00
300549.SZ	优德精密	2016年9月14日	创业板	15.03	22.99	76.94	77.09	70.03	1 667.00	1 667.00	0.00
603777.SH	来伊份	2016年9月13日	主板	11.67	22.99	40.64	40.68	40.95	6 000.00	6 000.00	0.00
300546.SZ	雄帝科技	2016年9月13日	创业板	20.43	22.99	57.12	57.10	50.01	1 334.00	1 334.00	0.00
002813.SZ	路畅科技	2016年9月12日	中小企业板	6.89	22.97	57.11	57.11	49.87	3 000.00	3 000.00	0.00
002815.SZ	崇达技术	2016年9月12日	中小企业板	16.31	22.98	57.11	57.10	50.01	5 000.00	5 000.00	0.00
300545.SZ	联得装备	2016年9月12日	创业板	13.50	22.98	76.55	76.95	69.92	1 783.00	1 783.00	0.00
603738.SH	泰晶科技	2016年9月12日	主板	16.14	22.99	59.01	59.21	54.47	1 668.00	1 668.00	0.00
603421.SH	鼎信通讯	2016年9月12日	主板	14.02	22.99	85.48	85.69	81.96	4 340.00	4 340.00	0.00

附录一 2016年IPO主要数据 567

续表2

代码	名称	招股日期	上市板	发行价格	发行市盈率	市盈率			发行数量（万股）		
						行业PE（披露值）	行业PE（近1月，静态）	行业PE（近1月，TTM）	总计	新股发行数量	老股转让数量
300542.SZ	新晨科技	2016年8月26日	创业板	8.21	22.98	85.08	85.02	84.78	2 255.00	2 255.00	0.00
601500.SH	通用股份	2016年8月26日	主板	4.92	22.98	52.60	52.56	49.74	17 491.91	17 491.91	0.00
603189.SH	网达软件	2016年8月25日	主板	7.26	22.97	85.02	84.86	84.62	5 520.00	5 520.00	0.00
300541.SZ	先进数通	2016年8月25日	创业板	11.07	22.98	85.02	84.86	84.62	3 000.00	3 000.00	0.00
603067.SH	振华股份	2016年8月24日	主板	6.13	22.98	46.37	46.21	47.12	5 500.00	5 500.00	0.00
300534.SZ	陇神戎发	2016年8月24日	创业板	13.64	22.99	44.16	44.07	41.74	2 167.00	2 167.00	0.00
300543.SZ	朗科智能	2016年8月23日	创业板	22.52	22.46	55.98	56.04	50.62	1 500.00	1 500.00	0.00
603887.SH	城地股份	2016年8月23日	主板	12.13	22.97	14.72	14.65	14.32	2 460.00	2 460.00	0.00
603393.SH	新天然气	2016年8月23日	主板	26.66	22.99	27.55	27.43	26.75	4 000.00	4 000.00	0.00
002812.SZ	创新股份	2016年8月23日	中小企业板	23.41	22.99	52.41	52.60	49.77	3 348.00	3 348.00	0.00

续表 3

代码	名称	招股日期	上市板	发行价格	发行市盈率	行业 PE（披露值）	行业 PE（近1月，静态）	行业 PE（近1月，TTM）	发行数量（万股） 总计	发行数量（万股） 新股发行数量	发行数量（万股） 老股转让数量
601128.SH	常熟银行	2016年8月22日	主板	4.28	9.89	6.31	6.30	6.24	22 227.28	22 227.28	0.00
601163.SH	三角轮胎	2016年8月22日	主板	22.07	22.98	52.47	52.57	49.75	20 000.00	20 000.00	0.00
002811.SZ	亚泰国际	2016年8月22日	中小企业板	13.99	22.98	39.31	39.25	38.54	4 500.00	4 500.00	0.00
300539.SZ	横河模具	2016年8月11日	创业板	6.12	22.96	53.10	53.17	50.31	2 375.00	2 375.00	0.00
603658.SH	安图生物	2016年8月11日	主板	14.58	22.99	43.99	44.01	41.73	4 200.00	4 200.00	0.00
600908.SH	无锡银行	2016年8月10日	主板	4.47	9.91	6.19	6.16	6.11	18 481.15	18 481.15	0.00
300538.SZ	同益股份	2016年8月10日	创业板	15.85	22.98	38.58	38.61	37.43	1 400.00	1 400.00	0.00
002809.SZ	红墙股份	2016年8月9日	中小企业板	22.46	22.69	46.56	46.51	46.44	2 000.00	2 000.00	0.00
300537.SZ	广信材料	2016年8月9日	创业板	9.19	22.98	46.35	46.46	46.43	2 500.00	2 500.00	0.00
300536.SZ	农尚环境	2016年8月8日	创业板	9.06	18.12	14.23	14.22	13.90	2 327.68	2 327.68	0.00

附录一 2016 年 IPO 主要数据 569

续表 4

代码	名称	招股日期	上市板	发行价格	发行市盈率	市盈率			发行数量（万股）		
						行业 PE（披露值）	行业 PE（近1月,静态）	行业 PE（近1月,TTM）	总计	新股发行数量	老股转让数量
603090.SH	宏盛股份	2016年8月8日	主板	8.47	22.98	47.13	47.21	47.51	2 500.00	2 500.00	0.00
002810.SZ	山东赫达	2016年8月8日	中小企业板	9.91	22.98	46.43	46.51	46.44	2 398.00	2 398.00	0.00
300540.SZ	深冷股份	2016年8月8日	创业板	16.67	22.98	47.45	47.23	47.55	2 000.00	2 000.00	0.00
603031.SH	安德利	2016年8月8日	主板	11.71	22.99	38.96	39.11	39.38	2 000.00	2 000.00	0.00
300533.SZ	冰川网络	2016年7月29日	创业板	37.02	21.97	85.65	85.76	84.96	2 500.00	2 500.00	0.00
603515.SH	欧普照明	2016年7月29日	主板	14.94	22.99	33.98	34.02	32.05	5 800.00	5 800.00	0.00
603986.SH	兆易创新	2016年7月28日	主板	23.26	16.41	56.93	57.00	51.48	2 500.00	2 500.00	0.00
300535.SZ	达威股份	2016年7月28日	创业板	18.50	22.98	47.31	47.18	46.42	1 494.00	1 494.00	0.00
300532.SZ	今天国际	2016年7月28日	创业板	16.32	22.99	85.91	86.02	85.16	2 100.00	2 100.00	0.00
601997.SH	贵阳银行	2016年7月27日	主板	8.49	6.08	6.11	6.11	6.06	50 000.00	50 000.00	0.00

续表 5

代码	名称	招股日期	上市板	发行价格	发行市盈率	市盈率			发行数量（万股）		
						行业 PE（披露值）	行业 PE（近1月，静态）	行业 PE（近1月，TTM）	总计	新股发行数量	老股转让数量
601595.SH	上海电影	2016年7月27日	主板	10.19	22.25	68.78	68.97	60.74	9 350.00	9 350.00	0.00
300530.SZ	达志科技	2016年7月27日	创业板	11.95	22.98	47.36	47.22	46.36	1 750.00	1 750.00	0.00
002807.SZ	江阴银行	2016年7月26日	中小企业板	4.64	10.17	6.11	6.11	6.05	20 944.55	20 944.55	0.00
600936.SH	广西广电	2016年7月26日	主板	4.80	22.86	35.72	35.56	40.08	30 000.00	30 000.00	0.00
603159.SH	上海亚虹	2016年7月25日	主板	6.88	18.31	77.06	77.09	69.80	2 500.00	2 500.00	0.00
603843.SH	正平股份	2016年7月25日	主板	5.03	22.97	14.15	14.09	13.78	9 970.00	9 970.00	0.00
300531.SZ	优博讯	2016年7月25日	创业板	13.36	22.98	56.86	57.20	51.66	2 000.00	2 000.00	0.00
002808.SZ	苏州恒久	2016年7月25日	中小企业板	7.71	22.99	57.16	57.15	51.61	3 000.00	3 000.00	0.00
603569.SH	长久物流	2016年7月21日	主板	15.43	22.98	54.50	54.50	52.74	4 001.00	4 001.00	0.00
600977.SH	中国电影	2016年7月20日	主板	8.92	22.98	69.56	69.40	61.48	46 700.00	46 700.00	0.00

附录一 2016年IPO主要数据 571

续表6

代码	名称	招股日期	上市板	发行价格	发行市盈率	市盈率			发行数量（万股）			老股转让数量
						行业PE（披露值）	行业PE（近1月，静态）	行业PE（近1月，TTM）	总计	新股发行数量		
601811.SH	新华文轩	2016年7月19日	主板	7.12	14.67	29.77	29.63	28.62	9 871.00	9 871.00		0.00
300528.SZ	幸福蓝海	2016年7月18日	创业板	6.62	22.98	69.17	68.90	61.02	7 763.00	7 763.00		0.00
300527.SZ	华舟应急	2016年7月15日	创业板	6.64	22.99	76.35	76.16	68.98	11 570.00	11 570.00		0.00
603007.SH	花王股份	2016年7月14日	主板	11.66	22.97	13.87	13.86	13.55	3 335.00	3 335.00		0.00
300529.SZ	健帆生物	2016年7月14日	创业板	10.80	22.98	76.16	76.08	68.91	4 200.00	4 200.00		0.00
603322.SH	超讯通信	2016年7月14日	主板	11.99	22.98	83.33	84.34	83.30	2 000.00	2 000.00		0.00
300526.SZ	中潜股份	2016年7月13日	创业板	10.50	22.99	75.88	75.88	68.73	2 125.00	2 125.00		0.00
300525.SZ	博思软件	2016年7月13日	创业板	11.68	22.99	82.88	83.53	82.50	1 710.00	1 710.00		0.00
002806.SZ	华锋股份	2016年7月12日	中小企业板	6.20	22.96	55.20	55.38	50.01	2 000.00	2 000.00		0.00
603663.SH	三祥新材	2016年7月11日	主板	5.28	22.98	29.62	29.36	29.49	3 355.00	3 355.00		0.00

续表 7

代码	名称	招股日期	上市板	发行价格	发行市盈率	行业 PE（披露值）	行业 PE（近1月，静态）	行业 PE（近1月，TTM）	发行数量（万股）总计	新股发行数量	老股转让数量
300523.SZ	辰安科技	2016年7月11日	创业板	21.92	22.99	82.65	82.88	81.85	2 000.00	2 000.00	0.00
002803.SZ	吉宏股份	2016年6月22日	中小企业板	6.37	22.84	35.30	35.10	36.37	2 900.00	2 900.00	0.00
300521.SZ	爱司凯	2016年6月22日	创业板	11.26	22.98	71.50	71.71	64.87	2 000.00	2 000.00	0.00
603069.SH	海汽集团	2016年6月21日	主板	3.82	18.20	18.29	18.27	18.16	7 900.00	7 900.00	0.00
300522.SZ	世名科技	2016年6月21日	创业板	18.55	22.98	43.78	43.93	42.82	1 667.00	1 667.00	0.00
600919.SH	江苏银行	2016年6月20日	主板	6.27	7.64	6.10	6.09	6.04	115 445.00	115 445.00	0.00
300520.SZ	科大国创	2016年6月20日	创业板	10.05	22.84	79.40	79.13	78.15	2 300.00	2 300.00	0.00
002805.SZ	丰元股份	2016年6月20日	中小企业板	5.80	22.97	43.93	43.84	42.73	2 422.90	2 422.90	0.00
601966.SH	玲珑轮胎	2016年6月13日	主板	12.98	22.97	47.25	47.05	44.84	20 000.00	20 000.00	0.00
603016.SH	新宏泰	2016年6月8日	主板	8.49	19.30	30.92	30.82	28.97	3 705.00	3 705.00	0.00

附录一 2016 年 IPO 主要数据 573

续表 8

代码	名称	招股日期	上市板	发行价格	发行市盈率	市盈率			发行数量（万股）		
						行业 PE（披露值）	行业 PE（近 1 月，静态）	行业 PE（近 1 月，TTM）	总计	新股发行数量	老股转让数量
002801.SZ	微光股份	2016年6月7日	中小企业板	19.51	15.24	30.34	30.61	28.77	1 472.00	1 472.00	0.00
603958.SH	哈森股份	2016年6月7日	主板	9.15	22.98	41.97	41.95	42.45	5 436.00	5 436.00	0.00
002802.SZ	洪汇新材	2016年6月7日	中小企业板	9.52	22.98	43.30	43.25	42.15	2 700.00	2 700.00	0.00
300519.SZ	新光药业	2016年6月6日	创业板	12.20	8.26	39.95	39.90	37.91	2 000.00	2 000.00	0.00
603909.SH	合诚股份	2016年6月6日	主板	10.55	21.00	49.00	48.67	49.67	2 500.00	2 500.00	0.00
300518.SZ	盛讯达	2016年6月6日	创业板	22.22	22.68	76.83	76.58	75.63	2 334.00	2 334.00	0.00
300517.SZ	海波重科	2016年6月6日	创业板	10.04	22.97	13.32	13.34	13.03	2 560.00	2 560.00	0.00
601127.SH	小康股份	2016年5月23日	主板	5.81	18.19	18.21	18.45	17.58	14 250.00	14 250.00	0.00
300515.SZ	三德科技	2016年5月20日	创业板	8.57	22.98	60.03	60.40	58.62	2 500.00	2 500.00	0.00
002799.SZ	环球印务	2016年5月19日	中小企业板	7.98	22.99	54.24	54.50	46.23	2 500.00	2 500.00	0.00

续表9

代码	名称	招股日期	上市板	发行价格	发行市盈率	市盈率			发行数量（万股）		
						行业PE（披露值）	行业PE（近1月,静态）	行业PE（近1月,TTM）	总计	新股发行数量	老股转让数量
603131.SH	上海沪工	2016年5月18日	主板	10.09	22.98	45.77	46.32	43.57	2 500.00	2 500.00	0.00
002800.SZ	天顺股份	2016年5月17日	中小企业板	7.70	19.77	19.78	19.62	19.49	1 868.00	1 868.00	0.00
601611.SH	中国核建	2016年5月16日	主板	3.47	15.60	15.62	14.49	14.04	52 500.00	52 500.00	0.00
603737.SH	三棵树	2016年5月16日	主板	15.94	18.09	44.63	44.93	43.42	2 500.00	2 500.00	0.00
300513.SZ	恒泰实达	2016年5月16日	创业板	11.73	22.98	88.31	85.55	83.69	1 906.00	1 906.00	0.00
300516.SZ	久之洋	2016年5月16日	创业板	22.50	22.98	50.75	51.32	46.10	3 000.00	3 000.00	0.00
300512.SZ	中亚股份	2016年4月29日	创业板	20.91	22.96	53.97	54.44	45.41	3 375.00	3 375.00	0.00
002798.SZ	帝王洁具	2016年4月28日	中小企业板	10.57	22.98	54.13	60.20	46.57	2 160.00	2 160.00	0.00
603339.SH	四方冷链	2016年4月27日	主板	10.19	18.99	54.85	55.30	45.32	5 170.00	5 170.00	0.00
603959.SH	百利科技	2016年4月26日	主板	6.03	22.96	50.44	50.27	51.41	5 600.00	5 600.00	0.00

续表 10

代码	名称	招股日期	上市板	发行价格	发行市盈率	市盈率 行业PE（披露值）	市盈率 行业PE（近1月，静态）	市盈率 行业PE（近1月，TTM）	发行数量（万股）总计	发行数量（万股）新股发行数量	发行数量（万股）老股转让数量
002796.SZ	世嘉科技	2016年4月25日	中小企业板	12.95	22.33	49.76	49.98	52.06	2 000.00	2 000.00	0.00
603779.SH	威龙股份	2016年4月25日	主板	4.61	22.45	25.15	25.15	23.90	5 020.00	5 020.00	0.00
002797.SZ	第一创业	2016年4月25日	中小企业板	10.64	22.99	28.14	28.19	12.84	21 900.00	21 900.00	0.00
300510.SZ	金冠电气	2016年4月18日	创业板	12.30	22.99	31.78	31.78	30.46	2 180.00	2 180.00	0.00
603101.SH	汇嘉时代	2016年4月15日	主板	8.81	22.98	38.26	38.30	38.07	6 000.00	6 000.00	0.00
603822.SH	嘉澳环保	2016年4月14日	主板	11.76	22.97	45.06	45.90	44.46	1 835.00	1 835.00	0.00
300511.SZ	雪榕生物	2016年4月14日	创业板	16.82	22.98	58.51	58.29	58.23	3 750.00	3 750.00	0.00
603528.SH	多伦科技	2016年4月13日	主板	9.45	6.41	54.21	53.70	47.62	5 168.00	5 168.00	0.00
300509.SZ	新美星	2016年4月12日	创业板	13.22	22.98	64.17	64.45	60.90	2 000.00	2 000.00	0.00
002795.SZ	永和智控	2016年4月12日	中小企业板	14.85	22.99	54.49	54.12	43.75	2 500.00	2 500.00	0.00

续表11

代码	名称	招股日期	上市板	发行价格	发行市盈率	市盈率			发行数量（万股）		
						行业PE（披露值）	行业PE（近1月，静态）	行业PE（近1月，TTM）	总计	新股发行数量	老股转让数量
603029.SH	天鹅股份	2016年4月7日	主板	8.93	22.98	64.30	63.86	60.33	2 334.00	2 334.00	0.00
603726.SH	朗迪集团	2016年3月31日	主板	11.73	19.23	52.32	50.47	43.92	2 368.00	2 368.00	0.00
300508.SZ	维宏股份	2016年3月30日	创业板	20.08	22.98	93.36	92.35	90.44	1 421.00	1 182.00	239.00
300507.SZ	苏奥传感	2016年3月29日	创业板	24.92	22.99	19.69	19.73	19.38	1 667.00	1 667.00	0.00
002793.SZ	东音股份	2016年3月28日	中小企业板	11.97	14.64	51.16	50.77	41.01	2 500.00	2 500.00	0.00
603868.SH	飞科电器	2016年3月28日	主板	18.03	16.52	29.12	28.89	27.73	4 360.00	4 360.00	0.00
603701.SH	德宏股份	2016年3月28日	主板	13.50	21.60	28.69	28.89	27.73	1 960.00	1 960.00	0.00
603798.SH	康普顿	2016年3月15日	主板	14.33	17.47	83.33	83.26	49.88	2 500.00	2 500.00	0.00
300474.SZ	景嘉微	2016年3月14日	创业板	13.64	21.25	50.64	50.91	44.92	3 350.00	3 350.00	0.00
603028.SH	赛福天	2016年3月11日	主板	4.26	22.94	44.54	44.67	45.43	5 520.00	5 520.00	0.00
002791.SZ	坚朗五金	2016年3月10日	中小企业板	21.57	21.68	44.67	44.70	45.46	5 359.00	4 436.00	923.00

附录一 2016 年 IPO 主要数据

续表 12

代码	名称	招股日期	上市板	发行价格	发行市盈率	行业 PE（披露值）	行业 PE（近1月，静态）	行业 PE（近1月，TTM）	发行数量（万股）总计	新股发行数量	老股转让数量
002792.SZ	通宇通讯	2016 年 3 月 9 日	中小企业板	22.94	9.74	51.08	51.14	45.10	3 750.00	3 000.00	750.00
300484.SZ	蓝海华腾	2016 年 3 月 9 日	创业板	18.75	19.83	28.63	28.57	27.44	1 300.00	1 300.00	0.00
300506.SZ	名家汇	2016 年 3 月 7 日	创业板	8.58	22.96	30.33	30.41	27.69	3 000.00	3 000.00	0.00
603861.SH	白云电器	2016 年 3 月 2 日	主板	8.50	22.97	28.75	28.77	27.64	4 910.00	4 910.00	0.00
601020.SH	华钰矿业	2016 年 2 月 25 日	主板	7.18	22.97	48.83	48.11	58.21	5 200.00	5 200.00	0.00
300505.SZ	川金诺	2016 年 2 月 25 日	创业板	10.25	22.98	41.85	41.65	40.63	2 335.00	2 335.00	0.00
002789.SZ	建艺集团	2016 年 2 月 23 日	中小企业板	22.53	22.99	29.47	29.45	26.93	2 030.00	2 030.00	0.00
603919.SH	金徽酒	2016 年 2 月 22 日	主板	10.94	18.47	21.70	21.70	20.70	7 000.00	7 000.00	0.00
300502.SZ	新易盛	2016 年 2 月 19 日	创业板	21.47	18.58	51.07	51.20	45.23	1 940.00	1 940.00	0.00
300503.SZ	昊志机电	2016 年 2 月 19 日	创业板	7.72	22.98	51.10	50.93	41.17	2 500.00	2 500.00	0.00

续表 13

代码	名称	招股日期	上市板	发行价格	发行市盈率	市盈率 行业PE（披露值）	市盈率 行业PE（近1月，静态）	市盈率 行业PE（近1月，TTM）	发行数量（万股）总计	发行数量（万股）新股发行数量	发行数量（万股）老股转让数量
603520.SH	司太立	2016年2月18日	主板	12.15	22.98	44.32	44.25	38.99	3 000.00	3 000.00	0.00
002790.SZ	瑞尔特	2016年2月17日	中小企业板	16.58	19.78	48.64	48.65	42.21	4 000.00	4 000.00	0.00
603027.SH	千禾味业	2016年2月17日	主板	9.19	22.98	38.96	39.15	35.05	4 000.00	4 000.00	0.00
603608.SH	天创时尚	2016年1月22日	主板	9.80	22.98	74.54	75.26	54.00	7 000.00	7 000.00	0.00
300501.SZ	海顺新材	2016年1月22日	创业板	22.02	22.99	50.73	49.26	43.35	1 338.00	1 338.00	0.00
002788.SZ	鹭燕医药	2016年1月21日	中小企业板	18.65	22.97	41.02	41.62	36.35	3 205.00	3 205.00	0.00
300500.SZ	苏州设计	2016年1月21日	创业板	20.91	22.98	54.57	52.44	53.27	1 500.00	1 500.00	0.00
603377.SH	东方时尚	2016年1月20日	主板	16.40	21.74	21.75			5 000.00	5 000.00	0.00
601900.SH	南方传媒	2016年1月20日	主板	6.13	22.97	35.53	36.35	36.18	16 910.00	16 910.00	0.00
300499.SZ	高澜股份	2016年1月20日	创业板	15.52	22.97	33.97	33.60	32.27	1 667.00	1 667.00	0.00

资料来源：Wind资讯。

附录二 中介机构 A 股 IPO 业务量排名

券商 A 股 IPO 业务量排名

排名	保荐机构	过会家数
1	广发证券股份有限公司	41
2	国信证券股份有限公司	36
3	招商证券股份有限公司	34
4	中信证券股份有限公司	29
5	中信建投证券股份有限公司	25
6	华泰联合证券有限责任公司	20
7	安信证券股份有限公司	19
7	国金证券股份有限公司	19
9	申万宏源证券承销保荐有限责任公司	15
10	海通证券股份有限公司	14

审计机构 A 股 IPO 业务量排名

排名	审计机构	过会家数
1	立信会计师事务所（特殊普通合伙）	104
2	天健会计师事务所（特殊普通合伙）	82
3	瑞华会计师事务所（特殊普通合伙）	64
4	信永中和会计师事务所（特殊普通合伙）	32

续表

排名	审计机构	过会家数
5	大华会计师事务所（特殊普通合伙）	25
6	华普天健会计师事务所（特殊普通合伙）	24
7	致同会计师事务所（特殊普通合伙）	22
8	天职国际会计师事务所（特殊普通合伙）	21
9	广东正中珠江会计师事务所（特殊普通合伙）	20
10	大信会计师事务所（特殊普通合伙）	16

律师事务所 A 股 IPO 业务量排名

排名	律师事务所	过会家数
1	国浩律师（集团）事务所有限公司	79
2	北京市金杜律师事务所	55
3	北京市中伦律师事务所	53
4	北京国枫律师事务所	34
5	上海锦天城律师事务所	22
6	北京市天元律师事务所	18
7	北京德恒律师事务所	16
7	北京市康达律师事务所	16
9	北京市君合律师事务所	15
10	湖南启元律师事务所	14

注：资料来源为 Wind，数据时间段为 2014 年至 2016 年 11 月 22 日。

后　记

深圳证券交易所创业企业培训中心（以下简称"培训中心"）自2001年成立以来，一直致力于普及资本市场基础知识、基本理念，宣传资本市场政策法规，积极推进中小企业改制上市、规范运作、做大做强，提高上市公司的质量，保护投资者合法权益。截至2016年10月底，培训中心已在全国各地举办各类培训班、座谈会或研讨会，参加培训的学员超过10.5万人次，受到各地政府、上市公司和拟上市企业的普遍欢迎。期间，培训中心编写了《中小企业板、创业板股票发行上市问答》《上市公司并购重组问答》《上市公司规范运作指引》《上市公司监管法规选编》《固定收益产品问答》《上市公司规范运作问答》《董事会秘书工作手册》《有效董事会》等培训教材，得到广大学员与读者的好评。

回顾历史，培训中心早在2006年就开始组织编印《中小企业股票发行上市问答》作为资本市场内部培训教材，2007年进行了第一次修订，2009年进行了第二次修订，并更名为《中小企业板、创业板股票发行上市问答》，2010年和2013年分别进行了第三次、第四次修订。该书内容全面，操作性强，受到了读者的广泛好评，曾被誉为企业发行上市的"红宝书"。

为进一步提升服务中小企业的能力，发挥市场服务的基础

功能,深交所于2013年创新性地提出并着手实施打造深交所"中小企业之家"的举措,全力建设包括深交所所有上市公司、拟上市公司在内的大家庭。培训中心作为深交所服务中小企业的主要机构之一,积极搭建服务平台,聚集中小企业高管与来自一线监管部门、中介机构等各方面的专家,就企业改制上市、规范运作、并购重组、股权激励、再融资等问题展开深入沟通和交流,切实提升企业家综合利用资本市场发展产业的能力与水平。

为不断加强沟通交流的传播效果,拓展服务范围,服务平台还进一步构建了以出版物、网站、微信公众号等为媒介的全方位公益服务体系。秉承此理念,2013年培训中心开始与中国财政经济出版社合作,公开出版中小企业之家系列读物,借此扩大受众面,延伸深交所的服务。

2014年,培训中心再次组织修订了《中小企业板、创业板股票发行上市问答》,并首次通过中国财政经济出版社正式出版,进一步扩大了读者范围,加强了深交所的辐射力。近两年,随着新股发行体制改革不断深化,企业家、中介机构迫切需要了解企业改制上市的相关政策和操作实务等关注要点的变化。为此,2016年培训中心进一步充实编委队伍,增强撰写人员的代表性,召集包括律师、会计师、评估师、券商、银行和创投等具有市场实战经验的编委代表举办了改制上市专题研讨会,并将讨论内容加入《中小企业板、创业板股票发行上市问答》中形成第2版。第2版的突出特点是在发行承销、募集资金使用和信息披露等方面加入了新股发行体制改革的最新要求,同时引入了一些鲜活的案例,旨在根据监管和市场最新发展趋势,全面梳理和总结从改制、审核、发行到上市各环节的重点和难点问题,切实解决企业在进入资本市场过程中可能遇到的各种问题,为企业家开展改制上市工作提供切实可靠的参考。

《中小企业板、创业板股票发行上市问答(第2版)》共分五部分,撰写人的具体工作分配如下:

后记

	内容	撰写人
第一部分 股票发行上市基础知识及前期准备	第一章 发行上市概要	华泰联合证券有限责任公司毛成杰
	第二章 发行上市可行性	国信证券股份有限公司魏其芳
	第三章 聘请中介机构	
	第四章 企业内部组织和业务架构的调整	广东信达律师事务所张炯，中国国际金融股份有限公司潘志兵
	第五章 企业规范运作与重组	
	第六章 改制设立股份有限公司	
	第七章 规划募集资金使用	万和证券股份有限公司郭文杰
第二部分 股票发行与上市流程	第一章 尽职调查	中国国际金融股份有限公司潘志兵
	第二章 辅导与备案	国信证券股份有限公司毛明
	第三章 发行申报材料的制作	
	第四章 发行审核流程	
	第五章 承销与发行	深交所上市推广部朱海红，万和证券股份有限公司郭文杰
	第六章 上市及上市后监管	
第三部分 股票发行审核关注要点	第一章 主体资格	广东华商律师事务所周燕，招商证券股份有限公司温立华
	第二章 财务与税收	信永中和会计师事务所郭晋龙，天职国际会计师事务所陈志刚
	第三章 独立性	华泰联合证券有限责任公司毛成杰
	第四章 公司治理及规范运作	国浩律师事务所曹平生，信永中和会计师事务所郭晋龙
	第五章 募集资金使用	万和证券股份有限公司郭文杰
	第六章 信息披露	国信证券股份有限公司毛明

续表

内容		撰写人
第四部分 发行上市相关专题	第一章 优先股	中国国际金融股份有限公司潘志兵
	第二章 股权激励与员工持股计划	金杜律师事务所周蕊、潘艳梅，安永会计师事务所郭凯，德勤管理咨询王允娟
	第三章 引入创业投资	深圳市东方富海投资管理股份有限公司宋萍萍、詹铃
	第四章 借壳上市	申万宏源证券承销保荐有限公司洪涛、郑晓博
	第五章 外商投资与红筹回归	中国国际金融股份有限公司潘志兵，广东信达律师事务所张炯
	第六章 投资者关系管理、媒体关系及路演	东华软件股份公司杨健
第五部分 特殊行业改制上市	第一章 互联网	金杜律师事务所周蕊、田维娜，国信证券股份有限公司魏其芳
	第二章 农林牧渔	天职国际会计师事务所陈志刚
	第三章 医疗健康	国浩律师事务所曹平生，银河证券股份有限公司陈伟、王建龙
	第四章 文化传媒	金杜律师事务所周蕊、叶凯，国信证券股份有限公司魏其芳
	第五章 军工	广东华商律师事务所周燕，信达风投资管理有限公司温泉
	第六章 教育培训	万和证券股份有限公司郭文杰

本书由深交所创业企业培训中心精心策划和组织编写，同时得到深交所中小板公司管理部、创业板公司管理部、上市推广部、北京工作组、法律部的大力支持，在此一并表示感谢。

后记

由于资本市场发展迅速，企业发行上市工作的专业性和复杂性较高，加上时间和水平所限，书中难免有疏漏和不足之处。本书给出的解答只代表作者个人观点和理解，仅供参考，对于法律、法规、政策的解读最终以权威部门的正式解释为准。我们将密切跟踪监管政策变化和市场发展演变，不断修订、完善本书，欢迎各界人士随时提出宝贵意见和建议（联系人：彭景华；联系方式：jhpeng@szse.cn）。

深圳证券交易所创业企业培训中心
深圳证券交易所中小企业之家
2016 年 12 月